U0471699

中国非洲研究院文库

中国社会科学院创新工程学术出版资助项目

徐国庆 ◎ 著

印度与南非伙伴关系研究

RESEARCH ON
INDIA-SOUTH AFRICA PARTNERSHIP

社会科学文献出版社
SOCIAL SCIENCES ACADEMIC PRESS (CHINA)

目录

CONTENTS

导　论 …… 1

一　问题的提出与研究意义 …… 1

二　研究现状 …… 5

三　研究框架与主要观点 …… 14

四　研究方法与创新 …… 17

上篇　从对手到战略伙伴：印度南非关系性质的演进

第一章　博弈与对峙中的印度南非关系（1947～1964 年） …… 23

第一节　印度抵制南非政策形成的历史背景 …… 23

第二节　印度南非在南非印度人问题上的博弈 …… 29

第三节　“非洲人利益优先”原则与印度南非关系 …… 42

小　结 …… 50

第二章　印度南非关系的全面恶化（1964～1994 年） …… 52

第一节　20 世纪 60 年代初印度安全认知变化与印度南非关系 …… 52

第二节　20 世纪 70 年代后印度南非关系的全面危机 …… 57

小　结 …… 73

第三章 修复与转型：印度南非战略伙伴关系的确立与发展（1994 ~2014 年） …………………………… 75
第一节 印度南非外交关系的修复 …………………………… 75
第二节 印度南非战略伙伴关系的形成 …………………………… 86
小 结 …………………………… 90

中篇 印度南非战略合作的具体领域

第四章 印度南非经贸合作 …………………………… 95
第一节 印度南非双边经贸合作 …………………………… 95
第二节 印度南非次区域经济合作——以环印度洋地区合作联盟为例 …………………………… 111
第三节 印度南非在国际多边经济机制中的合作——以世界贸易组织为例 …………………………… 122
小 结 …………………………… 139

第五章 印度南非军工与安全合作 …………………………… 141
第一节 印度南非军工合作 …………………………… 141
第二节 印度南非在印度洋区域安全中的合作 …………………………… 146
小 结 …………………………… 154

第六章 印度南非的文化交流 …………………………… 156
第一节 印度重视对南非文化外交的背景 …………………………… 156
第二节 印度对南非文化外交的进展 …………………………… 160
第三节 印度对南非文化外交的特点 …………………………… 164
第四节 印度对南非文化外交取得的成效 …………………………… 167
第五节 印度与南非文化交流对中国的启示 …………………………… 170
小 结 …………………………… 172

第七章 印度南非在非洲的合作 …… 174
第一节 非洲在国际政治经济中的地位变迁 …… 174
第二节 冷战后印度南非的非洲政策与对非关系 …… 176
第三节 印度南非在非洲合作的重要领域 …… 191
小 结 …… 204

第八章 印度南非在新兴国家机制框架内的合作 …… 206
第一节 冷战后新兴国家的兴起 …… 206
第二节 印度南非在印度巴西南非对话论坛机制内的合作 …… 212
第三节 印度南非在金砖国家合作机制内的合作 …… 228
第四节 印度南非关系对中国倡导新兴国家合作的启示 …… 241
小 结 …… 248

下篇 印度南非战略合作的影响因素及未来走向

第九章 影响印度南非关系的诸因素分析 …… 253
第一节 历史文化因素对印度南非关系的影响 …… 253
第二节 大国追求因素对印度南非关系的影响 …… 256
第三节 印度南非伙伴关系中存在的主要问题 …… 260
小 结 …… 265

第十章 印度南非关系发展展望 …… 266
第一节 未来印度在与南非关系中的利益诉求 …… 266
第二节 印度对南非政策的基本取向研判 …… 273
小 结 …… 279

结论 如何认知印度南非伙伴关系 …… 280
第一节 国际关系变化的逻辑
——基于国际关系理论的解释框架 …… 280

第二节 印度南非关系演进的动因、进程与影响…………………… 283

参考文献…………………………………………………………………… 288

附 录…………………………………………………………………… 300

附录一 《1997 年印度南非“红堡宣言”：确立战略伙伴关系》
……………………………………………………………………… 300

附录二 《1997 年印度南非相互关系与合作原则条约》
……………………………………………………………………… 302

附录三 《2003 年印度南非共同宣言》
……………………………………………………………………… 304

附录四 《2006 年印度南非“茨瓦内宣言”：重申战略伙伴关系》
……………………………………………………………………… 308

导　论

一　问题的提出与研究意义

（一）问题的提出

第二次世界大战改变了人类历史发展的进程。经过二战的冲击与洗礼，传统殖民大国的力量遭到严重削弱，这为被迫卷入帝国主义战争的亚非拉国家实现民族解放与国家独立提供了机遇。长期被视为英帝国皇冠上的“明珠”的印度，在甘地、尼赫鲁等民族解放领袖的带领下，最终在1947年走向独立，成为第三世界中较早实现民族独立的国家。独立之初的印度，在国内面临巩固国家主权、恢复经济发展的艰巨任务，在国际上则受制于旧的国际政治经济秩序。在联合国、英联邦等多边机制中，印度倡导的反对种族主义与殖民主义主张，屡次被欧美国家所忽视。囿于国家实力与“非暴力”革命理念，印度最先通过国际舆论、经济制裁等方式，抵制南非白人种族隔离政权，抗议其对南非印度裔采取的歧视政策。在不结盟思想的影响下，印度等国推动首次亚非会议，创建不结盟运动等南南合作平台，并在其中积极发起支持南非民主斗争事业的相关倡议。

印度抵制南非白人种族隔离政权的呼吁与举措，一方面加深了国际社会对种族主义的认知，为种族隔离政权在南非的终结构建舆论基础；另一方面扩大了印度在非洲乃至第三世界的影响力。尤为重要的是，印度对南非国内民主抗争力量的支持，为印度发展与新南非关系奠定了基础。冷战的结束与两极格局的崩溃，不但使印度丧失先前重要的外交战略伙伴苏联，而且导致其通过南南合作，拓展世界第三种力量的国际空间不复存在。冷战后经济全球化的加速与国际格局的多极化态势，促使印度南非在推动国内经济改革与经济重建的同时，致力于变革国际政治经济旧秩序，重视南南合作，扩大第三世界在国际机制中的发言权，倡导联合国安理会等全球治理机构改革议程，提高自身国际地位。印度与新南非关系的快速升温，既是印度与南非非洲人国民大会（简称“非国大”）等解放组织关系的延续，也是印度对重视与发展中国家关系政策的继承。而从国际大环境看，印度南非经济的发展与相互合作的深入，代表的是冷战后特别是21世纪以来新兴经济体的崛起。印度南非视以新兴经济体为代表的国际力量为全球经济增长与国际权力转移的重要动力源，加强新兴经济体之间的相互合作与协商，是国家经济发展的需要，更是变革全球治理机制、实现自身大国地位的依托。

当前，印度的迅速发展已经成为国际社会不争的事实，其在第三世界与新兴国家中的独特地位日渐引起国内外关注。非洲是发展中国家最集中的区域。就此，印度南非关系在印度国家利益与外交战略中的地位如何？两国关系发展对印度与非洲合作的影响如何？印度南非倡导南南合作的举措、特点与成效如何？影响印度南非关系的因素有哪些？两国关系未来将走向何方？此外，受地缘政治影响，中国因素对印度南非关系有哪些影响？这些都是本书力图探讨的内容。

（二）研究意义

1. 现实意义

就现实意义而言，第一，有助于洞察新时期的南南合作与南北关系。印度南非关系所涉及的不只是印度南非两个国家，它是国际关系系统中的一部分。在冷战期间与冷战后的不同国际格局背景下，诸多相关行为体不同程度地卷入印度南非的博弈与合作进程。自独立以来，印度主张第三世界团结与合作，并在南南合作的框架下，抵制南非种族隔离政权，反对西方国家对南非白人当局的支持。白人统治的崩溃为印度南非合作扫清了障碍。凭借印度与南非在历史、地理上的联系，以及两国在发展中国家中的地位，双方注重在深化双边合作的同时，加强在不结盟运动、环印度洋地区合作联盟、金砖国家合作机制、印度巴西南非对话论坛机制等南南合作框架内的合作。不仅如此，印度南非还重视在南北对话框架内就维护发展中国家利益展开积极磋商。从这个意义上讲，本书的结论对于发展中国家间合作关系也能提供可资借鉴的经验，这亦使本研究得以上升到更为宏大的范围，具有更大的应用价值。

第二，有助于研究印度与非洲关系。印度对南非政策是在印度对非洲政策的总体框架下进行的，反对南非种族主义是印度对非洲政策的议程之一。印度将支持非洲解放运动、强化与非洲国家的关系同反对南非种族隔离制度的斗争相联系。非洲是印度当今外交政策的重点对象之一。印度全面启动“非洲计划”，以期加强与非洲大陆最发达国家南非的合作。为促进与非洲国家的经济联系，印度政府还专门制订了“聚焦非洲”计划。南非被国际社会视为非洲的“门户”，是“非洲复兴”与“非洲一体化”的重要推动力量。

第三，有助于洞察中国、印度对外战略异同与双边关系发展态势。印度是中国最重要的邻国之一，两国间有着 2000 多年的交往历史，近代有着相似的遭遇。不过，鉴于国家利益诉求的不同，中国和印度在不同时期实行的外交、安全与军事战略亦存在差异，而这种差异所引发的效应不但对两国关系，而且对印度与南非关系产生了较大影响。虽然独立后中印关系曾有过一段蜜月期，两国都表示支持殖民地解放斗争，但相对于印度对非洲国家“非暴力”斗争方式的强调，中国则给非洲解放斗争以军事、经济与政治层面的坚定支持，这无疑扩大了中国在非洲的影响力。中印 1962 年的边界争端中，多数非洲国家对中国的友好态度，促使印度重新思考对非洲的政策。之后，印度放弃在联合国等国际论坛上就支持非洲解放议程曾发挥的领导作用，认可非洲统一组织主导非洲事务，放弃推动非洲以“非暴力”斗争方式摆脱殖民统治的主张。印度还与苏联、古巴合作，共同支持南部非洲解放斗争组织安哥拉人民解放运动。在发展与非洲等第三世界区域的关系上，中印有共同利益，也有一些分歧。因此，研究印度与南非的战略合作，能为中国妥善处理中印关系、更好维护中国安全与发展利益提供有益的素材与思路。

2. 理论意义

从学术的角度看，印度与南非关系历史悠久，作为南方国家新成员的南非，与南南合作最早倡导国之一的印度，一道积极推进南南合作。在全球层面，印度与南非的角色引起北方发达国家的重视，两国多次被邀请到只有“七国集团”（G7）参加的多边会议，参与南北关系相关协商。在各自地区层面，印度与南非皆为有独特作用的大国。因此，通过研究印度与南非关系，可助于反思和完善当下国际关系理论中的研究成果。这主要体现在三个方面。

首先，通过探究印度与南非关系的历史与文化因素，充实国际关系研究中的“软实力”理论。印度文化资源丰富，其文化影响力或软实力研究，成为近几年学术界讨论的热门议题。印度与非洲濒临印度洋，受益于印度洋季风，印度同东南非等地区较早就进行了零星的经贸互动。印度与非洲沦为欧洲资本主义列强的殖民地后，两地人文交流趋于频繁。进入 21 世纪以来，截至 2015 年，非洲海外印度人占海外印度人总数的 0.7%，[①] 南非有近 120 万印度裔，是海外印度人的最大聚居地。国内对印度与非洲文化关系的研究鲜有涉及。本书尝试从印度南非文化关系的角度来研究印度对外战略中的软实力，进而充实软实力理论的个案研究，为相关研究积累学术素材。

其次，通过分析印度南非在南南合作范式上的新探索，探究新兴国家在国际体系中的地位与作用，以及新时期印度南非等新兴国家合作对国家间关系、国际权力转移与国际秩序变革的影响。本书以印度南非倡导南南合作为案例，立足于两国南南合作的实践，从南南合作范式历史演进的宏观视角出发，选取印度南非合作作为解释 21 世纪以来南南合作关系的切入口，力图丰富南南合作研究的内容。

最后，通过现实主义、自由主义与建构主义等主流国际关系理论，洞察印度南非关系的沿革，理解印度调整对南非政策的背景、动因与影响，引发对未来国际关系理论相关议题的思考。印度南非关系的发展、互动与调整，是国际局势变化的缩影，反映了地区关系和国际关系发展的一般规律。传统的对外政策较多从现实主义视角研究既定的国内因素对特定历史时期对外政策的影响，是一种单一角度的因果解释逻辑，属于静态研究，较少从多种理论思维下呈现对外政策的发展变化。本书通过印度独立以来的对外战略框架来剖析印度南非关系，抓住两国关系进程中的动态特征，研究设计以不同理论视野考察不同的历史阶段，以观察印度与南非关系的走向，并从宏观上把握时代变化对印度南非关系的影响，提升对印度南非关系发展历程的全面认识。

---

① Diaspora Networks, “Cultural and Historical Ties Bolster Diplomatic Drives,” February 2, 2012, http://www.trademarksa.org/node/2435.

二　研究现状

印度与南非同为发展中国家主要成员，在亚洲、非洲、环印度洋区域以及第三世界乃至世界范围内发挥着越来越重要的作用。印度南非关系发展具有重要的区域和世界蕴涵，引起学术界的密切关注。国内外诸多学者从不同角度、不同领域对印度南非关系进行了较为广泛的研究。

（一）国外学者的研究情况

国外对印度南非关系的研究起步较早，研究成果相当丰硕。国外研究以分析印度南非关系中的印度裔因素、印度的南非政策与南非外交转型，以及新兴国家合作与南南合作视角下的印度南非关系为主导，并兼顾其他相关的问题。

1. 印度南非关系中的印度裔因素研究

较早对印度南非关系中的印度裔因素进行研究的是印度卡尔萨学院历史系主任 S. B. 姆科赫瑞，其代表作是《南非的少数印度裔》[①]。该著作回顾印度人前往南非的历程，指出尽管印度人为南非发展做出重要贡献，但被剥夺了基本的权利。作者着重对南非推行种族歧视的借口进行批评。其一，南非印度裔不是外国人，而是南非人。对违背《联合国宪章》基本精神的南非种族隔离政策，联合国有权提出批评。其二，南非印度裔靠节俭、勤奋致富，并不是靠不公正的商业行为致富，对白人不存在威胁。在南非种族隔离政权的阻碍下，南非印度裔的人口规模与实际能力有限，并没有对所谓的西方文明和白人优势地位构成威胁。其三，白人政权歧视印度裔只是种族傲慢的一种表现形式，只有世界上所有有识之士形成团结阵线，才能取得反对种族制度斗争的最终胜利。

印度学者伊克巴尔·纳林撰写的《种族主义政治——甘地－史末资协议前的南非少数印度裔研究》[②] 深入分析了早期印度移民的政治与生活状况。作者认为，南非由非洲人、欧洲移民、印度人占多数的亚洲人组成，是“世界上人类关系最重要的实验室”，但该实验室由少数白人控制，其他族群处于受迫害地位；纵观印度人移民南非的历程，可知《甘地－史末资协议》签署前，南非当局对印度移民权利和自由的限制不仅体现在政治、

① S. B. Mukherji, *Indian Minority in South Africa*, New Delhi: People's Publishing House, 1959.

② Iqbaj Narain, *The Politics of Racialism*, New Delhi: Shiva Lal Agarwala & Company, 1962.

经济等领域，还体现在法律、规则等层面。

印度外交部的 T. G. 拉玛姆西著有《反对种族隔离制度——印度在世界反对南非种族歧视制度运动中的先驱者角色》[①] 一书。该书首先探析南非印度裔待遇问题的性质，指出其既不是印度与南非政府间的违约问题，也不是南非所谓“没有希望”的印度裔困境问题，而是南非政体的基础——种族歧视制度所致。同时，作为剖析的切入点，作者论述印度等国际正义力量利用联合国机制，同南非种族隔离政权展开的斗争，认为南非种族隔离制度违背《联合国宪章》和相关文件精神。在检视印度对南非政策部分，作者特别指出印度不能单独反对南非种族隔离政权对南非印度裔的歧视问题，占南非人口大多数的黑人更是隔离制度的受害者。就此，南非印度裔问题应在南非总的种族冲突框架内加以解决。对于包括印度在内的国际社会抵制种族隔离的努力，作者认为虽然由于南非种族隔离政权的顽固反对，而没有取得多大效果，但其有助于唤起人们抵制种族歧视的意识，促进南非国内非洲人与印度裔的团结，为取得反对种族隔离斗争的最终胜利奠定舆论基础。

2. 印度对南非外交的反思与展望

孟买大学非洲研究中心主任 R. R. 拉姆坎达尼编著的《印度与非洲》[②]，主要分析了印度对南部非洲解放运动的政策背景、措施与效应。在 R. R. 拉姆坎达尼看来，南非是南部非洲实际上的殖民国家，南部非洲局势紧张的根源在于南非白人政权的种族歧视政策。印度国力的有限性羁绊其对南非解放斗争的支持。印度不仅注重在联合国、英联邦组织、不结盟运动与其他国际论坛上发起抵制种族隔离政权的倡议，而且积极给解放运动以物资支援。作者认为这有助于世界舆论认清南非种族隔离政策的丑恶，有利于为南非政权的和平过渡创造条件。总体而言，印度的南部非洲政策是印度外交重视理想主义和务实追求自身利益平衡的集中体现。

印度国立伊斯兰大学政治科学系的 M. 穆斯林·可汗则侧重从印度外交理念沿革的视角审视印度对南部非洲的政策，在其编著的《印度对南部非洲外交政策 50 年》[③] 一书中，指出印度对南部非洲的政策源于印度在自身

---

① T. G. Ramamurthi, *Fight Against Apartheid*, New Delhi: ABC Publishing House, 1984.

② R. R. Ramchandani, *India and Africa*, New Delhi: Radiant Publishers, 1980.

③ M. Muslim Khan, *50 Years of India's Foreign Policy Towards Southern Africa*, New Delhi: Devika Publications, 1998.

民族解放斗争期间确立的基本外交政策理念。独立之前，印度就已确立反对殖民主义、反对种族主义等外交理念。随着国内国际形势的变化，印度在考量维护南部非洲人民利益及兼顾自身战略需求的基础上，对南部非洲的政策进行了一定的调整。

印度非洲研究学会会长乌玛·珊卡拉·吉哈编著有《印度与非洲关系——在新千年的展望》① 一书，该著作的主题是探讨影响印度南非关系的诸因素。书中最具代表性的论文是 R. R. 拉姆坎达尼的《印度的非洲政策和南南合作》，该文将甘地在南非领导印度人反对种族歧视的斗争视为印度对非关系的第一个阶段（1860～1914 年），其主要体现是印度民族人士在民族情感的驱动下，积极争取南非印度裔的权益；独立后，印度出于人道主义的考量，寻求以“非暴力”手段结束南非种族隔离制度，呼吁非洲印度裔与非洲本土人展开联合斗争。持有类似观点的还有阿加亚克 ·杜贝伊（Ajay K. Dubey），其《在非洲的印度定居者——一个具有巨大潜力的联系》一文指出甘地在南非受到的不公正待遇，刺激印度自由斗争领导人关注南非印度裔的境况，促使印度裔问题成为印度外交的优先议程。此外，色亚·纳瑞恩·亚德维（Surya Narain Yadav）所著的《安全考虑和地区合作：环印度洋联盟》一文则围绕印度洋的地理、战略与经济重要性，观察印度与环印度洋区域加强合作的动因、历程、影响与前景。埃叙·纳瑞恩·如伊（Ash Narain Roy）发表的《印度和非洲复兴》与 S. 苏达恩达（S. Sunanda）撰写的《印度和非洲在新千年的经济合作》一文，则在关注南非总统姆贝基提出的“非洲复兴”倡议及印度与非洲总体经济互动框架的同时，分析印度南非在各自复兴的道路上实现经济等领域合作的可能性。

印度军事战略学者加斯吉特·辛格在其主编的《印度与南非——跨入 21 世纪的战略关系》② 一书中，探讨了冷战后安全议程的新特征。他指出，两极格局的崩溃为多个力量中心参与全球战略环境格局创造了机遇，从南部非洲发展共同体政治和防务议题、南亚安全议题、环印度洋倡议等方面，追溯印度与南非间存在的长久历史渊源和跨印度洋的地理联系，进一步分析 21 世纪印度与南非可能面临的非传统安全威胁等问题，认为新形势下两

---

① Uma Shankra Jha, *India-Africa Relations Prospects in the New Millennium*, New Delhi: Association of Indian Africanist, 2001.

② Jasjit Singh, *South Africa-India Strategic Partnership into the 21st Century*, New Delhi: Institute for Defence Studies and Analyses, 1997.

国应在安全、经济等多个领域展开有效合作。

3. 印度南非关系以及南非外交调整研究

福特基金南部非洲事务顾问罗伯特·斯古特·加斯特著的《捍卫白人权力——压力下的南非外交》[①] 一书，总结了印度在联合国等舞台反抗白人当局歧视印度裔给南非外部环境带来的冲击，指出印度等国的斗争促使美国等国认可联合国安理会通过的种族隔离政权可能威胁世界和平的决议，接受联合国对南非的武器禁运决议，还迫使南非退出英联邦等国际多边机制。在空前的国际压力下，南非最终不得不对其外交政策做出重大调整。詹姆斯·巴布和约翰·巴拉特合著的《南非的外交政策：寻求地位和安全（1945～1988年）》[②] 的重要特色是，探讨印度与国际进步力量对种族隔离政权的联合抵制给南非内部政局造成的影响。在詹姆斯·巴布和约翰·巴拉特的眼里，包括印度在内的国际社会成员持续抗议南非种族隔离政权，导致种族政策和外交事务态度不明朗的史末资政府在1948年的选举中失利，促使坚持白人利益、反对外部干涉、坚持社会结构按种族划分的国民党执掌南非政权。

4. 新兴经济体研究中的印度南非关系

近几年来，伴随着印度、南非在国际舞台上的作用日趋重要，对印度、南非的研究成为热门话题，其成果主要集中在以下几个方面。

南非比勒陀利亚大学姆祖科斯·库伯和梅莫瑞·杜北于2015年发表在《南非国际事务杂志》的文章《全球体系变化中的南非外交经济战略》[③]，对自曼德拉总统到祖马总统的南非外交转型做了全面的分析。在他们看来，冷战后，南非注重对外经济战略与国内经济目标的衔接，外交政策取向逐渐由加强与西方国家的关系调整为深化与新兴国家的务实合作。然而，南非外交实践活动缺少应有的思想阐述，外交政策内容与实际操作间存有落差。

经济合作与发展组织全球关系主管安德瑞·高德斯蒂恩等合著的《中

---

① Robert Scott Jaster, *The Defence of White Power—South African Foreign Policy Under Pressure*, The Macmillan Press, 1988.

② James Barber, John Barratt, *South Africa's Foreign Policy: The Search for Status and Security 1945－88*, Cambridge: Cambridge University Press, 1990.

③ Mzukisi Qobo and Memory Dube, "South Africa's Foreign Economic Strategies in a Changing Global System," *South African Journal of International Affairs* 2 (2015), pp. 145－164.

国与印度的崛起对非洲意味着什么》[1] 一书，从经济的角度详细阐释21世纪初中国、印度与非洲经贸合作深入发展的背景下，南非面临的机遇与挑战。该书探讨了南非等国跨国公司在印度、中国市场受益的路径与方式等议题，指出为适应可能来自中国和印度的竞争，南非等非洲国家应采取一定的保护措施。不过，作者强调南非农业制品、制酒业、煤转液技术、服务业等部门，有望在中国、印度的市场上有所作为。与此相关的著作还有哈里·布罗德曼编著、世界银行出版的《非洲的丝绸之路：中国和印度新的经济边界》[2] 一书，作者指出，新形势下中国、印度与非洲的经济关系日益密切，不过，较之于中国，印度企业在拓展南非市场方面具有人文基础较好、金融机制相似、市场渠道便捷等优势。

南非西北大学亨利·贝祖敦扈特等撰写的《南非贸易和霸权》[3] 一书，从比较研究的视角，分析南非与欧盟、金砖国家与非洲的经贸合作，指出南非在非洲的经济主导地位源于其1999年与欧盟签订的《贸易、发展与合作协定》。2010年成为金砖国家合作机制中的一员，则增强了南非的政治合法性，为南非经济的发展注入新的活力，但作者指出，在欧盟为南非最大贸易伙伴，而中国为南非最大单个国家贸易合作伙伴的状况下，南非与非洲的经贸合作规模可能下降，进而对南非在非洲的地位造成负面影响。

印度学者苏里亚·纳里恩·亚达夫所著的《印度南非关系：政治、经济和战略视角》[4] 一书，阐述了印度南非关系的基础、特征与前景。作者认为，印度、南非是新兴经济体和亚非主要的民主国家，两国关系的发展具有重要的政治、经济与战略意义。南非有望在地区和全球事务中发挥决定性作用。印度在历史上曾为南非的发展做出贡献。印度南非强大的经济潜力和有吸引力的民主政体，有利于两国未来在国际体系中发挥主导性作用。

---

① Andrea Goldstein, Nicolas Pinaud, Helmut Reisen and Xiaobao Chen, *The Rise of China and India: What's in It for Africa?* Paris: Development Centre of the Organisation for Economic Co-Operation and Development, 2006.

② Harry G. Broadman, *Africa's Silk Road: China and India's New Economic Frontier*, WB, 2007.

③ Henri Bezuidenhout and Carike Claassen, "South African Trade and Hegemony: Is the South Africa-EU Trade, Development and Cooperation Agreement Heading for a BRICS Wall?" *South African Journal of International Affairs* 2 (2013), pp. 227 - 246.

④ Surya Narain Yadav, *India-South Africa Relations: Political, Economic and Strategic Perspectives*, New Delhi: Global Vision Publishing House, 2010.

5. 南南合作视野中的印度南非关系研究

伦敦政治经济学院教授克里斯·艾德恩和麦可·安托里奥·卫伊拉合写的《南方国家的新外交：南非、巴西、印度和三边主义》[①] 一文，刊发在《第三世界季刊》2005 年第 7 期上，该文认为印度、巴西、南非三个中等收入国家的三边外交伙伴关系，是全球化后整个发展中世界经历广泛变革的缩影。文章探讨了印度、巴西、南非三个地区大国推动的合作战略，并从多边主义、三边主义的制定和执行角度，剖析了新兴区域大国关系，认为印度、巴西、南非三国国内与区域政策的重叠程度将影响三边合作的前景。

S. 金噶等编著的《金砖国家的全球和地区领导地位》[②] 一书，对巴西、俄罗斯、印度、中国、南非等金砖国家主导地区与全球事务的意愿与能力加以比较与探究。作者认为，金砖国家新开发银行的建立，显示了金砖国家在影响全球经济秩序上的联合行动，并指出，尽管金砖国家在众多地区议题上的领导能力得到普遍认可，但其在全球层面的议程创建能力与意志乃至被接受程度方面，仍具有一定的不确定性。

玛丽亚·瓜达卢和穆格·罗德里格斯的《印度巴西南非对话论坛组织跨国倡议的前景——来自巴西的视角》[③] 一文，于 2016 年发表在《第三世界季刊》第 4 期上。作者认为跨国倡导网络应成为印度、巴西、南非人士协调影响各自国家外交政策的有力平台，并指出，印度巴西南非对话论坛自成立以来，就为政府、商界与学界构建网络空间，但该组织没有影响其政策的跨国倡议实例。文章就巴西塑造跨国倡导网络的原因及其面临的难点等议题进行了分析。

安德烈·路易斯·瑞思·席尔瓦等于 2016 年在《南非国际事务刊物》第 2 期发表《从万隆到巴西利亚：印度巴西南非对话论坛与南南合作的政治联系》[④] 一文，重点探析"第三世界"与"南方国家"的概念内涵，并就南方国家外交理念与方略的历史性演变加以阶段性解析。该文还介绍了

---

① Chris Alden, Marco Antonio Vieira, "The New Diplomacy of the South: South Africa, Brazil, India and Trilateralism," *Third World Quarterly* 7 (2005), pp. 1077 - 1095.

② S. Kingah and C. Quiliconi, *Global and Regional Leadership of BRICS Countries*, Berlin: Springer, 2016.

③ Maria Guadalupe Moog Rodrigues, "The Prospects for Transnational Advocacy across the IBSA Bloc—A View from Brazil," *Third World Quarterly* 4 (2016), pp. 703 - 720.

④ André Luiz Reis da Silva, "From Bandung to Brasilia: IBSA and the Political Lineage of South-South Cooperation," *South African Journal of International Affairs* 2 (2016), pp. 167 - 184.

当前国内外对印度巴西南非对话论坛的研究状况，追溯印度巴西南非对话论坛的议程与举措，探究该组织与不结盟运动的联系及其在延续万隆会议所秉持的南南合作原则方面的意义。

（二）中国学者的研究情况

1. 专著

在国内，较早对印度南非关系加以关注的是颜芙著的《南非印度人》，从此南非印度人这一命题开始进入国人视野。该著作梳理了印度人散居南非的历史，讲述了印度人对南非经济发展的贡献、南非种族隔离当局对印度裔的歧视与迫害及甘地号召印度裔开展“非暴力”抵抗、印度民族独立领导人对南非印度裔的关注等议题。不过，关于印度南非关系的研究国内尚无专著，只是在印度南非国别研究方面的著作中有所涉及。有关南非研究的著作主要包括：北京大学教授夏吉生主编的《南非种族关系探析》①；北京大学李安山的《南非斗士：曼德拉》②；中国社会科学院西亚非洲研究所葛佶等著的《南部非洲动乱的根源》③；中国社会科学院西亚非洲研究所杨立华的《曼德拉——南非民族团结之父》④ 和《列国志·南非》⑤ 及其与他人合著的《正在发生划时代变革的国度——南非政治经济的发展》⑥；华东师范大学沐涛的《南非对外关系研究》⑦；北京大学郑家馨的《南非史》⑧；罗伯特·罗斯著，上海外国语大学译的《南非简史》⑨。上述著作从不同侧面诠释了南非政治、经济、历史、社会文化和外交关系等方面的情况。

对印度南非关系有所阐述的有关印度的著作主要有：四川大学张力的《印度总理尼赫鲁》⑩；中国社会科学院亚洲太平洋研究所研究员孙士海主编的《印度的发展及其对外战略》⑪；孙士海、江亦丽的《二战后南亚国家对

---

① 夏吉生主编《南非种族关系探析》，华东师范大学出版社，1996。

② 李安山：《南非斗士：曼德拉》，学苑出版社，1996。

③ 葛佶等：《南部非洲动乱的根源》，世界知识出版社，1989。

④ 杨立华：《曼德拉——南非民族团结之父》，长春出版社，1995。

⑤ 杨立华：《列国志·南非》，社会科学文献出版社，2010。

⑥ 杨立华、葛佶、何丽尔、舒展、贺文萍：《正在发生划时代变革的国度——南非政治经济的发展》，中国社会科学出版社，1994。

⑦ 沐涛：《南非对外关系研究》，华东师范大学出版社，2003。

⑧ 郑家馨：《南非史》，北京大学出版社，2010。

⑨ 〔英〕罗伯特·罗斯：《南非简史》，上海外国语大学译，上海外语教育出版社，2006。

⑩ 张力：《印度总理尼赫鲁》，四川人民出版社，1997。

⑪ 孙士海主编《印度的发展及其对外战略》，中国社会科学出版社，2000。

外关系研究》[①]；北京大学林承节的《印度史》[②]；四川大学陈继东主编的《当代印度对外关系研究》[③]；西华师范大学龙兴春的《印度大国外交》[④]；暨南大学贾海涛的《海外印度人与海外华人国际影响力比较研究》[⑤]；拉贾·莫汉著，云南财经大学朱翠萍、杨怡爽译的《莫迪的世界：扩大印度的势力范围》[⑥]。

2. 论文

就笔者所见，中国学者发表的论文中，以海外印度人问题为研究对象的主要有：暨南大学贾海涛的《印度政府海外印度人政策的演变》[⑦]、贵州财经大学时宏远的《论海外印度人对印度崛起的影响》[⑧] 和笔者的《南非印度人问题与尼赫鲁政府时期的印度对南非政策》[⑨]。涉及印度对南非政策的论文主要有：上海国际问题研究院刘宗义的《印度对非洲政策的演变及其特点》[⑩]，华南理工大学亢升的《新世纪印度强化与非洲关系的战略动因简析》[⑪]，燕山大学沈德昌的《试析冷战后印度对非洲的外交政策》[⑫]，以及笔者的《从印非峰会看印对非政策变化》[⑬]、《印度与中国在对非关系上的合作与分歧》[⑭]、《印度对非洲文化外交探析》[⑮]、《试析印度莫迪政府与非洲关系的新态势》[⑯] 和《印度莫迪政府对非政策的调整》[⑰]。此外，2010 年南非正

---

① 孙士海、江亦丽：《二战后南亚国家对外关系研究》，方志出版社，2009。

② 林承节：《印度史》，人民出版社，2004。

③ 陈继东主编《当代印度对外关系研究》，巴蜀书社，2005。

④ 龙兴春：《印度大国外交》，中国社会科学出版社，2016。

⑤ 贾海涛：《海外印度人与海外华人国际影响力比较研究》，山东人民出版社，2007。

⑥ 〔印〕拉贾·莫汉：《莫迪的世界：扩大印度的势力范围》，朱翠萍、杨怡爽译，中国社会科学出版社，2016。

⑦ 贾海涛：《印度政府海外印度人政策的演变》，《世界民族》2007 年第 2 期。

⑧ 时宏远：《论海外印度人对印度崛起的影响》，《国际论坛》2009 年第 4 期。

⑨ 徐国庆：《南非印度人问题与尼赫鲁政府时期的印度对南非政策》，《西亚非洲 》2011 年第 4 期。

⑩ 刘宗义：《印度对非洲政策的演变及其特点》，《西亚非洲》2009 年第 3 期。

⑪ 亢升：《新世纪印度强化与非洲关系的战略动因简析》，《云南行政学院学报》2013 年第 4 期。

⑫ 沈德昌：《试析冷战后印度对非洲的外交政策》，《南亚研究季刊》2008 年第 3 期。

⑬ 徐国庆：《从印非峰会看印对非政策变化》，《亚非纵横》2008 年第 4 期。

⑭ 徐国庆：《印度与中国在对非关系上的合作与分歧》，《亚非纵横》2009 年第 4 期。

⑮ 徐国庆：《印度对非洲文化外交探析》，《南亚研究》2013 年第 3 期。

⑯ 徐国庆：《试析印度莫迪政府与非洲关系的新态势》，《南亚研究》2015 年第 2 期。

⑰ 徐国庆：《印度莫迪政府对非政策的调整》，《当代世界》2017 年第 2 期。

式加入金砖国家合作机制后，关于南非加入金砖国家的论文有所增加。如中国社会科学院西亚非洲研究所李新烽的《南非抱“金砖”意义非凡》,[①] 笔者的《印度与南非经贸合作分析》[②]、《南非加入“金砖国家”合作机制探析》[③]、《南非“向东看”的战略举措及影响》[④]、《南非加入金砖国家合作机制的背景、影响与前景》[⑤] 和《金砖国家德班峰会：非洲发展的新机遇》[⑥] 等。上述论文分别从印度南非关系的不同角度进行论述。

整体上看，现有的印度南非关系研究内容广泛，成果颇丰，为后续研究提供了充实的学术资源，是本书研究的重要基础。但深入分析，不难发现，这些研究仍存在以下几点不足。

第一，印度与南非学者关注居多，他国学界解读较少。从研究的主体看，印度学者对印度与南非的关系关注较多，特别是独立以来，印度学者从印度外交与战略等角度出发，剖析印度南非关系，并发表和出版了一些论文和专著。中国学者对印度南非关系研究关注不多，力度不够。截至目前还未见到这方面的系统的研究成果。从内容上看，印度学者对南非印度裔的状况给予较多关注，南非方面则主要从国内政治与印度南非关系的互动这一视角进行深入研究。21 世纪以来，中国、印度等新兴国家对非合作，以及印度与南非战略合作的前景与潜力备受关注。中国学术界在有关印度与南非等非洲关系的议题上，也有一定的涉及，但研究内容的多样性不足。印度非洲关系研究方面亦缺少论著，更不用说印度南非关系方面的学术研究了。

第二，某一时段的研究过多，综合分析不足。由于时代的局限性，诸多著作的论述大都是针对某一时段的研究，或者是应时性的研究成果，对印度南非关系全景式的研究较少。就分析要素而言，现有成果侧重南非印度裔议题研究，而对影响印度对南非外交政策的逻辑前提国家利益和国家实力分析较少。值得一提的是，除了印度裔，印度在处理与南非的关系中还会受到其他问题的冲击，如美苏争霸问题、印巴问题、中印问题、国内

---

① 李新烽：《南非抱“金砖”意义非凡》，《当代世界》2011 年第 2 期。

② 徐国庆：《印度与南非经贸合作分析》，《亚非纵横》2009 年第 6 期。

③ 徐国庆：《南非加入“金砖国家”合作机制探析》，《西亚非洲》2011 年第 8 期。

④ 徐国庆：《南非“向东看”的战略举措及影响》，杨光主编《中东非洲发展报告（2010 ~ 2011）》，社会科学文献出版社，2011。

⑤ 徐国庆：《南非加入金砖国家合作机制的背景、影响与前景》，《亚非纵横》2012 年第 3 期。

⑥ 徐国庆：《金砖国家德班峰会：非洲发展的新机遇》，《西亚非洲》2013 年第 3 期。

政局变动等。不仅如此，印度南非关系的阶段性研究有待细化，即使是分析南非印度裔议题，也需要对不同时期印度关注印度裔的原因、措施与影响等因素进行差异性分析。在分析范式上，没有把印度南非关系放在印度总体政策框架内加以研究，尤其是没有将其置于印度对非洲关系的视野内加以剖析。

第三，历史分析较多，比较研究短缺。新南非成立以来，印度与南非关系的性质发生巨大变化。不过，现有研究成果没有把印度对种族隔离时期南非的政策和对新南非的政策综合起来，以研究印度对南非政策的变与不变的内容，并从总体上把握印度与南非关系的发展趋势。新时期，印度南非关系的众多议题尚需深入研究，诸如南非在对自身身份重新建构的过程中，印度与南非关系经历了怎样的一个调整期？印度与南非战略合作的国内、国际意义如何？推动印度南非双边关系升温的因素有哪些？两国加强合作的实际成效如何？印度南非两国参与的双边、多边合作，与以往和当前的发展中国家合作相比有什么不同，两国关系的发展对南南合作、南北对话的进程有何新的影响？影响印度与南非合作前景的有利和不利因素分别有哪些？国际上如何看待印度、南非等新兴国家广泛参与的双边、多边合作？等等。

三 研究框架与主要观点

本书在充分参考以往研究成果的基础上，从历史研究与现实跟进的视角，对印度与南非关系进行阶段性分析，集中探析印度南非关系性质的演进、印度南非战略合作的具体领域、印度南非战略合作的影响因素及未来走向等三个方面的议题。

上篇论述印度南非两国由对手到战略伙伴的转变历程。包括第一、第二和第三章。第一、第二章探析印度与南非种族隔离政权的关系走向对立的根源、动因，以及印度在国内外为维护南非印度裔权益、抵制白人政权而展开的斗争。印度与南非分别为南亚次大陆与南部非洲的主要大国，两国之间存在千丝万缕的历史与文化联系，其中最重要的载体是前往南非的印度契约劳工。作为英国殖民统治时期的特殊产物，这些印度契约劳工一方面以自身的勤劳为殖民地开发做出不可磨灭的贡献，另一方面则面临日益剧增的歧视与排斥。在以甘地等为代表的印度民族人士的推动下，在很长一段时间内，“印度人”的安置与解决问题，成为大英帝国框架下所讨论的议题之一。独立前后，印度以组织方法、物质支持、舆论导向等“非暴力”方式，在国内国际层面向南非印度人反对白人歧视的斗争提供大力支持，成为当时联合国等多边协调机制中反对殖民主义与种族主义的鲜明旗手。面对因非洲殖民解放进程的推进而迅速激发的非洲独立与统一意识，印度减少了对南非印度人及涉非问题的关注，并提出“非洲人利益优先”原则。不过，此后的中印边界争端中，非洲国家向中国所展示的外交倾斜，促使印度愈加重视非洲整体在其国家战略中的地位。20 世纪 60 年代中期，印度面临的国内国际形势发生了巨大的变化。在此背景下，印度逐渐调整对非洲不够热心的态度，改变了强调非洲“非暴力”解放斗争方式的做法，对非洲的政策日趋务实。70 年代后，印度绿色革命取得显著成效，美苏冷战格局深入，印苏关系得到强化，这为印度涉足对非事务、加大对非洲解放斗争的全方位支持力度创造了有利条件。冷战结束与全球化进程的加速，迫使印度深化国内改革与调整外交政策。随着种族隔离政权的终结，新南非在重构国内经济的同时，转变外交理念。这为印度南非由全面对峙转向战略合作创造了条件。

中篇剖析印度南非战略合作的具体领域。包括第四章至第八章。印度与南非的战略合作主要体现在三个方面。一是深化两国政治、经济与文化等领域的合作。20 世纪 90 年代初，国际形势发生急剧变化，维持近半个世纪的美苏两极格局最终走向解体，经济全球化进程加速。印度南非启动经济改革开放与经济重构进程。与此相适应，两国都对各自的外交政策进行重大调整。这为新时期印度南非双边关系的重新定位奠定了基础。在两国领导人的共同努力下，印度南非在调整与世界主要大国关系的同时，推动双边关系实现由对峙、恢复到确立战略合作伙伴关系的转变。印度南非关系性质的变化，一方面体现了印度对南非外交着眼点的变化，另一方面体现了印度对南非关系的延续性和继承性。强调经济外交，在以经济为中心的方针指导下发展对外合作关系，是冷战后印度政府调整外交政策的最大特征。外交政策为国内经济改革和对外开放服务，标志着印度外交工作重心的转移。这与新南非致力于改变孤立状态、回归国际社会、发展务实外交的政策是相吻合的。在印度与南非各界人士的共同推动下，两国不但实现政治关系升温，而且在经济、文化科技、军事国防等领域的合作取得一定成效。二是协调两国对非洲的关系，注重南南合作，倡导新时期发展中国家合作的新形式。非洲是发展中国家最集中的大陆，冷战终止及种族隔离制度结束之后，印度与南非对非洲政策的变化和调整，为两国在非洲事务上开展合作提供了机遇。本篇分别阐述印度、南非在发展对非洲经济关系、参与对非洲维和、解决非洲社会问题等方面的合作情况，对两国在非洲合作的原因、措施、表现等内容进行论述。印度与南非在非洲的互动，一方面体现了印度对非洲关系和南南合作政策的延续，另一方面适应了印度新时期在非洲的利益诉求。印度是发展中大国，冷战时期印度积极支持第三世界国家的主权与独立，主张建立世界政治经济新秩序，在倡导与推动南南合作方面扮演重要角色。非国大等领导的南非民主人士的解放斗争，都曾得到南方国家的大力支持。冷战后两极格局终结，发展中国家外交回旋余地萎缩，这对发展中国家在国际格局中发挥独立且有影响力的作用构成挑战。印度南非积极倡导不结盟运动在新时期合作的意义，推动环印度洋地区合作联盟的成立。为加强印度南非在联合国、世界贸易组织等国际机制中相关议程的协商，两国联合巴西，建立跨地区的发展中国家战略联盟——印度巴西南非对话论坛。作为非洲大国与世界主要新兴经济体之一，南非应邀加入金砖国家合作机制，在推动金砖国家间的经济合作、倡导非洲议程与深化金砖国家合作机制等方面发挥建设性作用。三是加强印度南非在全球治理机制框架下议题的磋商，提升两国在联合国与世界贸易组织等多边机制中的发言权，提高各自的国际地位。作为日渐融入全球经济体系的新兴市场，印度南非注重联合第三世界成员，在世界贸易组织中捍卫发展中国家的利益，并利用世界贸易组织的贸易补救等措施，维护自身经济利益，配合国内的经济改革与发展进程。

印度南非关系的发展体现了新兴国家合作的深入。与第二次世界大战后国际形势变化相伴随，发展中国家相互关系不断深入发展，合作的主要领域从原先的政治拓展到经济、文化等方面。冷战后两极格局崩溃，中国、印度等新兴经济体的崛起，成为反映国际政治经济格局变化的重要因素，日渐引起国际社会的关注。印度南非作为新兴国家的代表，在倡导新兴国家合作、深化南南合作与推动国际新秩序方面，发挥了建设性作用。纵观南南合作与新兴国家合作的前景，印度南非需加强与其他新兴国家的互动，探索更多的利益交会点，提升发展中国家在国际机制框架中的议题创建能力。

下篇分析影响印度南非关系的诸因素。包括第九、第十两章。印度自独立以来，历经多次政府更迭，但南非一直在印度外交中占据特殊的地位。

印度对南非政策的着眼点既在于两国间存在难以割舍的历史联系，也在于适应各自对大国地位的追求。作为地区大国与发展中国家的重要代表，印度南非皆强调南南合作，加强南北对话，倡导第三世界的利益，提升两国在国际机制中的发言权。2014 年 5 月，印度人民党党魁纳伦德拉·莫迪接替曼莫汉·辛格成为印度共和国第 15 任总理。面对国内贫困问题与经济发展降速的困境，印度政商界持续重视与前景被普遍看好的南非等非洲国家的经贸合作。在莫迪政府推行以积极、强有力、迅速反应为特征的快轨外交背景下，印度与南非的外交、文化与安全等领域的互动有望获得继续深入。

最后是结论部分。鉴于印度与南非关系历经多个阶段，具有不同的属性，本书运用国际关系理论审视印度南非关系的演进，认知与反思两国间复杂的因果关系发展链条。

四 研究方法与创新

（一）研究方法

本书在写作过程中坚持马克思主义的辩证唯物主义与历史唯物主义的科学理论，通过分析南非与印度关系的沿革与发展态势，研究国际社会中普遍存在的国家间关系，以及这种关系对国际关系主题（和平与发展）的影响。所采用的方法主要有文献分析法、综合分析法与比较分析法。

第一，文献分析法。就研究手段而言，本书在写作过程中大量采用文献研究法，在集中掌握大量材料的前提下，力争使得出的结论与客观实际情况较为接近。这种研究方法，一方面，利于了解有关问题的历史和现状，帮助确定研究课题，形成关于研究对象的一般印象；另一方面，通过比较现实资料，了解事物的全貌。笔者在文中使用的文献主要包括三类：一是未经发表的印度对南非政策的最原始资料，涉及印度历史档案中所记录的印度对南非政策变化等内容；二是记录印度和南非事件经过的专著、论文、调查报告等文献；三是对事关印度南非关系的文献进行加工整理的资料，包括著录其文献特征、摘录其内容要点，并按照一定方法编排成系统的便于查找的文献。

第二，综合分析法。在综合分析的框架下，采取定性与定量、静态与动态相结合的研究方法。自印度独立以来，印度与南非间的关系历经 70 多年的变迁。受冷战环境、非洲局势、中印边界争端、新南非的成立等因素的冲击，印度多次调整对南非外交政策的着眼点，两国关系的阶段性起伏明显。探析印度外交政策的调整与前景，从总体上把握印度南非关系发展的脉络与前景，离不开综合分析法。本书对主要贯穿两国关系的印度裔、国家安全与大国地位等因素进行综合性分析。在分析印度裔、国家安全对印度对南非政策的影响方面，主要采取定性分析的方法，而在研究印度与新南非战略关系对两国经济合作的影响上，运用的是定量分析法。印度与南非关系包括历史与过程两个方面，这需要在对两国关系的背景与现状加以静态分析的基础上，对两国关系发展趋势与启示进行动态分析。

第三，比较分析法。在使用比较分析法的同时，配合运用个案分析法。总体上讲，印度与南非关系既是印度外交战略政策的体现，也是印度开展南南合作、深化对非外交的组成部分。研究印度南非关系，需要将其同印度与其他地区和国家的关系加以横向比较，以探析印度对南非外交的背景、体现、成效与难点等问题。当然，与此同时，笔者还对不同历史阶段的印度南非关系展开纵向比较，分析不同阶段影响印度南非关系的国内外因素。南非是非洲大国，南非加强与印度关系是南非致力于非洲议程的体现，印度南非在非洲议题上的合作涉及双边与多边层面，为比较冷战后印度南非对非外交的调整，洞悉两国发展对非关系关注点的异同，本书着重选取两国在对非经济、安全与卫生等三个领域的合作进行个案分析，洞察印度南非对非外交的优势、利益诉求及其对非洲安全与发展的贡献。

（二）创新之处

本书是笔者首次尝试在对印度南非进行系统研究的基础上，探析 21 世纪以来新兴国家间关系的成果，笔者在整理材料与进行分析的过程中发现，印度南非关系研究在诸多方面尚未引起学界的重视，并有待进行深入的研究，笔者有意识在书中涉及这些问题，并对其加以初步的论证，暂且视其为创新之处。

第一，本书是对印度与白人治下南非、新南非关系进行多维度研究的学术成果。为防止与国内外相关专题研究成果的重复，笔者在空间维度上，避免仅就印度对南非的政策措施来讨论印度与南非关系，而是从影响印度对整个非洲政策的主要思想，以及印度对南非的政策与印度对非洲其他地区政策的差异比较中，看待印度对南非政策。在时间维度上，笔者避免把印度对种族隔离时期南非的政策与印度对新南非政策割裂开来研究的做法，尝试把两个时期印度对南非的政策加以综合研究，找出影响印度对南非政策的变与不变的因素，并以此较全面系统地反映印度南非关系的现实。

第二，本书除对影响印度与南非关系的南非印度裔权益因素进行研究之外，还对影响印度对南非政策的国际格局、中国与印度关系、中国与非洲关系、印度与巴基斯坦关系、非洲独立国家间关系、印度国内局势、南非国内反应等背景因素进行初步考察，其中也阐述了一些新的观点。

第三，本书根据21世纪以来全球化深入、世界格局变化、新兴国家崛起与国际力量多元化趋势，结合主流国际关系理论，对印度南非关系的整体发展脉络加以反思，并就两国关系与新兴国家合作等议题提出一定的见解。鉴于类似的专题分析成果尚少，对这一问题的研究一方面是对印度南非关系研究的丰富与拓展，另一方面也是对新兴国家间关系研究的有益补充。

上篇

从对手到战略伙伴：印度南非关系性质的演进

本篇通过梳理印度对南非政策的演化轨迹，窥测印度南非关系的发展脉络。如果从印度国大党在英帝国框架下关注印度人的待遇算起，印度对南非政策大致经历了对峙与博弈（1947～1964 年）、全面恶化（1964～1994 年）、修复与转型（1994～2014 年）三个阶段。总体而言，印度对南非政策的原则、理念保持一定的连续性，但就政策目标、政策力度和实施成效而言，不同时期亦发生一些变化或呈现一些特征。以 1994 年南非首次多种族民主大选与民主新南非的诞生为分界线，印度对南非的政策可划分为前后两个时期：此前，印度对南非政策主要是基于政治、安全和外交考量，而非出于经济发展的需求；此后，印度对南非政策的着眼点逐步转向经济领域的互利合作。此种态势在 20 世纪 90 年代后期更趋明显。进入 21 世纪以后，印度南非合作的意义不再局限于双边层面，而是构成南南合作的重要内容，进而在一定程度上成为洞察国际政治经济新秩序演进的风向标。梳理、评估印度对南非政策的发展历程，有必要将之置于印度的非洲政策，乃至外交战略和发展战略的大背景下来加以考虑，并且联系当时特定的国际环境。本篇注重从印度对南非政策沿革的视角来梳理印度与南非关系的传承与发展，探析各时期印度对南非政策的动机，剖析不同时期印度对南非政策与印度外交和发展战略间的关联性，揭示各时期印度对南非政策的内涵与特征。

第一章

博弈与对峙中的印度南非关系（1947~1964年）

印度与南非分别为南亚次大陆与南部非洲区域的主要大国，两国间存在千丝万缕的历史与文化联系。南非的印度契约劳工是联结印度南非的最初的载体。作为英国殖民统治时期的特殊产物，这些印度契约劳工一方面以自身的勤劳为殖民地的开发做出不可磨灭的贡献，另一方面则面临日益加剧的歧视与排斥。在很长一段时间内，以甘地等为代表的印度民族人士积极捍卫海外印度人权益，“印度人”的安置与遣返议题成为大英帝国框架下关注的重要焦点之一。

独立前后，印度以外交抵制、物质支持、舆论谴责等“非暴力”方式，在国内国际层面援助南非印度人反对白人歧视的斗争，是当时联合国等多边协调机制中反对殖民主义与种族主义的鲜明旗手。随着非洲殖民解放进程的顺利开展，非洲独立与统一意识越发强烈。印度在倡导“非洲人利益优先”原则的基础上，减少了对南非印度人及涉非问题的关注。不过，面对中印边界争端期间非洲国家声援支持中国的一边倒态势，印度国内日渐反思其先前的对非政策，愈加重视非洲在其国家战略中的地位。

第一节　印度抵制南非政策形成的历史背景

随着新航路的开辟与欧洲殖民体系的拓展，南亚次大陆的印度得以与隔印度洋相望的南非建立起较为密切的商务与人员联系。为挖掘殖民地的丰富自然资源及解决发展殖民地经济中所面临的劳工短缺的难题，英国以契约劳工的形式，将印度人输送到南非。出乎殖民者意料，南非印度人在促进殖民地开发的同时，人口数目也增长很快，且在农业、商业等部门取得较大的成功，给南非原有的社会、经济与文化生态带来前所未有的冲击。南非白人当局对印度人的心态亦发生急剧变化，歧视、排斥乃至遣返日渐成为南非种族隔离政权对待印度人的主旋律。

一 殖民时期印度人前往南非的浪潮

1498 年，葡萄牙人达伽马绕过好望角，开通了由欧洲直达印度和中国的新航线。不过，在此后的一百多年，此条新航线并没有迅速热闹起来，而是处于沉寂冷落的状态。直到 16 世纪末，荷兰船员带头冲击一直被葡萄牙封锁的新航线。之后，英法等国舰船效仿荷兰，沿该航线涌入印度洋抵达远东地区。17 世纪，荷兰迎来其“黄金时代”，成为走向大洋的“海上马车夫”，踏足之地遍及亚洲、非洲的众多区域。出于为漫长旅途的船只提供新鲜食品的需要，荷兰殖民者迫切希望在好望角设立补给站。1652 年，荷兰东印度公司的三艘舰船在舰队司令扬·范·里贝克（Jan van Riebeeck）的带领下，登陆好望角，舰船海员成为首批移居到好望角的欧洲人。这些移居者在开普半岛设立农场，种植蔬菜水果，他们不但从欧洲招入大批的职员，而且利用其与在印度的荷兰移居者建立的商业联系，将大批印度人引入好望角，并将其变卖为奴隶，充当家仆或农场劳力等。①

自 19 世纪 60 年代起，印度人开始逐渐涌向南非。19 世纪，开普半岛沦为英国的殖民地。1856 年，开普敦的英国殖民者获得特许经营权。开普敦煤炭资源丰富，玉米和蔗糖等的开发前景巨大，这驱使殖民地加大对劳动力的需求。但鉴于 1833 年英国废除了奴隶制，原先纳塔尔殖民地内的英国定居者的奴隶离开了他们的主人。为解决殖民地开发所面临的劳动力短缺问题，殖民者曾考虑使用当地的非洲祖鲁人，但祖鲁人中的男性主要从事畜牧业，视保护各自所在部落、反对外地人的侵犯为己任。不过，即便迫使男性祖鲁人在殖民地的农场工作，时间不长，他们就又重新回到自己的部落，这给殖民者安排与调遣劳动力造成不便。之后，英国不得不制定半

① Surya Narain Yadav, *India-South Africa Relations: Political, Economic and Strategic Perspectives*, New Delhi: Global Vision Publishing House, 2010, p. 144.

奴隶性质的契约劳动力制度。需要指出的是，在此之前印度劳动力已经在毛里求斯等英国殖民地被广泛使用，且取得相当的成效。受此启发，英国殖民当局开始将引进劳动力的目光转向印度。另一方面，英帝国属下的印度政府缺乏有效的经济政策，难以消化国内的劳动力资源。在历经五年的协商后，1859年，英帝国、英属印度政府、纳塔尔殖民当局三方最终达成印度向纳塔尔输送劳动力的第14号、15号法令。[①] 据此，1860年，首批约150名印度契约劳工被运抵英国殖民地纳塔尔港，主要从事甘蔗种植业。十年后，主要来自南亚次大陆古吉拉特地区的另一批印度人则开始以自费方式陆续来到南非。在之后的50年时间里，大量印度人相继来到南非。直到1911年，印度殖民政府制定法规，禁止印度劳工前往纳塔尔，印度人赴南非的步伐才有所减缓，值得一提的是，该法规对凭借自身能力前往南非的印度人却没有设限。随着时间的推移，纳塔尔逐渐成为印度人在南非的首个家园。

在此期间，越来越多的印度人选择定居南非。根据英国、纳塔尔与印度政府的三方协议，前往南非的印度契约劳动力不但将享有食品、卫生等方面的照顾，还能得到每月两英镑的收益，这远高于他们在印度所挣得的收入，此外，三年的契约到期后，原先的契约劳动力既可免费回到印度，也可以成为自由劳动力，并得到与返回印度的旅途费用同等价值的农业土地。这对契约劳工颇具吸引力，因为很多印度人在自己的母国印度不可能拥有土地。此外，出于向大量滞留在南非的印度人提供商品和服务的需要，纳塔尔殖民政府还允许印度商人在纳塔尔定居，允许所谓的“客运印度人”在该地区进行贸易。此外，按照南非当时的法律，假如印度劳工长时间居住在南非的话，南非当局应给予他们平等的待遇和保障。[②] 正因如此，多数契约劳动力在契约期限结束后选择定居南非。到1911年契约制度被最终废除时，仅有约23%的纳塔尔印度人返回印度。

二　影响白人群体歧视印度人的利益因素

随着南非印度人数量的不断增长，南非白人当局对印度人的态度逐渐

① T. G. Ramamurthi, *Fight Against Apartheid*, New Delhi: ABC Publishing House, 1984, p. 13.

② Meenal Shrivastava, "South Africa in the Contemporary International Economy: India's Competitor or Ally?" *South Asian Survey* 1 (2008), p. 137.

由欢迎变为排斥。究其原因，有四个方面。一是白人思想上受种族优越论的影响。早在 1685 年，当时的南非荷兰殖民者就强调应禁止白人与纯黑人之间的婚姻。从 18 世纪初开始，白人优越论开始在南非泛起。1716 年，甚至有白人公司的董事建议用印度人劳动力代替“有色人”奴隶。面对印度人潮水般的涌入，白人认为南非的白人文明面临即将被淹没的危险，指出如果不加遏制的话，南非将成为像毛里求斯那样有大量来自亚洲的移民的国家。1911 年，白人种族主义“理论”家丹尼尔·弗朗索瓦·马兰在帝国会议上表示由于印度人的存在，南非的种族问题变得更加复杂。① 到第一次世界大战爆发之际，印度人口增加至约 12.5 万人，结果，很多白人担心纳塔尔殖民地将会被印度人所控制。② 到 1920 年，印度人达到 13 万人，而当时的白人仅为约 11.5 万人。印度人口的剧增日渐威胁到白人的主导地位。因此，驱赶印度人逐步成为官方政策。南非国民党的奠基者赫佐格将军明确要求南非政府部门雇用更多白人劳动力，以确保欧洲人在南非有更多安全感。③ 1927 年 2 月，英属印度政府与南非联邦签署《开普敦协议》，该协议指出，考虑到大量的印度人将仍旧是南非固定人口的一部分，南非联邦政府应向其提供教育和其他设施，但印度殖民政府则应接受其中不符合西方方式的印度人，并将其带回印度。④ 二是白人与印度人在宗教信仰方面存在一定的差异。相对于英国人倾向于从经济利益层面担忧印度人可能带来的挑战，布尔人基督教徒则更强调其他人种对其宗教和文化价值观的冲击，视抵制外来宗教在其领地的扩张为自身的责任。奥兰治自由邦议会通过《苦力法》，禁止印度人进入该地区。德兰士瓦的布尔人视印度人、土著人等肤色较黑的人群为低等人。印度人被隔离般地居住在卫生条件很差的苦力区。1913 年的南非《联邦法》明确限制定居南非的大多数印度人的妻子入境，这等于在实质上拒绝了所有形式的非基督教婚姻。三是白人担心印度人威胁其经济地位。19 世纪末以来，一些完成契约的印度劳工和商人取得了一定的经济成就，引起了一些南非欧洲殖民者的不满，白人工人也开

---

① T. G. Ramamurthi, *Fight Against Apartheid*, New Delhi: ABC Publishing House, 1984, p. 36.

② Surya Narain Yadav, Indu Baghel, *Brazil, India and South Africa*, New Delhi: Jnanada Prakashan, 2010, p. 142.

③ M. Muslim Khan, *50 Years of India's Foreign Policy Towards Southern Africa*, New Delhi: Devika Publications, 1998, p. 40.

④ M. Muslim Khan, *50 Years of India's Foreign Policy Towards Southern Africa*, New Delhi: Devika Publications, 1998, p. 43.

始视印度人劳工为威胁。受1913年的《土著土地法》的影响，不但大量的土著人被赶往城市和矿业区，而且印度人也大批进入城市寻找工作。这对一些贫困白人的生计构成威胁。四是白人忧虑印度人动摇南非国家建国的基石。1919年，南非的欧洲白人选民组建反对亚洲人联盟，宣扬南非作为白人生存的国家问题，认为亚洲人对南非联邦的基石构成挑战，表示如果南非印度人在法律上获得平等地位，南非将失去其作为白人国家的基础。1921年的英帝国会议上，南非总理史末资强调南非国家体系是建立在不平等的基础上的，不平等是南非宪法的基石，处理印度人问题不能脱离南非的整个状况，认为不能在将政治权利授予印度人的同时，而否决南非其他"有色人"的权利。

三 南非当局排挤印度人的措施

大量印度人，特别是获得自由的印度契约劳动力和商人，不可避免地对白人的权益构成冲击，引起南非当局的日益不满，一些歧视与排斥印度人的政策和措施相继出台。

（一）打击南非印度人的经济利益

截至1885年，有近4000名印度人定居德班地区，其中约2000人已购买或租赁土地。在沿岸一带，一些印度人成为小农，并开始在种植和销售玉米、园林生产等领域对白人农场主构成挑战。同年，南非共和国通过第三法规，规定印度人不得在南非共和国拥有土地。1943年、1946年，白人当局分别通过《贸易和占用土地的限制条例草案》与《亚洲人土地使用和印度人代表法》，规定印度人未经批准不得从德兰士瓦省和纳塔尔省[①]的白人手中获得固定财产。

为限制印度人的自由经营。1913年，南非通过《移民条例法》（*Immigrant Regulation Act*），禁止来自亚洲的移民进入南非联邦，禁止亚洲人在联邦各省之间的迁移。1924年，南非有20万～30万贫困白人。南非国民党党魁赫佐格呼吁各部门雇用更多的白人劳动力，以促使欧洲人在南非获得更多的安全保障。同年，南非联邦政府推出城镇新条例，剥夺印度人在自治市镇的专营权。除此之外，印度人不能获得采矿牌照，在奥兰治自由邦没有权利参与贸易和农业，德兰士瓦、纳塔尔政府都拒绝给予印度居住者贸

① 纳塔尔省于1994年改为夸祖鲁－纳塔尔省，首府彼得马里茨堡。

易许可证。

出于保障白人工人工资与技术特权的考虑，纳塔尔省早在1905年就通过法律，规定印度雇员须支付3英镑人头税，否则不得录用。1925年，南非通过最低工资法，禁止印度人拥有与白人同等水平的工资。1926年南非颁布《采矿与工作法》（*Mine and Work Act*），规定保护白人技术工人，允许在众多工业部门中排斥印度人。印度人不得进入对白人开放的劳动力市场。受此影响，在铁路部门就业的白人工人从6301人增加到15116人，而印度人则从1910年的超过6000人减至1936年的400人。

（二）限制南非印度人的政治权益

随着印度人口的增加，白人对自身政治地位的危机感不断加剧，担心印度人选民数量将超过白人，从而对“白人至上”的原则构成威胁。1885年，南非制定第三法规，规定印度人不应取得南非共和国的公民权。[①] 19世纪末，南非的印度人数量几乎与欧洲白人相等。[②] 1891年，纳塔尔印度人口的增速超过白人。1896年，纳塔尔省通过选举权法，规定只有少数印度人继续享有议会选举权。至1910年，南非印度人占南非总人口的2.53%。[③] 而根据1909年南非通过的种族主义宪法《南非法》，立法、执法和司法机构全部由白人占据，“非白人”完全被排斥在南非政治权力之外，[④] 根本没有保护印度移民权利等议题的法规。1924～1925年，印度人丧失市政选举权。[⑤]

（三）遣返与隔离南非印度人

白人政权试图遣返与隔离在南非的印度人。1895～1913年，在强制遣返政策下，35413名南非印度人被遣送回印度。[⑥] 1897年纳塔尔政府制定移民法，禁止没有通过一种欧洲语言听力测试的任何人进入纳塔尔，并不允

① S. B. Mukherji, *Indian Minority in South Africa*, New Delhi: People's Publishing House, 1959, p. 24.

② S. B. Mukherji, *Indian Minority in South Africa*, New Delhi: People's Publishing House, 1959, p. 35.

③ 杨立华、葛佶、何丽尔、舒展、贺文萍：《正在发生划时代变革的国度——南非政治经济的发展》，中国社会科学出版社，1994，第31页。

④ 杨立华：《列国志·南非》，社会科学文献出版社，2010，第78页。

⑤ T. G. Ramamurthi, *Fight Against Apartheid*, New Delhi: ABC Publishing House, 1984, p. 61.

⑥ S. B. Mukherji, *Indian Minority in South Africa*, New Delhi: People's Publishing House, 1959, p. 112.

许其获得超过特定数目的钱财。1908年，南非通过亚洲人登记法修正案，规定无论新抵达南非的印度人受教育程度如何，都不允许进入德兰士瓦。1914～1926年，南非联邦政府对印度人实行自愿遣返政策。但由于当时南非超过15万的印度人当中，只有35%是在印度出生，而对剩余的65%的南非印度人而言，南非是他们的家园，为了祖先的土地，他们不会离开南非，自愿遣返政策的效果并不理想，只有20234名印度人在此政策下被遣送回印度。1927年2月，英属印度政府与南非联邦签署《开普敦协议》，规定无论是第一代移民还是在南非联邦出生的第二代或第三代居住的印度人都应该被遣送回印度，对于不遵守西方生活方式的印度人，印度政府应将其接回。据此，南非政府在1928～1940年对南非印度人采取协助移民政策，但最终仅有17500多名南非印度人回到印度。时任总理丹尼尔·弗朗索瓦·马兰承认《开普敦协议》在解决南非印度人问题上的失败，表示南非印度人问题应在南非内部加以解决。1948年，马兰领导的国民党上台，把隔离印度人等非白人、"维护白种人血统和纯洁"作为首要使命。南非政府取消了纳塔尔省和德兰士瓦省有一定经济地位的印度人享有的选举3个白人代表进入众议院的权利。次年，南非通过《南非公民法》，取消了关于英国和英联邦移民自动取得南非公民权的规定，改为须等待五年时间，并由南非政府决定是否授予其公民权。除此之外，南非还制定《禁止混婚法》（1949年）、《不道德法修正案》（1950年）、《集团居住法》（1950年）等种族隔离法律，对"有色人"的婚姻关系与居住区域加以隔离与划分。

第二节 印度南非在南非印度人问题上的博弈

自19世纪末以来，南非印度人为维护自身的平等权益，开始在甘地的领导下走向有组织的斗争。面对印度人的团结与抵制，南非白人政权在歧视印度人上有所收敛。但南非印度人总体上遭受排挤的境况并没有得到根本改观。在数年来遣返印度人的计划收效甚微的背景下，种族隔离政权不得不将处理印度人问题的思路由"对外"转向"对内"，试图在南非国内总体种族不平等的体系框架下解决印度人的地位问题。在民族自由、国家独立与安全等因素的驱动下，印度民族人士越发对南非印度人争取平等地位的斗争表示关注。但受国家地位与实力的限制，独立之初的印度政府对南非白人政权制定了以"非暴力"为主旨的抵制政策。

一 南非印度人的早期斗争

南非白人种族隔离政权的歧视举动，遭到印度早期民族人士的强烈抗议。南非印度人在甘地的领导下，以舆论宣传、消极抵抗等方式，积极争取印度人的平等权益，抵制白人当局对南非印度人的歧视与遣返政策。

（一）甘地领导南非印度人的“非暴力”抵抗运动

甘地率领南非印度人同白人当局展开有组织的斗争。1893 年，莫罕达斯·卡拉姆昌德·甘地作为比勒陀利亚一位印度人客户的律师代表来到南非，解决那位印度人与另一个印度人商人之间的法律纠纷。面对印度人被歧视的遭遇，甘地利用自己掌握的法律知识，坚持殖民政府应该严格执行 1858 年的维多利亚皇后声明，此声明中，维多利亚皇后许诺印度臣民与帝国其他臣民享有平等的地位，反对印度人被歧视。在职业者与商人的支持下，1894 年 5 月，甘地组建纳塔尔印度人大会。1903 年，甘地创办周刊《印度人舆论》（*Indian Opinion*），以积极为争取印度人平等和公平权利发声。甘地还代表印度人向印度政府和英国殖民办公室请愿，动员舆论支持，呼吁停止种族歧视政策。不仅如此，甘地在德班、约翰内斯堡先后建立凤凰城定居地、托尔斯泰农场，为反对歧视而遭受拘捕的家庭提供庇护。1907 年 5 月，甘地在南非发起首次消极抵抗运动，拒绝登记证。在甘地的影响下，德兰士瓦印度人也成立印度人大会。

在“非暴力”不抵抗运动的冲击下，南非总理扬·史末资将军推迟白人政府对德兰士瓦印度人的登记，废除针对印度人的 3 英镑人头税，正式承认印度教、伊斯兰教仪式下的婚姻。1908 年，超过 3000 名印度人在约翰内斯堡聚会，并烧毁通行证。受此影响，史末资迅即表示将与内阁部长加强协商，废除通行证法等所有歧视法律。甘地因此认为其在南非的工作已经完成，于是在 1914 年离开南非，回到印度。需要指出的是，尽管南非印度人状况有所改善，但史末资将军没有成功劝说或影响内阁部长废除所有反对印度人的法律，印度人仍旧被视为二等公民。

（二）甘地率领南非印度人捍卫所享有的既得权益

南非印度人继续争取与白人平等的权益。1913 年的南非《联邦法》阻止定居南非的大多数印度人的妻子进入南非，拒绝所有形式的非基督教仪式的婚姻。此举引起已经定居在南非的印度人的愤怒。甘地发起第二阶段的消极抵抗运动，主张已定居南非的印度人亲属应该获准进入南非。在甘地的坚持下，1914 年的《甘地 - 史末资协议》对单纯由于亲属关系而进入南非的新印度移民没有质疑。一战期间，由于南非印度人和英属印度殖民地对英国的贡献，印度在英帝国联邦中的地位有所提高。借此机遇，英属印度政府在 1917～1929 年的一系列英帝国会议上，多次提及印度人平等待遇问题。但南非政府一再强调印度人问题是白人与非白人之间的问题。1923 年，史末资将军亦将印度人、非洲人与“有色人”归类为非白人，认为没有必要与理由对印度人和非洲土著人做出任何区分。[①] 这引发寻求与白人平等地位的印度人的强烈不满。不过，这也在一定程度上表明印度人倡导自身权益的努力，不应脱离南非国内反种族主义斗争的总体实践。

（三）南非印度人抵制白人政府的遣返政策

南非白人当局不同形式的遣返政策引起印度人的反感。1925 年，南非议会推出《区域居留地与移民限制法》，进一步限制亚洲人移民南非。为平息国内白人的怨恨情绪，1927 年，南非政府与印度政府签署《开普敦协议》，表示将通过采取自愿或协助遣送的方式，将南非印度人的规模降至最低水平；允许已经定居南非的印度人的亲属入境；改善已滞留在南非的印度人境况，作为协助，英属印度政府将在南非设立印度代理等。这对南非而言，等于明确承认南非国内的印度人为南非居民，政府必须承担相应的责任。

在遣返印度人回印度的计划失败后，白人对印度人渗透到白人区域的忧虑剧增。印度人口在 1921～1938 年增加 3 倍，为避免法令或法制中涉及对印度人所有权和居住权的隔离等内容，印度人社团领导人同意非正式的自愿隔离。1936 年，南非印度人大会许诺采取自愿行动，答应在亚洲公司里不再雇用欧洲妇女，以防止公司的经营许可证被吊销。1939 年，纳塔尔印度人联盟向内政部部长保证采取自愿性行动，将印度人渗透到欧洲人地区的概率减少到最低限度。为阻止印度人在欧洲人居住的区域购买财产，1943 年，联邦政府颁布《贸易和占用土地的限制条例草案》，即《隔离法》（*Pegging Bill*）。这遭到印度驻南非代理的反对，但也在一定程度上促使南非印度人淡化与非洲人和“有色人”的团结，不愿与其合作，也不愿共同反对白人的种族政策，而是将焦点放在追求与白人同等的待遇与特权上。

---

① Surya Narain Yadav, Indu Baghel, *Brazil*, *India and South Africa*, New Delhi: Jnanada Prakashan, 2010, p. 113.

不过，与此同时，南非印度人内部因在抵制《隔离法》的策略上存在差异而走向分裂。一些因种族隔离改革而获得一定利益的印度人群，主张继续采取自愿隔离的政策，以保存他们在欧洲人居住区的投资权益，避免法律层面造成对他们的隔离；一些平民身份的印度人则组建反对隔离理事会。前者认为为改善待遇，应向印度政府和英国等外部世界力量寻求帮助，后者则认为既然他们是南非人，就不应该向印度寻求帮助，而是在南非国内寻求其他黑人的理解与支持。1944 年的南非印度人大会（SAIC），号召与其他非欧洲人追求共同的政治、教育和经济事业。这得到反对隔离理事会成员的支持。[①]

二　印度民族人士关注南非印度人的动因

南非印度人问题成为影响印度尼赫鲁政府与南非关系的重要因素。在印度早期民族人士看来，捍卫南非印度人的权益、抵制白人政府的种族隔离政策，不仅是出于印度民族情感、国家安全的考虑，还事关其建国理念及其倡导的《联合国宪章》精神。

（一）民族情感是促使印度关注南非印度人问题的初衷

白人政权的种族主义政策引起了印度早期民族人士的反抗。19 世纪后期，印度现代民族资产阶级革命著名领袖甘地首次来到南非城市德班，在遭遇一系列侮辱与歧视后，从 1893 年起就组织南非印度人展开“非暴力”抗争。次年，他组建纳塔尔印度人大会，这是首个南非印度人政治团体。在 1896 年回到印度后，甘地就南非印度人面临的难题向印度民族解放人士发表系列演说。受此影响。1912 年，尼赫鲁发起其第一次政治活动——为南非的抵抗者筹集资金。[②] 1927 年，印度国大党通过了谴责种族歧视、殖民主义和帝国主义的政策文件。[③] 1946 年，时任印度临时政府总理的尼赫鲁表示：“我们反对任何对其他人民的控制，以及给予其他民族的特殊地位。无论我们的民族去任何地方，都有权争取平等和有尊严的待遇，我们不能接受对他们的任何歧视。”20 世纪 50 ~ 60 年代，印度常驻联合国代表贝纳格尔 ·

① T. G. Ramamurthi, *Fight Against Apartheid*, New Delhi: ABC Publishing House, 1984, p. 57.

② Stanley Wolpert, *Ghandi's Passion: The Life and Legacy of Mahatma Ghandhi*, London: Oxford University Press, 2002, p. 34.

③ The India National Congress, Congress Bulletin, Issued by the Office of the All India Congress Committee, Allahabad, 1927, p. 37.

纳尔辛劳爵士认为，对南非印度后裔社区的歧视不仅是一个人权问题，而且是一个关系到印度国际形象的问题。①

（二）南非印度人问题在英帝国时期没有得到很好解决

印度的殖民地地位与英帝国的不情愿介入态度，导致南非印度人问题长期悬而未决。1908 年，印度国大党认为英帝国下的自治政府无情地损害印度人的利益，恳请英国议会和印度政府关注印度人问题。1918 年的英帝国互惠决议，一方面认为应为访问与短暂居住的印度人提供设施，居住海外的印度人应被允许携带他们的妻子和未成年孩子等；另一方面则确认帝国下的每个国家具有通过限制移民以控制人口的权力。1921 年，英帝国会议在肯定英联邦成员国拥有自由决定人口构成权力原则的同时，表示为加强英联邦成员国的团结，希望印度人的公民权应得到承认。南非对此表示拒绝，认为南非整个体系是建立在不平等的基础之上的，不平等是宪法的基石，不能牺牲南非的整体状况来解决印度人问题，不能在否定南非其他有色公民权利之际，而给予印度人政治权利。1923 年，南非总理史末资声称印度人问题是南非内政，任何人无权干涉。1924 年，印度首次提出以圆桌会议的方式解决印度和南非间的问题，并得到英国政府的支持，但遭到南非的拒绝。出于对 1943 年南非通过的《贸易和占用土地的限制条例草案》的抗议，同年，印度通过《互惠法》，规定对在英联邦中限制印度人的国家的国民给予同等的限制。1944 年 11 月 3 日，该法正式生效。针对 1946 年 6 月 3 日的南非《亚洲人土地使用和印度人代表法》，印度政府首次向联合国指控南非政府制定歧视南非印度人的法律。

（三）印度将种族主义视为对其自由和安全的威胁

尼赫鲁认为，“尽管非洲与印度因印度洋而分开，但从一种意义上讲，非洲是我们的近邻”。1946 年 6 月，在印度即将独立之际，尼赫鲁向美洲非洲事务理事会发慰问电，表示纳粹主义和法西斯主义已经在其发源地被摧毁，但它们的精神仍然存在，在南非，白人当局以典型的纳粹方式对待印度人和非洲人。1946 年 9 月 1 日，尼赫鲁担任印度过渡政府外交部部长，并发表首次正式官方广播演说，号召公众关注南非发生的事件，警告“如果继续容忍种族原则，将不可避免导致大规模的冲突”。尼赫鲁认为，如果

① 〔澳〕大卫·布鲁斯特：《印度之洋》，杜幼康、毛悦译，社会科学文献出版社，2016，第 124 页。

殖民主义和种族主义在与印度相隔印度洋的非洲地区还顽强存在的话，印度辛苦赢得的自由将不会持久，“在南非，种族主义是国家的原则，我们的民族在发动一场反对少数种族人独裁的英勇斗争，如果将来继续忍耐种族原则的话，势必将导致广泛的冲突和世界性的灾难”。[①]

（四）印度与南非在相关政策和理念上存在分歧

印度和南非都是《联合国宪章》的签字国，而《联合国宪章》主张平等、博爱及普遍人权观念，反对种族主义和殖民主义。二战临近结束之际，南非联邦政治领袖史末资参与《联合国宪章》序言的制定工作。在南非等国的努力下，“重申基本人权、人格尊严与价值，以及男女与大小各国平等权利之信念”的条款被写入宪章序言。1948 年，联合国发布《世界人权宣言》，将世界人权纳入国际法范畴。不过，同年，南非右翼政党国民党上台，开始在社会生活的各个方面全面推行种族隔离制度。[②]

印度由此认为南非不断公然强化其种族隔离制度的各项措施与法律，完全不理会印度等国的反对呼声，无视联合国通过的相关决议，是对《联合国宪章》的公然蔑视。独立后的印度效仿英国，推行以成人普选权为基础的议会民主制，建立了宪政民主制度；印度宪法规定法律面前人人平等，取消不可接触制，废除贱民制度，政府应在经济、政治、社会和文化方面，为切实提高原贱民和部落居民地位做出必要的安排，规定在印度人民院和邦立法院为表列种姓和表列部落按人口比例保留席位，联邦政府专门设立一名由总统任命的表列种姓和表列部落专员，负责监督宪法有关规定的落实等。[③] 这都与南非推行的种族歧视理念相冲突，更何况在印度独立之后的不到一年，种族隔离制度却在南非合法化。针对英国把南非种族隔离制度与印度传统的种姓制度相类比的观点，印度驻联合国代表团团长潘蒂夫人表示：“在印度，我们在尽全力、尽可能地消除过去遗留下的社会恶习，我们不寻求在印度和世界舆论面前，表明此举的合理性。”[④]

---

① Jawaharlal Nehru, *India's Foreign Policy: Selected Speeches, September 1946 - April 1961*, New Delhi: Ministry of Information and Broadcasting: Publications Division, 1961, pp. 2 - 3.

② 欧亚：《南非国际组织公共外交》，《公共外交季刊》2015 年第 4 期，第 48 页。

③ 林承节：《印度史》，人民出版社，2004，第 69 页。

④ T. G. Ramamurthi, *Fight Against Apartheid*, New Delhi: ABC Publishing House, 1984, p. 73.

三 印度抵制南非的“非暴力”政策取向

独立之后的印度对非洲（包括对南非）的外交政策，深受印度独立领导人思想的影响。正因如此，影响印度对南非外交政策的基本因素在独立之前就已存在，特别是甘地1914年回到印度担任印度国大党的领导后，其将在南非争取印度裔平等权益的斗争变成一个追求国家独立的民族运动。1927年的印度国大党马德拉斯会议，通过了谴责种族歧视、殖民主义和帝国主义政策，这为印度未来外交政策的基本原则提供了具体的规范。

1947年获得独立的印度在发展与南非关系上面临诸多难题。首先，南非白人政权执行的种族歧视政策发展为种族隔离政策，形成了领地隔离、宗教隔离、婚姻隔离等种族隔离政策的多种表现形式，这导致整个南部非洲地区的流血和冲突。南非非国大组织自1912年以来就开始了激烈的抵抗斗争。其次，南非非法占领纳米比亚，并在那里推行种族隔离政策，进行同样程度的非人道行为。最后，就非洲而言，除了南非所在的南部非洲地区，整个非洲几乎都在殖民主义统治之下，一些国家和地区甚至没有建立自己的民族解放运动组织。

针对当时的非洲局势，印度尼赫鲁政府对白人种族主义统治的斗争采取了“非暴力”抵抗政策，其主要表现在以下几个方面。（1）反对种族主义，支持殖民地人民自治。1949年，尼赫鲁在哥伦比亚大学发表演说，认为消灭种族歧视、匮乏、疾病和漠视是印度的外交目标之一。[①] 当20世纪50年代早期非洲白人势力成立“中非联邦”时，尼赫鲁总理表示反对，认为此举利于加固种族歧视，宣称印度将以非军事手段抵制任何地方的种族歧视。（2）向非洲的“非暴力”自由运动提供支持，支持亚洲与非洲的团结。1948年，印度国大党制定以友好、合作、和平与非军事介入为宗旨的外交政策。在1955年4月18~24日的万隆会议上，在没有南非代表参加的情况下，尼赫鲁提到非洲的巨大痛苦，认为“非洲面临比亚洲还要大的悲剧，亚洲有责任帮助非洲，因为我们是姐妹洲”。（3）维护《联合国宪章》权威，对联合国有关非洲被压迫和被剥削人民的事业给予充分的支持。（4）断绝与南非的贸易与外交联系。随着1860年印度人移民来到纳塔尔，印度与南非的贸易也逐渐获得发展，由于第二次世界大战的刺激，印度与南非贸易

① 转引自陈继东主编《当代印度对外关系研究》，巴蜀书社，2005，第30页。

在1944～1945年达到顶峰。1945～1946年，印度对南非出口在印度总出口中所占的比重超过3%，从南非的进口占印度总进口的1%。南非是印度在非洲的主要贸易伙伴，占印度对非洲出口的22%。[①] 但从1946年起，印度减少了与南非的贸易联系（当时与南非的贸易约占印度总贸易的5%），并终止与南非的贸易协议。鉴于南非对联合国相关决议的蔑视，1954年，印度撤回驻南非专员，成为第一个同南非彻底切断经贸与外交关系的国家。

大体上讲，印度支持“非暴力”斗争方式抵制南非，主要基于四个方面的原因。一是印度独立经历的影响。印度自身主要是通过“非暴力”斗争的方式获得了独立，“非暴力”源于印度宗教思想中的仁爱主义，其崇尚仁爱、戒杀和自制等信条。以贾瓦哈拉尔·尼赫鲁为代表的印度独立初期的民族人士对“非暴力”斗争方式持肯定态度，对国家的军事潜力几无所知，军队在19世纪50年代甚至遭到“国大党政府继母般的对待”。除此之外，尼赫鲁、伐拉白·巴德尔、阿扎德等主要领导人，是刚刚独立的印度的重要机构——部长理事会的重要成员。由于他们的参加，反对殖民主义、反对种族主义成为印度外交政策的基本原则。这些原则体现了非暴力、和平方式的内容。如强调国际和平与安全，主张殖民地人民民族自决、和平解决争端、不结盟；支持亚非国家，主张亚非团结；相信联合国，并全力支持联合国，反对军事对抗性的军事集团；等等。二是印度经济条件的限制。英国的殖民统治给印度带来了严重后果。独立不久的印度是一个经济落后的国家。国民生活水平低，农业发展停滞，工业发展缺少资金。印度认为强调支持“非暴力”斗争政策，能为其寻求尽可能多的经济援助，获得美国、苏联与日本等国的支持，认为如果爆发战争、军备竞赛或者参与冷战的话，印度发展计划将不可能获得成功。在经济与外交的关系上，尼赫鲁总理认为在形成正确的经济政策之前，印度的外交政策将是相当模糊的、相当不成型的和探索中的。[②] 他强调发展经济为国家当务之急。三是印度封闭性经济政策的制约。尼赫鲁总理强调外交政策从长期看是经济政策的分支。20世纪50年代中期，印度国大党在筹划第二个五年计划（1956～1961年）期间，确立了“社会主义类型社会”的建设目标，该社会类型既

① M. Muslim Khan, *50 Years of India's Foreign Policy Towards Southern Africa*, New Delhi: Devika Publications, 1998, p. 318.

② Jawaharlal Nehru, *India's Foreign Policy: Selected Speeches, September 1946 – April 1961*, New Delhi: Ministry of Information and Broadcasting: Publications Division, 1961, p. 7.

不同于资本主义市场经济，也有别于中央指令性计划经济，强调在国家控制和发展经济的基础上，实现自力更生与社会公正，从而确立封闭性的半管制经济体制，使印度国民经济几乎同世界经济脱离，处于闭关自守的状态。这在很大程度上导致印度不愿过多涉足域外事务。四是非洲非殖民化历程的加速推进。20世纪50～60年代，英国殖民势力持续从非洲大陆撤出。1960年，英国首相哈罗德·麦克米伦发表题为“改革之风吹遍非洲”的演讲，并敦促南非政府改变种族隔离制度。印度由此认为英属殖民地的非殖民地化进程已是大势所趋，这些殖民地的解放可以用最少暴力的方式获得成功。

四 印度南非在南非印度人问题上博弈的影响

以捍卫白人文明自居的南非政权，在西方殖民大国的支持下，对包括印度等国家在内的国际社会的谴责采取忽视与抵制态度。客观而言，20世纪中期，印度反对种族隔离斗争所取得的成效有限。尽管如此，印度的努力不但在一定程度上配合南非国内印度人的自由解放事业，促使南非白人当局调整对境内印度人的政策与认知，而且推动世界舆论对种族隔离问题的关注。从印度对非洲政策的总体框架看，印度对南非白人政权的强烈抵制政策，明显不同于印度对非洲英属、法属与葡属殖民地人民解放斗争的相对轻视态度。

（一）影响和推动世界与南非国内被压迫人民的解放斗争

由于印度人自身文化的独特性，加之南非白人政权对南非印度人、非洲黑人的种族隔离政策，长期以来，南非印度人处于被排斥的孤立境地。尽管印度政府在大力维护南非印度人权益的过程中面临多重阻力，但其推动国际社会更关注南非国内的人权状况，并最终促使白人当局、黑人民族人士改善对南非印度人地位的认知。

1. 印度成为国际上较早反对种族主义的重要力量之一

印度维护南非印度人权益的斗争，对于聚集反对南非种族歧视和非洲其他地区殖民统治的世界舆论，以及以后扩大反对种族主义和殖民主义的斗争具有一定的奠基意义。20世纪60年代前，新中国在联合国的合法席位还没有恢复，获得独立的发展中国家很少，联合国议程被西方国家主导。印度在联合国维护南非印度人权益的斗争，首次凸显联合国宣称的高尚原则与一些成员国所制定和执行的种族歧视政策之间的矛盾，从而开始唤醒联合国对种族问题的关注意识。1952 年，联合国在南非联邦的强烈抗议声中设立调查委员会，调查南非种族状况，并发布相关报告，认为南非在 1954 ~ 1955 年持续通过的系列法律，不符合南非在《联合国宪章》和《世界人权宣言》下的义务。根据第七届联合国大会的决议，联合国组建南非联邦种族问题斡旋委员会，这是首个为调查南非有色族群状况而设立的机构，该委员会的会议和发布的 3 个报告唤起了全世界对种族隔离政策与实践的广泛关注。①

2. 印度推动南非白人当局改变对其国内印度人归属的认知

尽管白人进入纳塔尔比印度人只早数十年，外来人群的概念只是相对于非洲土著人而言，但起初的南非白人也将印度人视为外来人，其所主张的种族隔离的概念也是否定印度人融入白人社会的任何尝试。他们甚至将印度人描绘为生活习惯不良、不可同化的外来人群。之后，南非白人政权又逐渐认为印度人与非洲土著人同为低等人群。南非宪法更是只承认两个种族——白人和“有色人”。② 1923 年，南非总理史末资将印度人、非洲人和“有色人”统一归类为非白人。针对印度在联合国倡导的印度人议案，南非政府多次强调其国内的印度人问题为南非内部问题，即印度人是南非人群不可分割的部分，对印度人的处理是自己的责任。

3. 印度的努力对南非人民自由解放斗争产生积极影响

印度对南非的贸易禁运，一方面给刚刚独立的印度造成了一定的损失。因为对遭受两个多世纪的殖民统治的印度来说，当时正是亟须发展经济、需要外部贸易、解决外汇奇缺、巩固其独立之时。印度却成为世界范围内从 1954 年起对南非进行全面抵制的国家，这种抵制一直持续到 1992 年南非取消种族隔离制度。但另一方面亦打击了南非白人政权的经济利益。在印度的贸易制裁下，南非黄麻袋急剧短缺，不得不对黄麻袋进行控制，并对纸包装和其他取代黄麻袋的材料的可行性加以研究。此外，印度通过对联合国决议的倡导等措施，揭示南非种族歧视政策，有利于非洲人更好理解南非印度人的地位和命运，推动非国大和南非印度人大会的团结，使非洲人不再视印度人为对手，而是作为共同斗争的伙伴。如 1923 年，非洲民族

---

① T. G. Ramamurthi, *Fight Against Apartheid*, New Delhi: ABC Publishing House, 1984, p. 115.

② Surya Narain Yadav, Indu Baghel, *Brazil*, *India and South Africa*, New Delhi: Jnanada Prakashan, 2010, p. 116.

主义者正式组建“南非非洲人国民大会”，其宗旨是维护非洲人的民族权益，反对白人的种族统治。该组织的主要领导人曼德拉、坦博等在当时也只支持非洲民族主义，反对与印度人社团的联合行动，认为“多种族主义”的口号不能唤起非洲人的民族意识，不能使非洲人在心理上摆脱自卑和对白人的依赖，主张非洲人自己干。但受南非印度人的斗争，以及印度对反对种族隔离斗争提供巨大支持等因素的影响，到1952年，曼德拉和其他领导人转向支持包括印度人在内的所有南非人的包容性民族主义。[①]

不过，尼赫鲁支持非洲“非暴力”解放政策遭到多方的抵制。其一，南非白人种族隔离政权拒绝执行联合国相关决议。印度认为，南非白人政权的种族歧视政策与《联合国宪章》背道而驰，国内司法无助于解决南非印度人问题。[②] 但南非根据《联合国宪章》第二章第七条，指出南非印度人问题须在南非的司法管辖范围内加以解决，[③]联合国的议程应删除南非印度人议题，并指出众多联合国成员不会容忍联合国对其内政的干涉。南非总理马兰声称，他不会容忍联合国等外部势力干涉南非内政，表示他将领导国民党政府全面执行种族隔离制度。其二，以西方文明维护者自居的南非获得欧美国家的声援。从第二次世界大战到20世纪60年代初，美国把南非视为不可或缺的“真诚”的反共盟友，公开抵制国际组织对南非的武器禁运。1951年，美国、南非签订联合防务援助协议。美国坚称南非的种族政策是南非自己的内部事宜，联合国等国际机构不得干涉，强调种族问题在全世界普遍存在，非某一个国家独有，反对联合国就南非种族议题展开专门讨论。[④] 其三，联合国规则与印度外交政策的羁绊。1960年前，美国等西方国家主导联合国议程，印度致力于不结盟政策，不愿卷入冷战的旋涡。苏联在南非问题上对印度的支持也不够明确。第三次联合国大会期间，苏联甚至反对在《世界人权宣言》相关条款下讨论南非印度人议题。此外，截至1946年，仅有4个非洲国家（包括南非）和10个亚洲国家加入联合

---

① E. S. Reddy, “India in South African History,” 1995, http://www.anc.org.za/un/reddy/indiasa.html.

② Cassandra R. Veney, “India's Relations with South Africa During the Post-Apartheid Era,” *Journal of Asian and African Studies* 3 (1999), p. 324.

③ Gupta Anirudha, “India and Africa South of the Sahara,” *International Studies* 3－4 (1978), pp. 639－653.

④ 冯志伟：《1948～1952年杜鲁门政府对南非种族隔离制度的“中间道路”政策初探》，《前沿》2010年第4期，第131页。

国，而联合国相关决议的通过需要2/3以上成员的首肯。这对印度来说不是一件容易的事情。例如，从1947年到1948年，印度呼吁召开圆桌会议以解决南非印度人问题，在决议投票中，只有31票支持，19票反对，6票弃权，联合国大会因此未就此议题发出任何倡议。其四，西方舆论的谴责。印度抵制白人歧视政策引发一些英国公众的不满，他们谴责尼赫鲁为非洲争取平等而斗争，认为当英国放弃对印度的责任时，引发500万人被杀害或被迫流离失所，不是在非洲，而是在印度，认为尼赫鲁捍卫非洲印度人权利的观点，无助于缓解印度人同非洲白人的关系。

（二）印度与南非的争执不同于印度对非洲其他殖民地人民解放运动的态度

尽管印度强调支持非洲“非暴力”的自由运动，但在印度、南非争执的总框架下，1957年前的印度政府对南非种族隔离政权的态度，一直是较强硬和有力的。这与印度对英国、法国、葡萄牙等国的非洲殖民地解放运动的冷淡、有限态度形成鲜明的对比。这在一定程度上不符合当时的非洲形势。因为20世纪50年代中期后，反对殖民主义与帝国主义已经成为世界人民的心声。1955年的亚非会议上，与会各国高举反殖、反帝、支持民族解放的旗帜。超级大国苏联逐渐重视拉拢第三世界这一东西方冷战的中间地带。中国等表示积极支持被压迫民族的解放事业。非洲人民的民族斗争愿望也愈加强烈。1957年加纳的独立，揭开了战后撒哈拉以南非洲国家独立浪潮的序幕。1960年更是因有尼日尔、乍得等17个国家走向独立，而被称为“非洲年”，欧洲殖民者在非洲苦心经营的殖民体系已呈土崩瓦解之势。

1. 印度对英属非洲殖民地解放运动的冷淡态度

总体而言，印度政府对英国殖民地的解放运动缺少支持的动力。1952年的肯尼亚茅茅运动，导致大批的非洲人被英国人屠杀。对此，1953年12月5日的全印度国大党委员会（All India Congress Committee，AICC）会议，甚至谴责非洲人，认为“非洲人在争取自由的斗争中使用武器，是不值得称赞的，是有害的，一些非洲组织采用这种方法极大地损害了它们的事业”。①

印度对英国非洲殖民地的解放运动持冷淡态度的原因有三。其一，印

① *Indian National Resolutions on Foreign Policy, 1946 - 1966*, AICC, New Delhi, 1966, p. 24.

度对英国存在诸多方面的依赖。经济上，留在英联邦内可以增加印度与其成员国之间在殖民期间形成的经济联系，克服印度在后殖民统治期间的严重困难；在地区关系方面，防止英联邦在印巴冲突中站在巴基斯坦一边。需要指出的是，在大国关系上，独立之初，苏联对印度极不信任，把印度视为帝国主义的同盟者，两国间的隔阂不断加深。一方面，印度在经济、技术上获得美国的援助；另一方面，又对美国在联合国涉及克什米尔等问题上倾向于巴基斯坦表示不满。英联邦为印度提供了一个既可维持国家的稳定，又不至于与美国走得太近的国际组织。因此，印度签署1949年4月英联邦特别首脑会议发布的《伦敦宣言》，承认"英国国王是英联邦各独立成员国象征意义上的元首"。印度正式决定留在英联邦。[①] 其二，印度在1961年解放果阿之前，一直对使用"暴力"的方法持保留的态度。尽管印度反对非洲的殖民主义，但倾向于认为英国会以和平方式允许其殖民地获得独立。不仅如此，印度民族解放运动的成功深受甘地"非暴力"思想的影响，主张以"非暴力"方式实现民族解放。其三，国际舆论制约印度对英属殖民地人民的斗争的态度。当50年代早期非洲的白人势力成立"中非联邦"时，时任印度总理尼赫鲁认为此举是为了加固种族歧视，以图在非洲数个地区创造一个新的自治领政府，他宣布印度将用战争以外的力量，反对任何地方的种族歧视。这招致了英国一些舆论的批评，认为尼赫鲁的主张不利于缓解印度人与在非洲的欧洲人之间的关系，增加非洲东部对"印度人帝国主义"的恐惧态度。为避免英国的严厉批评，印度领导人对英国殖民统治采取了谨慎的态度。[②]

此外，影响印度对英国殖民统治的态度的因素，还包括印度洋和阿拉伯海由英国和其盟友美国所控制；印度的武装力量极度有限，且受到印巴争执等问题的牵制；印度担心过于激进，会恶化非洲印度裔的地位；英国在非洲的殖民地很多位于印度洋的另一侧，与印度本土距离较远；等等。

2. 印度对法葡所属非洲殖民地斗争的有限支持政策

1947年印度独立后，法国和葡萄牙并没有随着英国撤出南亚次大陆而结束其殖民统治，它们仍然维持着原有的殖民统治。法国在印度保留了本

---

① 陈继东主编《当代印度对外关系研究》，巴蜀书社，2005，第18页。

② M. Muslim Khan, *50 Years of India's Foreign Policy Towards Southern Africa*, New Delhi: Devika Publications, 1998, p. 110.

地治里等五个沿海城市，葡萄牙则继续保留果阿、达曼和第乌。不过，印度没有在法国的非洲殖民地人民的解放斗争中扮演很积极的角色，只是在原则上或者道德上给予有限的支持。印度希望法国赋予阿尔及利亚自决权，但印度没有承认阿尔及利亚民族主义者建立的流亡政府，印度在刚果民族主义者成功解放刚果的1960年，才与刚果民族主义者取得联系。

印度在法属殖民地人民的解放斗争中发挥有限作用的原因是：印度期望从法国和比利时获得经济利益，从欧洲经济共同体（EEC）获得贸易和关税上的让步，在事关克什米尔的问题上能获得法国在联合国中的援助，希望法国从印度的本地治里定期撤离（1960年法国才撤出该地区）等。

相比而言，印度注重给予葡萄牙在非殖民地的起义力量一定的援助。这一方面是由于葡萄牙在一段时间里持续显示其要维护在非洲一切利益的意愿，另一方面是由于葡萄牙自恃为北约成员，不愿放弃在印度果阿的殖民地。1947年11月，葡萄牙总理萨拉查宣称：从地理上讲果阿属于印度，但是从社会文化宗教来讲果阿属于欧洲，在这里，无论是西方人（欧洲人）、葡印人（混血儿）还是印度人都是葡萄牙公民。1955年，果阿爆发民族独立运动，但遭到葡萄牙武力镇压。次年4月，萨拉查在美国《外交事务》刊物上撰文，声称果阿是葡萄牙领土的一部分，是海外省。[①] 这引起印度的不满，并为葡属殖民地的安哥拉民族解放阵线、安哥拉人民解放运动、佛得角非洲独立党等解放组织提供物质支持和技术培训，向葡萄牙殖民者施加压力，企图迫使葡萄牙政府放弃在印度的殖民统治属地。

由此观之，印度对英、法、葡殖民地人民的解放运动持冷淡与有限态度，这在一定程度上表明，印度没有把争取南非少数印度裔权益的斗争与支持多数非洲人的解放斗争相结合起来。

第三节　“非洲人利益优先”原则与印度南非关系

南非白人政权在种族歧视的道路上越走越远，这一方面加剧了南非国内的种族矛盾，促使各个被压迫的族群日渐觉醒，并走向联合；另一方面表明印度对南非白人当局的“非暴力”抵制政策存在欠缺。印度政府在转

① 陶亮、李敏：《尼赫鲁对果阿问题的处理与1962年中印边界冲突》，《南亚研究》2014年第2期，第91页。

而支持南非印度人与非洲人共同斗争的同时，更加注重在国内国际层面支持“非洲人利益优先”的原则。随着非洲独立解放进程的深入，印度在国际上所发挥的倡导非洲解放议程的主导作用有所削弱。受种族隔离政策等因素的影响，“非洲人利益优先”原则并没有得到非洲印度裔的认可。

一　“非洲人利益优先”原则出台的背景

随着国内外局势的变化，印度对南非白人政权的政策调整成为必然，其原因主要有以下几点。

（一）南非印度人与非洲人联合斗争的趋势不断加强

尽管甘地在1906年曾率领一个印度医疗队帮助祖鲁人，但总体上甘地对非洲人保持疏远的态度。[①] 20世纪40年代早期，印度人大会以追求与白人平等的权利为目标，在与非洲人合作上持反对或不热心态度。另一方面，南非限制非白人经济和社会地位的法律和行政措施，加剧了非白人群体间的对立与冲突。1949年，德班甚至发生族群暴动。不过，这促使印度人与非洲人组成联合委员会，以消除误解，加强友谊与合作。为抵制《集团居住法》等种族隔离措施，非洲人与印度人共同组建“大会联盟”。1950年6月26日，非洲人与印度人合作发起首次联合群众运动——在南非境内暂停工作。1951年，非国大和南非印度人大会的代表组建联合计划委员会。1952年4月，非国大和印度人大会发起首次合作游行——“蔑视不公正法运动”。1955年，非洲人、印度人、“有色人”和一些白人代表正式召开“人民大会”，这是南非联邦成立以来第一次真正有代表性的会议。会议通过的《自由宪章》声明，以种族为基础的土地所有权应该被废除，认为南非属于所有生活在南非的人们，各民族应平等相处，共同享有南非的财富和土地。这为南非印度人与非洲人的团结指明了方向，为两者的长期合作奠定了基础。

（二）印度与南非在南非印度人问题的协商上受挫

针对印度在联合国的指责，南非认为其国内的印度人是南非国民，处理印度裔问题是其内政。在南非、印度、巴基斯坦三方参与的圆桌会议上，南非认为应该就减少南非印度人的规模展开讨论，而印度与巴基斯坦则认为应集中消除对南非印度裔或巴基斯坦裔的歧视，并为他们的全面发展提

① T. G. Ramamurthi, *Fight Against Apartheid*, New Delhi: ABC Publishing House, 1984, p. 4.

供机遇。各方目标的差异决定了结果的失败。1950 年 5 月，南非通过《集团居住法》，坚持对所有非白人推行种族歧视。同年 6 月，印度通知南非将不会执行圆桌会议的决定，并向联合国通告圆桌会议的失败结果。1952 年 5 月，印度总统拉金德拉·普拉萨德认为："问题不再仅仅是南非印度人问题，它已经有更大、更广泛的意义，这是个种族统治和种族不能忍受的问题，与其说是南非印度人的未来问题，不如说是南非非洲人问题。"印度总理尼赫鲁认为："在南非，尽管印度裔问题对我们很重要，但其为一个更大的种族歧视问题之下的一个次议题，在南非更多的是非洲人的反抗，而不是印度裔的反抗，领导力量是非洲人，我希望是这样。"

正因如此，在 1952 年 9 月，南非爆发大规模的黑人反对种族隔离运动，在南非政府采取暴力手段镇压黑人的反抗运动之际，印度乘机联合一批亚洲国家将南非种族隔离问题再次提交联合国大会讨论，与以往不同的是，这次决议草案并不仅限于南非境内的印度裔居民待遇问题，而且包括土著黑人遭受种族制度迫害的问题，这是联合国大会召开以来首次就南非种族隔离问题进行正式讨论。[①] 1953 年，印度反对联合国大会提出的由赞比亚、马拉维、津巴布韦组成中部非洲联邦的构想，认为这将加强白人统治和扩大种族隔离制度的范围。

（三）南非种族隔离政策日益不得人心

面对 1947 年印度独立以来对南非白人当局执行的非暴力斗争举措，种族隔离政权非但没有减缓对非白人的迫害，反而在镇压印度人、非洲人的道路上变本加厉。1960 年 3 月 21 日，南非种族主义者镇压游行群众，制造了 69 人死亡、180 人受伤的沙佩维尔事件，世界舆论为之震惊。尼赫鲁在新德里的悼念集会上，表示该惨案可以与 1919 年英国殖民者在印度制造的阿姆利则血案相提并论，认为这是预示邪恶的种族隔离政策即将走向终结的开始。此外，大批在 20 世纪 60 年代初获得独立的非洲国家，纷纷与南非断绝殖民时期的外交关系，并呼吁所有联合国成员对南非政权实施经济制裁。1963 年，非洲独立国家成立非洲统一组织，建立非统解放委员会，明确反对白人种族主义政权，承认和支持南非非国大和泛非主义者大会的斗争，中断与南非贸易、交通与外交联系，呼吁国际社会对南非进行强制性

---

① 马凌：《美国对撒哈拉沙漠以南的非洲政策研究：20 世纪 40～60 年代》，厦门大学出版社，2014，第 89 页。

制裁。为讨好新独立的非洲国家，美国也在 1963 年 8 月 7 日和 12 月 4 日投票赞成联合国大会和安理会先后通过的对南非自愿武器禁运决议，[①] 呼吁南非当局释放被关押的黑人自由解放领导人，加强与联合国的合作。

（四）印度对南非的“非暴力”斗争政策的局限性日益显现

印度最终认识到军事支持在对非洲政策中的重要性。究其原因，主要有二。一是南非国内黑人武装暴动的兴起。自 1912 年非国大前身“南非土著人国民大会”成立以来，曼德拉在甘地的影响下，一直坚持对白人政权的“非暴力”斗争。但随着 50 年代末到 60 年代初南非种族矛盾的不断加剧，特别是血腥的沙佩维尔惨案后，黑人中要求以暴力反抗种族政策的呼声日益强烈。二是非洲国家对印度所秉持的“非暴力”政策表示失望与不满。1961 年 9 月，参加塞尔维亚不结盟运动会议的赞比亚领导人肯尼斯·卡翁达，指责尼赫鲁容忍葡萄牙在果阿的殖民统治，并强调等待葡萄牙人主动退出果阿是不可能的，认为尼赫鲁显然是更希望等非洲人民来推翻葡萄牙的殖民统治，然后像收获果实一样得到果阿，而不是率先为非洲人民树立榜样。[②] 卡翁达甚至建议印度以武力方式立刻解放果阿。受此刺激，1961 年印度军队进入果阿，打败葡萄牙人，成功收回果阿。印度最终依靠军事手段，实现了把所有被外国占领的飞地都与印度大陆相融合的夙愿，这一方面使印度在追求国家统一的问题上，无须再与外国协商；另一方面使印度改变了对采用“非暴力”手段争取权益的看法。尤其是 1962 年中印边界争端中，相对于中国获得多数非洲独立国家的支持，只有 4 个非洲国家给予印度外交支持，6 个非洲国家表示同情和关切。[③] 在印度倡导的不结盟运动中，只有埃及坚定地支持印度。[④] 这使战前尼赫鲁推行的对非洲“非暴力”政策，受到印度国内多方人士的批评。

---

① 杨立华、葛佶、何丽尔、舒展、贺文萍：《正在发生划时代变革的国度——南非政治经济的发展》，中国社会科学出版社，1994，第 209 页。

② 〔德〕德特马尔·罗德蒙德：《读懂印度的第一本书》，贾宏亮译，中国铁道出版社，2013，第 53 页。

③ M. Muslim Khan, *50 Years of India's Foreign Policy Towards Southern Africa*, New Delhi: Devika Publications, 1998, p. 117.

④ PM Trip to Attend NAM and IBSA Summits, http://news.indiamart.com/news-analysis/pm-trip-to-attend-na-13373.html, 2016.

二 “非洲人利益优先”原则的实践

在“非洲人利益优先”原则的指导下，印度政府不仅注重向非国大等非洲民族解放组织提供军事与物质援助，还重视在联合国、英联邦与不结盟运动等多边机制中，积极谴责南非种族隔离政权的迫害政策，呼吁国际社会支持南非人民的解放斗争。

（一）印度大力援助非洲人民的解放斗争

1960年，印度议会通过一项谴责沙佩维尔屠杀的决议。在议会演讲中，尼赫鲁总理认为非洲殖民统治即将崩溃，非洲国家面临从黑暗到自由光明的机遇，而在种族主义思想的支配下，南非白人政权却镇压非洲自由斗争，逮捕印度人与非洲人的领导人，制造恐怖，迫使反对种族主义的斗争转入地下。不过，白人当局咄咄逼人的态势，从侧面表明先前印度希望通过联合国等国际平台增强对南非种族隔离政权的舆论压力，从而迫使其悬崖勒马的政策存在弊端。1961年，非国大正式建立其军事力量“民族之矛”，并积极开展外交活动，争取国际支持。1963年，英迪拉·甘地率领一个高级代表团对数个非洲国家进行访问，其间，代表团认为印度与非洲的友好关系被削弱，原因中国对一些非洲独立国家，特别是对一些解放运动提供物资和军事援助。1965年，印度开始通过非洲统一组织解放委员会向罗得西亚（今津巴布韦）的武装解放运动组织提供援助。[①] 1967年11月，印度允许非国大在新德里设立亚洲办事处，并向其提供大量物资和军事援助。

（二）印度在多边合作机制框架内谴责种族隔离政权

就支持南非自由民主解放斗争而言，印度国内层面的声援与国际层面的呼吁是紧密相连的。印度政府在联合国推动国际社会制裁南非白人政权的同时，积极在英联邦、不结盟运动等多边国际组织内严厉谴责种族歧视的罪行。

1. 呼吁联合国成员制裁南非种族隔离政权

在印度与其他28个非洲和亚洲国家的呼吁下，1960年，联合国安全理事会通过第134号决议，敦促南非政府采取措施，制定基于种族平等与和谐

---

① Anirudha Gupta, “A Note on Indian Attitudes to Africa,” *African Affairs* 275 (1970), pp. 170 - 178.

的政策。在印度等国家的努力下，联合国在 1962 年设立反对种族隔离特别委员会；推动联合国大会第 1761 号决议，根据此决议，联合国呼吁成员国与南非政府断绝外交关系，对悬挂南非旗帜的船只关闭所有港口；禁止成员国的船只进入南非港口，抵制所有的南非商品；拒绝给南非和在南非注册的公司的所有飞机提供着陆和通行设施服务。印度还在联合国严厉谴责那些通过政治、经济和军事合作方式，间接地鼓励南非政府延续其种族政策的国家。根据联合国大会 1963 年 12 月 16 日通过的第 1978B 号决议，印度建议联合国秘书长向种族隔离的牺牲者提供资金援助，催促每个联合国成员国在 1964 年 12 月 12 日捐助 2.5 万卢比，支持种族隔离制度的受害者。[①]

2. 反对南非的英联邦成员资格

对于印度在尼赫鲁领导下抵制白人种族主义的斗争，英国曾持指责态度，认为印度是打击整个非洲的白人，是在摧毁英联邦的根基。不过，20 世纪 60 年代初，南非面临的国际压力剧增。在此背景下，英国对白人政权的态度亦有所调整。1960 年 2 月，英国表示如果南非企图阻挡非洲民族主义运动，英国将不予支持。沙佩维尔事件发生后，5 月，印度等多数亚非英联邦成员，不顾英国的坚持，在英联邦首脑会议上强烈反对南非的英联邦成员地位，认为多种族主义是英联邦的基本原则。当南非联邦在 1961 年 5 月 31 日正式改名为南非共和国时，印度宣布不予承认，除非它取消种族隔离政策，认为南非的政策是独立的亚非国家不能容忍的。印度的观点得到很多国家的赞同。在强大的压力下，南非不仅被迫取消对英联邦成员的再次申请，还在 1961 年 3 月 15 日宣布退出英联邦。最终，南非被驱逐出英联邦。

3. 推动不结盟运动支持南非自由解放运动

作为不结盟运动的创始国的印度，在不结盟运动中倡导反对南非种族隔离政策。不结盟运动 1961 年的《贝尔格莱德宣言》，呼吁与会各国严厉谴责南非联邦的种族隔离政策，要求南非政府立刻终止该政策，强调世界任何地方的种族歧视政策都是对《联合国宪章》和《世界人权宣言》的违背，呼吁各国共同支持南非人民的解放事业。印度等国支持给参加会议的非

① United Nations, GAOR, Twenty-Third Session, p. 49.

国大和泛非主义者大会（Pan-Africanist Congress of Azania）以观察员地位。[1]

三 “非洲人利益优先”原则的成效

20世纪50年代初至60年代初，印度在涉足非洲事务、支持非洲民族解放斗争方面持消极态度，这一方面是由于非洲众多国家逐步实现独立，非洲统一意识增强，对印度在对非政策中所秉持的“非暴力”手段不满；另一方面在于印度倡导的“非洲人利益优先”原则，在很大程度上未获得在非印度人的积极响应。

（一）印度在非洲解放斗争中的领导角色趋于淡化

1957年后，虽然印度仍在反对殖民主义和主张取消种族隔离制度，但反对的力度却在减小。最终结果是印度对南部非洲的政策发生了基本的变化，其一改先前在非洲－亚洲解放事业上扮演领导角色的做法，变得对非洲事务不够热心。尼赫鲁总理把发展与非洲关系的任务，完全地留给了技术和外交人员，强调印度不会创造或者是领导第三世界。这种态度在1960年达到顶峰，当有人向尼赫鲁建议印度应与非洲国家一道，反对葡萄牙在莫桑比克和安哥拉的殖民统治时，尼赫鲁却认为：“解放果阿的问题，纯粹是印度问题，相似的，莫桑比克或者是安哥拉的解放是一个非洲问题。”[2]

印度的此种淡化政策，一直持续到1965年前后，其中缘由与非洲独立意识的增强、中国和印度在非洲影响力的变化有着密切关联。

1. 非洲的独立性和自主性日益增强

20世纪60年代，大批非洲国家走向独立的道路。联合国中非洲国家的代表在增加，这结束了印度在联合国作为新独立国家发言人的角色。在印度看来，1955年的万隆会议，确立了其在非洲－亚洲运动中的领导地位。但随着埃及1957年成功主持首次非洲－亚洲人民团结会议，印度认为其在非洲的领导地位已被埃及所取代。更为重要的是，1958年后的所有非洲会议都绕过印度。1963年，非洲统一组织（非统）的成立，将非洲国家和人民反对南非种族主义的斗争推向高潮，非统组织决定成立非洲解放委员会，统一领导非洲反对殖民主义、种族主义的斗争。

---

① M. Muslim Khan, *50 Years of India's Foreign Policy Towards Southern Africa*, New Delhi: Devika Publications, 1998, p. 78.

② Reprinted in *Economic Weekly* (Bombey), 6 September, 1961.

2. 印度与相关非洲国家之间发生摩擦

印度的非洲政策引起一些非洲国家的不满。印度主张通过和平制宪来解决非殖民地化问题，采取“非暴力”的方式。在 1961 年的贝尔格莱德不结盟运动峰会上，印度在为终止非洲殖民主义设置期限的问题上，持犹豫不决的态度，非洲领导人由此认为印度对殖民国家的态度太软弱。印度甚至拒绝承认阿尔及利亚临时政府这样一个军事组织，同卡萨布兰卡集团（Casablanca Bloc）等非洲国家军事组织的矛盾加剧。除此之外，印度在非洲的相关行为，引起部分人士的不满。1960～1963 年，印度约 6000 名军人参加在刚果的联合国维和行动，遭到部分左翼人士的非议，他们指出印度在刚果的行为是印度企图在非洲推行“新殖民主义”的佐证。[①] 这不利于印度在非洲的形象。

3. 中国在非洲的影响力有所增强

中国支持非洲采取武装斗争的方式，向一些非洲国家提供了大量的物资支持，这提高了在非洲国家中的影响。相比，印度坚持非洲解放运动使用和平方式的做法，则没有得到非洲多数国家和人民的赞同。在 1962 年的中印边界争端中，只有 4 个非洲国家给予印度外交支持。[②] 印度认为尽管在这之前，印度在联合国等多种场合给予非洲国家很大的帮助，但非洲并没有给予印度相应的回报。即使是在印度担任重要角色的不结盟运动中，也只有少数非洲国家支持印度。[③] 这一方面引起印度的不满，但另一方面也表明印度对非洲政策存在不足。

（二）“非洲人利益优先”原则未得到非洲印度裔的响应

尽管印度人在南非的土地上已经生活了一百余年，且自 20 世纪 30 年代以来，拥有自身组织的南非印度人就与非国大共同合作，团结对种族隔离不满的各个阶层，支持不合作运动，抵制种族歧视政策，但这同印度人与非洲人两族群之间的相融境界还相去甚远。另一方面，虽然大多数非洲印度裔对印度在反对种族隔离运动中所给予的支持与援助感到骄傲，且自 1947 年印度独立以来，印度政府对非洲印度裔的政策，是希望他们分享非

---

① Richard L. Park, “Indian-African Relations ,” *Asian Survey* 7 (1965), p. 354.

② M. Muslim Khan, *50 Years of India's Foreign Policy Towards Southern Africa*, New Delhi: Devika Publications, 1998, p. 117.

③ J. Bandyopadhyaya, *The Making of India's Foreign Policy*, New Delhi: Allied Publisher Private Limited, 1979, p. 56.

洲同胞的愿望，融入非洲社会，不得要求特权，不要视自己为少数人群，并寻求特殊的权利，但印度政府的此种建议既没有被在非洲的印度裔所承认，也没有被非洲黑人民族主义者所接受。

南非的印度裔与非洲人相融合的重大障碍首先在于南非白人种族主义统治者推行种族隔离政策，蓄意制造各种族之间的隔阂，限制印度人的经济与生活。特别是在 20 世纪 40 年代，面对印度人与非洲人、“有色人”等日趋联合的局面，南非当局尽力在非白人之间制造分歧，制定分而治之政策，对三个种族群体，分别给予不同待遇。如南非政府按照种族 、地理和意识形态的差异，将教育划分为 19 个不同的部门，设立印度人、黑人、“有色人”和白人四种教育体制，并执行“分散管理”措施，这在客观上加大了各种族间的间隙与教育水平的差异，遭到广大黑人的抵制。

1949 年，出于对印度人享有地位的不满，南非德班甚至爆发反对印度人的暴乱。非洲的印度裔大多是大英帝国时期以契约劳工的身份来到非洲的，随着时间的推移，这些印度裔劳工成为位居白人殖民者与非洲本土黑人之间的商人阶层或中产阶级，这在一定程度上引起非洲黑人民族主义者的不满。如肯尼亚、坦桑尼亚和乌干达获得独立后，皆对本国内的印度裔实行政治、经济限制与驱逐政策。

印度裔与非洲邻居在社会上处于分离的状态，在非洲的许多地区，印度裔拥有自己的学校，用印度语言教学，保持自己作为“印度人”和“巴基斯坦人”的身份。印度人（穆斯林和印度教徒）拥有自身独特的社区，以利于保持原先的宗教、风俗，以及独特生活方式。他们与当地非洲人很少通婚，多数婚姻发生于印度人和巴基斯坦人内部以及他们之间。此外，相对于其他的非白人，南非印度人的经济收入较高，且具有更好的教育设施，保持着较高的教育水平。这成为印度裔与非洲人关系紧张的诱因。

小　结

19 世纪中期，英国废除了奴隶制度，为解决劳动力不足问题，英国制定半奴隶性质的契约劳动力制度，并在 1860 年把首批印度契约劳工引进到南非纳塔尔省，主要从事甘蔗种植业。之后，一些印度人也以自费方式陆续来到南非。印度契约劳工在合同期满后，大多留在南非。随着印度人在南非影响力的增强，白人当局对他们的态度也逐渐由欢迎转向歧视。这引发印度的批评与抵抗。

本章首先对印度南非两国形成对峙关系的原因进行分析和梳理，剖析了印度独立运动与南非印度人争取平等权益的关系，指出出于民族情感、国家安全、国际关系等多种因素的考虑，印度尼赫鲁政府与南非白人政权的关系日趋恶化。接下来探究了印度对南非白人政权的“非暴力”抵抗政策，认为自身独立经历、经济与军事实力的制约，促使印度注重在国际国内两个层面，以支持联合国决议、经济禁运、断交等“非暴力”方式，抵抗南非种族隔离制度。本章还对印度“非暴力”抵抗南非白人当局的积极影响进行了分析，指出印度揭露南非种族歧视政策的危害、维护南非印度人利益的斗争，对于聚集世界反对种族隔离政权的舆论、支持南非人民的解放事业具有一定的意义。

印度对南非的强力抵抗政策，不同于印度对非洲其他殖民地人民解放运动的矜持态度。不过，随着南非种族隔离政策的加强和非洲民族独立运动的深入，加之中印边界争端等因素的影响，印度倡导的“非暴力”抵抗政策的短板日渐显现。一是印度更多的是倾向于对在南非的印度裔的歧视待遇表示关注与支持，没有把争取南非印度裔权益的斗争与多数非洲人的解放斗争相结合。二是强调支持非洲的“非暴力”斗争形式，不支持武装解放斗争；而中国给予非洲解放斗争的物资、军事支持，扩大了中国在非洲的影响力。三是印度反对种族隔离的舞台主要局限于联合国这个最大的国际平台，并没有在英联邦组织等多边机制中展开反对南非白人政权的斗争。

20 世纪 60 年代初后，印度调整其对南非白人政权的政策。印度在支持非洲人利益的原则下，捍卫殖民地和南非所有被压迫族群的平等与解放。除了在联合国，印度开始把反对种族隔离的斗争问题提交到英联邦组织，并最终与其他国家一道，迫使南非退出英联邦。印度还把反对南非种族隔离问题与不结盟运动的议程相联系，呼吁独立国家联合开展反对白人政权的斗争。但鉴于大批非洲国家的独立和获得国际社会的承认，印度在对非洲解放运动的影响上不再具有领导者的优势。1963 年以反对殖民主义和种族主义为目标的非洲统一组织的成立，体现了非洲国家独立和团结意识的加强。印度一方面表示支持非统的观点，一方面认同非洲人对自身解放斗争的领导权。

第二章

印度南非关系的全面恶化（1964～1994年）

自独立以来，围绕维护国家安全、提升国际地位等战略考量，印度倡导独立自主的外交理念，注重通过政治和道义的力量，树立其在第三世界国家中的领导角色。不过，20世纪60年代中期开始，印度面临的国内国际形势发生了巨大的变化。中印边界争端导致印度国际影响力一落千丈，失去原先在第三世界中的感召力，印度国内对独立以来所执行外交政策的批评之声也不绝于耳。维护国家海陆安全与重拾国家信心，由此成为印度政府工作的重中之重。在此背景下，印度逐渐调整对非洲不够热心的态度，改变了强调非洲“非暴力”解放斗争方式的做法，对非洲的政策日趋务实。70年代后，印度绿色革命取得显著成效，美苏冷战格局深入，中苏关系恶化。这为印度涉足对非事务、加大对南非等非洲国家解放斗争的全方位支持力度创造了有利条件。

第一节　20世纪60年代初印度安全认知变化与印度南非关系

自20世纪60年代中期以来，国内外局势的剧烈变化，促使印度调整尼赫鲁时期所制定的内政与外交政策。印度将重振国家自信与恢复国家威望作为重要的出发点，将加强国家军力，特别是海军的建设置于前所未有的高度。印度加强与非洲国家的外交互动，在多边机制中，积极倡导非洲国家的权益，注重加强与环印度洋非洲国家的合作，反对外部力量重新介入印度洋区域，支持印度洋为“和平区”的构想，以维护国家安全。

一 印度对自身安全形势的重新评估

1962年的中印边界争端使印度在国际事务中的地位遭到极大削弱，严重打击了印度作为第三世界领导者的形象，在其参与倡导的不结盟运动中，印度再也难以在不结盟运动中发挥以往的那种领导作用。[①] 在中印边界争端期间，长期支持非洲解放斗争的印度，并没有得到非洲国家的大力支持，这促使印度对原先制定的对非政策进行反思。另一方面，印度日趋认为中国是其国家安全的主要威胁。为了能在国际上重新获得非洲国家的支持，以及与中国争夺在非洲的影响，印度认为应该改变原先过分强调支持非洲“非暴力”斗争的政策，在有限的金融和人力资源范围内，尽最大可能向发展中国家提供技术和经济援助，[②] 支持非洲的非殖民地化进程，弥补在非洲失去的影响力和恢复中印边界争端之后印度的信心。

地区力量的均衡出现了不利于印度的局面。中印边界争端前后，中国与巴基斯坦的关系日趋密切。1963年，中国与巴基斯坦签署边界协定，印度认为此举侵犯了属于印度的克什米尔领土。加之，1964年，中国成功爆炸原子弹，成为核大国，印度认为其面临来自中国的核威慑。1964年，美国军舰进入印度洋，更是遭到了印度总理尼赫鲁的谴责，认为“装备核武器的舰船，不应该在印度洋游荡”，印度将不允许美国的舰船进入印度的领海，[③] 认为美军在印度洋的存在，将加强印度洋海岸国家的冷战对抗。尤其令印度不安的是，1965年的第二次印巴战争中，中国支持巴基斯坦，美国与巴基斯坦也在接近。由此，印度认为其不但面临来自北方陆地的威胁，而且源自印度洋的水上力量也已经对其国家的安全构成挑战。需要指出的是，在印度看来，为维护国家利益和安全，其应该在不结盟运动和联合国等国际平台中维护其利益，应用经济、政治、军事等力量应对威胁，其中包括开始向南部非洲解放运动提供援助。印度甚至强调追求不依赖任何一方的不结盟外交政策，不足以保护国家安全。为了自身的安全，印度表示将更加关注海上安全，强化与环印度洋国家的友好与合作关系。

---

① 王宏纬：《喜马拉雅山情结：中印关系研究》，中国藏学出版社，1998，第259页。

② Government of India, Ministry of External Affairs, *Annual Report 1964 - 1965*, p. 85.

③ M. Muslim Khan, *50 Years of India's Foreign Policy Towards Southern Africa*, New Delhi: Devika Publications, 1998, p. 253.

不过，相比对国际安全环境恶化的极度担忧，印度国内的安全态势则有所趋缓。印度独立依靠的是“非暴力”的方式。自 1947 年独立之后，印度曾寄希望于果阿内部的独立运动，或通过给果阿人公开投票权利的方式，以和平收回被葡萄牙占据的果阿。但直到 1961 年，3 万多人的印度军队进入果阿，打败葡萄牙人，才成功收回果阿。

二　印度发展海军力量的新措施

印度加快海军装备与设施的建设。自 1947 年独立至 50 年代末，为应对与巴基斯坦频发的冲突，印度采取“有限进攻和两线扩张”的军事战略，重点建设陆空军力量。不过，1957 年，印度破天荒地从英国购买了“维克兰特”（Vikrant）号航空母舰。“维克兰特”号原为英国在二战期间建造的“尊严”级轻型航母“巨人”号，由于二战结束，该舰在 1946 年舰体基本完工的情况下被搁置。印度海军购入后，于 1961 年完成全部工程并在当年正式服役，改称“维克兰特”号，舷号 R11，该舰满载排水量为 19500 吨。[①] 从 60 年代初期开始，印度明显加快发展空中与海上作战力量的步伐。1964 年，印度宣布扩充海军的五年计划。同年 9 月，印度与苏联签订武器协定，不但从苏联获得大量的米格战斗机、坦克和直升机，而且还在其援助下建造了 3 个米格战斗机厂。之后，印度总理夏斯特里访问了苏联，消除苏联对后尼赫鲁时期印度外交政策走向的担心，为深化双边军事合作铺平道路。1968 年是“印度海军年”，该年 6 ~ 12 月，印度开始批量从苏联引进海军武器装备，其中包括 2 艘 F 级常规动力攻击型潜艇、2 艘“别佳”级轻型护卫舰及多套舰载精确制导武器系统等。10 月，印度自行建造的“林德”级“尼尔吉里”号护卫舰下水，11 月，果阿海军基地得以拓建。

三　印度安全认知变化对印度南非关系的影响

非洲国家的独立浪潮引起非洲白人政权的恐慌。白人统治者在进一步镇压国内解放运动的同时，阻止非洲民族运动对其政权的冲击，但其结果是国内矛盾空前激化。面对反动政权的高压政策，非国大等解放组织日渐重视武力在解放斗争中的作用。这为印度调整对南部非洲解放运动的政策创造了机遇。印度重视采取多种方式介入非洲解放运动，努力恢复其作为

---

① 梁桂华：《印度海军战略中的航母》，《舰载武器》2003 年第 6 期，第 37 页。

反对殖民主义与种族主义的领导者形象。

（一）南非高压统治的持续强化

20 世纪 60 年代起，南非的周边局势朝着有利于非洲民族解放的方向发展，非洲少数白人政权面临的压力剧增，这引起南非白人当局的极大恐慌。战后民族独立运动的第二个高潮兴起于 1960 年，并一直延续到 70 年代中期。其中心区域在非洲，喀麦隆、多哥、马达加斯加、刚果（利）、刚果（布）等大批非洲国家摆脱西方国家的殖民枷锁，并获得独立。1963 年成立的非洲统一组织将非洲国家与人民反对种族主义的斗争推向新高潮。非统决定成立非洲解放委员会，向南部非洲地区进行武装斗争的自由解放战士提供武器、军事训练和越境通道。到 1963 年 10 月，南非驻所有非洲国家的外交和领事机构都被驱逐或关闭，南非白人政权成了众矢之的。1971 年，非洲统一组织通过《摩加迪沙宣言》，强调面对白人种族主义政府，非洲人民只能选择武装斗争。[①]

南非国内的白人政权的高压统治持续加强。南非维沃尔德政府（1958～1966 年）对境内的不同种族实行严格的种族隔离，白人垄断一切政治经济权力，控制社会文化生活，黑人和其他非白人种族被剥夺政治权利，受到沉重的种族压迫，黑人的反抗运动遭到严厉的镇压，其领导人或被杀，或被监禁，或流亡海外。[②] 之后的南非沃斯特政府（1966～1978 年）启动班图斯坦独立进程，试图将种族隔离和白人的特权地位固定化，通过制定《国内安全法》、强化国家机器与控制舆论传媒等举措，进一步巩固白人的统治地位。重要的是，南非、西南非洲（今纳米比亚）和南部罗得西亚的白人统治者，以及占领安哥拉和莫桑比克的葡萄牙殖民者，不但继续无视联合国通过的谴责殖民主义和种族主义的决议，还向已经独立的非洲邻国施加压力，阻挠它们相互合作，阻止它们为相关非洲解放组织提供基地和物质等多方面的援助。

20 世纪 60 年代后，南部非洲解放斗争的日渐深入，为印度加大对其物资军事援助提供了便利。在南非的盟国罗得西亚单方面宣布独立之际，印度开始向南非的解放斗争提供包括军事帮助在内的各种支持。20 世纪 50 年

---

① 杨立华、葛佶、何丽尔、舒展、贺文萍：《正在发生划时代变革的国度——南非政治经济的发展》，中国社会科学出版社，1994，第 234 页。

② 潘兴明：《南非：非洲大陆的领头羊》，上海人民出版社，2012，第 23 页。

代，南非非国大对白人政权主要采取的是非武力的抵抗方式，1960 年，非国大与泛非大会等共同抵制《通行证法》，3 月，白人当局制造令国际社会震惊的沙佩维尔惨案。非国大与泛非大会被白人政权宣布为非法组织，之后，两个组织都组建了自身的军事力量。但曼德拉在 1964 年被以蓄意破坏的罪名判处终身监禁。为此，南非自由战士在奥利弗·坦博（Oliver Tambo）领导的非国大的带领下团结起来，开始展开反对白人种族隔离政权的武装斗争。

（二）印度向南部非洲解放组织提供外交与军事支持

印度积极援助非洲解放斗争力量（或组织）。1964 年 10 月，为恢复印度在国际舞台上的不结盟形象，印度新任总理夏斯特里出席了在开罗举行的第二届不结盟国家首脑会议，重申印度反对帝国主义、殖民主义与种族主义的主张。值得一提的是，1967 年 11 月，印度允许非国大在新德里建立其亚洲办事处，强调非国大是南非唯一全力致力于消除种族主义的组织。[①]印度在联合国反对罗得西亚伊恩·史密斯（Ian Smith）领导的白人种族主义政权，与其断绝外交关系，对其执行全面的制裁。印度还签署《消除一切形式种族歧视国际公约》，承认安哥拉人民解放运动（MPLA）为安哥拉人民的合法代表，承认西南非洲人民组织（SWAPO）为纳米比亚的合法代表，反对 1971 年国际法庭（ICJ）延迟终止南非非法占领纳米比亚的决议。

不仅如此，印度开始通过军事手段抵制白人政权，并以此维护自身国家安全。出于摆脱经济与战略困境的考虑，1955 年，英国与南非签署统称为《西蒙斯顿协议》的一系列文件，据此，极具战略意义的西蒙斯顿海军基地转为南非管理，但英国保留一定的使用特权。不仅如此，1955 ~ 1963 年，南非按此协议从英国购得 5 艘浅滩级海防巡逻舰、10 艘海岸扫雷舰和 5 艘反潜护卫舰，南非舰队规模因此扩大两倍。此举遭到印度的反对。英迪拉·甘地认为，“我们对于英国和其他政府向南非政府提供武器的意图的报道深感不安，这是个危险和倒退的步骤，将威胁到南非的邻国和印度洋区域，我们希望印度洋为一个和平和合作的区域，外国的军事基地，将制造紧张和大国争端”。[②] 此外，1965 年，印度开始通过达累斯萨拉姆的非统解

① M. Muslim Khan, *50 Years of India's Foreign Policy Towards Southern Africa*, New Delhi: Devika Publications, 1998, p. 117.

② *Review of International Affairs*, Belgrade, No. 491, 21 September, 1970. Paragraph 18 of the text of her speech is reproduced on pp. 21 – 23.

放委员会向解放运动的武装力量提供援助。截至1969年底，印度向南非解放运动提供的资金援助超过125万卢比。

（三）印度推动与非洲国家的经济与技术合作

1962年中印边界争端后，印度为挽回昔日的国际威望，以及在国际上重新获得其他国家的援助，加快了执行经济外交的步伐。1963年11月，印度政府召开印度驻非洲和西亚外交人员会议，会议强调，印度应该提高技术和经济合作安排，在非洲发动全面的宣传攻势。[①] 为评估中国在非洲的影响、考察印度在边界争端中失败的背后因素、评估当时在非洲的印度移民的未来，[②] 以及研究印度与非洲国家进行经济和技术合作的可能性，1963年，英迪拉·甘地率领一个高级代表团对几个非洲国家进行访问。其间，英迪拉宣传印度对非洲的友好主张，认为中国对非洲解放运动的物资和军事援助，导致印度在非洲影响力的下降，同时认为非洲对印度是友好的，印度应该利用这种友好，加大对非洲国家的经济外交与技术支持力度。

为与非洲国家开展经济和技术合作，1964年9月15日，印度启动印度技术和经济合作计划（ITEC）。该计划使印度加入第三世界的援助国行列。印度认为该计划能提高印度的形象，抵制中国的援助外交，有利于印度恢复其反对殖民主义和反对种族力量的形象。此外，为了更好地推动经济外交，印度英迪拉·甘地政府还采取了两大举措：（1）正式鼓励私人资本和管理人才通过合资的形式与非洲展开合作；（2）首次将在非印度人纳入印度对非政策的范畴。在1963年的访非期间，英迪拉·甘地除了会见非洲国家领导人之外，还积极接触在非印度人社区成员及其领导人，肯定其对所居住社区做出的贡献，表示在非印度定居者需完全认同非洲。不过，与尼赫鲁拒绝承认在非印度人有权得到印度保护，将其排除在印度政策考虑之外相比，英迪拉·甘地强调非洲的印度裔为“印度的大使”，认为他们是推动印非合作的桥梁。[③]

第二节 20世纪70年代后印度南非关系的全面危机

20世纪70年代后，美军频繁涉足印度洋，这加深了印度对美国海上干

---

① Government of India, Ministry of External Affairs, *Annual Report 1964 - 1965*, p. 85.

② Anirudha Gupta, "A Note on Indian Attitudes to Africa," *African Affairs* 275 (1970), p. 174.

③ Ajay Dubey, *Trends in Indo-African Relations*, New Delhi: Manas Publications, 2010, p. 29.

预的焦虑，与此同时，中国与巴基斯坦关系的升温，则进一步促使印度强化对国家安全的关切。尤为重要的是，在南非镇压国内自由解放运动、发动对邻国军事攻击之际，美国等西方国家出于自身的战略需要，直接或间接地给予南非以外交与军事支持。凭借日渐增强的国力及其与苏联的联盟关系，印度一方面继续在联合国、不结盟运动与英联邦等国际框架中抵制南非白人政权，另一方面呼吁南非国内民主人士加强团结与合作。

一　印度加大支持南部非洲解放斗争力度的动因

1964 年 5 月，尼赫鲁去世，夏斯特里继任印度总理，表示继续奉行尼赫鲁的外交政策。1966 年，夏斯特里病逝，次年，尼赫鲁的女儿英迪拉·甘地当选印度总理，其基本沿袭尼赫鲁的外交理念。不过，面对美国加大涉足印度洋、美国南非关系升温，以及南非对邻国武装干涉升级的态势，英迪拉·甘地出于安全关切的考虑，注重印度军力建设，并深化与超级大国苏联的联盟关系。

（一）美国在印度洋地区的干涉主义倾向显现

1965 年第二次印巴战争爆发后，美国终止了对印度的援助。印度总理英迪拉·甘地在谴责美国对越南政策的同时，加强同苏联的军事合作。然而，令印度担忧的是，尽管 20 世纪 60 年代早期苏联并没有在印度洋部署其军事力量，美国却以抵制苏联为借口，将战略核威胁武器进驻印度洋。在印度看来，即使 1968 年苏联亦将军事力量投放到印度洋，但苏联军力有限，无法与美国核潜艇的威胁能力相抗衡。

70 年代的美国更加重视印度洋在其国家战略中的地位。1965 年，英国从塞舌尔和毛里求斯殖民当局手中拿走查戈斯群岛，并驱逐岛上的种植园工人，建立英属印度洋领地。之后，英国将该岛租借给美国，让美国建造海空军基地。自 70 年代初后，美国成为印度洋的主导力量。美国海军上将爱莫·R. 祖恩瓦尔特认为，“印度洋在十年内将成为有重大潜力的区域，我们需要具有对这一地区能够施加影响的能力，为此，在这一地区部署军事力量具有重要的意义”。这是美国在印度洋的迪戈加西亚岛屿加强军事存在的关键原因。[①] 从实际情况看，美国在印度洋的军事力量在质量和数量上

---

① Elmo R. Zumwalt, "Strategic Importance of India Ocean," *Armed Forces Journal International* 2 (1974), p. 28.

都领先于苏联，说明美国的军事部署不仅仅是为了对付苏联，通过直接的军事干涉、炮舰政策、强权政策，美国的军事部署还具有干涉的意图。印度对1971年美国“企业”号航空母舰在印巴战争前夕进入印度洋，亦是心有余悸，认为这是美国海军战略的重要转折点，清楚地表明美国的海军不再只限于战略利益，将还有干涉的作用。

经济利益是美国推行军事干涉的动因。在1973年10月的阿拉伯－以色列战争中，阿拉伯石油输出国组织对支持以色列的美国和荷兰进行全面的石油禁运。对此，1974年1月6日，美国国防部部长发出警告，认为如果阿拉伯石油禁运造成工业世界瘫痪的话，美国将对它们发动战争，并威胁将占领海湾地区的油田。对此，1974年，美国先后派以“小鹰”号和“星座”号航空母舰为首的第四先遣队力量进入波斯湾，这是在1948年后美国航空母舰首次进入海湾。印度认为这显示美国在对印度洋国家的政策上具有使用武力的倾向，而70年代中期南部非洲的危机，为美国干预提供了极好的机遇。

70年代末，随着美国与苏联、阿拉伯和非洲等第三世界矛盾的加剧，美国更是增强了其在印度洋、非洲的军事存在。1979～1980年美国不但在印度洋有8万人的快速部队（RDF），还在印度洋的美军潜艇上部署了射程2500英里的“北极星”A－3和射程6000海里、装有14个弹头的“三叉戟Ⅱ型”C－4核导弹，这对印度和南部非洲国家造成极大的威胁。美国迪戈加西亚岛军事基地离印度1200海里，因此，印度的任何角落都在美国导弹的射程内。美国中央司令部具有对西南亚、东北非、西印度洋等地区的九个国家进行行动的权限。印度认为这便利美国在此对付苏联和发动干涉行动。

（二）美国与南非关系的升温

1. 南非与美国的相互战略倚重

20世纪70年代以来，国际社会加大对南部非洲解放运动的支持力度，南非对美国等西方国家的倚赖日益加深。1970年联合国大会的第25次会议通过第2646号决议，该决议肯定南部非洲地区人民解放斗争的合法性，表示将支持其武装斗争，以及寻求道德、物资等方面的援助，帮助其取得胜利。1970年12月8日的联合国全体会议通过第2671号决议，呼吁各国政府和个人通过道义、物资、政治等方式支持南非被压迫人民。1970年在卢萨卡召开的不结盟运动首脑会议上，与会代表严厉批评种族隔离政策，呼吁各国通过非统向非洲解放组织提供更多的物资援助；1970年9月在亚的斯亚贝巴非统（OAU）首脑会议上，非统成员国同意向非洲解放运动提供物资援助，为此还建立特别非洲解放委员会。1975 年，英国终止与南非签署的《西蒙斯顿协议》。1977 年，联合国安全理事会通过对南非进行强制性武器禁运的决议。面对国际压力，南非倡导自己为西方利益的保护者，表示愿意向美国海军提供基地，希望能得到美国的支持。

美国在 70 年代愈加重视南非在其国家战略中的地位。1967 年苏伊士运河的关闭和 1968 年苏联军舰在印度洋的出现，使西方认识到确保开普航线极为重要。在 1973 年的十月战争（阿以战争）中，北约成员不愿支持美国的亲以色列政策，拒绝向以色列提供军事硬件的美国飞机在它们的国土上登陆，这暴露了美国在对以色列的空运中面临后勤方面的困难。[①] 美国还被要求撤除其驻巴林的军事基地。为了维持干预能力，美国需要在印度洋建立可替代的基地设施，为此，美国在迪戈加西亚岛建立永久性军事基地，并打算在莫桑比克、马达加斯加建立新的军事基地，但美国担心莫桑比克独立后会拒绝它的建议，马达加斯加则拒绝了美国在其国土建立基地的要求。此外，越南战争之后，美国从东南亚和埃塞俄比亚撤出。这样美国不得不依赖南非的军事基地。加之，南非南端的好望角航道，在二战期间是驻中东、印度洋、北非等地区作战的盟军的供应线，战后，该航线每年有 2.5 万艘船只经过，美苏从全球争霸的战略角度出发，试图夺取此地。1974 年 7 月 27 日，葡萄牙当局决定给予葡属非洲殖民地独立地位。但葡属殖民地安哥拉内部的安哥拉人民解放运动（MPLA）、争取安哥拉彻底独立全国联盟（UNITA）、安哥拉民族解放阵线（FLNA）三派解放组织之间发生争执。苏联、古巴支持 MPLA，美国、南非支持 UNITA 和 FLNA，就此，美国由处于南部非洲的边缘变为积极卷入。1976 年，北约国家在威廉斯堡召开的会议上曾明确表示："如果南非及南部非洲离开西方阵营，那么我们不仅仅失去了关键的战略矿产来源，而且意味着将失去对我们西方至关重要的战略要地。"[②]

2. 卡特政府与南非关系的短暂缓和

南非领导人沃斯特呼吁西方重新考虑其北约战略，呼吁西方不仅要在北大西洋区域加强其力量，还应该关注南大西洋地区和印度洋，关注开普

---

① Paul K. Carlton, "Military Airlift for Strategic Mobility," *Strategic Review* 1 (1974), pp. 26 – 31.

② 贺文萍：《前苏联和俄罗斯在南非的利益与政策》，《西亚非洲》1995 年第 4 期，第 53 页。

航线，认为北约应该改善南非的防卫。[①] 但美国卡特政府试图缓和美国－苏联在南部非洲和印度洋的关系。1978年9月，为推动纳米比亚独立，联合国安理会通过第435号决议，据此，美国建议五个西方大国（美国、英国、法国、加拿大和西德）支持纳米比亚议会选举及制定独立宪法。美国卡特总统强调人权外交，反对种族隔离政权，甚至呼吁南非过渡到多数人统治下的政体。1976年，南非的索韦托事件撼动了种族隔离制度的基础。但美国还在1980年前向非洲民族主义提供过短暂的支持。卡特还对削减核武器持有热情，建议印度洋非军事化和限制海军竞赛。

美苏缓和的局面不久就趋于结束。伊朗亲美国的巴列维政权被推翻，主张宗教激进主义的霍梅尼上台，并挟持了美国人质。1979年苏联入侵阿富汗，支持津巴布韦、纳米比亚反对南非的斗争。为此，卡特政府派遣一个由8万人组成的快速部队（RDF）前往印度洋区域的埃及、阿曼、肯尼亚等盟国，要在印度洋组建第五舰队。1983年1月1日，美国还建立了一个协调军事行动的中央司令部。

3. 里根政府加强与南非关系的新态势

1981年，里根成为美国总统，推行侵略性的全球战略，而苏联也试图在第三世界通过支持共产主义政权确保其影响力。美国向安哥拉萨文比领导的“争取安哥拉彻底独立全国联盟”（简称“安盟”）提供援助，并寻求通过推行“战略防御计划”（“星球大战”）使苏联破产。为维护其超级大国的信誉，美国在印度洋区域进行大规模军事集结，促进了印度洋区域的军事化密集程度。1984～1988年，美国分别向安哥拉提供价值61亿美元、向埃塞俄比亚提供价值39亿美元、向莫桑比克提供价值11亿美元的武器装备。

美国与南非的关系日益密切。美国总统里根公开称赞南非的改革，表示南非已经铲除了一度在美国存在过的种族歧视，强调南非在国际事务中的重要作用，视南非为对付苏联的盟国，并开始与南非进行建设性接触，放松对其的贸易禁运，准许以色列将含有美制部件的飞机和武器售给南非。1981年，美国与南非就帮助南非训练海岸警卫队达成协议。从1982年起，美国放宽向南非出口警用和军用物资的限制，允许向其出口防暴工具、电

---

① Robert Scott Jaster, *The Defence of White Power—South Africa Foreign Policy Under Pressure*, London: The Macmillan Press, 1988, p. 14.

子设备、直升机、核材料等物品。据统计，里根执政的头四年，美国向南非销售有军事价值的物资的总额达2800万美元，仅1981～1983年的销售额便超过以往30年的总和。① 不仅如此，当《全面反对种族隔离法》在1986年初被美国国会接受时，里根甚至使用总统否决权，阻碍该项法案的立法。此外，美国国务卿克洛克（Crocker）提出“联系理论”，即把纳米比亚的独立与安哥拉的古巴部队撤离相联系。这促使南非终止了有关纳米比亚独立的制宪谈判会议。

4. 南非对邻国军事干涉的升级

美国-南非同盟和“联系理论”推动了南非对邻国的军事干涉。20世纪80年代，由于南非对纳米比亚的持续占领，纳米比亚西南非洲人民组织（SWAPO）与南非军队之间的冲突日渐频繁。从1981年开始，南非博塔政府对南部非洲国家普遍实行“破坏稳定”政策，大举武装袭击邻国，使南部非洲战乱不断。南非在4个邻国扶植武装反对派，对邻国的侵略达到“全面开花”的地步。1986年5月19日，南非接连袭击津巴布韦、博茨瓦纳、赞比亚、安哥拉四国。② 1976～1986年10年间，南非军事预算的增长超过8倍。③ 1980～1989年南部非洲国家的战乱夺取了130万人的生命，使1100万人成为难民。

南非还从经济上向解放运动施加压力。20世纪80年代，坦桑尼亚、赞比亚、安哥拉和莫桑比克、津巴布韦等谴责种族主义的国家，组成“前线国家组织”（FLS），支持南非民族解放组织的武装斗争，孤立南非。南非针锋相对地设计“南部非洲国家星座计划”（CONSAS），该计划有两个目的：（1）控制经济；（2）终止前线国家向西南非洲人民组织（SWAPO）和非国大等游击队提供支持，寻求纳米比亚的独立和延续南非的种族隔离制度，促使前线国家军事的疲弱和经济的恶化。

（三）印度的安全关切在上升

在印度看来，美国在印度洋地区的核武器的存在、对印度洋地区的干

---

① 艾周昌、舒运国、沐涛、张总祥：《南非现代化研究》，华东师范大学出版社，2000，第238页。

② 杨立华、葛佶、何丽尔、舒展、贺文萍：《正在发生划时代变革的国度——南非政治经济的发展》，中国社会科学出版社，1994，第237页。

③ Robert Scott Jaster, *The Defence of White Power—South Africa Foreign Policy Under Pressure*, London: The Macmillan Press, 1988, pp. 131 - 138.

涉主义和对巴基斯坦的支持，中国的核能力和对巴基斯坦的支持，从海陆两个方面对印度造成威胁。而联合国在南亚倡议无核武区的举动亦给印度的政治外交选择带来了压力。

1. 印度倡导印度洋和平区

为缓解因美苏两个超级大国角逐印度洋而给国家安全带来的挑战，印度加强与相关国家的协商，反对美国填补因英国撤离而造成的印度洋“权力真空”。印度指出英国的撤出不会制造任何“权力真空”，如果真的有“真空”的话，应该由当地的大国去填补，而不是外部的力量，认为“权力真空”的概念与不结盟原则是相反的，是对独立国家愿望的否定。不仅如此，印度还提出印度洋为一个和平合作区的构想。首先，印度反对外国势力介入印度洋区域。20世纪70年代，当英国皇家海军从苏伊士运河以东撤离时，印度曾尝试阻止英国把印度洋的权力移交给美国。印度要求大国撤离印度洋，反对美国在迪戈加西亚岛修建海军基地。其次，为避免外界的猜疑，印度否认自己将弥补由英国撤离而导致的所谓印度洋“权力真空”。印度认为替代英国存在的最好方式，是地区国家的快速发展，充分利用当地的资源，抵制任何安全威胁。最后，印度与相关国家一道倡导印度洋和平区主张。在双边层次方面，1969年1月，印度与伊朗发布联合公报，认为波斯湾地区的和平与稳定，应是海岸国自己的责任，不应有外部国家的干涉。为避免超级大国间的核冲突，应一致反对大国在印度洋的存在，维持其为一个和平合作区。在多边机制中，印度支持1970年不结盟运动会议上通过的有关创建印度洋和平区的构想，呼吁相关国家努力使印度洋成为一个和平区，免除外部力量的对抗和核武器的竞争。由于印度等国的坚持，1971年10月8日，印度洋和平区倡议被纳入联合国大会议程。联合国最终通过第A/2832号决议，宣布印度洋在任何时候都是一个和平区域，呼吁各国停止战略核武器的升级，撤除所有军事基地和其他军事设施，确保停止进一步扩大大国在这一地区的军事存在，终止对环印度洋地区的干涉主义行为。

2. 印度增加海军力量投入

印度不断增加海军军费投入（见表2－1）。从1966年起，印度海军军费逐年上升，1970年，海军在三军总投资额中所占的比重首次超过空军，跃居第二位。1971年，巴基斯坦出现严重的政治危机，印度为此发起肢解巴基斯坦的第三次印巴战争。为实现东攻西守、稳定西边与占领东巴的军事战略，印度舰队截断东西巴之间的海上通道，对巴基斯坦进行贸易封锁，最终打败了巴基斯坦。1971 年后，印度对海军的投入较之前有了更大的增长，其主要原因是 1971 年的印巴战争期间，美国不但在战争开启后停止对印度的一切经济援助，而且派遣一个由以“企业”号航母为主的先遣队进入印度洋，到孟加拉湾戒备，向巴基斯坦提供道义和军事支持，警告印度不要以东巴基斯坦的种族屠杀为借口，而对西巴基斯坦以及有主权争议的克什米尔地区进行大规模的攻击。印度认为虽然在美国舰队到达冲突区域之前，战争就结束了，但暴露了印度自身的薄弱，表明美国对环印度洋地区国家事务的关注将是持久的。在印度看来，美国以其驻印度洋的军事基地为着眼点，可以很容易地将军事舰队用于干涉，并执行枪炮政策。就此，印度不能只依赖联合国来求得安全，应加大防务建设以应对任何可能的外部威胁。

表 2－1　1960～1978 年印度海军开支在国防预算中的比重

年份	海军开支占国防预算的比重（%）
1960	3.8
1962	4.7
1968	4.2
1970～1971	5～8.2
1976～1977	9.7
1978	11.7

资料来源：M. Muslim Khan, *50 Years of India's Foreign Policy Towards Southern Africa*, New Delhi: Devika Publications, 1998, p. 261。

由于印度与苏联 1971 年签署《和平友好合作条约》，以及印度长期以来就反对殖民主义、帝国主义和种族隔离政权，向解放斗争提供道义和物资帮助，面对美苏争霸的加剧、美国对第三世界的干涉的加剧，以及美国支持下的南非侵略的加剧，印度对自身安全开始忧虑。进入 80 年代中后期，印度大胆提出“大国海洋战略”，与此同时，印度海军也逐步从近海防御型向远洋进攻型过渡。为此，印度海军于 1986 年又从英国购买了已服役近 30 年的“维兰特”号轻型航母。经过大规模整修后，“维兰特”号旋即成了印度海军的旗舰。随着“维兰特”号的服役，它与“维克兰特”号航空母舰共同把印度海军的实力带进了世界前十强之列。1989 年，印度海军又宣布了一项建造两艘新航母的计划，其中拟用第一艘取代将于1997年退役的“维克兰特”号。

3. 印度对南亚无核武区倡议的抵制

印度与美国、巴基斯坦的矛盾也日益明显。1974年，印度在拉贾斯坦邦的博格伦成功进行了一次不公开的核装置试验，虽然这次核试验被描述为以和平为目的，但毫无疑问，这标志着印度成为新晋的核国家。此举遭到巴基斯坦的反对。同年5月19日，巴基斯坦总理佐勒菲卡尔·阿里·布托（Zulfikar Ali Bhutto）表示，巴基斯坦应至少获得一个核国家的“核保护伞”。巴基斯坦还在外交上寻求东盟、斯里兰卡等的支持，反对印度制造一个有核武器的区域。

美国等国以印度将增加核武器扩散为由，加大对巴基斯坦的武器供应，但遭到印度的反对。1975年，美国恢复对巴基斯坦的军事援助。在联合国讨论有关南亚无核武区的问题时，印度表示不能孤立对待南亚问题，南亚是亚洲、太平洋、印度洋不可分割的一部分，认为亚洲、太平洋、印度洋都存在核武器，单独在南亚次大陆建立无核武区是不适宜的。印度认为自1964年在不结盟运动中提出在印度洋重建和平区的构想以来，一些大国对此并不感兴趣，现在却突然对创建无核武区的南亚感兴趣，印度对这些大国的动机表示怀疑。

二　印度大力涉足南部非洲解放斗争的条件

20世纪70年代后，印度绿色革命取得显著成效，美苏冷战格局深入，中苏关系恶化。印度英迪拉·甘地与拉吉夫·甘地政府积极调整印度对非政策，涉足非洲事务，加大对非援助力度，恢复其作为反对殖民主义和种族主义力量的形象，努力维护其在发展中国家中的大国影响力。

（一）印度国家实力的增长

1971年的印巴战争之后，英迪拉·甘地再次当选印度总理，承诺印度将加大对南部非洲解放斗争的支持力度。其中的原因与印度国力的迅速增强密切相关。在尼赫鲁执政时期，农业基本处于边缘地位，粮食生产上的自力更生没有受到应有的重视。印度第一个和第二个五年计划的重点完全放在工业上，尼赫鲁希望以此促进工业的发展，压低工业工资和食物价格。不过，经过20世纪60年代的农业改革以及政府的资助，印度开垦了大批荒地，由长期粮食短缺国转变为粮食出口国。英迪拉·甘地政府放弃以变革生产关系为主发展农业生产的战略，转而以变革生产技术为主发展农业生产，开展“绿色革命”，即以培育和使用优良高产的农作物品种等方式推动农业发展。1975 年、1976 年两年印度恰遇风调雨顺，农业获得丰收。1976 年粮食产量为 1.21 亿吨，到 1977 年粮食储备达 1800 万吨，创历史最高纪录。由于限制罢工和强调努力增长，1975～1976 年度的工业产量增加6%～7%，1976～1977 年度增加 10%以上。由于印度政府于 1975 年 11 月调整了外汇政策，对外币存款优惠，加上许多在中东经商和从事劳务的印侨汇款回国，印度外汇储备到 1977 年达 30 亿美元。[①] 1974 年印度还成功地爆炸首个核装置。

（二）印度在国际力量格局中的优势显现

世界力量均衡出现了有利于印度的变化。在全球层面，美国在越南战争之后，没有遏制进入孟加拉国的印度军队。1971 年 8 月 9 日，印度与苏联两国签署为期 20 年的具有军事同盟性质的《和平友好合作条约》，结成具有结盟性质的特殊关系，这增强了印度的信心。在地区层面，此时期印度在南亚的优势更加突出。1962 年的中印边界冲突后，印度重新评估国家安全，调整对外政策，奉行英迪拉主义，将外交的重点转移到南亚地区，试图以实力为基础建立地区政治、军事霸权地位。1971 年，印度发动第三次印巴战争，成功肢解巴基斯坦，促成孟加拉国独立，形成对巴基斯坦军力的压倒性优势，改变了印度面临巴基斯坦两边夹击的不利地位，成为印度取得地区强势地位的决定性步骤。1972 年，孟加拉国与印度签订《友好合作与和平条约》。而 1975 年印度更是兼并锡金，确立了印度在南亚的绝对优势地位，[②] 舆论认为这是英迪拉·甘地开始将尼赫鲁时代的“大印度联邦”付诸实践的具体体现。这也体现了印度具有帮助非洲人民解放事业的能力。

重要的是，在印度看来，中国在非洲的影响力在下降。印度认为中国与苏联在 60 年代后期的争执，使非洲的朋友在选择与中国和苏联的交往上面临尴尬的局面。中国在非洲采取与苏联对峙的政策，如中国支持争取安哥拉彻底独立全国联盟（UNITA），反对苏联支持的安哥拉人民解放运动（MPLA），不利于中国扩大在非洲的影响，但为印度发展与非洲的关系提供

---

① 林承节：《印度史》，人民出版社，2004，第 494 页。

② 陈继东主编《当代印度对外关系研究》，巴蜀书社，2005，第 47 页。

了契机，印度可再次成为非洲国家寻求帮助和援助的力量。

（三）南非白人当局统治陷入危机

南非白人政权面临的来自国内外的压力剧增。1976年，南非索韦托爆发严重的骚乱，并迅速扩展至南非其他的黑人城镇。南非总理沃斯特利用刚通过的《国内安全法》严厉镇压骚乱，很多人没有经过审批就被抓入狱。1977年9月，南非安全部队拘捕黑人领导人史蒂夫·比科（Steve Biko），并导致其死亡，这引起非白人人群的愤怒。1978年，黑人、“有色人”和印度人的活动家联合组建阿扎尼亚人民组织（AZAPO）。迫于世界舆论的压力，80年代中期以来，一些西方大国不得不加大限制白人种族隔离政权的力度。继1986年10月美国议会通过《全面反对种族隔离法》后，美国在南非的大公司（通用汽车公司、国际商务机器公司、柯达影像公司、可口可乐公司和埃克森石油公司）陆续宣布退出南非。英国巴克莱银行也宣布出卖它在南非巴克莱银行中的40%的股份。1985～1988年，南非资本外逃共计200亿兰特（约合91亿美元）。到1988年底，南非外汇储备仅为19亿美元，只够6周的进口费用。

三 印度南非关系的恶化

出于缓解国家安全困境与提升国际形象等因素的考量，印度政府更加注重通过双边、地区与国际机制，积极揭露种族隔离政权罪行，给予各种自由民主解放力量物质、外交与军事等方面的有力支持。印度与南非白人当局由此陷入空前的对立。

（一）印度在联合国支持解放斗争

20世纪70年代前后，由于印度等国的支持及联合国中非洲国家代表的增多，越来越多的人开始谴责南非野蛮的反人类罪行，南非种族隔离政权面临的国际压力剧增。1970年12月8日，联合国大会通过第2671号决议，宣布南非政府的种族隔离政策是对《联合国宪章》的否定，是对人类的犯罪，申明对南非和南部非洲局势日益恶化表示关切。同年，联合国大会宣布南非种族隔离政权是非法政权，应停止其代表南非人民的权利。就此，南非被驱逐出联合国。联合国大会还通过了几项反对种族隔离政权的重要决议：1969年12月11日的第2544号决议，决定1971年为反对种族主义和种族歧视行动国际年；1971年5月21日的第1588号决议及经济和社会理事会决议，呼吁各国在政治、经济、社会与文化领域采取进一步的措施，消除种族歧视；第 2785 号决议，重申所有形式的种族歧视是对《联合国宪章》的完全否定；1972 年 12 月 15 日的第 2919 号决议，决定启动一个反对种族主义和种族歧视行动的十年计划。次年，联合国通过了《禁止并惩治种族隔离罪行国际公约》。

择其要者而言，在联合国框架下，印度对种族隔离政权的抵制主要体现在三个方面。其一，抵制南非参与的体育赛事。从 1970 年开始，印度开始抵制南非参与的体育运动，如要求运动员不参加在英格兰与南非举行的棒球赛，支持联合国大会禁止南非参与世界运动会的决议。1974 年，印度第一次进入戴维斯杯决赛，但拒绝与南非打决赛。其二，向解放斗争提供资金支持。1977 ~ 1980 年，印度向南部非洲国际防务援助基金提供了 30 万卢比的援助。1978 ~ 1979 年，印度在联合国框架下向南部非洲的解放斗争提供了高达 103.5 万卢比的资助，其中的最大一笔资金是用于支持联合国执行反对种族隔离年活动（见表 2 – 2）。其三，向解放组织提供外交支持。印度认为南非在纳米比亚的持续存在是一种侵略举动，支持 1967 年联合国设立西南非洲理事会（后改称"纳米比亚理事会"）。在印度等国的反对下，国际法庭改变了 1971 年延缓终止南非对纳米比亚非法占领的决定，要求南非撤出纳米比亚，停止对纳米比亚的占领。印度承认安哥拉人民解放运动（MPLA）和全国统一莫桑比克解放阵线（FRELIMO）政府。1973 年，印度等国推动联合国宣布西南非洲人民组织（SWAPO）为纳米比亚的真正代表，支持 1984 年联合国通过的《反种族隔离法》。1985 年 4 月 19 日，印度给予在新德里的西南非洲人民组织的代表正式的外交承认，拒绝承认南非设立在纳米比亚的傀儡政府。在维持对非国大驻印度办公室的多年支持后，1988 年，印度又提供设施，赋予其外交使馆的地位。此外，为谴责南非当局对非国大领导人的拘捕与迫害，以及向南非自由解放运动提供舆论支持，尼赫鲁大学授予非国大主席奥利弗·坦博（Oliver Tambo）法学博士荣誉学位。1979 年，印度授予曼德拉国家最高奖项——国际谅解尼赫鲁奖。

表 2 – 2 印度对南非解放斗争的资助（部分）

时间	支持对象	金额
1977 ~ 1980 年	南部非洲国际防务援助基金（International Defence Aid Fund for Southern Africa）	30 万卢比

续表

时间	支持对象	金额
1978～1979年	1. 执行联合国反对种族隔离年活动 2. 联合国南非信托基金（UN Trust Fund for South Africa） 3. 联合国南非教育和培训计划（UN Education and Training Programme for South Africa） 4. 联合国纳米比亚基金和联合国纳米比亚机构	57万卢比 23.5万卢比 13万卢比 10万卢比
1983年5月	联合国非洲发展信托基金	94.0659万美元

资料来源：M. Muslim Khan, *50 Years of India's Foreign Policy Towards Southern Africa*, New Delhi: Devika Publications, 1998, p. 201。

（二）印度在不结盟运动框架下支持非洲解放运动

20世纪70年代，印度同其他国家一道，在不结盟运动框架下对南部非洲解放斗争提供外交支持。1970年，不结盟运动第三次首脑会议再次强烈谴责南非种族体制。1983年3月的不结盟国家第七次政府首脑会议在印度首都新德里召开，会议谴责南非种族隔离政权对大多数人野蛮的压迫行为与歧视，以维持少数白人的既得利益，表示南非政权在以色列等国支持下发展核武器，试图长期巩固其种族隔离统治。为打击白人的经济利益，会议催促所有政府和国际组织终止与南非种族隔离政权的合同，呼吁国际货币基金组织和其他联合国专门机构停止对南非的所有援助。1983～1986年，印度担任不结盟运动的主席，赞赏联合国给予南部非洲解放斗争的支持。在印度等国的支持下，1979年的不结盟运动首脑会议决定承认津巴布韦爱国前线和纳米比亚西南非洲人民组织的不结盟运动成员身份。① 此外，为孤立南非，联合世界各国的议会共同制定撤销支持南非白人政权的法律，印度等不结盟运动成员启动反对种族隔离全球议员行动（Global Parliamentarian Action Against Apartheid）。

80年代，除了提供外交支持，印度还推动不结盟运动向非洲南部解放斗争提供经济支持。1986年9月的第八次不结盟运动首脑会议上，与会者对南非急剧恶化的局势和大量无辜平民的伤亡表示担心，呼吁立即释放曼德拉，废除《国内安全法》，撤出驻扎城镇的种族主义部队。时任印度总理

① M. Muslim Khan, *50 Years of India's Foreign Policy Towards Southern Africa*, New Delhi: Devika Publications, 1998, p. 131.

拉吉夫·甘地更是建议成立抵抗侵略、殖民主义和种族隔离行动基金（AF-RICA Fund），以加强前线国家的经济和金融能力，帮助前线国家反对南非的报复性经济行动。之后，印度成为该基金的主席国，并为其捐赠 5 亿卢比。此举在一定程度上代表不结盟运动在反对南非种族隔离策略上的重大调整，即由道德呼吁变为以行动为导向，向抵制种族隔离政权的组织提供道义支持的同时，提供物质援助。在 1987 年 1 月的首次抵抗侵略、殖民主义和种族隔离行动基金会议上，不结盟运动的领导人呼吁所有的国家、国际金融机构慷慨向该基金提供资助，加强前线国家的经济能力，反对南非的少数人政权，并为抵抗种族隔离政权提供全面的、具体的援助。实际上，该基金援助的内容还涉及军事援助，培训一支地区保护部队，保护铁路、石油管道等设施，以免南非的军事打击与破坏。这在总体上符合南部非洲发展协调会议（SADCC）确立的前线国家应更加摆脱南非经济控制的目标。截至 1987 年底，国际社会对该基金的资助达 2.4 亿美元。[①]

此外，印度总理拉吉夫·甘地指示外交部门设立一个由外交部部长亲自负责的南部非洲特别司，监督援助南部非洲人民行动计划的执行情况。1978 年，时任印度外交部部长瓦杰帕伊公开请南部非洲的解放组织提出武器方面的需求。

（三）印度在南部非洲发展协调会议框架下支持“前线国家”

继 20 世纪 60 年代一半左右的非洲大陆国家实现民族独立后，70 年代南非白人政权的盟友葡萄牙国内爆发政变，新政权表示要同莫桑比克和安哥拉的黑人解放运动组织进行和平谈判。面对南部非洲地区利于黑人斗争的形势变化，1980 年 4 月 10 日，安哥拉、博茨瓦纳、莱索托、莫桑比克等 9 个南部非洲的独立国家，乘机组成“南部非洲发展协调会议”（SADCC），以图整合国家间经济，增强集体自给能力，减少对南非的经济依赖，反对南非的“南部非洲国家星座计划”（CONSAS）。

印度自 70 年代早期以来，更加重视经济外交的作用。1980 年，非洲统一组织通过《拉各斯行动计划》，表明非洲对地区和南南合作的重视。[②] 印度的注意力由此转向帮助“前线国家”恢复经济。其一，加大贸易往来。

---

① Surya Narain Yadav, Indu Baghel, *Brazil, India and South Africa*, New Delhi: Jnanada Prakashan, 2010, p. 220.

② Harish Kapur, “International Role Playing,” *Diplomacy of India: Then and Now*, New Delhi: Manas Publications, 2002, pp. 242 - 247.

1982 年 8 月，印度表示向莫桑比克提供 5000 万卢比贷款，用于购买印度的商品；1984 年 9 月，印度与津巴布韦达成 1.5 万吨石棉贸易协议；[①] 1986 年 10 月 4 日，印度与安哥拉签署经济、技术、科学和文化合作协议。其二，参加 SADCC 国家经济部门的建设。1988 年 3 月 31 日，印度铁路建设公司与赞比亚签署 900 万美元的合同，[②] 据此，印度向赞比亚铁路提供现代无线电通信和信号系统。印度铁路技术和经济服务公司（RITES）参与赞比亚、津巴布韦、莫桑比克的铁路网建设。印度还与博茨瓦纳合作，建立总部设在印度的半干旱热带农业国际研究中心（ICRASAT），协调农作物研究。印度总理拉吉夫·甘地表示印度愿意向 SADCC 提供 320 个名额的奖学金，支持其重要部门的人力培训。

（四）印度在英联邦等多边机制中抵制种族隔离政权

印度重视在英联邦组织中谴责殖民主义与种族主义。印度谴责英国不顾联合国的禁运决议，与南非经济保持来往。在印度等国的呼吁下，英国不得不制裁罗得西亚政权。根据 1977 年英联邦《格伦伊格尔斯协议》，英联邦决定对南非实行武器禁运，把南非驱逐出国际运动项目。1979 年，保守党代表玛格丽特·撒切尔执掌英国政权，拒绝英联邦成员制裁南非。1985 年的英联邦拿骚（Nassau）会议上，印度等国迫使英国首相撒切尔夫人同非洲国家就制裁南非达成妥协，会议决定给予南非 6 个月时间来启动废除种族隔离政策的进程，否则将对其实施经济制裁，其间，在印度总理拉吉夫·甘地的推动下，来自印度等国的人士组成一个名人小组（EPG），负责与南非的协商。面对 1986 年 5 月南非对安哥拉、津巴布韦等国的侵略，名人小组缩短与南非的协商，呼吁国际社会制裁南非，避免自二战以来的最严重的血战。出于不满，印度撤出 1986 年 7 月在爱丁堡召开的第 13 届英联邦运动会，在 1987 年 10 月的英联邦国家元首和政府首脑（CHOGM）会议上，印度拒绝美国以古巴从安哥拉撤出为解决纳米比亚的先决条件的"联系理论"。根据联合国第 435 号决议，英联邦领导人强调南非纳米比亚是非法的。除此之外，根据联合国大会的相关决议，印度还参加了 1978 年 8 月和 1983 年 8 月在日内瓦召开的反对种族主义和种族歧视的世界大会。

---

① M. Muslim Khan, *50 Years of India's Foreign Policy Towards Southern Africa*, New Delhi: Devika Publications, 1998, p. 139.

② M. Muslim Khan, *50 Years of India's Foreign Policy Towards Southern Africa*, New Delhi: Devika Publications, 1998, p. 139.

（五）印度呼吁南非国内人民加强团结

20 世纪 60 年代末 70 年代初兴起的“黑人觉醒运动”，填补了非国大和泛非大会流亡国外造成的黑人政治运动的空白，将黑人运动推向高潮。1969 年，黑人大学生组建“南非学生组织”，斯蒂夫·比科为该组织首任主席，也是黑人觉醒运动的创始人。他号召黑人树立自信，加强团结，指出非洲人、“有色人”和印度人都是黑人，都是被压迫民族，应该团结起来反对白人统治，争取黑人权利。从此，黑人这个概念成为南非的一种政治属性，即泛指非洲人、“有色人”和印度人，这对于促进南非各族之间的团结具有重大意义。

南非当局为给白人统治披上多种族的衣钵、把“有色人”和印度人从黑人反抗的阵营中分化出来，给予非白人各族人群不同的待遇，刻意制造他们之间的怨恨。南非脱离英联邦一年后的 1962 年，南非总理亨德里克·维沃尔德（Henrik Verwoerd）最终宣布给予印度人移民永久居民的地位。虽然南非政府没有给予印度裔南非公民的地位，但在纳塔尔和德兰士瓦设立的当地印度人事务部或咨询委员会中，南非印度人在影响其事务方面享有很大的发言权。如在教育上，1973 年，年龄达 15 岁的印裔儿童的教育得到国家资金支持。两年后，南非放松对印度人在各省之间旅游和居住的限制。在经济上，1977 年，南非政权设立了一个国家支持的印度人发展公司，还准许设立一个全印度人新共和国银行，推动印度人企业的发展，这促使印度人参与到纺织、服装、鞋业、家具制造、印刷等小型工业中，有利于改善许多契约劳动力和自由旅客印度人后代的生活状况。相比较而言，大多数黑人仍旧生活在社会的底层。为缓和种族矛盾，改善在国际上的形象，20 世纪 80 年代初，南非博塔政权进行宪法改革，在白人议会之外，另立“有色人”议会和亚洲人（主要是印度人）议会，据此，“有色人”和印度人有权选出属于自己的议员。尽管他们只有权参与管理事关自身教育、卫生和社会福利等方面的事务，几乎没有财政来源与政策决定权，但相比之下，占人口 75% 的黑人却被排斥在南非政治权力之外，没有参与三院制议会的权力。相对富裕的印度人成为多数黑人妒忌的对象。对此，1984 年，印度政府呼吁南非所有族群拒绝强化非白人隔阂的南非种族宪法，不要与南非种族政府合作。截至 1988 年底，不仅非洲人、“有色人”和印度人的解放斗争得到巩固和发展，而且形成了包括白人民主运动在内的广泛的统一战线和“群众民主运动”，这成为议会外最大的反对派联盟。①

小 结

20世纪60年代，印度国家安全意识倍增。印度通过军力建设、肢解巴基斯坦及与苏联结盟等方式，进一步巩固了其在南亚地区的支配性地位。为应对新的安全形势，印度更加重视非洲在其对外战略中的地位，加大对非洲解放力量的外交、物资与军事援助力度，以改善安全环境，挽回其在第三世界国家中的声望。

本章首先分析20世纪60年代初以后印度国际国内安全环境的变化，分析了印度调整对南非政策的时代背景，指出日益严峻的外部压力使尼赫鲁极具道义色彩的政策受到国内多方人士的批评。之后的印度对外战略减少了“非暴力”等内容，而被注入更多的现实主义色彩。就对非政策而言，印度更倾向于将抵制白人政权与自身的国家安全和国家利益联系在一起。为此，印度一方面试图通过支持非洲解放运动获得非洲国家的好感，缓解中国带来的安全与战略压力；另一方面，印度不再一味强调“非洲人利益优先”原则，而是开始视非洲印度裔为提升印度在非形象与助推印非合作的力量，鼓励印度私人部门在非洲开展经贸活动。这对以后印度对海外印度人的政策产生了重要的影响。

成为世界“有声有色的大国”，是尼赫鲁以来的印度政府的战略追求，围绕此目标，本章分析了20世纪60～70年代印度在对南非外交关系上所采取的激进态势。印度反对英国对南非海军力量建设的援助，主张由印度海军来填补英国在印度洋遗留下来的真空地带；对于美国等西方大国对南非的支持和南非对邻国的破坏政策，印度不仅在联合国、英联邦、不结盟运动等多边机制中呼吁谴责和制裁南非政权，而且利用自身工农业获得增长的优势，扩展与南部非洲国家的经贸合作，支持这些国家的社会经济发展，减缓其对南非的经济依赖。

值得强调的是，自独立以来，印度国大党政府一直在抵制南非白人种族隔离政权的斗争中扮演引领者的角色。尽管1977～1980年印度人民党执

① 杨立华、葛佶、何丽尔、舒展、贺文萍：《正在发生划时代变革的国度——南非政治经济的发展》，中国社会科学出版社，1994，第80页。

掌印度政坛，但印度对南部非洲的政策并没有发生变化。1979 年 2 月，印度外交部部长兼印度人民党的重要领导人瓦杰帕伊在莫桑比克召开的不结盟运动会议上，提醒人们致力于支持南部非洲的自由斗争运动。这说明印度对南部非洲的政策不是策略性、临时性的，而是具有延续性和原则性的。

第三章

修复与转型：印度南非战略伙伴关系的确立与发展（1994～2014年）

20 世纪 90 年代初，国际形势发生急剧变化，这一方面体现在维持近半个世纪的美苏两极格局最终走向解体，另一方面表现在经济全球化的进程加快。为适应局势，印度、南非不仅都对各自的外交政策进行重大调整，还开启经济改革开放与经济重构的进程。这为新时期印度南非关系的重新定位创造了条件。在印度、南非领导人的共同努力下，两国在调整与世界主要大国关系的同时，推动双边关系实现从对峙、恢复到确立战略合作伙伴关系的转变。印度南非政治互信的提升与相互关系性质的变化，不但体现了印度对南非外交着眼点的变化，而且凸显了印度对南非关系的延续性和继承性。

第一节　印度南非外交关系的修复

苏联解体后，全球化进程加快，美国成为唯一的超级大国，国际格局出现了“一超多强”的局面，这给印度、南非原先的外交战略带来挑战与机遇。印度、南非在注重深化国内改革的同时，大力调整对外战略。印度在拉奥（Narasimha Rao）政府时期（1991～1996 年）开启了以经济市场化、自由化、全球化和私有化为方向的改革，注重在加强对大国外交的同时，强化与发展中国家的关系。南非则在注重加强国内重建、消除族群隔阂、坚持独立自主的基础上，加快回归国际社会大家庭的步伐。在此背景下，印度南非关系在各自国家战略中的定位亦发生变化，这为两国重塑政治互信奠定了基础。

一 冷战后印度对外政策的调整

1990 年前后，印度在国际层面面临的诸多新难题，使得印度在冷战期间积累的优势和影响力受到严重的冲击。就国际政治而言，东欧剧变、苏联解体、冷战结束，推动世界从两极格局进入向多极格局转变的新时期。在大国关系层面，美国与俄罗斯的接近使印度左右逢源的余地缩小，给印度的国家建设带来极大的挑战。苏联不但帮助印度建立较具规模的经济体系，而且是印度最大的武器供应国。然而，冷战后，俄罗斯、印度国内困难加剧，两国政府只顾忙于国内事务和各自外交重点的转向，双方经济、军事合作规模大幅度下滑，双边关系一度降温。不仅如此，俄罗斯联邦政府宣布俄印已决定签署一项新的条约，以代替 1991 年 8 月刚刚顺延 20 年的《和平友好合作条约》，新条约将删除明显针对中国和巴基斯坦的内容。[①] 印度由此丧失原有的战略安全依靠。

尽管如此，基本继承苏联衣钵的俄罗斯的国际地位仍不可忽视，随着印度政府平衡外交政策的推行，俄罗斯在印度外交中仍占有重要地位。与此同时，俄罗斯在遭遇亲西方外交的一系列挫折后，亦开始注重与印度等传统友好国家的关系。1993 年 1 月，印度与俄罗斯签订《友好合作条约》，重新明确发展印俄两国友好关系；1994 年，印度与俄罗斯海军举行首次海上联合作战演习。6 月，印度总理拉奥访俄，两国签署《进一步发展和加强印俄合作的宣言》，俄罗斯支持印度在克什米尔问题上的立场，重新向印度提供其提升军事实力所需的武器装备和军事技术。值得一提的是，1998 年 12 月，在印度处在核试验后的外交低谷期之际，俄罗斯总理普里马科夫却按期访印，用实际行动有力地支持了印度政府。2004 年底，俄罗斯总统普京亦访问印度，这使国大党新政府得以继承和巩固同俄罗斯的战略伙伴关系。[②]

在国际经济层面，冷战后和平与发展成为新时代主题，其主要体现是

---

① 陈继东主编《当代印度对外关系研究》，巴蜀书社，2005，第 75 页。

② 李根斌：《冷战后印度外交策略的转变与发展》，《玉溪师范学院学报》2006 年第 8 期，第 31 页。

全球化进程进一步加快，世界经济集团化的趋势进一步加剧。这同时意味着各国之间逐渐由军事对抗转向经济竞争，由追求武力转向发展以经济科技为中心的综合国力的竞争。受此影响，长期作为拓展印度世界影响力重要组织的不结盟运动，失去了原有的活力。此外，同苏联解体形成鲜明对比的是，包括中国在内的亚太国家和欧洲共同体的经济迅速发展，而自独立以来就抱有“有声有色的大国”愿望的印度，则由于多年来仍旧热衷于军备竞赛，对周边国家过度强调武力扩张，极大地延误了经济发展，国内人民生活贫困，贫富差距加大，民心混乱，社会不稳，再加上印度没有处理好民族和宗教矛盾，国内宗教冲突日益加剧，民族隔阂加深，民族分裂主义盛行。面对国内的种种忧患，印度政府迫切希望抓住冷战后和平的发展机遇，壮大国家实力。这就需要加快经济建设，化解矛盾，稳定国内局势。在此背景下，印度政府将外交置于优先地位，希望从外交上寻求突破，大力引进资金和技术，加快国内经济发展，安抚民心，同时为减少外部干扰创造便利，集中精力解决好国内的矛盾和问题。

为克服困境，提高印度的国际影响力，拉奥政府在国内实行以经济市场化、自由化和私有化为方向的经济改革的同时，加快调整与美国关系的步伐。鉴于在冷战期间印度与苏联确立盟友关系，美国对印态度冷淡。冷战后，美国希望加强对印关系，塑造美国治下的世界新秩序。对印度而言，美国作为世界上独一无二的超级大国，在国际关系中扮演着无可替代的角色，获得美国的外交与经济支持对于印度扩大国际影响力具有不可忽视的意义，正因如此，发展对美国的外交关系被印度视为首要选择。值得关注的是，随着苏联的解体，印苏特殊关系宣告终止，加之，在关于阿富汗战争的《日内瓦协议》签署后，巴基斯坦已不再作为抵御苏联南下战略的“前线国家”，巴美联盟的基础严重动摇。这促使美国开始调整对南亚的政策，改变之前“轻印重巴”的外交政策。[①] 1994 年 5 月，印度总理拉奥改变印度历届总理上任后先访苏（俄）的惯例，首先访问美国，双方申明将建立新的伙伴关系。次年，两国签署《联合防务协议》，以深化军事合作。2000 年初，印度政府主动邀请美国总统克林顿访印，两国签署《印美关系：21 世纪展望》框架性文件。“9・11”事件后，美国推行单边主义，致力于反对恐怖主义。印度政府则及时宣布支持美国反恐，允许美国使用其境内

---

① 张明明：《冷战后的印度外交》，《国际社会与经济》1995 年第 5 期，第 4 页。

的军事设施。2001 年 5 月，印度政府不顾国际国内的反对，公开支持美国的“国家导弹防御计划”（NMD）。2004 年 9 月，印度新一届政府总理辛格在当选后不久即访美，展示印度国大党新政府继承了前人民党政府与美国的友好外交政策，其间，美印签署建立“战略合作伙伴关系”的文件，两国继而在安全、经济等领域开展了实质性的合作。

除此之外，印度还推动与中国关系的改善。冷战后，中国国际地位的提升迫使印度把中国当作与美、俄一样的大国来看待，加快改善对华关系的步伐。首先，印度高层频繁出访中国。继 1988 年、1993 年印度总理拉吉夫・甘地、拉奥相继访华后，2000 年与 2003 年，印度总统纳拉亚南、总理瓦杰帕伊也先后访华。其次，在边界问题上，印度与中国签订《关于解决中印边界问题政治指导原则的协定》，明确采用政治原则，通过外交谈判和平解决边界问题，这使印度政府可以腾出更多的精力来处理国内问题。2003 年 11 月，两国军队还首次联合举行以反恐搜救为主题的海上演习。

为适应国内经济改革的需要，印度将经济外交对象拓展到东亚、东南亚等地区的快速发展经济体。从 20 世纪 90 年代初中国、印度正式恢复边境贸易开始，两国经贸合作关系快速发展，到 2004 年双边进出口贸易金额迅猛增长到 136 亿美元。除此之外，1992 年印度成为东盟对话伙伴，1996 年，印度正式加入东盟地区论坛，2004 年 11 月 8 日，印度与欧盟签署《印欧“战略合作伙伴关系”协议》，提高欧盟在印度政治、经济、科技领域中的地位。2004 年 11 月 30 日，印度与东盟签署《和平、进步与共同繁荣伙伴关系协定》。

印度还致力于缓和与邻国的友好关系，为印度发展营造良好的氛围。独立以来，印度利用自己在南亚的特殊地位，对巴基斯坦等邻国推行强硬的军事与外交打击政策，20 世纪 70 年代后，印度在苏联的支持下，对周边国家采取咄咄逼人的进攻政策，引起周边国家的不满。冷战后，印度有意缓和国家周边环境，稳定南亚局势，推动地区和平，加大与南亚周边国家的经贸合作。在南亚区域合作联盟第十次峰会上，印度单方面宣布取消从南盟成员国进口 2000 多种产品的数量限制，并表示愿意与南盟成员国缔结双边自由贸易条约，以此换取南亚周边国家的支持。

此外，印度把加强同第三世界国家的务实外交关系作为改善其国际地位、摆脱困境的重要环节。在冷战期间，印度是不结盟运动的创始国和主要成员之一，其在不结盟运动中倡导发展中国家利益的独特地位和重要作用，特别是通过不结盟运动，以及对反对殖民主义、种族主义运动的长期支持，印度不但捍卫了自身国家利益，而且增强了其在发展中国家中的威信，扩大了自身的国际影响力，因而受到国际社会的普遍关注。但是随着冷战格局的终结，美苏对峙不再存在，加之，世界经济集团化与区域化的深化，不结盟运动成员之间的凝聚力在下降。为适应印度对内对外政策的变化及保持其在南方国家中的地位，印度一方面强调不结盟运动在新时期的意义，拉奥总理甚至表示，“在我们的外交政策的执行中，不结盟仍然是我们的指路明灯”；另一方面，印度尤其重视与发展中国家最集中的非洲的关系。在印度政府看来，新时期发展与撒哈拉以南非洲的关系的出发点在于：（1）加深与非洲的紧密联系；（2）加强双边经济和商业联系；（3）作为印度致力于南南合作的一部分，与非洲国家分享发展经验；（4）加强与非洲地区和次区域组织的制度性联系。①

综上所述，冷战后，印度外交实现了从与苏联结盟到多元化外交的转变。印度在注重与俄罗斯传统关系的同时，以经济发展为宗旨，缓和地区局势，发展与西方大国和东南亚等地区国家在各个领域的合作。概括而言，冷战后印度外交政策的重点主要有以下八点内容：第一，维护印度主权与领土完整的同时，保留决策的独立性和提升国家的战略空间；第二，推动印度在国际舞台上为世界和平、稳定、安全、平衡发挥积极作用；第三，在迅速变化的世界格局中，在与国家利益密切相关的事项上获得国际的理解与支持；第四，在最广泛的范围内，加强本地区的和平与稳定，增进同邻国的关系，增进彼此相互信赖和互利合作；第五，促进民主与个人自由，提高对民主政府和民主制度为国际和平与稳定所发挥的重要作用的认识；第六，在新的对话机制和合作框架的基础上，加强与世界大国的联系，与世界大国一起为加强全球的和平、安全和世界多极化而共同努力；第七，积极与多边组织和国际机构加强合作；第八，积极开展经济外交，加强与各国的经济贸易关系，促进印度的外贸发展和吸引外资。②

---

① Indian Ministry for External Affairs, India's Foreign Policy: Africa (South of the Sahara), http://www.indianembassy.org/policy/Foreign_Policy/africa.htm.

② 胡志勇：《冷战后印度对外关系调整、发展及影响》，《南亚研究季刊》2010 年第 2 期，第 14 页。

二 新南非外交政策的转向

外交是内政的延续。南非非洲人国民大会执掌新南非政权以来，致力于南非社会和解与国家政治、经济转型，确立了以自由、民主为特征的法律与制度框架。与此相适应，南非重返国际社会，注重人权与国际法准则，积极塑造其和平构建者形象，大力倡导非洲议程，加强与世界各国经济合作，深化与发展中国家关系。

（一）曼德拉时期南非外交政策的变化

1994 年，南非举行首次全民大选，白人种族主义者的统治走向终结，以南非非洲人国民大会为首的联合政府执掌新南非政权。不过，与印度相似，南非新政权面临过渡的双重挑战。一是非国大从争取自由解放的组织演化为一个治理国家的执政党。新政权面临如何应对国内巨大的贫富差距、国家建设、民主管理和制度重构等新难题。二是两极格局世界的结束，新政权不得不采取措施，以应对世界秩序的过渡与转型。鉴于此，总体上看，南非新政府成立后，其所面临的任务主要体现在三个方面：其一，维护国内的政治和社会稳定；其二，重建和发展经济；其三，重返国际社会。

在历经 40 余年的白人种族主义统治后，南非各种族与党派之间隔阂严重，局势动荡。为保障国家政局的稳定与经济的有序发展，应对过渡中出现的新局面，新南非曼德拉政府在政治上坚持协商一致原则，在方式上注重以法律框架为基础，推进民族团结与种族和解，以弥补历史上造成的种族怨恨与裂痕。1995 年 1 月 24 日，南非推出《促进民族团结与和解法案》，6 月，南非议会又通过了《真相与和解委员会法案》。11 月，南非组建“真相与和解委员会”。这不但为全国与地方选举的顺利进行创造了条件，而且为南非完善民主制度、加快经济重建及执行“重建与发展计划”打下了坚实的基础。1996 年，在历经反复的协商与妥协后，南非推出废除种族隔离后的第一部宪法《南非共和国宪法》，该法在坚持国家统一的同时，确立多党执政体制，主张民族利益的多样性，强调宪法具有至高无上的地位，不分种族、性别、宗教，法律面前人人平等。

面对全球化进程的不断深入，南非认为其不可以孤立于世界，应该积极融入全球化的潮流中去，加强与世界各国的友好合作关系，改善国际形象。为此，南非确立了“立足非洲、放眼世界”的外交新目标。1994 年，非国大发布题为“民主南非的外交视角”的文件，具体阐述指导新南非外交政策的七项原则：

（1）关注人权，人权应超越政治，涉及经济、社会和环境层面；

（2）只有通过推动世界范围内的民主，才能公正和持久地解决人类的问题；

（3）公正与国际法应成为指导国家间关系的准则；

（4）国际和平应该是所有国家努力的目标；

（5）南非的外交政策应该反映非洲的利益；

（6）南非的经济发展依赖日益发展的地区和国际经济合作；

（7）南非外交关系应该反映南非对加强民主的郑重承诺。[①]

南非由此加快重返国际社会的步伐。南非重新成为联合国和英联邦组织中的一员，南非的建交国从1990年的不足20个发展到1995年的150个。值得一提的是，为更加清晰地引领南非快速发展的外交关系，1997年的非国大第50次全国代表大会提出了新南非外交的总方针，其要点是：

（1）进一步加强与南部非洲发展共同体各成员的关系，通过现有机制积极推动区域经济一体化的进程；

（2）加强同所有非洲国家的关系，为非洲复兴做出积极贡献；

（3）加强与南方国家的合作关系，建立强有力的统一阵线，用同一个声音参与发达国家主导的全球化进程的协商与对话；

（4）加强同发达国家的关系，其中包括俄罗斯与日本，因为它们是南非主要的贸易伙伴，并在投资、技术转让和发展援助方面给予南非很大的帮助；

（5）加强同世界多边政府组织的关系。[②]

值得肯定的是，曼德拉政府的外交新理念，对于南非摆脱制裁、恢复与深化同世界各国的合作关系具有积极的影响。

首先，南非在注重国家独立自主原则的基础上，深化了与西方大国的经济合作。不仅国际货币基金组织和世界银行恢复对南非的信贷，南非还与美国成立"两国关系委员会"，每半年举行一次会议，两国已就农业、环保、教育、军事等方面的相互合作举行多次协商。1997年，双边贸易额达

---

① Garth le Pere, "South Africa's Foreign Policy in an Globlising World Overview: 1994 - 2002," http://www.thepresidency.gov.za/docs/pcsa/irps/pere1.pdf.

② 《国际资料信息》1999年第7期，第20页。

到52.22亿美元，仅次于英国。不过，南非还重视民主与人权议程，并在国家利益优先原则的指导下，推行独立自主的外交政策。这引起美国的不满。曼德拉不顾美国反对，邀请古巴主席卡斯特罗和利比亚领导人卡扎菲访问南非，同意利用南非萨尔丹哈湾贮油设施贮存伊朗石油。1996年，曼德拉会见伊朗总统拉夫桑贾尼时甚至表示，绝不允许美国主宰南非的外交及命运。1998年，曼德拉批评美国等西方国家借人权等问题干涉非洲国家内政和减少对非洲国家的援助。此外，南非重视与传统市场欧盟的经贸合作，积极争取欧洲国家的援助与投资，并加入《洛美协定》。1999年3月，南非与欧盟签署自由贸易协定。

其次，非国大政府注重延续其在种族隔离时期与第三世界国家建立的友好合作关系。对非国大而言，反对南非种族隔离的斗争就是争取基本人权的斗争，非国大之所以能上台执政，其合法性的基础就是其长期的解放斗争得到人民的认可。当非国大处于流亡的时候，印度和非洲大陆的许多国家都给予非国大巨大援助。因此，作为与先前种族隔离政权相脱离的重要标志，曼德拉政府改变了白人种族隔离政权在外交上认同西方、与欧美站在一起的做法，取而代之的是，推动国际社会承认南非为一个发展中国家，认同自己与发展中国家的社会和经济现实相一致。[①] 据此，南非相继加入不结盟运动、77国集团和南部非洲发展共同体。此外，面对不断加快的全球化进程，1997年的非国大第50次全国代表大会通过决议，强调南非要在融入全球化进程的同时，强化与第三世界国家的合作，通过集体的力量影响国际新秩序的构建，并捍卫第三世界国家主权。对此，南非应采取的具体措施包括：（1）争取实现国际管理机构的民主化；（2）协调同第三世界国家的立场，以集体方式同世界大国讨价还价；（3）使国际社会关注贫富差距不断扩大的现象，并建立相关机构或机制来解决这一问题。[②]

值得注意的是，曼德拉政府注重深化与亚洲国家合作，加强经贸联系。中国与南非在1993年10月28日决定正式恢复经济贸易合作关系。1996年，曼德拉宣布准备正式与中国台湾断绝“外交关系”，同年4月，中国与南非签署互相给予最惠国待遇的协定。同年，南非与亚洲国家的贸易额达到94.4亿美元，为南非第二大贸易伙伴区。1999年，南非、日本召开首次

---

① Hany Besada, “Enduring Political Divides in South Africa,” http://www.cigionline.org.

② 《国际资料信息》1999年第7期，第21页。

“新南非－日本伙伴关系论坛”会议，两国表示将加强经贸及其他领域的相互合作。面对经济飞速发展的东南亚国家，1997年3月，曼德拉总统率领由104人组成的大型高级代表团访问东南亚四国，共争取到18亿美元的投资。为加强与中东国家在石油等领域的合作，1997年11月，曼德拉与中东石油大国沙特阿拉伯签署石油进口协定，后者同意为南非新建一座炼油厂。1998年，两国同意建立战略伙伴关系。

最后，新南非视加强与非洲国家的关系为其对外关系的基础。新南非希望积极发挥大国作用，努力促进非洲的稳定与发展，重点发展同南部非洲国家的关系。南非不但加入非洲统一组织，而且是南部非洲发展共同体的重要成员。1995年，对非出口在南非出口中所占的比重比1994年提升50%，非洲成为南非第二大出口市场。

总而言之，非国大自身革命经历与国内国际局势的变化，促使南非政府外交政策在展示一定历史继承性的同时，积极融入国际社会，以满足南非内部变革的需要，改变孤立的状态，为南非发展创造有利的国际环境。结合前文的分析，不难看出，南非的外交转型为印度与南非关系的恢复提供了诸多有利因素：其一，两国对民主、人权、国际法的尊重，为两国恢复外交关系奠定了理念基础，表现为印度争取南非印度裔的平等待遇、反对种族歧视、支持联合国在国际社会中的作用等；其二，符合印度巩固与非洲国家在冷战期间建立的友好的对非政策；其三，符合印度主张南南合作、加强与发展中国家合作、提高国家地位的外交战略；其四，为印度与新南非展开在双边乃至更广泛的层面的经济合作开辟了空间，符合印度的经济外交政策。

正因如此，印度南非关系实现正常化日渐成为两国外交的重要内容。

（二）姆贝基时期南非外交战略的转变

曼德拉时期南非稳定国内政治经济局势、重新融入国际社会的努力，为姆贝基执掌下的南非政府全方位扩展外交、实现新兴大国的愿望做了铺垫。1999年，南非作为非洲唯一的成员，加入二十国集团，成为主要发展中国家的一员。加之，南非自然资源丰富，是世界五大矿产国之一，金融、法律体系比较完善，通信、交通、能源等基础设施良好，成为被看好的新兴大国之一。

相比曼德拉政府，姆贝基政府外交政策的非洲特性更加明显，其提出的外交目标是捍卫南非的国家利益和价值观，促进非洲复兴，创造一个更加美好的世界，进而将促进人权、促进民主、在处理国与国的关系上遵守正义和国际法、维护国际和平和采取国际协商机制解决冲突、在世界事务中维护非洲的利益、通过地区和国际合作推动经济发展等视为南非外交的指导性原则。[①] 在外交实践上，姆贝基政府积极参与泛非议会、非洲委员会等机构的组建工作，积极维护非洲和平，解决非洲大陆的冲突，参与非洲刚果（布）、布隆迪与苏丹等问题的解决，支持非洲联盟创建“防止和消除冲突中央机构”，推动“非洲互查机制”的建立。值得一提的是，姆贝基在强化对非外交的同时，将维护南部非洲地区安全与发展视为优先方向，积极涉足区域一体化进程，推动南部非洲自由贸易区的成立。

与此同时，南非将加强与发展中国家的关系置于重要地位。1997 年，南非与中国建立伙伴关系，成立国家双边委员会这一合作机制，积极参与中非合作论坛峰会。2004 年，中国、南非两国宣布建立战略伙伴关系。南非重视发挥不结盟运动与 77 国集团在维护发展中国家利益方面的作用，视联合国、国际货币基金组织为倡导多边外交和构建以国际法为基础的公正、平等的国际新秩序的重要平台。姆贝基政府认为应强化联合国职能，加强其在促进可持续发展、维护和平与安全、关注人权等方面的作用，并表示在联合国、国际货币基金组织等国际机制改革和事关发展中国家利益的问题上，南非应加强与发展中国家的沟通与协商，争取南方国家的支持。

此外，姆贝基重视发达国家在国家发展中的积极意义。2004 年初，姆贝基在其竞选纲领中提出，本届政府注重解决国内失业和贫困问题。为此，南非大力寻求欧美国家的援助，南非外来投资的一半是来自欧盟，南非与欧盟建有首脑会议机制。美国是南非第二大贸易伙伴。1992 年以来，美国先后向南非提供各类援助近 7 亿美元，双方签有防御互助条约和军事协定。美国同意向南非开放农产品市场。南非是美国《非洲增长与机遇法案》（AGOA）的第二大受惠国。2003 年和 2004 年，南非连续两年成为接受美国援助最多的非洲国家。

整体而言，在重返国际社会的任务基本完成之后，南非以经济发展为外交导向。在姆贝基执政时期，南非经济获得令人瞩目的发展，2003 ~ 2007 年，南非经济年均增长速度一直保持在 5% 左右。此外，姆贝基任内南非外交战略的重点在于塑造有利于国家发展的良好氛围，提高南非在国际

---

① 张忠祥：《新兴大国南非外交战略评析》，《西亚非洲》2009 年第 6 期，第 49 页。

社会中的地位与影响力，在以南部非洲为外交重点的同时，兼顾强化与新兴大国和发达国家的相互合作。舆论认为姆贝基时期的南非外交战略具有以下特点。(1) 积极追求大国地位。在立足非洲地区大国地位的基础上，追求成为具有世界影响力的大国。(2) 积极参与全球治理。继续坚持将促进民主和人权作为南非外交的指导性原则之一。(3) 坚持本国的外交原则。主张用和平和谈的方式解决矛盾与分歧，反对动辄使用制裁和武力解决。主张与伊朗接触而不是制裁，反对制裁苏丹和津巴布韦。①

三　印度南非关系的改善

随着曾遭种族隔离政权镇压的民主斗争力量被解禁，印度逐步改变对南非白人政府的批评态度，转向加强与非国大等解放组织的接触，印度南非关系开始解冻。尽管曼德拉直到1994年5月10日才宣誓就职新南非的总统，但1990年10月，曼德拉的印度之旅却得到了国家元首般的礼遇，其间，印度不但向曼德拉提供500万美元的支票，还授予其巴拉特·拉特纳奖(Bharat Ratna)，这是印度政府第一次授予外国人这样崇高的荣誉。此次访问为印度南非构建友好关系奠定了基础。

在印度拉奥政府的推动下，印度南非关系大幅改善。1993年5月，印度在约翰内斯堡设立文化中心，从而恢复与南非中断近半个世纪的联系，成为两国正式建交的先兆。1993年11月，南非外长鲍达（Pik Botha）访问印度，印度南非正式恢复外交和领事联系，双方签署建立全面外交关系的协议。1993年11月，南非在新德里设立大使馆。1994年5月，印度在比勒陀利亚设立大使馆，把约翰内斯堡的印度文化中心升格为总领事馆。1995年1月，印度、南非政府签署《印度外交部和南非外交部合作议定书》，印度成为第一批在外交上承认曼德拉领导的非国大政府的国家之一。

1995年1月25日，曼德拉总统第二次访问印度，其间，两国签署《政府间政治、贸易、经济、文化、科学和技术合作联合委员会协议》与《国家间关系和合作的原则协议》。后者确定了双边关系的基本原则，其中包括遵守和平、民主和世俗主义，反对种族歧视、种族隔离和宗教激进主义，反对国际恐怖主义，加强历史、文化等方面的合作。这表明印度南非关系实现正式的恢复，为未来两国合作的不断深入创造了条件。

---

① 张忠祥：《新兴大国南非外交战略评析》，《西亚非洲》2009年第6期，第53页。

第二节　印度南非战略伙伴关系的形成

20 世纪 90 年代中期以后，印度、南非致力于国内经济改革与重组，加入世界贸易组织，外交政策更趋务实。为抓住机遇，应对所面临的相似挑战，印度、南非都希望加强双边与多边层面互动，深化各领域的合作，构建和平、合理的国际政治经济新秩序，发展两国战略合作伙伴关系。印度南非关系快速发展，不但体现在首脑外交方面，还体现在政治经济与文化合作机制的建立上。除此之外，两国还注重强化南南合作机制框架内的议题合作，加强在联合国等全球治理机制内相关议程的协商。

一　印度南非战略伙伴关系构想的提出

1996 ~ 1998 年，印度与南非的外交政策日趋务实、灵活。在此期间，印度两届联合阵线政府执掌国家政权，先后由德维・高达和古杰拉尔担任印度总理。印度国内的政治力量进一步趋于多样化，经济改革遇到新问题，经济措施遭到利益受损者的强烈抵制。不仅如此，在国际方面，国际社会强烈要求印度等国签署《全面禁止核试验条约》。1995 年，印度成为世界贸易组织的创始成员，面临执行世界贸易组织的相关规定、进一步对外开放等现实压力。为此，联合阵线政府在外交上奉行灵活、实效的政策，注重在坚持不结盟外交政策的同时，注意适应国际环境的新发展、新变化，并相应调整其外交政策。而 1994 年之后，曼德拉政府执行的颇具人道主义色彩的外交政策，在发展经济、社会改革、缩小贫困差距、经济全球化等现实面前不断受到挑战，以致南非的外交被认为是在“现实主义和道义的国际主义”之间摇摆。不过，面对全球市场的压力，出于克服国内困境的需要，南非加入世界贸易组织，推行继续吸引外国投资、经济自由化和增强企业竞争力的方针。为此，南非外交向现实主义转型的迹象也日趋明显。

总体而言，随着印度、南非社会经济改革的展开和全球化进程的推进，两国的政策变革越来越与国际体系的变化相一致，国内问题的解决与国际局势之间的关系也日益紧密。这迫使印度、南非之间的关系不能像双边关系恢复阶段那样，把合作主要局限于双边层次，加强在多边层次乃至全球层面的国际机制中的合作，逐渐成为两国合作中不可缺少的内容。

1996年12月，时任南非副总统的塔博·姆贝基（Thabo Mbeki）访问印度，其间，他表示为抵制不利于第三世界国家发展的世界秩序，印度与南非应该建立战略伙伴关系，认为两国合作的成功依赖于共同的行动能力，强调在努力建立平等、公正、持久的新世界秩序的进程中，印度是一个可依靠的战略伙伴。这是南非首次以战略合作姿态来定位南非印度关系，反映了其有意在影响发展中国家集体利益等重要问题上加强与印度合作，推动南非印度关系超越双边范畴，将两国合作提升至一个新的水平。姆贝基的主张得到印度总理古杰拉尔（Inder Kumar Gujral）的赞同，古杰拉尔认为印度、南非建立"战略伙伴关系"，符合两个地区大国对更大的国际角色的追求，认为两国在国际论坛和国际问题上存在合作的迫切性，今后数十年内两国将有能力实现共同的追求。① 1997年3月，在印度独立50周年之际，曼德拉总统访问印度，其间，南非与印度签署具有历史性意义的《1997年印度南非"红堡宣言"：确立战略伙伴关系》（以下简称《红堡宣言》）。据此，两国决定在政治自由、经济发展和社会公正方面展开相互合作，共同致力于一个和平、安全、平等的全球秩序；重申推动人类普遍自由和国家间平等的目标，启动印度与南非战略伙伴关系；强调这种战略关系主要涉及两国在双边领域和多边国际机制中的合作。南非由此成为首个与印度确立战略伙伴关系的国家。

二 印度南非战略伙伴关系形成的法律框架

1997年印度、南非签署的《红堡宣言》有明确的指向和规定。宣言共十条（见附录一）。其中关键的条款是第1、5、7、8条。宣言第1条规定实际上体现了种族隔离期间印度给予南非自由解放斗争的支持及其对印度与南非新政府关系的积极影响。第2条实际上表明新时期印度、南非相似的对外政策原则，为两国在优先外交议程上展开合作奠定了基础。第6条规定印度、南非经济各自具有一定的比较优势，两国可通过合作，实现这种互补性与资源的最佳利用，以促进经济的发展。宣言第8条实际上为未来印度、南非深化南南合作、参与全球治理、提升第三世界发言权、维护发展中国家权益做了铺垫。

---

① "Towards A Strategic Partnership," *Frontline* 21 (1997), p. 12.

三 印度南非战略伙伴关系的成型

1998 年 3 月，印度人民党政府因在大选中获胜而上台执政。一方面，该党的特点是信奉现实主义思想，认为外交政策必须为国家利益服务，强调空洞的道德宣扬、道义外交有损国家重大利益，不切实际。正因如此，在政策导向上，印度人民党主张自由市场经济，坚持对大国地位的追求。另一方面，冷战结束以来，印度经济、军事实力的增强和世界多极化格局的发展，为印度实现大国目标提供了机遇。为此，印度人民党政府奉行以实力至上、淡化不结盟政策、积极主动、走出南亚为宗旨的外交政策。

随着南非重新回归国际社会进程的展开，其在世界重要地区开建更多的使馆，并为之配备更多的外交人员。到 1999 年姆贝基担任新一届南非总统时，南非已经与 178 个国家建立了外交关系，在海外设有 94 个使馆，在 73 个国家驻有非常任的代表。为了集中资源，南非政府确定了优先发展关系的国家类别。其一，出于减少外交活动财政负担的考虑，南非确立通过建立双边委员会的方式优先发展关系的国家为印度、日本、尼日利亚、阿尔及利亚、埃及、美国、德国和英国。其二，为发展与总统姆贝基认为的需要协调战略合作的南方国家的关系，南非认为要优先发展与有影响力的南方国家的关系，包括巴西、印度、智利、马来西亚与中国等。① 因此，无论是出于何种考虑，印度都是南非政府注重优先发展关系的国家之一。

总之，1998 年的印度人民党政府奉行的实力现实主义政策，与 1999 年以来南非姆贝基总统领导的非国大政府所推行的发展与南方有影响力国家关系的外交战略不谋而合。最终，在认识到各自国家在国际范围内独特地位的前提下，印度南非两国战略伙伴关系进一步得到落实。尽管 2004 年 5 月，印度国大党领导的“团结进步联盟”在大选中获胜，并与左翼政党组成联合政府，但新政府仍坚持独立自主、全方位外交、经济外交的理念。这保证了印度务实外交政策的延续性。

在此背景下，印度南非外交战略合作获得进一步的发展。2003 年 10 月，南非总统塔博·姆贝基访问印度，两国签署《2003 年印度南非共同宣言》（具体内容见附录三）。姆贝基认为印度为南非全天候的朋友，指出将

---

① Garth le Pere, “South Africa’s Foreign Policy in an Globlising World Overview: 1994 - 2002”, http://www.thepresidency.gov.za/docs/pcsa/irps/pere1.pdf.

加强与印度在政治、经济、文化等多个领域的相互信任和了解，重申两国战略伙伴关系，认为这种关系是建立在双方致力于共同价值观，社会公平的经济发展，以及公正、平等的全球秩序基础之上的。除此之外，双方还签署了有关引渡、相互间法律援助、文化交流、电力和石油领域合作的协议。继2004年5月印度副总统谢卡瓦特赴南非参加姆贝基总统第二任期就职典礼后，同年9月，印度总统阿卜杜勒·卡拉姆（Abdul Kalam）访问南非，这是自南非实现民主化以来，印度在职总统第一次对南非进行访问。其间，阿卜杜勒·卡拉姆总统与姆贝基总统就广泛议题展开磋商，所涉内容包括扩大双边贸易、分享技术和发展经验、加强信息和通信技术合作等。双方还就加强多边主义的合作进行了讨论，两国强调将加强在联合国改革、非盟、支持G4（由日本、印度、巴西、德国四国组成）等相关议题上的协商。不仅如此，卡拉姆还应邀在泛非议会上致辞，是首个在该议会上发表演讲的非非洲国家元首，这体现了印度南非对相互关系的重视，标志着两国战略伙伴关系趋于成型。

不仅如此，印度与南非政治互动机制也趋于完善。为确认互利合作的领域，1994年印度、南非建立外交部长层面的联合委员会。在1995年1月南非总统曼德拉对印度进行访问期间，两国就建立联合部长委员会（JMC）签署相关协议。该委员会成为两国政治实现互动机制化的重要载体。同年7月，印度、南非在比勒陀利亚召开两国首次联合部长委员会会议，会议由印度外长萨尔曼·胡尔希德（Salman Khursheed）和南非副外长阿齐兹·帕哈德（Aziz Pahad）主持，两位外长都强调印度与南非间紧密的历史联系；帕哈德强调在不结盟运动、英联邦首脑会议及联合国等国际平台中，南非都需要印度的支持；胡尔希德则表示印度重视南非作为向非洲其他国家和拉丁美洲国家运输商品的枢纽的作用。第二次印度－南非联合部长委员会会议期间，时任南非副总统的姆贝基指出，印度与南非两国应在探索南南合作的背景下，建立影响双边和多边问题的战略合作伙伴关系，两国都认为要加强与拉丁美洲的关系。[①] 在2003年7月的联合部长委员会上，两国代表讨论了广泛的全球问题，包括多边主义的未来、国际经济关系、不结盟运动的前景及南南合作等议题，印度还表达了对非洲发展新伙伴计划

① Cassandra R. Veney, "India's Relations with South Africa During the Post-Apartheid Era," *Journal of Asian and African Studies* 6 (1999), p. 333.

（NEPAD）的支持等。截至2008年，联合部长委员会总共举办了7次会议，发表和签署了近30个双边协议和谅解备忘录，涉及关税、司法与基础设施建设等方面的议程。联合部长委员会目前有7个次一级委员会，其中最活跃的是负责政治、安全、防务、经济等领域合作的委员会，除此之外，还有负责科学和技术、艺术、文化和体育、通信和信息技术，以及公共服务管理、人力资源发展、移民问题等方面的委员会，印度与南非政府多个部门和机构参与相关委员会的活动。[①]

小　结

进入20世纪90年代，印度快速调整对内对外政策，南非国内政局发生巨变，重新规范对外战略方针与原则，为再次融入国际社会、恢复与世界各国的正常关系奠定基础。在对新时期国家身份与国家利益重新定位的前提下，印度南非关系在短时间内实现从对峙、缓和恢复到确立战略合作伙伴关系的跨越式转变。

本章首先分析了冷战后国际国内环境的变化及其对印度、南非调整国内外战略的主要影响，并以此论述了印度与南非关系的继承性与连续性。拉奥政府时期（1991～1996年）印度与南非关系得以恢复。联合阵线政府时期（1996～1998年）以《红堡宣言》为标志，第一次以文件的形式表达了两国建立战略伙伴关系的理念。印度人民党政府时期（1998～2004年）签署的《2003年印度南非共同宣言》，以及国大党联盟政府时期（2004～2014年）的印度总统阿卜杜勒·卡拉姆对南非的首次访问，表明印南战略伙伴关系得到两国领导人的高度重视，并且把这种战略伙伴关系正式付诸实践。双边联合部长委员会的创立和定期成功召开，更是为印度与南非关系的持续性发展提供了制度性保障。

接下来，诠释了冷战后各届印度政府在发展与南非关系上所追求的具体利益的差异。拉奥政府时期，印度侧重继承与非国大等斗争组织在冷战期间建立的友谊、发展经济及维持印度在发展中国家的影响力；在联合阵线政府时期，印度的着眼点是继续扩大与深化印度南非双边合作领域，在

① Philip Alves, "India and South Africa: Shifting Priorities," *South Africa Journal of International Affairs* 2 (2007), p. 89.

争取和平、安全、平等的全球秩序上展开战略合作；印度人民党政府时期，印度看重新南非在非洲的实力与影响力，希望通过双边和多边层次的战略合作，提升印度的大国地位；国大党联盟政府时期，除了重视提高印度大国地位的诉求外，还视印度南非关系为适应印度坚持独立外交、开展经济外交的需要。

另外，笔者还强调印度与新南非关系实现迅速升温的历史因素，认为新南非之所以高度重视与印度的关系，视印度为优先发展关系的国家之一，除了看重印度在国际范围内及在发展中国家中的地位和影响力外，还与印度和非国大等南非解放组织的合作历史有着紧密联系。正是这种历史联系，得到了非国大领导人曼德拉和姆贝基的高度重视，并推动印度与南非在新时期关系的恢复与升温。

中篇

印度南非战略合作的具体领域

冷战的结束与全球化进程的加快，迫使印度深化国内经济自由化改革，推行服务经济发展的多元化外交政策。随着种族隔离政权的终结，新南非在推动政治转型、重构国内经济的同时，坚持独立自主，参与区域经济合作，重返国际大家庭。印度南非内生发展需求与务实外交理念的相似性，为两国关系调整创造了机遇。在深化互信的基础上，印度、南非各界大力推动两国各层面多领域合作机制的创建。据此，印度南非关系逐渐实现由对峙到战略合作的变化。具体而言，印度与南非的战略合作，主要体现在三个方面：一是深化两国间在双边层面政治经济与文化等领域的合作；二是协调两国对非洲的关系，注重南南合作，倡导新时期发展中国家合作的新形式；三是加强两国在全球治理机制框架下议题的磋商，提升各自在联合国与世界贸易组织等多边机制中的发言权，提升印度、南非的国际地位。印度与南非合作的深入，一方面体现了印度重视南南合作，注重发展与非国大等民主解放力量的合作关系；另一方面表明冷战后新兴经济体的发展与兴起，印度、南非等新兴国家注重在实现大国梦想及塑造国际政治经济新秩序上加强合作。国际格局的多极化演进将是一个缓慢的过程，西方大国在原有国际政治经济秩序中的主导地位尚未发生根本性的动摇。新兴国家的崛起既具有群体性，也具有不确定性。印度、南非尚需在练好自身内功的同时，拓展与其他新兴国家的合作空间，构建良性互动，提升国际议题创建能力，共同推动国际规则的公平与公正。

第四章

印度南非经贸合作

两极格局时期，政治关系是国际关系的主题，经济关系是服务于政治关系的工具。独立不久，印度将捍卫国家主权与独立自主的地位视为优先议题。印度、南非政治关系长期处于对抗状态，决定了两国经贸关系的不稳定性。实际上，出于对种族歧视政策的不满，自 1946 年起，印度就终止了与南非的贸易协议。20 世纪 60 年代中期，印度政府虽推出技术和经济合作计划，但其主要目的在于加大对南非等国家自由解放斗争的援助，提升其在非洲的形象，制衡中国在第三世界中的号召力。随着中苏关系破裂、印苏同盟关系的确立，印度更注重参与针对南非的国际贸易制裁议程。

冷战结束后，经济在国际关系中的地位日益显现，经济全球化、区域一体化进程加快，以科技与经济为主要内容的综合国力竞争态势加剧，经济合作由此成为印度、南非修复关系的重要驱动因素。自 20 世纪 90 年代经济改革以来，印度逐步实现由进口替代型发展战略向出口导向型发展战略的转变，并加快对内改革、对外开放的步伐，而南非则在重构国内政治经济秩序的同时，日渐注重对外务实经贸合作，加快重归国际社会的进程。随着印度、南非经贸合作领域的拓展，两国贸易量增速明显。随着印度、南非经济市场化与全球化程度的不断提高，两国经贸合作的范围已从双边拓展到次区域与国际经济多边机制层面。

第一节　印度南非双边经贸合作

冷战结束以来，印度、南非基本上把融入全球化与实现经济发展作为调整国内外政策的出发点。两国都重视各自的经济发展潜力，将推动双边、多边经贸合作机制的建立作为深化两国关系的基础。随着印度与南非经济联系的加强，两国贸易、投资等领域的合作取得长足进展，不过，一些制约性因素也日渐凸显。但鉴于印度、南非各自经济领域的优势明显、经贸关系的互补性较强，两国经济合作的总体态势趋好。

一　印度南非双边经贸合作的前提

20 世纪 90 年代，国际、国内环境的变化促使印度、南非的政策调整成为必然。冷战期间，印度对非政策的主要内容是反对殖民主义和种族主义。随着非洲大陆最后一块殖民地纳米比亚 1990 年的独立和隔离制度在南非逐渐被废除，为适应冷战后全球化和区域化加速的局面，1991 年，上台不久的国大党拉奥政府即开启以自由化、市场化、私有化与全球化为导向的改革。需要指出的是，在经济改革之前，印度将建立社会主义类型社会作为发展目标，重视公平分配与对主要生产资料的控制，实行计划经济兼容市场经济的混合经济体制，重视保护国内市场，采取政府补贴、政府经营企业和其他限制外国投资的保护措施，执行几乎封闭的经济发展政策，印度货币不可兑换，且被高估。印度工业受到高关税和特别严格的进口许可证体系的保护，许多私有和公有企业的运行因此没有太多竞争力，经济增长缓慢。自经济改革启动以来，许多经济调整措施得以出台，如取消除消费品之外的所有进口商品的许可证要求、降低进口关税、放松出口限制、卢比贬值、进口和出口工业产品的自由化等。这一方面使国外企业可以参与印度市场竞争，另一方面促进了印度与南非等国家的经济交流。

与印度相似，南非国内巨大的贫富差距和高比例失业率，促使非国大视发展经济为当务之急。非国大领导的南非政府也开始采取一系列的经济改革措施，推动南非经济进一步融入全球化的潮流。相比之下，在新南非民主选举举行之前，南非经济在一定程度上处于封闭的状态，其很高的进口关税不利于外国公司在南非经营，经济制度导致南非黑人面临资金、管理技术、销售经验等因素的制约。此外，南非维持国家垄断，允许白人享受非洲最高的生活水平，占大多数的黑人则生活在贫困线之下。重要的是，南非国内的保护主义政策，以及种族隔离政策所引发的国际经济制裁，导致南非在 20 世纪 90 年代之前在很大程度上孤立于国际市场。新南非曼德拉政府视鼓励外国投资为其外交政策的重要内容之一，认为如果南非大多数经济部门被六个或七个垄断大公司控制的话，南非的经济就不会有竞争力；如果不采取措施刺激经济增长、缩小黑人和白人之间的收入差距和降低高比例的失业率，南非的民主将会受到威胁。为此，非国大政府制订重建与发展计划（RDP），鼓励外国投资，提高南非技术能力，为黑人提供资金与创造工作机会。

总之，种族隔离时期，南非的“贱民国家”（Pariah State）地位与印度封闭的经济体系，降低了两国经济参与世界经济体系的程度。而种族隔离结束之后，印度、南非经济改革的推进，使两国经济与世界经济的融合进程加快，为双方经济互动的深入创造了前提。

二 印度南非双边经贸合作概况

近些年来，印度与南非大力倡导双边经贸合作，两国注重发挥各自在技术、资本与资源等方面的优势，实现互利共赢。尽管印度与南非经贸合作起步较晚，但是两国合作机制日渐完善，经贸领域具有良好的合作基础，经济结构和经济发展战略具有较高的耦合性，双方经贸合作潜力巨大。

（一）印度南非双边层面经贸合作框架

1. 印度南非政府构建双边经贸合作机制

印度南非两国政府签署了一系列的双边经贸合作协议。1994 年 8 月和 1996 年 12 月，印度南非相继签署《贸易协定》与《避免双重征税和防止偷漏税协定》。根据 1997 年 3 月印度南非签署的《红堡宣言》，两国决定充分利用各自在经济上的互补性和资源上的比较优势，通过合作推动双方经济发展。同年，印度南非签署《地质和矿物资源领域合作协议》，强调要发挥各自科技与经验优势，深化资源开发合作。为深化领域合作，2003 年、2010 年、2011 年印度和南非相继签订《碳氢化合物部门合作协议》《农业合作谅解备忘录》《科学和技术合作计划》等。此外，2003 年，印度南非签署《2003 年印度南非共同宣言》，据此，两国认为应在经济领域加强相互信任。2006 年，印度南非又签订《2006 年印度南非“茨瓦内宣言”：重申战略伙伴关系》，声明两国贸易量到 2010 年应至少增加 3 倍，增至 120 亿美元。值得一提的是，为将双边经贸合作意向尽快付诸实践，1993 年，印度商务部主持对非洲协调组首次会议，强调商务部支持商界加强对南非经贸合作的要求。2002 年，印度与南非建立一个双边工作组，就两国间的优惠贸易协定进行协商。2006 年，南非副总统姆兰博·努卡在 5 位部长的陪同下访问印度，双方就技术培训、小型企业等领域的合作进行磋商。

印度南非确立的政府间经济交流机制主要有二。其一，印度南非联合部长委员会。该委员会负责为促进两国经济合作制定相关措施。截至2008年，该委员会总共举办了7次会议，签署了近30个双边协议和谅解备忘录。其二，印度南非商业联盟。该联盟成立于1997年，其主要任务是审视两国双边商业进展，确定商业合作中存在的制约因素及合作的新领域；主要目标是通过加强部门合作，策划首席执行官论坛和其他的商业交流，增强两国商业联系。[①] 除此之外，2006年7月11日，南非驻印度高级专员佛兰西斯·莫诺伊（Francis Moloi）与南部印度工商会，共同宣布南非放弃印度人过境签证要求。南非还在孟买设立国际销售理事会，该理事会直接对总统负责，是南非在海外设立的第三个此类办事处，负责在印度推广南非品牌等。

2. 印度南非商界积极参与双边经贸合作进程

印度南非经贸合作日渐引起两国商界的关注。自印度完全断绝与南非的商业来往后，双方近半个世纪没有进行经济交流。为了克服两国间多年的隔阂，增加新时期商业界间的相互认知，1994年，印度工业联盟与南非商会签署谅解备忘录。1996年，印度工业联盟与以黑人为主的南非国家工商会（NAFCOC）、南非阿非利加白人商会（AHI）、南非基金签署谅解备忘录。[②] 不仅如此，印度南非商界互动机制日益丰富。1993年5月，印度工商联合会（FICCI）与南非工商会签署《推动双边商业合作协定》，加强商业信息互动和商界代表团的来往，助推企业开展互补合作，挖掘投资机遇与深化技术转让。印度塔塔集团主席拉丹·塔塔与南非商会联合会（BUSA）主席佩垂思·莫塞皮（Patrice Motsepe）推动成立印度南非企业首席执行官论坛。2004年10月25日，首席执行官论坛在约翰内斯堡召开首次会议，两国主要知名私人企业界代表参会。截至2010年，印度南非企业首席执行官论坛已经成立能源、金融服务、矿业和基础设施等四个部门工作组。该论坛不仅得到两国驻约翰内斯堡、比勒陀利亚、孟买、新德里外交使馆的积极支持，还获得两国国家领导人的肯定。时任印度总理曼莫汉·辛格认

① SA, Mlambo-Ngcuka, Address at the India-South Africa Business Conclave, http://www.polity.org.za/article.php?a_id=113895.

② Ruchita Beri, "Indo-South africa Relations after Mandela," *Strategic Analysis* 12 (2001), p. 28.

为首席执行官论坛促进了印度南非间的有益联系，为增强双边贸易合作活力注入了能量。①

印度南非商界信息交流趋于频繁。一方面，印度工业联盟先后在1999年、2001年与2005年，在约翰内斯堡组织“印度企业展”和“印度制造展”，推介印度的最新技术和产品。2006年，印度以伙伴方身份参加南非工业和贸易展。2007年，印度在约翰内斯堡、开普敦等地召开印度南非经贸合作会议，并至少在南非举办了四场重大的商业展览。另一方面，南非也积极参加在印度召开的三大主要贸易展：2004年11月17～19日的旅游和遗产的挑战博览会，2004年11月24～27日的矿业和机械展，以及2005年2月9～12日在新德里举行的第16届国际工程和技术贸易博览会。南非还是印度进出口银行主办的印度非洲经贸合作会议的积极参与方。此外，继2014年11月南非参与在新德里召开的首届世界钻石大会后，南非于2015年又参加第六届年度印度投资和贸易倡议会议（ITI），探讨两国在制造业、农业和基础设施发展等领域的合作。同年，为推介印度手工地毯纺织技术，印度地毯出口推进理事会举行第29届印度地毯出口展，还特意为南非等国家的买家提供价值800美元的航空、旅社等服务。

（二）印度南非双边经济合作的主要成效

受两国良好政治关系、经济互补性较强、历史文化联系紧密等有利因素的影响，印度、南非在经贸合作上取得显著的成效。印度、南非间的这种经贸合作，体现了总体发展较快、贸易结构不同、南非持有贸易逆差等特点。

1. 加强印度与南非经贸联系

印度南非间的贸易发展迅速。在1994年之前，由于印度对南非种族隔离制度的全面抵制，两国间几乎没有重要的商业来往。但自两国建交以来，双边商业联系日趋密切。双边贸易量从1996年的不足12亿美元增至2014年的超过94亿美元。不过，自1996年以来，印度对南非贸易在印度总的贸易中所占比重却多年呈下降的趋势，尤其是2002年，印度南非贸易仅为印度对外贸易的0.76%。尽管如此，印度南非在各自对外贸易中的地位仍有所提升。自2003年以来，印度极大地增加对南非的出口。2003年，印度是

---

① Dr. Manmohan Singh, Prime Minister of India, at the Third India-South Africa CEOs' Forum, http://www.kpmg.ie/DestinationIndia/pubs/India%20Calling%202007.pdf.

南非第20大重要出口市场和第20大重要进口来源地。2004年，印度是南非在亚洲的第6大贸易伙伴。2006年，印度是南非第18大最重要的出口市场（约占南非总出口的2%），是南非第11大进口来源国（约占南非总进口的2.5%），总体看，印度是南非第13大贸易伙伴。与2010年相比，2011年印度在南非进口贸易中的地位有所提高，从第8位提高至第7位。在出口方面，2010年、2011年，印度皆是南非第6大出口国。

虽然整体而言，印度与南非贸易量有所增长，但两国贸易增速呈下滑态势。在进口方面，自1994年以来，印度从南非进口发展很快，年均增长超过18%，大大超过南非在重新融入全球经济后总的出口增长。1996年，印度从南非的进口额占印度总进口额的比重超过2%，但自1996年以来，印度从南非进口额占印度总进口额的比重呈总体下降的趋势。在贸易总量方面，从2002年以来，两国贸易比前七年的增速有所提升。需要指出的是，就印度南非贸易而言，南非的贸易逆差明显。从贸易平衡看，21世纪以来，总体上印度从南非的进口低于印度向南非的出口，南非在印度南非的双边贸易中存有贸易赤字。2002～2015年，南非几乎每年在与印度的贸易中都处于逆差的地位，其中2011年、2014年南非的贸易逆差尤为明显，分别为9.46亿美元、19.52亿美元（见图4－1）。

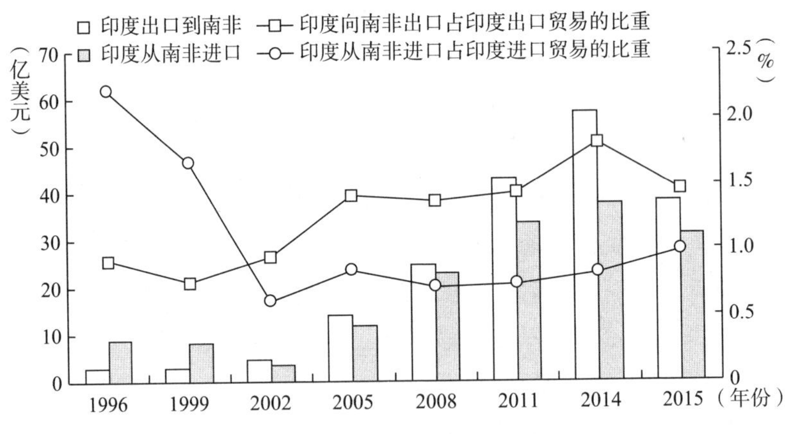

图4－1　1996～2015年印度与南非间的进出口贸易

资料来源：UNCTAD Handbook of Statistics Online，February 14，2017。

2. 促进印度南非间的金融与投资合作

为应对南非经贸合作，印度主要金融业机构先后进入南非市场。1997年，印度国家银行开始进入南非，涉足相关金融业务，该行在约翰内斯堡、开普敦和伊丽莎白港设立分行，并在德班设立办事处。印度进出口银行、巴鲁达银行在德班也设有分行。2006 年，印度第二大银行印度工业信贷投资银行（ICICI）也进入南非开设代表办事处。2007 年 6 月，ICICI 把在印度资产重构公司的 5% 的股权（约 1000 万美元），出售给南非四大商业和投资银行之一的第一兰特银行集团。除此之外，印度科塔克银行与南非保险公司巨头欧德共同基金达成组建合资企业的业务协议。2005 年，另一南非保险巨头杉兰公司还与印度金融服务机构斯瑞拉姆集团签署合作协议。

20 世纪 90 年代，印度南非政府积极推进外国直接投资体制的自由化改革，以便利两国间的相互投资。到 2005 年，南非投资印度的金额达 943 万美元，包括 40 家左右的南非商业企业，从事业务涉及机械、设备和服务等行业。其中较具代表性的为南非酿酒有限公司，该公司以 1750 万美元购得印度迈索尔啤酒公司的多数股权；南非著名的连锁店赛绍普莱特在孟买设立分店；南非能源巨头沙索还探索在印度投资 60 亿美元建立新工厂的可能性等。此外，据 2007 年印度驻南非比勒陀利亚最高专员公署估计，印度在南非执行的项目价值超过 20 亿美元，[①] 处于印度对外投资的前列。其中还不包括印度投入南非约翰内斯堡证券交易所的资金。包括塔塔集团、马亨德拉公司、西普拉药物公司等在内的约 40 家印度著名企业，都已进入南非拓展业务。

2008 年金融危机以来，印度将海外投资限额从 50 亿美元提高到 70 亿美元，允许企业在每个财政年度将其收益的 100 % 用于对外国公司的收购，或用于对企业海外合资或独资公司进行直接投资等。[②] 受此影响，印度在非洲的投资迈入加速期。到 2010 年，近 45 家南非公司在印度有业务，投资总额高达约 5 亿美元，另外，印度公司在南非的总投资存量达 60 亿美元，其中涉及近 90 家印度企业，单单是来自印度塔塔控股公司的投资额就高达 16 亿美元。但由于避税等的考量，印度企业投资南非，往往以毛里求斯为中转站。总体看，印度在南非的投资，具有两个特点：一是近 40% 的投资额集中在南非制造工业；二是投资于南非的印度公司，寻求在当地和地区市场销售产品，而不是出口到自己的母国印度。

---

① High Commission of India, Pretoria, http://meaindia.nic.in/foreignrelation/01fr03.pdf.

② 周杰：《全球金融危机对印度外向直接投资的影响》，《南亚研究季刊》2010 年第 1 期，第 65 页。

三 印度南非深化双边经贸合作的驱动力与制约因素

印度、南非经贸合作取得较好成效，其主因不仅在于两国已经建立涉及多领域、多层面的经济合作机制，还在于两国的发展潜力普遍被国际社会所看好。印度、南非经贸合作，不但符合各自经济发展战略，而且对于推动亚非拉等发展中国家之间的经贸联系具有一定的积极意义。不过，印度、南非在经贸合作上亦面临贸易条件差异及相关技术与人才短缺等诸多难题。

（一）印度南非经济合作的总体态势较好

一定程度上讲，印度加强与南非经贸合作，利于印度企业参与全球化进程，实现生产资源在全球的有效配置。以印度工业巨头塔塔集团为例，为加强与南非在铬矿开发上的合作，塔塔钢铁公司投资 9280 万美元在夸祖鲁-纳塔尔海岸的理查德海湾修建高碳铬铁工厂。2007 年 10 月，该工厂正式开始运行，年产 13.5 万吨高碳铬铁。该企业在生产过程中，主要使用来自印度和伊朗的铁矿石，生产出的用于不锈钢制造的高碳铬铁，主要销售给亚洲、欧洲和美国的塔塔钢铁公司的客户。此外，南非是有资格享受 2000 年美国签署的《非洲增长与机遇法案》的 17 个非洲国家之一，印度的纺织业等部门可以利用该法案享有向美国出口免税的待遇。

印度南非各界人士较重视两国经济合作，对合作前景持乐观态度。印度驻南非约翰内斯堡的总领事纳夫迪普·苏芮（Navdeep Suri）认为，“印度和南非都有自己的优势领域，因此，我们能够实现互补，两国都处在变革的尖端，我们仅仅只是处于探索对方的开始进程，发现各自的最佳阶段还没有到来”。[①] 2007 年，印度商业和工业部部长库玛尔（Ashwani Kumar）认为，印度南非双边贸易额在当前 60 亿美元的基础上，再增长 3 倍是可能的。南非外交部亚洲与中东司副司长杰里·麦特吉拉（Jerry Matjila）认为，到 2010 年，印度南非间的双边贸易量将达到 200 亿兰特。[②]《2006 年印度南非“茨瓦内宣言”：重申战略伙伴关系》中提到，两国认为双边贸易总量到 2010 年应至少增加 3 倍，达 120 亿美元。

---

① Indian Merchants' Chamber, India Calling 2007 India-South Africa Business Conclave Johannesburg, August 1-3, 2007, http://www.in.kpmg.com/pdf/India%20Calling%202007.pdf.

② India, South Africa to Discuss Free Trade Pact, February 21, 2008, http://economictimes.indiatimes.com/News/Economy/Foreign_Trade/India_South_Africa_to_discuss_free_trade_pact/articleshow/2802365.cms.

（二）印度南非两国发展经济合作具有诸多有利因素

印度南非经贸关系日渐密切，双方都从中受益匪浅。这得益于印度南非在双边经贸合作方面具备多种有利条件：在经济全球化背景下，印度南非共同致力于经济发展，两国均有深化经贸合作的实际需求；双方相互看好各自发展潜力与经贸拓展空间，重视区域一体化与南南合作方略，都将对方视为实施该方略的重要合作伙伴等。

1. 印度南非经贸合作符合各自的发展目标

克服贫困是印度和南非面临的共同任务。印度在 2002 年 4 月 1 日提出，争取在十年间将人均收入翻一番，GDP 取得 8% 的年均增长率，贫困率从 26% 降低到 2007 年的 21% 和 2012 年的 11%，创造 5000 万个工作机会。[①]自 1994 年以来的十年间，南非人均国内生产总值年增长率仅为 1.2%，居高不下的失业率和贫困率依然是南非社会经济发展的障碍。根据世界银行的统计，2008 年，南非的失业率高达 41.8%，40% 的穷人的收入仅占社会总收入的 6.1%，而 20% 的富人分享了 64.9% 的社会财富。早在 2005 年，南非开始制定推动国家经济在 2014 年前 GDP 的增长率达 6% 的新战略，启动一项为期十年的“南非加速和共享经济增长计划”（ASGISA），其最大目标是到 2014 年将失业率减少 15%，贫困水平下降一半。[②]

印度南非经贸合作适应两国的发展战略。以能源为例，早在 2003 年，印度就与南非签署《碳氢化合物部门合作协议》。印度加强与南非能源合作的动因，一方面在于印度为世界上第六大能源消费国家，能源需求的 30% 依赖石油，而石油供应的 70% 靠进口。根据国际能源机构的估计，如果维持印度经济 8% 的增长率，则印度每年的能源消费至少增长 3.6%。到 2025 年，印度的能源需求将翻一番，印度石油供应的 90% 依赖进口，[③] 到2031～2032 年度之前，为满足能源的基本需要，印度必须把主要能源的供应量增加到 2003～2004 年度的 3～4 倍，制造和供应电能增加 5～6 倍。另一方面，南非为能源净出口国，是世界上低成本的电力生产国之一，是世界上仅次

---

① Speech by Shri K. C. Pant, Deputy Chairman, Planning Commission in the meeting with H. E. Essop G. Pahad, Minister in the Presidency covering Economic Development, South Africa, in the context of IBSA Initiatives on 6th January, 2004, http://planningcommission.nic.in/aboutus/speech/dch278.pdf.

② 徐国庆：《印度与南非经贸合作分析》，《亚非纵横》2009 年第 6 期，第 39 页。

③ Vibhuti Haté, “India in Africa: Moving beyond Oil, South Asia Monitor,” *Strategic and International Studies* 10 (2008), p. 16.

于澳大利亚的煤出口国。南非的铀储备约占全球铀储备的10%，但主要是低级铀。印度在2006年进口3000万吨的热煤，其中250万吨来自南非，特别是焦煤，预计到2020年印度从南非进口的煤将达到7000万吨。这促使印度对南非煤炭的需求预计将超过其他任何国家，到2020年，南非预计将仅次于印度尼西亚、澳大利亚，成为印度第三大煤炭供应国。而煤炭目前成为南非位居第二、仅次于铂的出口创收部门，煤炭行业雇用约6.5万人。继2008年7月印度南非召开两国首次煤炭和碳氢化合物工作组会议后，同年9月6日，核供应国集团45国成员同意解除对印度实施了34年的核供应制裁，这意味着印度利用南非的核资源将成为可能。此外，在呼叫和外包行业，由于南非的呼叫中心规模太小，吸引不了大型公司，以至于政府在呼叫中心和业务流程外包方面创造10万个工作机会的计划没有成功。而为扩大业务，印度宙斯盾（Aegis）外包服务有限公司收购南非最大的私人呼叫中心外包公司CCN，作为Aegis未来三年内在南非创造5000个新的工作机会和投资5亿兰特计划的一部分等。

2. 印度南非两国具有良好的发展环境

南非为印度企业的发展提供诸多便利。根据南非政府2004年通过的《黑人经济振兴法案》，历史上受到不公正对待的“黑人”控股公司，可以享有“非黑人”建立的公司最低25.1%的股份。印度裔已成为南非社会的一部分。印度人开办的公司则不必被迫出售股份，因为他们也是“黑人”。在人力资源上，印度公司在南非更倾向于雇用印度裔，众多公司的管理层都有印度裔，且不易引起民粹主义的反弹。不仅如此，在政府与企业的关系方面，印度企业得到南非政府的重视，塔塔咨询公司（TCS）负责人塔塔先生（Mr Ratan Tata）是南非总统姆贝基国际经济理事会的成员。TCS还获得南非政府部门的合同，南非司法部、金山大学、经济事务部、豪登省财政厅，以及约翰内斯堡证券交易所、南非美国国际集团等都是TCS的重要客户。2005年，南非政府批准塔塔集团拥有南非电信部门第二大运营商26%的参与权。2007年，TCS与南非政府合同的收益占公司在南非收益的10%。为满足生产和分发抗艾滋病药物的需要，2005年，南非政府与7个制药公司签订了三年的合同，印度仿制药大王西普拉建立的合资企业（Cipla-Medpro）获得其中最大的供应订单。

此外，印度南非的发展前景被国际社会普遍看好。2005年，印度GDP达到8750亿美元，进入世界十强的行列，其人口到2025年预计将达到14

亿人，[①] 经济约以每年9%的速度增长。2007年，南非的GDP高达4676亿美元，经济实力全球排名进入前30位。南非资源丰富，在交通运输网、发电量、金融体系的成熟度等很多领域，南非几乎代表非洲的最高水平。南非工业制造能力也高于发展中市场的平均水平。据2010年世界银行的年度营商环境报告，在所调查的183个国家和地区当中，南非排名第32位。南非认为这显示了其发展潜力。[②]

3. 印度南非看好两国经贸合作潜力

印度南非两国在金融、建筑、能源、零售、旅游等领域，存在较大的合作空间。在基础设施建设方面，2006年2月，印度政府把提升孟买机场的一个30年的合作项目，交给包括南非航空公司（ACSA）在内的4家公司。这是南非航空公司在国境之外的首个重大项目，一定程度上代表印度与南非商业联系的里程碑。在旅游业方面，南非是印度人在南亚次大陆之外最大的居住地，2006年印度人到南非旅游的人数比2005年增长了17%；[③] 为推动双边旅游业的发展，印度旅游部在南非建立海外办事处，并与南非签署旅游领域协议。

南非亦强调南非印度裔是南印关系纽带的塑造者，认为要利用两国间的历史友好关系，解决共同面临的问题。当前印度出境旅游增速位居世界第二，仅次于中国，预计到2020年印度每年的游客有望增加到约500万人。2014年，塞舌尔航空公司在利用现存南非约翰内斯堡航线的同时，开启到坦桑尼亚城市达累斯萨拉姆与印度大城市孟买的航线，以利用非洲各地区印度裔与印度的文化和商业纽带，推动旅游业的发展。

印度南非推动经济发展的举措，为两国经济合作创造了机遇。预计2010～2014年南非GDP的年增长率为6.5%。截至2014年，南非实现了史无前例的连续9年的经济增长、外汇储备增加、首次预算盈余和个位数的通货膨胀率。南非为举办2010年世界杯，计划四年内在基础设施和社会安全方面投资约2850亿美元。2013年，南非表示已制订15年里至少耗资4万亿兰特支

① Charlotte Mathews, "South Africa: Coal Demand Expected to Rise Strongly," *Business Day*, 8 September, 2009, http://allafrica.com/stories/200909090106.html.

② SA, KwaZulu-Natal to Deepen Ties with India, http://www.businessday.co.za/Articles/Content.aspx? id = 122642.

③ Philip Alves, "India and South Africa: Shifting Priorities," *South Africa Journal of International Affair* 2 (2007), p. 99.

持基础设施发展的计划。另外，2007～2012年，印度政府计划在基础设施方面的投资预计超过3200亿美元。自2014年5月莫迪领导的人民党政府执掌印度政权以来，印度承诺加强其在全球经济中的竞争力，投资基础设施，发起“印度制造”倡议，允许国防企业、汽车制造等领域的外资比重达到100%，推动制造业产值实现14%～15%的增长，将制造业在GDP中的占比从15%增加到25%，以实现印度经济9%～10%的增长，满足每年1200多万名青年的就业需求。2014年，南非国际关系与合作部部长马沙巴内表示应该将两国贸易额由当前的150亿美元增至2018年的180亿美元，强调印度南非都面临贫困、失业和欠发展等三重挑战，两国建立伙伴关系，分享知识与技术，加强在电信、卫生、可再生能源等领域的合作，有利于南非实现《2030年国家发展规划》。

此外，为通过更紧密的商业联系增强双边关系，2010年，南非总统雅各布·祖马带领200名商业人士访问印度，成为迄今由南非国家领导人率领的访问印度人数最多的商业代表团。在祖马的倡导下，两国宣布重启首席执行官论坛，强调南非政府将致力于为贸易与投资消除障碍，指出双方在环保技术、运输和资本设备、创意产业，以及金融服务、信息和通信技术等领域存在良好合作的机遇。南非还希望印度外包业务在南非开办办事处，利用南非与欧洲相同的时区与相似的语言发音，催促印度纺织企业在南非扩展业务。

4. 印度南非看好各自所在地区的巨大贸易空间

印度南非都在地区经济中扮演重要角色。新南非改变了对邻国的侵略和敌视政策，并于1994年加入南部非洲发展共同体（SADC）。印度是成立于1985年12月的南亚区域合作联盟（SAARC）的积极成员。南亚特惠贸易安排（SAPTA）已在1995年开始生效。南亚自由贸易区（SAFTA）于2006年1月1日正式启动。正因如此，早在1997年，时任印度总理的古杰拉尔访问南非时，就表示印度视南非为进入南部非洲市场的“桥头堡”，希望印度能在南非进入南亚和其他地区市场中为南非扮演同样的角色。

印度与南部非洲进行了一系列有关深化贸易合作机制的协商。2006年4月28日，在纳米比亚召开南部非洲发展共同体与印度论坛会议。2007年10月、2008年2月，印度和南部非洲关税同盟就有关签署优惠贸易协定的问题，开始第一、第二轮协商会议，此举还将有助于双方自由贸易协议、全面经济合作协议、相互促进和保护投资协定等相关协定的签署。2008年8

月 17 日，南部非洲发展共同体自由贸易区正式启动，为印度扩大与南共体的经济合作提供了更广阔的前景。在 2010 年南非总统祖马访问印度期间，印度与南非重启优惠贸易区的协商议程，表示两国将就加快对药物部门的审批进程、减少印度在金融服务行业对外资所有权的限制，以及加强双方基础设施和运输部门公私合作伙伴关系等问题进行协商。其中，优惠贸易区的启动可为两国服务、投资和知识产权方面的深入合作拓展空间，为南非进入印度保护较严的零售业、金融业等部门提供机遇。对于南部非洲关税同盟的成员而言，与印度的贸易自由化不但有助于其获得价格优惠的药品、有竞争力价格的汽车和重工业配件，而且可以为钢铁、化工、铝及家具创造新市场，挖掘双方在金属制品、宝石和珠宝，以及非金属矿物等领域的巨大经贸合作潜力。

印度南非经贸合作，还有助于印度未来拓展与第三世界的经济合作空间。早在 1997 年，印度就启动“聚焦拉丁美洲”计划（Focus：LAC）。2005 年，印度与南方共同市场（MERCOSUR）签署自由贸易协定，并于 2009 年 6 月 1 日生效。另一方面，随着“蝴蝶战略”的启动，南非在推动与巴西和印度的贸易联系（翅膀）的同时，加强与非洲大陆（身躯）的贸易联系也日渐被提上议程。2000 年 12 月，南非与南方共同市场成员签署开启自由贸易谈判框架协议，同时成为南方共同市场的对话国。2008 年，南方共同市场宣布与南部非洲关税同盟签署减免关税的协议。2009 年，印度巴西南非对话论坛（IBSA）第六届部长级会议上，印、巴、南三国外长承诺，将努力发展三边贸易，推动所在区域之间的贸易合作，推动南共市、南部非洲关税同盟与印度之间早日达成区域贸易协议。

（三）印度南非在经贸合作中面临的主要挑战

随着印度南非经贸合作的跨越式增长，一些影响两国经贸平稳、健康发展的问题也随之而来。在宏观层面，双方经贸关系面临经商环境差异、贸易结构失衡与大国竞争三重难题；在微观层面，则面临关税壁垒羁绊、人才不足等诸多因素的挑战。

1. 关税壁垒与贸易结构影响南非发展对印度贸易积极性

根据世界银行发布的 2011 年“全球营商环境排行榜”，在涉及主要商业规则方面的排名上，南非的排名比印度高得多；就有关创办企业、雇用工人、保护投资者，以及纳税和履行合同等规范因素的排名看，南非位居第 34 位，而印度则在第 134 位。[①] 正因如此，南非认为其面临的障碍远远大于印度，对印度的关税壁垒尤为不满，强调南非对印度的出口中没有免关税待遇。以 2005 年为例，该年南非向印度出口的平均关税约为 16%，其中关税特别高的商品为蔗糖（100%）、钢铁（20%），在南非出口创汇中占据重要地位的黄金和煤炭也面临 15% 的关税。相对而言，南非认为印度出口到南非的几乎一半商品享有免关税待遇。另一方面，印度出口到南非的平均关税约为 11%，这些关税主要集中在汽车、纺织、服装、皮革和鞋业等行业，其中印度实力较强的纺织业进入南非市场，还具有没有配额限制的优势。在投资方面，南非对印度对外国投资的某些限制有所顾虑，印度最大的手机运营商巴蒂电信（Bharti Airtel）与非洲最大移动网络运营商 MTN 之间的合并谈判一再延长，原因之一是南非希望合并后的公司实体在印度南非两国都能上市，南非的法律允许这样做，而印度的法律不允许。在国家与企业的关系上，南非认为，印度制造业从国家的免税期和工业奖励等支持政策中受益颇多，使其比南非的同行更具优势。而南非财政部从根本上反对对国有工业的支持，即使支持国有工业，南非相对温和的税基和其他社会开支的承诺，也使其不可能承担与印度相同的工业奖励成本等。

此外，南非对印度某些部门对外国投资的限制、过于烦琐的法律系统，以及商业基础设施不足（特别是在交通和能源部门）等方面的问题都有所顾虑。印度抱怨南非苛刻的签证和工作许可规则，南非则抱怨印度半透明的市场规则，南非葡萄酒出口印度时，面临许多障碍，包括烦琐和限制性行政程序与较高的关税盘剥，以及将产品从一个邦销往另一个邦面临使用规则的差异等。

另外，南非认为双方的贸易结构对其不利。印度“独立之父”甘地曾经说过，“印度与非洲的商业内容将是思想和服务，而不是模仿西方剥削者模式的制造业产品与原材料之间的贸易”。舆论认为印度南非双边贸易的失衡，是南非黑人中产阶级，尤其南非超过 1/3 的人口依赖社会救济金导致的。[②] 就贸易结构而言，南非出口到印度的商品比较单一，主要集中于初级产品。自 1994 年以来，南非向印度出口发展很快，年均增长约 26%，但这种增长几乎都是由于印度大量增加从南非进口黄金，用于印度繁荣的珠宝

① World Bank, *Doing Business 2011*, Washington, D. C., http://www. doing business. org.

② “South Africa Plans Boost to Trade with India,” *The Hindu*, September 12, 2006.

工业。如果不把黄金包括在内，1999 年，南非的非黄金商品在印度的市场份额中只增长 1.5%，南非在印南贸易中的盈利很有限，甚至有少量的贸易赤字，南非因此认为应该加大对印度有附加值产品的出口。相比，印度出口到南非的商品更具多样化，其中以制造业产品居多。在 2002 ~ 2009 年，14 种产品占南非对印度出口的 90%，主要的出口产品为煤炭、化工产品、金属、纸产品和其他的矿产品。近几年，印度的车辆、石油产品、铁、钢、谷类（大米）、纺织、药品等在对南非出口中所占的比重日益提高，具有技术含量的产品在增加。2003 年、2009 年、2015 年印度与南非的贸易结构见表 4 - 1。

表 4 - 1 2003 年、2009 年、2015 年印度与南非贸易结构

年份	印度出口到南非	印度从南非进口
2003	棉花、棉纱成品、皮革制品、机械及仪器、手工纱织物、化学品、调味品、大米、手工艺品和手工地毯	黄金、白银、煤炭、煤球、钢铁、无机和有机肥料、纸浆及废纸、石油原油
2009	汽油、矿产、汽车及运人车辆、稻米、铁与钢的有关制品、机动车辆的零部件及相关用品	金（含板电镀）、磷酸等制品、煤、煤球、铜矿及精矿、有色金属废料、铁、钢锭等
2015	稻米、石油、药剂、载人车辆、船只、服装、纺织面料制品	煤炭、非货币性黄金、珍珠、宝石、天然气、铁矿石、精矿、废钢铁

资料来源：UNCTAD Handbook of Statistics Online，February 14，2017。

因此，南非指出其向印度提供的商品有限，面临如何扩大进入印度市场的商品种类多样化问题。截至 2008 年，在 100 个最大的南非公司中，只有约 10 家公司进入印度市场。① 印度具有规模较大且技术更先进的制造业部门，其纺织、钢铁、电动汽车制造等行业比南非更具竞争力，印度农业部门的优势也很突出。南非认为，如果印度与南部非洲关税同盟签订优惠贸易协定或自由贸易协定，关税将有所降低，印度商品将大量涌入，对南非相关产品构成威胁。因此，尽管南非与印度间优惠贸易协议的谈判已经持续两年多时间，但进展不大。2009 年，参与协商的南非首席谈判代表克

① Mathabo Le Roux, "South Africa: Country, India in Preferential Trade Talks," *Business Day*, 29 September , 2008, http://allafrica.com/stories/200809290137.html.

林（Xavier Carim）表示协商中的优惠贸易协议，将保护具有战略利益的领域，开放对自己有利的部门，不会牺牲自己的发展利益。而另一方面，印度指责南非在谈判中拖拖拉拉，认为南部非洲国家没有抱负。

2. 人才短缺、运输成本较高等因素制约印度与南非经贸的开展

人才缺乏不利于印南在相关领域的合作。印度希望扩大在南非信息技术方面的业务，但南非的信息部门面临技术工人缺乏，特别是管理层次人才不足的问题；由于移民和移民政策，南非银行业面临相关技术人员短缺的困境；南非重视与印度有优势的中小企业的合作，但南非面临缺少资金和管理技术人员不足的难题等。这为印度在南非开展信息技术方面的培训业务提供了市场机遇，但不利于印度与南非开展相关的业务合作。

自然条件的限制亦影响印度南非合作。印度希望能利用南非的“煤转油”技术，以减少对石油进口的依赖。2007 年 1 月，南非主要的油化公司沙索（Sasol）公司在孟买设立办事处。沙索在印度的负责人约翰·斯希恩咖（John Sichinga）表示公司有意在印度投资 60 亿 ~ 80 亿卢比（7.5 亿 ~ 10 亿美元）。沙索公司对一个国际“煤转油”工厂的基准要求是每天产油 8 万桶，一天需要约 6 万吨煤，建设耗资 50 亿 ~ 70 亿美元。但印度能满足这一要求的地区并不多，尽管印度东北部的阿萨姆邦具有符合“煤转油”要求的煤炭区块，但该地区又面临地形陡峭和安全问题的困扰等不利因素。此外，南非矿产丰富的地区都不靠近港口，这无形当中增加了运输的成本，两国在宝石、珍珠、蔗糖和水果等商品上还存在一定的竞争。

3. 合作伙伴的多样化挤压印度在南非对外经贸关系中的地位

印度认为南非在亚洲的最大贸易伙伴是中国，应警惕南非与中国经贸合作引发的效应，未来南非与中国关系的加强势必对南非印度关系产生冲击。2009 年，印度将印度巴蒂（Bharti）公司与南非 MTN 公司合并失败的案例，与中国工商银行收购南非标准银行相比较，指出南非对中国的并购建议所使用的规则明显比较宽松。

2000 年 1 月，印度同南部非洲关税同盟就双边贸易协议举行谈判。2002 年，印度与南非决定开展特惠贸易磋商，深化两国贸易投资。之后，南部非洲关税同盟莱索托等其他 4 个成员加入与印度的特惠贸易谈判，双方制定了基本协议框架，并计划于 2005 年末签署协议。不过，由于受关税汇率等方面分歧的影响，双方的特惠贸易谈判在 2007 年后一度陷入僵局。2004 年 12 月、2006 年 7 月，南部非洲关税同盟则分别与南方共同市场、欧

洲自由贸易联盟成功签署《特惠贸易协议》和《自由贸易协议》。

总体而言，印度南非经贸合作既具有有利条件，也面临诸多不利的因素。但考虑到印度对南非多年的贸易禁运，两国的经济来往还算是取得较快的发展。尽管截至2016年印度不是南非五大贸易伙伴之一，但南非很快成为印度在非洲的主要贸易伙伴。从多种有利因素的角度看，印度与南非的经贸合作前景令人看好。

第二节　印度南非次区域经济合作

——以环印度洋地区合作联盟为例

印度自独立以来，就较重视印度洋在其国家战略中的地位。冷战结束后，经济全球化与经济区域化的步伐加快。与此相伴随的是1993年印度国大党遏制反对党，从而巩固自身在印度政治中的地位，印度政局由此步入相对稳定期，这促使印度拉奥政府得以在推行经济改革的同时，致力于国际合作。出于加强地区影响力、提高南方国家地位，以及深化区域经贸合作、适应国内经济改革的需要，印度与环印度洋国家的合作意愿愈加强烈。随着环印度洋主要国家南非外交调整的深入，其亦重视环印度洋的经济合作，这为印度南非环印度洋区域合作创造了便利条件。

一　印度南非推动环印度洋地区合作联盟的成立

早在20世纪80年代，包括印度洋岛国和沿岸国家在内的有关国家就已开始进行合作。1983年，印度洋共同体正式成立，但成员主要限于西印度洋国家。1987年，根据澳大利亚的建议，印度洋海事合作组织在科伦坡成立。不过，由于冷战等各方面因素的影响，环印度洋地区合作没有取得多大进展。冷战后，印度洋许多国家逐渐认识到发展区域合作既有利于保障它们的利益，也符合其免受外部军事影响的安全需要。这些利益诉求推动了该地区经济整合的趋势，环印度洋地区合作联盟由此应运而生。

1993年11月18日，南非多党会议通过包括临时宪法在内的一揽子协议，为民主南非的成立奠定了基础，自此，世界各国纷纷取消对南非的制裁措施，22日，印度与南非得以恢复外交关系。同年，南非外交部部长鲍达（Pik Botha）访问印度之际，首次正式提出环印度洋地区合作联盟（IOR－ARC）的概念，认为环印度洋合作组织将对印度南非两国产生重大的影响。

1994 年 8 月，印度南非贸易部部长签署一项贸易协议，据此，两国同意为环印度洋贸易区制定细节，联合努力推动富有成效的经济合作环境。该年，印度副总统 K. R. 纳拉亚南到访南非，并提出建立印度洋周边国家经济合作组织的设想，认为该组织将在世界经济秩序中具有重要地位，南非和印度将在该组织中发挥突出的作用。1995 年 1 月，时任南非总统曼德拉访问印度，同印度时任总理拉奥协商环印度洋经济合作，认为印度与南非的商业联系，将有助于在环印度洋国家中形成“贸易集团”。同年 3 月，澳大利亚、印度与南非等 7 个国家在毛里求斯召开会议，这是探索环印度洋地区合作的政府间尝试。6 月，29 个国家在珀斯举行为期三天的环印度洋国际论坛（参加者主要是学者、商业官员）。[①] 1997 年 3 月，印度南非签署《红堡宣言》，提出成立印度洋贸易联盟的建议，认为出于亚非洲国家前途的考量，应恢复环印度洋国家间的历史性联系，并开展实质性的经济合作。1997 年 3 月 5 ~7 日，南非、印度、印度尼西亚、澳大利亚等 14 国外长聚集毛里求斯首都路易港，通过联盟章程和行动计划，环印度洋地区合作联盟正式宣告成立。

二　印度南非倡导环印度洋地区合作联盟的初衷

冷战结束以来，国际环境发生变化，印度南非积极调整外交政策，现实主义取向明显上升，经济外交成为重中之重。这是印度南非致力于区域经济一体化、倡导环印度洋地区合作联盟的根本原因，而印度的安全诉求、印度推出“聚焦非洲”计划则为重要的内部因素，南亚区域合作联盟发展迟缓则为外部刺激因素。

（一）提升印度南非外交与战略地位

印度洋是联结东西方的重要航线，随着全球化深入与国家间相互依赖的加强，印度认为应视海上通道的安全为优先内容，重视与环印度洋国家发展新的关系，将自身塑造为海洋国家，加强其在一个潜在的多极世界中的影响力，提升印度的战略地位。

其一，提升印度的地区影响力。冷战期间，尽管印度重视与发展中国家关系，在各个国际场合支持反对殖民主义与种族主义的斗争，但总体而

① Gulshan Sachdeva, “Indian Ocean Region: Present Economic Trends and Future Possibilities,” *International Studies* 1 (2004), p. 103.

言，印度的外交在很大程度上是地区性的，集中于加强与邻国关系，提高印度在南亚地区的地位，确定印度为地区大国。冷战后，超级大国竞争的结束，经济地区化、全球化进程的加速，为印度推动环印度洋地区合作、提高其在环印度洋地区的地位提供了新的动力和环境。但对印度而言，南亚地区的印度－巴基斯坦的竞争、孟加拉国等邻国对印度地区霸权的疑心等因素，阻碍了南亚区域合作联盟（SAARC）的发展。不仅如此，在“向东看”的政策指导下，印度申请加入亚洲太平洋经济合作组织，但没有如愿。就此，印度推动环印度洋地区合作联盟（IOR－ARC），一方面视其为一个能与南亚区域合作联盟相竞争的机构；另一方面也符合印度所倡导的“向东看”政策。

其二，强化印度在发展中国家中的地位。在印度看来，加强与环印度洋国家的合作，同不结盟运动中的伊斯兰和经济上有相似地位的国家建立联系，利于改善印度在伊斯兰世界的形象，平衡并稀释巴基斯坦在伊斯兰世界中的影响力。此外，加强与环印度洋国家的关系，还是尼赫鲁理想下的非洲－亚洲国家合作的体现，是印度对 1955 年万隆会议阐述的亚洲－非洲团结思想的重申。重要的是，冷战后，印度等国倡导的不结盟运动在推动南南合作方面面临诸多困难。印度视 IOR－ARC 为一个影响发展中世界的可替代的力量基地。印度外交部前部长因德尔· 库马尔·古杰拉尔表示，参与 IOR－ARC 进一步扩大了印度的邻居战略，现在南亚、东南亚、亚洲－太平洋、海湾、东部和南部非洲，都是印度紧密邻居战略中的不可分割的部分，预示着南南合作的加强。①

其三，维护印度国家安全。印度往往将非洲局势与印度国家安全联系在一起。在印度看来，其历史上的殖民地经历，首先源于西方殖民者从印度洋发起的攻击。冷战期间的印度洋是超级大国争夺的舞台。除此之外，印度安全战略深受“大英帝国”观念的影响。印度著名战略家 K. M. 潘尼迦在其 1945 年的著作《印度与印度洋：论海权对印度历史的影响》中强调，印度只有控制印度洋才能实现国家安全，面对独立后印度能力有限的局面，潘尼迦建议作为平等伙伴的印度和英国，应使印度洋成为英印保留的势力范围，并由印度担任主席的地区大国理事会进行管理，其成员包括英国、澳大利亚和南非，认为这既可以使英国在全球继续发挥一定作用，

---

① Launching of the Indian Ocean Rim Association for Regional Cooperation, http://parliamentofindia. nic. in/lsdeb/ls11/ses4/03110397. htm.

也可向印度提供安全保护。但这种意愿随着南非种族隔离政策的蔓延而搁浅。不过，随着新南非的成立，印度有人士认为两国开展环印度洋安全战略合作的时机已到来。[①] 值得一提的是，打击国际恐怖主义日渐成为印度外交政策的重点。印度认为在信息化时代，恐怖主义不但掌握技术，而且已经真正成为不受边界约束的威胁，恐怖主义之间的跨国行动协调有所加强，需要印度深化与环印度洋国家的反恐合作。而近期，东部非洲、亚丁湾地区的海盗猖獗，亦对印度海上贸易构成威胁，促使印度联合各国打击国际水域的犯罪活动。

南非视 IOR - ARC 为新时期重新回归国际社会的机会，是对在反对种族主义过程中获得世界上多数政府和人民的支持表示感激的体现。1995 年 1 月 26 日，曼德拉访问印度期间，认为“在寻求加强印度 - 南非关系上，我们应该需要塑造一种伙伴关系，这种伙伴关系的意义应该是超越我们自身私利的狭隘范围”。[②] 从外交上讲，对 IOR - ARC 的兴趣表明南非改变了在传统上重视关注西方、自认西方一员的政策。

（二）促使印度与南非经济融入全球化浪潮

冷战结束，全球化趋势日趋明显，欧洲一体化不断推进，北美自由贸易区得以成立，同东亚、东南亚地区的经济快速发展相比，1960 ~ 2000 年，印度与印度洋非洲国家经济发展迟缓。因此，包括环印度洋地区的发展中国家在内的南方国家，日益认识到避免在经济全球化中处于边缘化的重要途径，是寻求成为重要贸易组织的成员，在共同因素的基础上发展经济关系，推动地区整合。

就经济而言，印度联合南非推动环印度洋地区合作联盟成立的背景还包括以下一些。其一，20 世纪 90 年代印度国内进行经济自由化和推动与国际经济相融合的政策。印度洋拥有丰富的能源、矿产与动植物资源。该地区多数国家历史上为英国殖民地，英语多为官方语言，地理位置优越，拥有一些著名港口。印度希望环印度洋地区合作联盟的成立，能促进印度“外向型经济”的发展。印度出口组织联盟（FIEO）强调印度南非两国要在深

---

① 〔澳〕大卫 · 布鲁斯特：《印度之洋》，杜幼康、毛悦译，社会科学文献出版社，2016，第 29 页。

② E. S. Reddy, “Cooperation between India and South Africa in the Wider Interests of Indian Ocean Region and the World,” http://psimg. jstor. org/fsi/img/pdf/t0/10. 5555/al. sff. document. esrind00026. pdf.

化印度洋区域的经贸关系中扮演重要角色，认为南非、莫桑比克、马达加斯加、印度等所在的区域，将是世界上最大的市场。自 1995 年起，印度开始在非洲市场上推出“印度制造展”，展示印度的产品、服务、咨询、技术和设备。2002 年，作为进出口政策的一部分，印度政府启动了“聚焦非洲”计划。据此，印度政府以市场发展援助的方式，为印度的贸易推进组织、出口促进委员会和商会提供资金援助。该计划第一个阶段的重点国家包括南非、肯尼亚等 7 国。其二，印度认为其与印度洋地区的国家存在悠久的历史与文化联系。大批印度人定居于非洲东南部与西印度洋岛屿，且在一些国家的社会、经济和政治领域占据重要地位，印度希望海外印度人将其视为经济机遇所在，成为联系印度与环印度洋地区的重要载体。而 IOR - ARC 的成立将有利于印度密切与环印度洋地区海外印度人的联系，利用他们与印度之间仍旧保持的政治、经济和文化联系，推动印度的发展。正因如此，印度外交部时任部长古杰拉尔在议会中阐述启动 IOR - ARC 时，强调“印度洋之所以与印度的命运有联系，是由于印度洋的名称、印度人移民，以及环印度洋国家为促进印度经济发展和融入经济全球化提供的机遇”。[①]

新南非支持环印度洋地区合作联盟的经济动因主要有三。其一，环印度洋国家有巨大的、未开发的经济合作和发展潜力。环印度洋国家历经数个世纪的经济与人员交融，已经形成非正式的合作经济共同体，具有相似的身份认同。南非希望通过对该组织的支持，深化地区融合，获得发展所需要的资金、技术和推动贸易的增长，执行南非的增长、就业和再分配计划。其二，IOR - ARC 有望成为南非进入欧洲、北美、亚洲等有发展前景市场的一个集体协商工具。其三，符合南非以非洲利益优先的外交战略。从某种程度上讲，南非是非洲经济和整个印度洋地区经济发展的重要经济体，不但资源丰富，而且基础设施较完善，与各个发达国家存在密切联系。随着南非经济在国际市场上的重新拓展，其身为地区经济领导地位的姿态日渐显现。1993 年，包括南非在内的 20 多个东南非国家，商定 2000 年前在人口 2.7 亿人、国内生产总值 2000 亿美元的该区域内建立共同市场；作为南部非洲发展共同体（SADC）的成员，南非代表 SADC 参与 IOR - ARC 的协商时，希望南部非洲发展共同体的成员都加入 IOR - ARC。在南非看来，

① Ales Vines and Bereni Oruitemeka, “Engagement with the African Indian Ocean Rim States,” *South Africa Journal of International Affairs*, Vol 14, No 2 , 2007, p. 112.

IOR－ARC将有利于南部非洲地区的最不发达国家和实力较弱成员的经济发展，[1] 认为南非作为 IOR－ARC 成员，能对南部非洲地区产生积极的影响：它既可以制衡南非压倒性的经济优势，通过市场的多样化，改变现存的贸易模式，减少对发达国家的依赖，还有助于吸引投资，深化技术领域合作。

当然，环印度洋地区合作联盟的建立，还在于环印度洋其他主要国家重视印度南非在其中所能扮演的积极角色。1997 年，澳大利亚外长亚历山大・唐纳（Hon Alexander Downer）认为，澳大利亚加强与印度洋国家联系的重要因素之一，是澳大利亚在该地区的主要市场——印度、南非具有巨大的贸易机遇，指出印度在推动外向型经济上采取了重大的步骤，南非进行广泛的经济调整，步入地区经济大国行列，成为澳大利亚在非洲的主要贸易伙伴。1996 年，澳大利亚对南非的出口超过 9.4 亿美元，比上一年增长了 44%，出口产品包括动物制品、铝等，是澳大利亚的第 19 大商品出口地。

因此，1997 年 3 月通过的联盟章程，强调该组织的目的是推动贸易自由化，推动商品、服务、人力资源的流通和基础设施发展，推动贸易多元化和外国直接投资，促进印度洋地区国家间的旅游、科学和技术交流，在国际舞台的互利问题上发展共同的立场和战略，以及在人力资源和培训上建立成员之间的密切联系。之后，在该组织框架下成立了贸易与投资工作组（WGTI）、环印度洋商业论坛（IORBF）等经贸合作机制。

三　印度南非在环印度洋地区合作联盟中的分歧

作为环印度洋地区合作联盟的重要推动者，印度、南非在推动该组织框架下的经济合作等议程方面，面临邻国安全纠纷、地区成员关税调整等因素的掣肘。加之，环印度洋地区成员国家经济发展水平参差不齐，利益需求迥异，缺少有力的领导角色，这一度促使印度南非推动该组织深化经贸自由化议程的热情下降。

（一）印度难以推动环印度洋地区合作联盟成为与南亚区域合作联盟（SAARC）相竞争和扩大其影响力的组织

继 1993 年南亚区域合作联盟部长理事会会议后，1994 年，SAARC 又召

---

① Fred Ahwireng-Obeng, "South Africa, the IOR－ARC and Southern African Co-Operation," *African Security Review* 3 (1998), p. 8.

开首脑会议，确定将区域合作、消除贫困作为主要议题。但印度认为，由于巴基斯坦、孟加拉国等邻国与印度的矛盾，限制了 SAARC 等南亚地区组织的发展与成功，制约了印度在南亚展示大国地位的空间。为了使 IOR - ARC 能成为印度影响发展中世界的可替代的力量基地，印度一直阻止巴基斯坦加入 IOR - ARC。IOR - ARC 委任了一个工作组来决定入盟成员的条件，该工作组总体上认为所有的海岸国家（岛屿国家）都可以提出加入申请。尽管印度承认巴基斯坦有权成为 IOR - ARC 的成员，但在 2004 年的第二次部长级会议上，印度强调各个成员之间的非歧视原则，以巴基斯坦不向其提供最惠国地位等为理由，拒绝巴基斯坦对 IOR - ARC 成员身份的申请。印度认为 IOR - ARC 成员国的扩大应该是符合逻辑地、渐进地、阶段性增加，认为欧盟（EU）、东盟（ASEAN）等取得较成功的地区组织，都是成员扩展速度较慢的组织。但印度的这一主张遭到澳大利亚、新加坡、印度尼西亚、南非等国反对，它们认为重要的经济体泰国、孟加拉国、巴基斯坦应该加入 IOR - ARC。

此外，在环印度洋地区合作联盟 1997 年成立之际，在印度洋有岛屿的法国就提出加入请求，澳大利亚、南非和新加坡等国表示支持，但遭到印度的反对。印度更反对澳大利亚提出的让美国加入的建议。澳大利亚等国认为，为了推动经济合作的深入和贸易的发展，IOR - ARC 采取了“开放的地区主义”（open regionalism）政策，其中包括对成员的包容性态度，认为印度应赞同美国等更加具有活力的经济体的加入，认为印度出于政治目的而采取的抵制态度，是对经济合作缺少热心的表现。此外，在 IOR - ARC 组织中的主要大国除了印度与南非外，还有澳大利亚、马来西亚、埃及、印度尼西亚、伊朗、沙特阿拉伯、新加坡等经济实力较强的国家。印度在其中的影响因此受到限制。

（二）南非难以协调非洲大国角色与在环印度洋地区合作联盟中的角色

南非希望 IOR - ARC 快速增加新的成员，使南部非洲发展共同体（SADC）中的所有国家都成为环印度洋地区合作联盟的成员，这将有利于南非把对印度洋的政策与南非对 SADC 的政策相联系，以在这两个地区中扮演有效的角色。不过，如果位于大西洋的纳米比亚和安哥拉加入环印度洋地区合作联盟，这会使 IOR - ARC 的宗旨与原则面临重新调整的难题，最终南非不得不撤回了该项请求。由于南非是南部非洲关税同盟（SACU）的成员，对外施加统一的关税，但南非作为环印度洋地区合作联盟的成员而导致的任何关税的变化，都会引起 SACU 其他国家关税的变化，自动影响其他国家的关税，这不利于南非改变种族隔离时期的不良行径，不利于南非致力于可持续的地区伙伴合作关系。重要的是，影响其他成员的利益，南部非洲地区可能被分化为其他形式的联盟。此外，印度亦强烈反对南非将南部非洲发展共同体伙伴纳入环印度洋地区合作联盟的建议。

四 环印度洋地区合作联盟发展困境与印度南非政策选择

自 1997 年成立以来，环印度洋地区合作联盟助推印度与南非等国经贸合作发展的功效有限。为此，印度一方面向该组织提供财政支持，拓展成员在海洋经济、海事安全等领域的合作潜力；另一方面，注重在以往历史与文化纽带的基础上，有选择性地加强与相关国家的合作，以加快该地区区域化进程。

（一）印度南非在推动环印度洋地区合作联盟的经济合作上面临诸多挑战

区域一体化的推进是一个复杂的系统工程，涉及多方的利益协调。就印度南非在环印度洋地区合作联盟中的角色而言，两国在致力于推动该联盟取得一定进展的同时，也面临一些难题。这些难题既有主观的，也有客观的。诚然，有些问题并非环印度洋地区合作联盟所独有，而是区域合作中普遍面临的共同问题。

1. 环印度洋地区国家之间的经济多样性和差异性太显著

按照区域理论专家巴里·布赞的观点，印度洋区域实际上只是数个地区的集合体，包括非洲、西亚和南亚等地区，这一地区的一体化组织和经济集团可以说是各式各样的，有东非共同体、中非关税与经济联盟、阿拉伯共同市场等。环印度洋地区国家的发展水平存在巨大的差异。有人均年收入不足 250 美元的莫桑比克和马达加斯加，也有超过 2 万美元的澳大利亚和新加坡；国家来自不同的洲，具有不同的人口、不同的国内经济水平、不同层次的开放程度和融入全球经济的不同程度。在发展层次和方式上，有发达、刚步入发达、发展中、最不发达国家，有以石油或者是以农业为主要经济来源的国家等。多样化的经济使成员之间缺少联合在一起的足够的共同利益，导致任何形式的贸易安排变得更加复杂。其结果是该组织成员国往往在深化经济合作等议题的协商上陷入僵局。如在意识到自愿的贸易自由不可能实现时，澳大利亚 1999 年参加在马普托的第二次环印度洋地区合作联盟部长级会议后，就减少了对环印度洋地区合作联盟的兴趣。2003

年，塞舌尔宣布从该组织中退出。之后，毛里求斯与斯里兰卡中断在该组织框架下所承担的资金支持额度。过去数年的历史显示，环印度洋地区合作联盟的合作内容主要限于官方会议和一些学术研究。

2006 年，参与环印度洋地区合作联盟（IOR－ARC）部长级会议的南非代表，强烈呼吁加强该组织执行董事的职权，提高 IOR－ARC 的国际知名度，挖掘其令所有成员从中受益的巨大潜力，并重申将向驻毛里求斯的 IOR－ARC 秘书处派遣外交官，提升该机构的能力，以便取得实际成效。

2. 环印度洋地区延续了殖民地时代的劳动分工

不同于亚太地区的“亚洲虎”，环印度洋地区的经济没有形成冷战后新的劳动力分工的一部分，从而使劳动力与全球整个商品制造链相联系。该地区的跨国公司，除了印度等几个国家外，仍旧向西方的发达国家提供原材料、石油、矿产和自然资源等，不利于地区国家间的相互合作，导致环印度洋地区合作联盟的多数成员之间的贸易－投资联系较薄弱，特别是联盟内部的投资增长不足，这影响了联盟成员之间的贸易和经济的整合。故此，南非强调环印度洋非洲国家应该利用自身的地理优势，抓住中国、印度等亚洲新兴经济体加大对非洲资源、能源与市场需要的机遇，认为环印度洋非洲国家能否成为非洲内陆国家与环印度洋新兴经济体之间的桥梁，将影响非洲增长的成败。

3. 欠缺推动环印度洋地区发展的发动机

环印度洋地区合作联盟内贸易增长的 90% 一度来自东南亚国家。但在 1997 年 3 月刚刚通过环印度洋地区合作联盟联盟章程之际，东南亚就发生了金融危机，东南亚国家进入经济恢复及发展速度放慢的阶段。正因如此，南非国内一开始就有很多人对环印度洋地区合作联盟的合理性和价值提出疑问，认为南非参与环印度洋地区合作联盟，会减少南非对南部非洲发展共同体、非洲统一组织的承诺，也有人担心加入环印度洋地区合作联盟和随之而来的贸易自由化，将导致印度和东南亚廉价商品冲击南非的市场。这促使一些人士认为助推第三世界和南部非洲走向富裕道路，要通过与 G7 国家的合作来实现。姆贝基成为南非总统后，南非对关于其国家的事情显示出更大的热情，如加入南部非洲发展共同体（SADC）、把非洲统一组织变成非洲联盟（AU），以及在 2001 年启动非洲发展新伙伴计划（NEPAD）等。南非在 2002 年经常参与环印度洋地区合作联盟高级别工作进程，致力于其更新与重组。不过，在 IOR－ARC 成立十周年之际，南非表示该组织在执行项目上缺少有力的领导，强调其应该充当发动机的角色，并在实现发展的议程上获得成效。

此外，印度认为印度海外侨民在推动环印度洋内部贸易和印度国家经济发展方面，不如海外中国人。除此之外，印度还表示其他国家可能对印度与环印度洋国家的经贸合作构成挑战，认为世界都将南非视为进入非洲的门户，印度对南非的出口将面临中国、泰国、斯里兰卡和肯尼亚等国的激烈竞争，单在 1994 年，中国就有 80 家企业参与在南非的经贸会议，中国将在纺织业、机械业等行业给印度带来压力，而泰国将在稻谷、斯里兰卡和肯尼亚将在茶叶和咖啡等领域与印度产生竞争。

（二）印度重视环印度洋地区合作内容的新变化

鉴于环印度洋地区合作联盟自身的困境，印度认为环印度洋地区合作联盟在推动其与该地区其他国家经贸合作方面的作用不明显。在 1997 ~ 2015 年，印度与环印度洋地区合作联盟其他 13 个重要成员①间的贸易依存度几乎没有得到提高。其间，这 13 个创始成员与印度的贸易，由 94.7 亿美元增加到 894.54 亿美元，其在印度对外贸易中的比重从 12.4% 升至 13.65%。值得关注的是，自 2006 年以来，13 个创始成员在印度外贸中的比重呈下滑趋势，且同 2012 年相比，2015 年印度与 13 个成员的贸易量减少 16.7%（见图 4－2）。

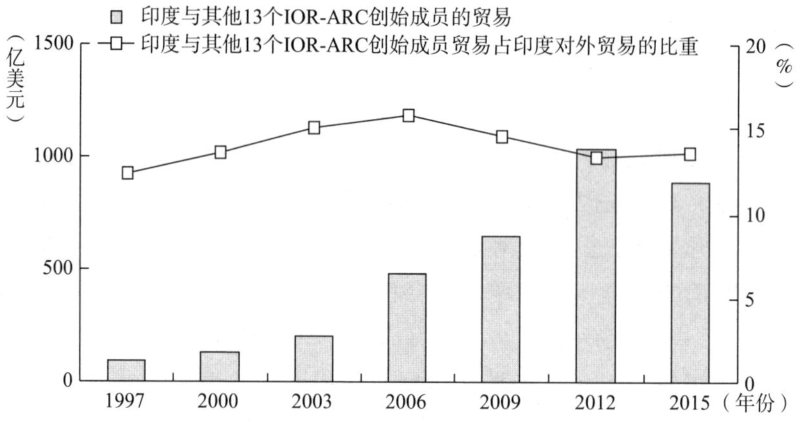

图 4－2　印度与环印度洋地区合作联盟成立之初其他 13 个成员的贸易

资料来源：UNCTAD Handbook of Statistics Online, December 23, 2016。

---

① 这 13 个成员指的是澳大利亚、肯尼亚、毛里求斯、阿曼、也门、新加坡、南非、印度尼西亚、马来西亚、马达加斯加、莫桑比克、斯里兰卡与坦桑尼亚。

正因如此，印度一方面希望加强环印度洋合作机制，2006 年，环印度洋地区合作联盟 18 个成员一致同意成立专门基金会，为该组织提供运行所需的财政支持，印度承诺捐助 5 万美元，为首个向该基金提供资助的国家。[①] 之后，印度还与莫桑比克签署联合声明，强调两国将共同致力于振兴环印度洋地区合作联盟。另一方面，印度推动 IOR – ARC 内经济合作的热情降低，认为从自身的角度看，在 IOR – ARC 组织内部组建更小的双边合作圈，或者是次区域的合作组织会更可行，指出印度应该大胆地在IOR – ARC 中与选择的国家进行各自的经济整合。在 2004 ~2014 年印度国大党执政期间，印度就注重推销其“印度洋共同体”的理念，“拉吉夫·甘地中心”则将该理念完善成印度的海外市场战略，并冠以“季风计划”的美名。2014 年 5 月上台的印度莫迪政府将“季风计划”纳入其海外市场战略，主张借助印度洋区域印度文化的深远影响，依托环印度洋各国之间悠久的贸易往来，在印度领导下，共同开发与利用海洋资源，增强经贸合作，促进印度洋地区的经济一体化。[②] 这意味着印度重视在古印度文明影响的范围内，强化其在区域经济和安全等领域的主导地位。在 2016 年 7 月印度总理莫迪访问南非期间，南非总统祖马表示欢迎印度 2017 ~2019 年担任环印度洋地区合作联盟轮值主席国，加强该组织在深化海洋经济等领域合作上的战略意义。

不仅如此，印度对 IOR – ARC 框架内的海事合作议程也有所侧重。2008 年印度参加了在德黑兰召开的环印度洋地区合作联盟第八次部长理事会会议，其间，印度提出要对 IOR – ARC 的角色进行修改。印度外交国务委员艾哈迈德（E. Ahamed）表示需要给 IOR – ARC 以具体的组织形式和指导方向，虽然该组织集中于发展贸易和经济合作，但不应复制其他推进贸易和经济的组织，认为联系环印度洋的共同领域，如海洋床勘探、水文测量、灾害管理、信息共享，以及航运、沿海基础设施、渔业、气象预报等应该放在优先的位置。2011 年 11 月，印度主办环印联盟第十一届部长理事会会议，会议发表《班加罗尔公报》，指出要将工作的重心放在海事安全、贸易和投资便利、渔业管理、降低灾害风险、学术和科技合作以及促进旅游业

① 余忠剑：《印度对非洲政策调整的背景、特点及走势》，《亚非纵横》2009 年第 1 期，第 52 页。

② 徐长春：《印度经济形势分析与展望》，《国际经济分析与展望》2016 年第 4 期，第 144 页。

和文化交流等六大领域。2012 年，环印度洋地区合作联盟第十二届部长理事会会议在印度古尔冈召开，会议通过《古尔冈公报》，强调海事安全将成为环印联盟未来十年的合作重点，认为这也是联盟内多个成员积极推动的结果。[①] 会议决定在 2013 年举行印度洋航运安全会议，并就印度洋航运安全信息交换和海上形势监测机制等议题加以研究。

第三节 印度南非在国际多边经济机制中的合作

——以世界贸易组织为例

作为世界贸易组织的发起国，印度南非在 20 世纪 90 年代初逐步调整政策，融入世界经济的潮流，适应经济全球化趋势，并以此扩大对外贸易，加速国内经济发展。印度南非在维护发展中国家农业利益、使用世界贸易组织的贸易补救措施等方面，存在诸多共识。尤为重要的是，印度南非在代表发展中国家呼声的二十国集团（G20）中，扮演着积极角色，在一定程度上体现了一种以印度巴西南非等为核心的发展中国家结盟模式。不过，印度南非经济结构与发展水平的差异、发展中国家之间的利益分歧，以及发达国家的抵制等因素，将对两国在世贸组织中发挥核心或协调的作用形成一定的制约。

一 印度南非在世界贸易组织中合作的现实基础

印度、南非是世界贸易组织的创始成员，然而，分别受内向型经济、种族隔离政策等因素的羁绊，冷战期间两国对外贸易的规模有限。两极格局结束后，为发展经济、减少贫困、适应经济全球化与国内自由化改革的需求，印度南非一方面重视调整关税，提升外向型经济的竞争力；另一方面注重与南方国家合作，就相关全球发展议程加强协商，为外贸发展创造了有利的国际环境。

（一）对外贸易在印度与南非经济中的地位变化

独立后长期实行内向型经济发展战略，对外贸易和外商直接投资并不被印度视为发展经济的重要手段。印度执行一种以许可证制为特色的混合

---

① 张晓东：《印度对外关系发展报告（2012～2013）》，吕昭义主编《印度国情报告（2012～2013）》，社会科学文献出版社，2014，第 157 页。

式经济发展政策，强调自力更生，推行进口替代战略。但同时出于支持国内民族工业的考虑，印度以征收高关税、实行进口数量配额制度等方式保护国内市场，严格限制外国资本的流入，出口贸易在世界贸易中的比重微不足道。但这种经济发展方式推行到20世纪90年代时，已成为印度发展的严重羁绊。1950～1980年，印度平均经济增长率只有3.5%左右。[①] 印度占世界贸易总额的比重从独立时的2.0%全面下滑到90年代初的0.5%。[②]

冷战结束以来，国家间以科技与经济为主要内容的综合国力竞争凸显。20世纪90年代，印度拉奥政府推出“新经济政策”，开始全面经济改革，取消对出口商的出口现金补贴，减少进口限制，加速以经济自由化为核心的对外贸易调整进程，逐步实现由进口替代转向出口导向的发展战略。经过改革，印度经济不但很快得以恢复，而且连续5年保持较高的增长率。

作为关税及贸易总协定的缔约方，随着1995年1月1日世界贸易组织（WTO）的成立，印度成为该组织的创始成员。不过，1997年爆发的亚洲严重金融危机，以及1998年印度因核试验而引发的国际制裁，给印度经济造成巨大的冲击。为克服挑战，适应WTO的原则与规则的要求，印度政府本着自由、互惠与平等的原则，在注重印度经济发展水平与维护民族经济基础的前提下，逐步取消商品配额限制等歧视性政策，减少对经济发展过程的干预，给予外国投资国民待遇，并大幅度降低商品进口的关税，印度的平均关税从1990年的超过100%降到1999年的28%，以及2008年的10%。

不仅如此，印度在放宽外国投资的限制的同时，注重吸引外资，鼓励本国具有竞争优势的企业参与国际市场竞争，推动商品出口。2004～2005年度，印度公司在其他国家的直接投资有15亿美元，近乎同一年印度自身吸引外国直接投资的一半，2007～2008年度，印度获得250亿美元的外国直接投资。[③] 2008年2月印度实际利用外资金额为83.4亿美元，创造了印度单月吸引外资的最高纪录。许多印度公司的外向型趋势变得越来越明显，印度商工部部长卡迈勒·纳特（Shri Kamal Nath）明确将出口贸易定义为促进经济增长、解决就业问题的有力工具，宣布组建贸易部专门负责

① 余忠剑：《印度对非洲政策调整的背景、特点及走势》，《亚非纵横》2009年第1期，第51页。

② 〔印〕桑贾亚·巴鲁：《印度崛起的战略影响》，黄少卿译，中信出版社，2008，第53页。

③ Mohanty and Chaturvedi, “Trade and Investment: Trends and Prospects,” *South African Journal of International Affairs* 2 (2007), p. 55.

出口事务，在五年（2004～2009 年）内使印度的全球商品贸易的百分比翻一番。贸易政策自由化进程推动了印度的进口。1995～1996 年度到 2011～2012 年度，印度总的进口增幅超过 8 倍，以年均超过 121% 的速度增长，同期，部门进口增长中的年均增长速度从 2.95% 到 31.7% 不等，进口约 5000 种产品。出口贸易在印度国内生产总值中的比重由 1.33% 升至 8.37%，但与此同时，印度的贸易赤字在持续增大，由 48.9 亿美元增至 1609.2 亿美元。此后印度的贸易状况有所改善，但 2013 年、2015 年印度的贸易逆差仍高达 1294.35 亿美元与 1263.6 亿美元。这种局面如果长时间得不到解决，危及的不仅是印度的国际收支，印度的宏观经济乃至整个经济都将受到不良影响。1995～2015 年印度南非的对外贸易情况如图 4－3 所示。

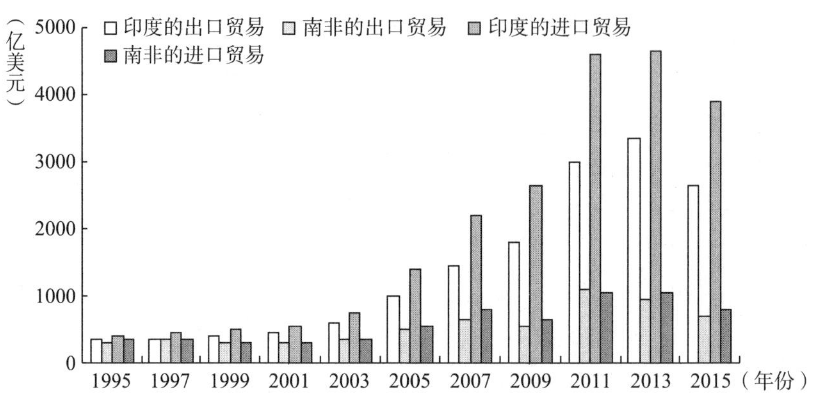

图 4－3　1995～2015 年印度南非的对外贸易情况

资料来源：UNCTAD Handbook of Statistics Online，December 30，2016。

由于长期遭受国际社会的制裁，南非一直依赖高关税来保护国内经济与出口贸易。然而，作为关贸总协定（乌拉圭回合）签署国和世界贸易组织成员，南非有义务逐步降低其进口关税。1995 年，南非海关开始实施一项为期八年的关税调整计划，其主要内容就是简化关税制度，并降低关税。根据该计划，2002 年，南非对汽车、纺织品和服装的进口关税均降至 40%，汽车零配件的进口关税则降至 30%。[①] 南非取消大多数商品的进口许可证，减少出口补贴、外汇管制，减少对企业的次生股息税，提高对知识产权法

① 宋利芳：《世贸组织成立以来南非的反倾销摩擦及其特点》，《西亚非洲》2008 年第 6 期，第 77 页。

的执行力度。1995～2011 年，南非的出口贸易由 278.5 亿美元升至 1079.46 亿美元。同期，出口贸易在南非国内生产总值中的比重由 18.4% 增至 23.1%。不过，此后南非的外贸发展减缓趋势明显，相比 2011 年，2015 年的南非出口与进口贸易分别下降 55%、29%。与此相伴随，南非贸易收支平衡压力亦在增大。

（二）世界贸易组织在印度与南非发展战略中的重要性

克服贫困是印度与南非面临的共同任务。根据 2004 年世界银行的数据，按购买力平价计算，在 2003 年，印度的人均 GDP 仅为 2892 美元。据联合国开发计划署 2005 年的统计数据，印度南非的基尼系数分别高达 0.325、0.578。为消除贫困，印度在 2002 年 4 月 1 日提出争取在十年里将印度的人均收入翻一番，取得 8% 的年均增长率，贫困率从 26% 降低到 2007 年的 21% 和 2012 年的 11%，创造 5000 万个工作机遇。1994 年以来，南非的青壮年劳动力失业率长期为 35% 左右，为此，1994 年新南非制订“重建与发展计划”（RDP），改善黑人经济状况，1996 年推出“增长、就业和再分配计划”（GEAR），鼓励中小企业发展。2003 年，南非政府颁布《黑人经济授权法》，促进经济增长，改变黑人、“有色人”、印度人在社会经济中的不平等地位。尽管如此，1995～2005 年，南非年均经济增长率仅为 3%，不仅低于同期世界经济的年均增长率 3.5%，而且远远低于同期发展中国家经济的年均增长率 5.1%。2005 年，南非开始制定推动国家经济在 2014 年以前 GDP 的增长率达 6% 的新战略。

贫困在性质上具有多个侧面性，作为发展中国家的南非印度，需要在双边和多边层次上开展积极的合作。在南非前总统曼德拉看来，南非外交政策应以尊重国际法、加强国际经济发展合作等原则为支柱，以解决国内根深蒂固的经济发展问题。1997 年，印度南非签署《红堡宣言》，宣布两国将在促进经济发展等方面进行合作。2003 年 9 月的世贸组织坎昆部长级会议后，印度开始重视与在重要利益上有相似观点的南非等国家组建联盟，并展开相应的合作。同年，印度、巴西、南非签署《巴西利亚宣言》，据此，三国主张在寻求互利的国际发展议程等方面深化合作。2004 年，印度巴西南非对话论坛发布《新德里合作议程》，三国一致同意在二十国集团（G20）框架下，就共同感兴趣的领域展开合作，推动多哈发展议程和增加贸易机会，在一个公平、透明，且基于规则的多边贸易体制下，推进与发展中国家的发展需要相符的贸易机会。因此，总体上讲，在世界贸易组织中的合作，是印度南非加强战略合作伙伴关系的又一体现。两国视在世贸组织中的合作为推行外交政策和提高国际地位的重要途径。南非认为世贸组织为改变其“无赖国家”的形象、在国际与地区层面扮演中等大国角色的舞台。而在印度看来，积极参与世界贸易组织等全球治理机制，是其在世界政治经济发展中获得更大参与权及话语权的良好机遇。

二 印度南非在世界贸易组织议题上的相互支持

在种族隔离时期，白人政权仅从少数白人的利益出发，将南非定位为发达国家，未将发展问题纳入讨论议程。在乌拉圭回合中，南非不得不在农业、工业关税等领域的主要市场准入方面，遵循以发达国家为标准的承诺。继承种族体制遗留的巨大社会经济挑战的新南非政府，为适应社会经济和发展需要，积极推动公平、公正的多边贸易体系，在农业、卫生等领域维护发展中国家权益。

（一）维护发展中国家的农业发展

农业在印度与南非的经济中占据重要的地位。21 世纪初，农业是印度基础产业，67% 的印度人以农业维持生计，创造了 25.3% 的国内生产总值，农产品出口占印度出口总额的 20.5%。[①] 2000～2005 年，南非农业产值为 GDP 的 4%～6%，为南非近 30% 的劳动力提供了就业机会。农业在巴西 GDP 中的份额超过 10%，占据 20% 的劳动力。[②]

印度、南非在农业相关议程上的态度略有分歧。南非为凯恩斯农产品出口国组织（Cairns Group of Agricultural Exporters）的成员，而印度是食品进口组织（Food Importers Group，FIG）的成员，强调世界贸易组织要考虑发展中国家人口众多、粮食需求大、国际收支十分脆弱等具体情况，为发展中国家提供“粮食安全箱”，以维护像印度这样的发展中国家在农业发展方面的利益。[③] 不过，发达国家的农业补贴计划，使包括印度与南非在内的发展中国家每年损失近 1000 亿美元。由于对美国和欧盟每年给予农场主 3000 亿美元的农业补贴不满，2003 年 8 月 20 日，在世界贸易组织坎昆第五次部长级会议准备的最后阶段，印度与南非、巴西、中国最终通过协商，

① 塔塔服务公司：《1998～1999 年度印度统计摘要》，孟买，1998，第 49、1、103 页。

② CIA World Factbook，2005.

③ 文富德：《印度在世界贸易组织框架下发展经济的若干经验》，《南亚研究季刊》2003 年第 1 期，第 4 页。

消除相互间的分歧，共同参与 G20，以避免会议事先预设的结果和保持在农业问题上开放协商的空间，使农业协商的结果反映多哈会谈中设定的水平，维护发展中国家的利益。

（二）加强在本土知识体系（IKS）与贸易相关的知识产权（TRIPS）问题上的合作

印度和南非等非洲国家在世贸组织多哈会谈中，强调与贸易相关的知识产权和《生物多样性公约》（*Convention on Biological Diversity*）间的关系，认为在与贸易相关的知识产权协议的规定中，应该披露生物资源的原产地，以保护印度与非洲的丰富的本土知识体系。但目前与贸易相关的知识产权机制并不承认来自本土知识体系的贡献，在印度与南非等国家的呼吁下，多哈发展议程建议就本土知识体系与《生物多样性公约》的关系进行协商，认为新的《生物多样性公约》应该明确承认本土知识体系。

印度和南非等非洲国家还在药品获取问题上进行了合作。世贸组织知识产权机制几乎阻碍了以合理成本获得药品，2001 年的多哈部长级会议之后，世贸组织颁布了一个与贸易相关的知识产权弃权声明（TRIPS Waiver），认为知识产权不应该优先于公共卫生，这意味着可以对面临严重卫生威胁的国家发放强制性药物许可证，并不需要付版税。该声明使面临卫生危机的发展中国家，如撒哈拉以南非洲国家，能自己制造仍旧受专利保护的药物，然而，该弃权声明只是允许这些国家制造这些药物供国内使用。

印度和非洲国家积极支持采纳一个与贸易相关的知识产权和与公共卫生相关的宣言，指出公共卫生的关切应该优先于知识产权，认为首先应该解决最不发达国家和缺少制造能力的国家获得药品的问题，其次应允许发展中国家向最不发达国家出口非专利药品。印度与南非等国还推进世贸组织有关公共卫生贸易的知识产权协议的修改，认为包括撒哈拉以南非洲国家在内的许多发展中国家，应该被允许进口通用药物，否则不利于这些国家在抗艾滋病方面取得成效。据统计，截至 2002 年，全世界有 3860 万人患有艾滋病，其中的 3690 万名患者来自拉丁美洲（150 万人）、撒哈拉以南非洲（2940 万人），以及南亚和东南亚（600 万人）。[①] 更糟糕的是其中的许多国家是世界银行所认为的最不发达国家，这意味着这些国家的人们买不起

① Kristine Novak, "The WTO's Balancing Act," *Journal of Clinical Investigation* 112 (2003), p. 1270.

昂贵的专利药物，也没有能力自己制造通用药物。

在印度南非等国的抵制下，2003 年 8 月，“第六段的放弃声明”（Paragraph 6 Waiver）被纳入与贸易相关的知识产权协议中，该项声明认为应该使遭受严重卫生危机的国家，通过强制性许可证，从其他国家进口非专利药物。之后，印度巴西南非对话论坛（IBSA）表示将加强在抗艾滋病、痢疾等卫生领域的合作，催促最不发达国家采取措施，适应“第六段的放弃声明”允许的灵活性，强调各国的法律框架应反映世贸组织与贸易相关的知识产权协议，应该反对附带与贸易相关的知识产权协议的双边和多边贸易协议，反对美国许诺对一个特定国家的更好投资和提高贸易，以换取该国推进严格的法律来保护美国知识产权。

（三）重视使用世界贸易组织规则中的贸易补救措施

融入世界贸易体系，既是机遇又是挑战。随着印度南非关税日益降低，以及进口配额与许可证的限制等非关税壁垒日趋消失，关税保护国内企业的功能逐步降低。但印度南非都属于发展中国家，且经济都处于过渡阶段，两国在加快经济自由化的同时，都注重对国内相关产业的扶持，对外部强烈波动对本国经济的冲击持谨慎态度，尤其重视利用世界贸易组织所允许的贸易救济措施，以及为促进发展中国家经济发展而给予的一些优惠待遇和例外规定，来达到保护本国产业的目的。

印度与南非的贸易补救举措集中体现在反倾销措施中。在深化对外贸易政策改革的进程中，印度逐步建立了一套行之有效的反倾销体系。1992～1993 年，印度开始实行反倾销措施，对三种进口商品开展了反倾销调查。1995 年，印度出台与世贸组织规则基本一致的《海关关税（对倾销产品识别、评估、征收反倾销税以及损害确定）规则》，将其和世贸组织机制下的反倾销相关协议相结合，加强印度在反倾销上的实际操作性。1992 年到 1997 年年中，印度共完成 21 个反倾销调查案。次年 4 月，印度成立反倾销管理总局。1997 年年中至 1999 年 3 月，印度对 33 个商品进行反倾销调查，被调查的商品主要是中间商品，如钢材、石油化工产品、其他化工产品、人造橡胶、人造纤维和工业机针等。印度政府设有各部秘书参与的常设小组，专门对 300 多种“敏感产品”的进出口状况进行监督。根据外贸政策（2009～2014 年），印度成立了专门的贸易救济措施局，向企业提供咨询、技术、法律等方面的服务。南非也实行了反倾销措施。1995 年，南非就已开始重视反倾销立法工作。该年南非推出《关税和贸易委员会修订法》，以使其国内反倾销政策更加符合世界贸易组织《反倾销协议》，但该修订法没有为南非开展反倾销调查提供任何程序性的框架规则。1995～2005 年，南非经济年均增速仅达 3%，远低于同期发展中国家经济年均 5.1% 的增长率，南非青年失业率徘徊在 35% 上下，这无形当中助长了该国的贸易保护主义倾向。据报道，1995 年 1 月 1 日到 2002 年 6 月 30 日，南非启动 157 项反倾销调查，实行了 106 项反倾销措施，在数量上居世界第五位，仅次于美国、欧盟、印度、阿根廷。为管理贸易，2003 年年初，南非推出《国际贸易管理法》，标志着南非反倾销制度改革成为现实。根据此法，南非成立国际贸易管理委员会（ITAC）。同年 12 月，南非发布详细的反倾销规则，指导 ITAC 进行反倾销调查。2004 年 1 月 22 日，南非向世贸组织通报南非反倾销规则和新的国际贸易管理法。

从全球范围看，自 1995 年起，在进行反倾销事件的数量上，印度、美国、欧盟、巴西、阿根廷、澳大利亚与南非位居前七位。1995 年 1 月 1 日到 2014 年 12 月 31 日，印度共启动 740 起反倾销贸易调查，推出 534 项反倾销措施，为世界上贸易壁垒最严重的国家。同期，南非发动的反倾销调查与采取的反倾销措施亦分别高达 229 起、132 项，各占全球总数的 4.8%、4.3%（见表 4－2）。

表 4－2　全球反倾销情况（1995 年 1 月 1 日至 2014 年 12 月 31 日）

反倾销主要发起方	反倾销调查		反倾销措施		2014 年进口总额占全球比重（%）
	总数（起）	占全球比重（%）	总数（项）	占全球比重（%）	
印度	740	15.6	534	17.5	2.5
美国	527	11.1	345	11.3	13.3
欧盟	468	9.8	298	9.7	12.6
巴西	369	7.8	197	6.4	1.3
阿根廷	316	6.6	228	7.5	0.4
澳大利亚	289	6.1	122	4	1.3
南非	229	4.8	132	4.3	0.6
前七名总数	2938	61.8	1856	60.7	32
全球总数	4757		3058		

资料来源：根据 WTO 及 UN Comtrade 的数据库数据计算而得。参见沈鑫琪、林海《南非取消对华螺栓螺母反倾销税的可能效应研究》，《国际商务研究》2016 年第 4 期，第 31 页。

三 印度南非在世界贸易组织中合作面临的困难

尽管印度与南非在世贸组织的一些议程上存在共识，但两国的分歧也很明显。这种分歧在一定程度上给两国在世贸组织中的合作带来变数。

（一）印度南非在世界贸易组织协商中采取的态度不同

南非希望在世贸组织中充当北方和南方国家间沟通的桥梁角色。南非一度认为南方国家的发展只能通过与北方富裕国家合作才能获得成功，推动北方国家特别是美国和欧盟遵守它们的自由主义承诺，在农业问题上执行乌拉圭协议中减少农业补贴和市场准入（大多数发展中国家，包括南非已经执行了）的措施。但为了启动多哈会谈和继续协商新加坡议题，南非又推动发展中国家支持美国、欧盟在多哈会谈中纳入协商新加坡议题的建议，而多数的发展中国家，希望世贸组织在协商新的问题之前，集中于执行乌拉圭协议。

舆论普遍认为，南非对北方国家的态度，适应了南非的务实需要。在多哈会谈开始时，美国为南非最大的贸易伙伴，欧盟占南非总的外贸额的约40%，非洲其他地区约占南非总出口额的16%和进口额的4%。[①] 南非还是有资格享受美国国会2000年通过的《非洲增长与机遇法案》（AGOA）的优惠政策的国家，这意味着大多数南非的产品能免关税进入美国市场。此外，南非加强与美国和欧盟的关系，在一定程度上有助于北方国家承认南非作为北方和南方桥梁的角色。

印度、尼日利亚、巴基斯坦等发展中国家对南非的做法表示不满。它们对南非的亲美国和欧盟的立场表示不信任，它们批评美国、欧盟更激烈，较少愿意在新加坡议题和执行农业协议上与美国和欧盟达成妥协，强烈反对任何有关新加坡议题的建议，以致美国认为印度妨碍了多哈会谈的成功。

最终，一些南方国家认为南非在整个多哈会谈中与美国、欧盟走得较近，更加认同发达国家的利益。相比，印度在协商中，更加采取一种抵制北方国家的正统路线。

（二）印度南非对新自由主义原则的认同存在差异

自执掌南非政坛以来，非国大逐渐放弃原先秉持的社会主义道路理念，转向支持以开放市场、拓展贸易和吸引外资、实现资本积累为导向的新自

① *South African Government Yearbook 2002 - 2003*, p. 45.

由主义政策。姆贝基执政期间（1999～2008 年），南非一方面执行相对实用主义与温和外交的取向，另一方面推动以新自由主义为核心的当代全球化进程。在工业关税的问题上，南非持贸易自由化的态度。尽管发展中国家在金融服务、通信、能源和运输行业等服务行业方面，几乎完全没有比较优势，但在新加坡议题上，南非支持发达国家增加市场准入的建议。对于坎昆会议的失败，多数发展中国家表示对该结果满意，南非却认为这是对发展的重大打击。

在对自由主义原则的态度方面，印度对多哈会谈将能在多大程度上出台有利于发展的措施表示严重的怀疑。印度一度认为服务业中的许多部门，如银行、保险、通信、信息等都是资本密集型行业，这些行业的发展不够成熟，不具备国际竞争优势，经不起发达国家激烈竞争的冲击。因此，印度认为应当对开放服务业市场持谨慎的态度。近年来，尽管印度积极参与电信的谈判，银行业也已逐渐开放，但对保险业的开放仍很谨慎。在农业领域，印度注重保护国内市场和农民的利益，支持内部发展进程。在 2008 年 7 月旨在拯救多哈会谈的第七次小型部长级会议期间，印度仍旧坚持其保护小规模农户的强硬方针。同年，全球爆发金融危机，贸易保护主义抬头，印度表示应尽量克制使用直接限制或禁止进口的措施，更多使用世贸组织规则允许的一般保障措施和特殊保障措施。为开放经济，吸引外商对印度的直接投资，2011 年，印度辛格政府决定开放印度零售业，外国多品牌零售商可与印度伙伴一起开设超市，可持合资公司最高 51% 的股份。次年 9 月，印度再次决定开放多品牌的零售业，但决定一宣布，就面临高涨的反抗浪潮，短短半个月左右的时间里，印度约有 5000 万商户关门歇业，参加联合政府的草根国大党宣布退出联合政府，在印度人民党、左翼政党等反对党以及工会号召下，印度爆发全国性的大规模抗议活动，以国大党为首的团结进步联盟的执政地位因之动摇，最终不得不宣布“暂停实施”开放超市的政策，靠拉拢其他党入盟才得以渡过难关。

四 印度南非在世界贸易组织体制内倡导南南合作新模式

全球化时代，世界贸易组织是发展中国家参与全球议程协商、改善国家发展环境的重要平台。作为主要的发展中大国，印度南非注重尝试通过创建南南合作新模式，推动世界贸易组织决策机制的民主化，以解决发展中国家在该组织体制内面临的诸多问题与挑战。

(一) 印度南非在世界贸易组织中的合作与发展中国家联盟

发展中国家一直为争取国际经济新秩序而斗争，并建立了一些相应的合作联盟与组织。如联合国中进行合作的不结盟运动（NAM）、关贸总协定中的非正式小组（Informal Group）与77国集团（G77）等。长期由北方富国主导议程的世界贸易组织，是国际经济旧秩序的重要体现。然而在世界贸易组织框架下，南北双方进行的多哈会谈长期没有取得理想的进展。

为推动在多边机制中的合作，南非加强与印度、巴西等发展中大国的合作，在前总统姆贝基的倡议下，印度、巴西、南非在2003年6月组建印度巴西南非对话论坛（IBSA）。此后，三国参与世贸组织多项议程的协商。其中IBSA参与发展中国家组织G20，并在2003年9月于墨西哥坎昆举行的世贸组织第五次部长级会议上，拒绝美国和欧盟起草的、涉及广泛的全球安排草案，引起国际社会的关注，甚至有舆论认为，“IBSA是发展中国家组成的二十国集团（G20）的种子”，巴西前外长阿莫林表示，“没有IBSA，就没有G20”。[①]

为能在G20中发挥作用，IBSA至少采取了三个方面的措施。第一，印度、巴西、南非三国间相互磋商并达成一致。印度南非两国在世贸组织农业议程上的态度相似，巴西和南非都为凯恩斯农产品出口国组织的成员，这为三国在农业议程方面的合作提供了便利。需要指出的是，2003年7月，凯恩斯农产品出口国组织的领导国澳大利亚倾向与欧盟、美国达成双边谅解，作为世界贸易组织多边农业谈判的第一步，这引发巴西不满并进而改变谈判战略，即利用巴西、印度、南非建立的政治互信，以发展中国家的集体力量参与多哈会谈。第二，取得其他发展中国家的大力支持。发达国家的农业补贴计划导致的限制性销售，使包括印度、巴西和南非在内的发展中国家每年损失约1000亿美元。印度认为只有在发达国家承担削减农产品补贴义务后，才能谈发展中国家的义务。G20中各国家和地区的人口占世界人口的51%，农场主占全球的63%。除此之外，G20还包括G33和G90等组织中的国家和地区。为了维持与不同发展中国家组织间的协调，G20表达了对战略产品联盟（ASP）和特别保护机制（SSM）的支持。G20与战略产品联盟、特别保护机制、非洲加勒比海太平洋组织（ACP）、最不发达国

---

① 贺双荣：《南南合作的新动向：印度巴西南非对话论坛》，江时学主编《拉丁美洲和加勒比发展报告（2006～2007）》，社会科学文献出版社，2007，第219页。

家组织（LDCs）、非洲组织（African Group）之间的协商，一直持续到坎昆会议的前一两天，为在以后的协商中采取一致立场奠定了基础。第三，印度、巴西、南非注重在能力基础上运用适当的战略。作为 G20 的核心，IBSA 的三个成员国反对发达国家对农场主的农业补贴，即要求减少对歪曲贸易的国内补贴，创造一个自由的市场，这在世贸组织的背景下增加了它们要求的合法性，并扩大了其影响力，获得其他国家的支持。

即使不能对多哈会谈做出定论，G20 也代表了一种重大的外交成功，因为以 IBSA 为核心的 G20 体现了发展中国家的一种不同的结盟模式。其一，它不同于 20 世纪 60～80 年代发展中国家间建立的集团式的联盟。在联合国的相关议程上进行合作的不结盟运动（NAM），以及在关贸总协定中推进国际经济新秩序的非正式组织（Informal Group）、77 国集团等，是建立在第三世界共同的殖民历史这一相同的身份之上的，尝试在多个问题上、在长时间内采取集体的态度。在发展中国家的利益差异日益凸显之下，此类组织在很多问题上的合作显得不现实，由于参与的发展中国家的数量多，存在难以控制的弊端，使发展中国家在贸易谈判中有失去灵活性的危险。其二，它不同于 20 世纪 80 年代发展中国家间建立的基于单个问题的联盟。如凯恩斯农产品出口国组织和食品进口组织等。这些发展中国家组织虽然在单一问题上采取统一的态度，具有灵活性，结构容易控制，但往往力量较弱。其三，以 IBSA 为核心的 G20 体现的是这样一种模式：G20 作为一个发展中国家组成的联盟，得到一个能够与美国、欧洲、日本、加拿大形成制衡的、更加组织化的核心组织 IBSA 的补充。IBSA 成立了三边商业理事会、三边委员会、三边部长级委员会、首脑会议等会晤机制，是一个正式的联盟，参与 IBSA 的国家只有三个，IBSA 不是在所有的问题上合作，也不是在单一的问题上合作，而是建立在卫生、农业、教育、科学和技术、防务等 16 个部门工作小组的基础上，在协商之后，在互利的几个问题上进行合作，然后在世界贸易组织的相关议程上，与其他发展中国家通过协商，结成非正式的联盟。也就是说，G20 是一个以正式联盟 IBSA 为核心的非正式联盟。其灵活性优于基于发展中国家身份的发展中国家联盟，在力量上大于基于单个问题的发展中国家联盟。正因如此，2004 年 1 月 28 日，时任巴西总统卢拉在访问印度时明确表示，“印度、巴西和南非三方的协调增加了我们在世界贸易组织中的政治分量”。在坎昆会议后续的多哈回合谈判中，G20 作为发展中国家参与农业谈判的传声筒，成为迫使发达国家转入守势最活跃的一支力量。美国和欧盟未能在重振多哈回合谈判上发挥有效的领导作用，其不得不与占世界人口一半以上的发展中国家联盟 G20 来进行势均力敌的讨价还价。

（二）印度南非在世界贸易组织协商中充当南方国家核心角色的意义与挑战

尽管 IBSA 在发展中国家组织 G20 中发挥了核心作用，且在 IBSA 三边部长论坛会议上，印度、南非、巴西外交部部长认为三国之间的合作不仅是历史性的，而且是不可逆转的，但是由于世界贸易组织是全球最大的贸易协商结构，众多国家和地区参与其中，且每个问题需要有不同的对策，所以，我们还不能断言，在南南合作中，IBSA 所体现的这种核心倡导和协调推动方式都能获得成功。不过，在世界贸易组织中，IBSA 作为南南合作的核心，在较长的时间内，其倡导并发挥的核心与协调推动方式有一定的实用意义。这主要是基于两个方面的因素。

其一，从理论上讲，印度、巴西、南非三国在国际社会中的三重身份，说明在世界贸易组织等国际多边机构中，IBSA 在南南合作中充当重要角色的必要性。

第一种是发展中国家身份。由于历史原因，印度、巴西、南非三国与其他发展中国家一样，在国际体系中都处于对北方发达国家不平等的相互依存当中。正因如此，IBSA 宣称，将联合亚洲、拉丁美洲和非洲，消除在贸易上对北方富裕经济体的依赖，并威胁将对贸易不对称的国家联合实施制裁，甚至包括美国这一当今世界最大的经济体。此外，在世界贸易组织等国际机构中，争取发展中国家的利益，符合印度、巴西、南非自身的国家利益，这体现在 IBSA 的合作目标和内容中。2003 年，在三国外交部部长的共同协商下，IBSA 通过《巴西利亚宣言》，该文件第一条就申明要推进南南对话、合作和协调在国际重要问题上的共同立场。时任南非外长祖马也认为，IBSA“实际上将使我们经常谈论的南南合作具体化，因为三个南方国家可以共同做很多事情，以及改善这些国家人民的生活”。[①]

第二种是地区大国的身份。一方面，印度、巴西、南非为了解决地区动荡与冲突问题，不得不承担一定的维稳责任；另一方面，力量的不均导

---

① 贺双荣：《南南合作的新动向：印度巴西南非对话论坛》，江时学主编《拉丁美洲和加勒比发展报告（2006～2007）》，社会科学文献出版社，2007，第 223 页。

致邻国对三国的疑心（如巴基斯坦对印度），导致邻国往往借助全球霸权国来实现对地区大国的制衡，这使得地区大国往往关注地区上和下两个方面的问题。就此，为实现大国战略，IBSA 成员在对涉及国际体系的规则表示关注的同时，重视强化与发展中国家的关系，视 IBSA 在世界贸易组织等国际机构中的所作所为为其在国际政治经济秩序中获得更大参与权及话语权的一种战略。

第三种是全球体系中的中等国家身份。在中心－半边缘－边缘的国际资本主义体系当中，印度、巴西、南非处于中间状态，三国经济结构多样化，使它们不可能像最不发达国家那样过于重视单一经济部门；从实际情形看，三国几乎所有的经济部门都面临挑战。不过，就领域水平而言，印度、巴西在服务业尚有出口优势，这意味着它们在这一行业上，不可能搭发达国家的便车。但在与发达国家的竞争方面，三国又显能力不足。而另一方面，三国经济的中等发展水平，促使它们也不会像最不发达国家那样，不得不在很多场合做出让步。

其二，从发展的潜力层面看，IBSA 的影响力不容小觑，使其在南南合作中充当核心的角色成为可能。

客观地讲，发达国家在世界贸易组织中的影响力超过发展中国家，IBSA 在该组织中为了发挥核心或协调推动的作用，离不开对其实施有效的影响，但这种影响往往是建立在对一定情境的分析之上的，很难量化。不过，可以通过经济总量、市场份额等经济影响力指标加以分析。就 IBSA 而言，其创造了一个 12 亿人口和 GDP 1.2 万亿美元的国内市场，① 不仅如此，早在 2004 年，巴西总统卢拉就提出 IBSA 三个成员国签署自由贸易协定的构想，认为三国间的三边协议将增加发展中国家在世界贸易组织等国际多边机构中的影响力，有助于发展中国家整体利益的实现。2007 年，巴西外长阿莫林指出，印度－南方共同市场－南部非洲关税同盟能形成一个大的经济集团，虽然这需要很长时间，但能使 IBSA 在面对发达国家时，采取一种创造性和竞争性的姿态，并且处于一个有利位置。

IBSA 的实力地位及未来在世界政治经济中的地位不容忽视。按购买力

① Taylor, "African and the Emerging New Trade Geography: The India-Brazil-South Africa Dialogue Forum and Its Implication for Global Governance," *The Center for International Politics Working Paper Series* 7 (2005), pp. 22－23.

平价算，2004 年，印度是世界第四大经济体，科技实力居世界领先水平。巴西是拉美最大的国家，拥有丰富的自然资源。南非是非洲最大的经济体，约占非洲经济总量的 20%，占撒哈拉以南非洲的 40%。此外，它们还是世界经济发展最具活力的国家。2001 年，巴西和印度作为最有潜力的新兴国家，被高盛公司划入“金砖四国”之列。到 2004 年，IBSA 的外贸达近 3000 亿美元，为欧盟和美国的 15%，到 2015 年，预测这些国家的贸易为欧盟贸易的 25%、美国的 20%，按购买力平价计算，IBSA 成员国的 GDP 为全球 GDP 的 10%，预测到 2015 年这一数字增加到 12%（欧盟为 18%、美国为 20%），到 2015 年，IBSA 成员国 40 岁以下人群中接受过大学教育的人达到 2.08 亿人，而在 G7 国家中只有 1.27 亿人。[①]

发达国家也在一定程度上承认 IBSA 在世界贸易组织中的特殊作用。美国和欧盟邀请印度、巴西、澳大利亚参与协商农业利益的“五方利益小组”（Five Interested Parties，FIPs）。2004 年 7 月，“五方利益小组”签署了一个涉及消除所有出口补贴等议题的框架协议，暂时解决了发达国家与发展中国家在农业议题上的僵局。在西方八国集团的峰会上，印度与中国、巴西和南非同为特邀出席嘉宾。

不仅如此，作为发展中的地区大国，印度、巴西、南非在争取第三世界国家的认可方面，亦具备相当的能力。如 2004 年 3 月的 IBSA 第一届外长会议上，三国决定共同出资建立“IBSA 减少贫困和饥饿基金”（Facility for Hunger and Poverty Alleviation），2006 年 3 月的 IBSA 第三届外长会议上，IBSA 承诺每年至少向该基金捐款 100 万美元。在同年 9 月的 IBSA 首脑会议上，IBSA 的成员鼓励发展中国家，特别是最不发达国家向 IBSA 基金提出申请。目前，该基金共资助了两个项目：一是与联合国开发计划署在几内亚比绍共同实施了一项农牧业发展计划，目的是促进该国的可持续发展；二是在海地实施了固体废物收集项目。值得关注的是，在联合国 2006 年 12 月 19 日的“南南合作日”上，IBSA 获得 2006 年度“南南伙伴关系奖”。

不过，世界贸易组织商谈议程涉及的内容非常广泛，IBSA 在该组织中沿用核心倡导和协调推动方式维护发展中国家利益还是面临诸多难题。

---

① Taylor，“African and the Emerging New Trade Geography：The India-Brazil-South Africa Dialogue Forum and Its Implication for Global Governance，” *The Center for International Politics Working Paper Series* 7（2005），pp. 22 - 23.

1. 如何保持 IBSA 成员国政策的一致性

从人口与经济层面看，巴西的人口超过南非的 3 倍，印度的人口约为巴西的 6 倍，根据世界银行 2004 年统计，印度和巴西的 GDP 都在 6000 亿美元至 7000 亿美元，南非的 GDP 仅仅超过 2140 亿美元，约为印度、巴西的 1/3。不过，南非的人均收入在三国中最高，根据购买力平价计算，2003 年，印度的人均 GDP 为 2892 美元，巴西为 7790 美元，南非则达 10346 美元。除此之外，三国经济上都面临收入不均的问题。据联合国开发计划署 2005 年统计，在 177 个被测算的国家和地区中，巴西、南非、印度的基尼系数分别为 0.593 和 0.578、0.325，三国的人类发展指数分别位居第 63 位、第 120 位、第 127 位。[①] 根据每天的美元收入，印度有三者中最高的贫困率，而根据国家贫困线，南非又是最严重的，因为其存在高失业率。

作为农业大国，巴西在农业议程上很积极，因为可以从更加自由的农产品国际贸易中获利更多，而印度却较保守，其主张在进口激增或世界价格剧降之际，允许发展中国家采取包括提高关税在内的特别保障机制。因为印度国内生活上依赖经济农作物的农村人口几乎等同于撒哈拉以南非洲的所有人口，这些农民贫困、效率低效、依赖对进口竞争的保护。相比之下，南非则处于巴西与印度之间，其有一个不受保护的、竞争性的农业部门。这说明在三国中，印度在农业问题上的灵活性是最差的。在非农业产品的市场准入问题上，印度、巴西、南非等为非农产品市场开放集团（NAMA - 11）的主要成员，强烈抵制目前的非农产品市场准入建议。但印度与巴西具有相对的灵活性，因为任何有关关税削减的协议，印度与巴西不需要对它们目前使用的关税进行大幅度削减，而南非却需要在许多敏感的部门大幅度削减关税。[②]

另外，文化背景的不同会导致对利益理解的差异。印度 80.5% 的人为印度教徒，而巴西 73.6% 的人为天主教徒，南非 72.6 % 的人为新教徒。语言上，印度有 15 种官方语言，30% 的印度人讲印地语；巴西官方语言是葡萄牙语；在南非有 11 种官方语言——英语以及 10 种土著语言，[③] 三者分别位于被大西洋、印度洋和太平洋分割的三大洲，这无形当中加大了地理和

---

① United Nations Development Programme, *Human Development Report 2005*, pp. 270 - 273.

② Philip Alves, "India and South Africa: Shifting Priorities," *South Africa Journal of International Affairs* 2 (2007), p. 95.

③ CIA World Factbook, 2006.

理念上的距离。

因此，有舆论担心如果任何一方在多哈会谈中追求不同路线的话，将对集体合作造成一定的负面影响。

2. 如何与相关发展中国家达成共识

如何得到其他发展中国家对 IBSA 在世界贸易组织中的角色的认同，是 IBSA 面临的重大难题。适用于南非的世界贸易组织条款未必适合非洲的最不发达国家，因为后者没有必要在工业、农业、服务等方面开放市场。相关地区国家对印度、巴西、南非的态度既有敌视，也有对它们的霸权企图的忧虑。埃及驻南非大使认为，“当南非考虑所有发展中世界决定的时候，问题就出现了，它不能打着整个发展中国家的旗帜，除非它们的观点得到整个发展中国家的赞同”。由印度、巴西与北方国家共同制定的“2004 年 7 月框架”（July 2004 Framework），虽然包括一个有关消除所有出口补贴的协议，对 G20 很重要，对巴西等主要的农业出口国更具特别意义，但并不是每个国家都高兴，有些国家认为这是以发展中国家对发达国家的重大让步为代价的。IBSA 声称要代表南方，但随着 IBSA 成员日益被邀请到只有 G7 参与的多边舞台的小型会议，如五方利益小组（Five Interested Parties, FIPs）等，部分南方国家对巴西、印度参与决策权力的中心提出批评，认为像以前的决策进程一样，FIPs 的协商是在对外封闭中进行的，在一个扩大的权力中心（封闭的）的决策结构中，可能会使全球治理更加多边主义化，但绝不是接近全球多边主义化。它们认为这与 IBSA 的 2004 年《新德里合作议程》所申明的，在一个公平的、平等和透明的、基于规则的多边贸易体制下，推进与发展中国家的发展需要相符的贸易机会，是相矛盾的。在遭到发展中国家的质疑后，IBSA 的 2005 年《开普敦部长公报》中的相关内容改为：在一个公开的、公正、平等和透明的、基于规则的多边贸易体制下，推进贸易机遇。删除了“与发展中国家的发展需要相符”这一内容。这说明 IBSA 也认识到在世界贸易组织的有关议程上，与其他发展中国家达成共识绝非易事。

3. 如何应对发达国家的抵制

世界贸易组织是国际体系中权力过分集中于北方国家的重要体现。从现实看，短时间内 IBSA 与发达国家间的实力差距还很明显。自 20 世纪 90 年代开始，美国的政策趋于强化，日益退出其多边承诺，在“9·11”事件后，美国的单边主义倾向日益明显。在 G20 的压力下，美国试图以双边方式解决世界贸易组织中的贸易争端，退出多边会谈进程。在美国的压力和诱惑下，萨尔瓦多在坎昆会议上退出 G20 。坎昆会议结束后的几周内，又有哥伦比亚、哥斯达黎加、厄瓜多尔、危地马拉和秘鲁等五个拉美国家宣布退出该集团。所有这些国家都正在寻求与美国谈判建立自由贸易区协定。欧美签订《跨大西洋经济一体化计划》，在四十多个领域深入推进大西洋两岸的一体化，以应对全球化带来的挑战，并强调要对所谓的第三方采取共同政策，在世界贸易组织等国际机制中加强合作等。

尽管 IBSA 在世界贸易组织中遇到诸多的问题，但其影响力引起了相关国家的重视。一方面，为寻求多哈回合谈判取得突破，西方国家加大对印度、巴西等国家的拉拢力度，美国加强与巴西等南美洲国家会谈自由贸易区，欧盟在 2004 年 6 月通过决议，加强与印度在贸易、经济、资讯等方面的合作。但另一方面，在 2008 年 7 月世界贸易组织部长级会议之际，发展中国家与发达国家之间在农产品准入等问题上分歧依旧、争吵不休。G20 的主要成员巴西的前外长塞尔索·阿莫林 19 日说，如果会谈失败，巴西愿再等 4 年，直到各方达成一份新贸易协定，“否则，你可能看到类似坎昆的结局”。美国迫于压力，承诺将尽力推动多哈回合谈判取得良好结果，缔结新的协议。与此同时，美国指责印度在农产品贸易上的保护政策，欧盟贸易专员曼德尔森也要求中国、印度等国削减工业补贴等。① 2009 年 9 月在重启多哈会谈时，时任印度商工部部长沙玛依坚称，“我们应重启谈判，而不是重新设计。我们需要实施一个基于规则的多边贸易机制，它能解决发展中国家的合理担忧”。②

小　结

冷战后经济全球化的加速，以及印度南非以发展经济、改善民生为导向的内外政策调整，为两国重启经贸合作提供了契机。20 世纪 90 年代中期以来，印度南非通过签署政府间合作协议、构建经贸合作机制等举措，逐步修复两国中断近半个世纪之久的经贸联系。

---

① 《欧盟削减 60% 农业补贴　美国转向中印施压》，http://news.163.com/08/0722/13/4HF701VV0001121M.html。

② Serena Tarling，“New Delhi Ready to Resume Doha Round of World Trade Talks，” *Financial Times*，June 23，2009.

本章首先分析了新时期印度南非两国对各自国家安全与战略利益的认知。一方面，苏联的解体，使印度失去原有的对外战略依托。为适应以科技经济为重心的国家间综合国力的竞争，印度不得不开启经济改革与开放进程，改变封闭式的经济发展模式，为印度南非经贸关系的改善创造合适的条件。另一方面，南非也希望与印度发展经贸关系，以发展经济，弥补长期种族隔离政策造成的族群隔阂，缓解国内政治和经济的双重压力。

围绕经贸合作的举措与成效等议题，本章就印度南非在双边、次区域与国际多边经济机制等层面的经贸合作实践进行分析，指出印度南非经贸的发展与两国政府的推动与商界人士的大力推动密不可分，体现了新时期影响印度与南非外交的主体不再像冷战之前那样仅限于政府层面，以塔塔集团为代表的公司已日渐成为影响两国经济外交的重要力量。本章认为，在全球化潮流和经济集团化趋势的大背景下，南亚区域合作联盟和南部非洲关税同盟重要成员印度与南非间的合作，以及印度与南部非洲关税同盟就有关自由贸易协议协商的深入，在一定程度上表明印度南非合作对推动南南合作的积极意义。印度看重南非的地缘优势，认为南非经济不但在非洲首屈一指，是通往非洲的桥头堡，而且在进入美国、欧盟市场方面享有优惠待遇。

随着印度南非加入世界贸易组织，印度跨国企业更是将南非视为国际贸易发展战略的重要环节。为顺利发展印度与南非贸易经济，两国都加大对国际经济规则、全球经济秩序等议题的关注力度。

伴随着印度南非经贸关系的发展，一些制约两国经贸合作的因素也逐步凸显。在双边层面，印度南非两国经商环境差距较大，南非出口印度产品结构多样化不足，对印度的高关税表示不满；在次区域层面，印度多次对南非等国邀请巴基斯坦参与环印度洋地区合作联盟的愿望予以否决；在以世界贸易组织为代表的国际多边机制层面，印度南非对新自由主义原则的认同程度不同，相比南非，印度的独立倾向较强，在与北方国家协商过程中所持的态度比较强硬。

第五章

印度南非军工与安全合作

冷战结束后，军事安全合作成为印度南非关系的重要合作领域。作为军工消费大国，印度长期以来注重依靠从苏联等国进口军备，满足国家防务安全的需要。受种族隔离期间国际武器与贸易禁运等因素的影响，南非白人政权培植出了非洲首屈一指的军工产业。不过，随着民主政府的成立，新南非国家安全关注的焦点从政治安全转到经济安全，希望加强与印度等国的军工合作，助推国内军事变革。印度洋蕴藏的自然资源丰富，是连接亚洲、非洲和大洋洲的交通要道，沿岸各国大量石油、棉花等重要战略资源与货物运输都依靠印度洋航线向外输出。印度南非是濒临印度洋的大国，双方在维护印度洋安全与稳定、促进区域经济发展、抵御大国的霸权渗透等方面存在相似的需求。

第一节　印度南非军工合作

与种族隔离时期相比，新南非政府的安全理念和对军事工业的态度发生了很大的变化。这与南非所面临的新任务和新的国际国内环境有着密切的关系。在新的政策框架下，南非开始变革军事工业，使南非军事工业的使命、主要载体及其地位、生产方式、产品内容等发生了重大变化。这为印度在新形势下开展与南非的防务合作提供了便利。通过军备采购、军事互访等形式，印度深化了与南非在防务领域的合作。

一 印度南非军工合作的动因

种族隔离期间，出于维护白人种族利益的需要，南非政权培育了强大的军工制造技术，其生产的军备在国际市场上颇具竞争力。这无疑引起武器进口大国印度的极大兴趣。

而南非国内政治与军事体制的转型，以及两国外交关系的恢复，则为印度强化与南非在军备进口、军工研发等领域的合作奠定了基础。

（一）南非军工发展态势引起印度重视

由于国防工业技术薄弱，自主研发能力不强，无法为本国军队提供先进的武器装备，印度希望通过对外军事合作、对外军购实现印度国防现代化。冷战期间，印度主要从苏联采购武器，苏联解体后，印度从独联体国家原厂寻求对武器的保养维护十分不便，因此，印度逐渐改变武器进口渠道过于单一的现象，实行武器采购多元化。

印度对南非与巴基斯坦、中国关系的深入表示担忧。印度认为巴基斯坦与南非在冷战期间关系密切，特别是在20世纪80年代早期，在美国总统里根的撮合下，南非博塔政府与巴基斯坦齐亚（Zia）政府关系快速升温。1996年2月，有媒体透露巴基斯坦与南非达成导弹协议，据此，南非将向巴基斯坦提供价值6亿兰特（1.65亿美元）的导弹，该计划由南非主要武器生产商丹尼尔公司（Denel）实施，尽管之后证实此举是丹尼尔公司为了履行种族隔离时期的南非政府向巴基斯坦所做出的承诺。1998年，巴基斯坦与当时的南非白人当局达成防卫协议，加强两国国防工业的合作。不过，印度方面却因此担忧巴基斯坦与南非将可能签署一个更加全面的防务合作协议。[①] 自1997年12月南非与中国建立外交关系以来，两国关系日渐深入。姆贝基甚至表示中国将成为南非的主要伙伴。与此相对应的是，鉴于南非是世界唯一自愿放弃核能力的国家，南非政府对1998年印度博格伦（Pokhran）的核试验表示关切；同年，时任南非总统曼德拉在德班召开的不结盟运动峰会上，提及克什米尔问题，导致印度南非关系的紧张。随着南非与中国、巴基斯坦关系的发展，印度认为需要认真考虑调整对南非的政策，否则将失去印度曾经在南非拥有的影响力。

---

① Ruchita Beri, "Indo-South Africa Defence Cooperation: Potential and Prospects," http://www.idsa-india.org/an-jan00-4.html.

在印度看来，印度与南非在防务与安全合作领域存在诸多共性。两国都是地区大国，皆濒临印度洋，拥有影响地区事务的重要战略地位，在该地区有共同的利益；两国都有被外国特别是英国殖民的历史，在武器系统上存在一定的相似性。重要的是，两国都有较强的国防工业，且都多年面临国防预算萎缩的难题。加之，两国历史联系密切等，都为双方防务合作提供了广泛的空间。姆贝基亦强调，“印度南非的发展依赖两国的合作能力，南非深信在建立一个公平、持久和平，以及为所有人民创造财富和国家间平等的历史事业进程中，印度是可依靠的战略伙伴”。[①] 1996 年 12 月，时任南非副总统姆贝基对印度进行正式访问，提议两国建立战略伙伴关系，1997 年 3 月，南非总统曼德拉与印度总理高达签署两国确立战略伙伴关系的《红堡宣言》。

（二）南非军工地位的变化

在种族隔离时代，出于维护白人利益与军事侵略的需要，南非对国防研发相当重视，这无疑给南非国防工业的发展带来诸多正面影响。不过，随着 20 世纪 80 年代末 90 年代初东西方关系的缓和、南非国内人民的抵抗，以及在安哥拉、纳米比亚战争中的失利，白人政权逐渐放弃了对邻国的破坏战略，转向与国内各派抵抗力量的对话，寻求和解。南非白人政府减少对武装力量的依赖，导致军事工业发展有所萎缩。到 1995 年，南非武器制造业产值降至 24.2 亿兰特，其在国内生产总值中的比重则降为 0.8%。同期，南非武器制造业从业人员比重也回落至 1.4%。1989～1998 年，南非政府的国防采购预算由 58.16 亿兰特（22.49 亿美元）降至 12.12 亿兰特（1.99 亿美元）。

1994 年，南非废除种族隔离制度，与冷战期间相比，新南非的安全与防务环境发生巨变。一方面，就外部环境而言，随着苏联的解体，南非所认为的外部威胁消失，而南非国内的政治和文化变革，也使得先前所倡导的自身是捍卫西方文明的前哨的理念失去合理性。新南非不再认为国家安全主要是军事问题，而是包括政治、经济、社会、环境等广泛内容。新南非政府强调人民所面临的真正威胁来自内部，包括贫困、失业、教育不足、缺少社会服务等社会经济问题。另一方面，南非表示其还面临一定的安全

① Jasjit Singh, “South Africa-India Strategic Partnership into the 21st Century,” New Delhi: Institute for Defence Studies and Analyses, 1997, p. 18.

挑战，特别是周边安哥拉和莫桑比克等国受战争与经济困境冲击，大批难民涌入南非，加剧了南非国内的失业、贫困和族群关系紧张等局面。此外，战争后物资和小型武器从安哥拉、莫桑比克和纳米比亚等国流入南非，也给南非国内局势的稳定带来挑战。

正因如此，南非一方面强调一些大规模杀伤性武器在其国家战略中变得不再重要了；另一方面，努力消除种族隔离时代军事工业快速发展给邻国造成安全威胁的负面影响，承诺做一个对国际社会负责任的成员。为此，曼德拉总统宣布南非不再制造大规模杀伤性武器。到 1998 年，南非国防部所拥有的约 31.2 万颗杀伤性地雷也被悉数销毁。但与此同时，南非新政府并没有放弃国内所有军事工业，而是将之置于较重要的地位。其因一是虽然新南非视发展经济为主要任务，但认为军事工业仍是该国提供就业的重要产业，且具有出口盈利优势。南非的武器贸易出口从 1988 年的 5000 万美元增加到 2009 年的 1.5 亿美元，但同期南非总的军事开支在其国民生产总值中的比重由 4% 降低到 1.3%。[①] 值得关注的是，国防预算的削减某种程度上恶化了南非失业问题，加速其人才流失。1990 ~ 2003 年，南非国防工业就业人员由 8.3 万人减至 2.25 万人，国防工业界的一些科学家、工程师和技术人员纷纷改行或移居海外。这给南非的经济与技术优势带来负面影响。二是国际社会对南非发展军事工业的态度也发生了变化。种族隔离时期，国际社会认为南非是南部非洲的威胁，是不稳定的重要因素，很多国家对南非军事等领域进行制裁。现在南非是南部非洲甚至是整个非洲稳定的依托，这些国家因此转而与南非开展在军事工业方面的合作。同时，南非军事工业为适应经济全球化与一体化趋势，与世界上 20 余个不同国家的国防企业或公司建立了国际合资企业和战略联盟。三是南非看好其在亚非国家的武器销售潜力。南非的国防工业体系在非洲可谓首屈一指，其生产的“茶华”直升机及各型火炮系统等装备都历经战火的检验，受到世人瞩目。南非认为这对于财力有限、大型装备数量不多且技术要求不是很高的亚非国家具有较大吸引力。2007 年，南非提出未来十年内，要将其武器销售在世界武器销售中的比重由不足 1% 提升至 3%。

---

① Brennan M. Kraxberger and Paul A. McClaughry, “South Africa in Africa: A Geo-Political Perspective,” *Canadian Journal of African Studies* 1 (2013), p. 12.

二 印度南非军工合作的发展

印度南非确立多层面防务合作的框架。1996 年，印度南非签署《促进国防装备合作谅解备忘录》，允许印度购买南非的榴弹炮，为两国在武器研究与发展领域上的合作提供了机遇。2000 年，印度南非发布《国防合作协议》，这为两国加强国防部门合作确立了框架。其内容覆盖两国加强在维和行动、打击恐怖主义与其他防务上的相关事宜，该协议强调两国军事防务合作不仅限于简单的买卖形式，还包括建立两国合资企业、共同研发，并联合拓展在第三国的市场销售。印度南非还在 1998 年举办首次防务合作联合委员会会议。2003 年，印度南非签署《国防装备供应协议》，该协议申明在主权平等原则下，南非向印度持续提供常规防御装备、服务和相关技术，以保障印度的国防需要，强调南非对印度军备及技术出口应获得南非国家常规武器控制委员会（NCACC）的许可，且符合南非法律、相关军备控制要求和南非承担的国际义务。根据印度与南非武器生产商丹尼尔公司签署的合同，南非将向印度提供的常规武器系统和装备主要有两类。其一，轮式自行火炮。其中包括携带配件及相关设备的火炮系统、轮式火炮系统的装备保障方案、专用维修工具和试验设备。其二，履带自行火炮。这涉及 155 毫米 T-6 自行火炮塔，带瞄准系统的火控系统、炮塔，火力控制支援包系统和内部通信系统等。此外，在 2006 年，印度南非召开防务委员会会议，两国签署防务谅解备忘录。

印度南非展开多样的军工合作机制。其一，军备展览。2004 年，印度国防研究与发展组织国防公共部门（DPSUs）参加在南非比勒陀利亚召开的非洲航空航天和防务展览会（AAD），两家私营公司首次参与其中。2006 年、2008 年、2010 年、2012 年，印度参加在南非开普敦召开的非洲航空航天和防务展览会（AAD）。2006 年，南非等超过 38 个国家的 420 家公司参加印度主办的第一届防务出口展。其二，武器研发。印度国防研究与发展组织（DRDO）已与南非等国举行国防研发会议。为适应 2014 年 9 月莫迪政府推出的“印度制造计划”，印度允许国防企业等领域的外资比重达到 100%。[①] 呼吁印度南非两国企业联合发展或制造防务装备。此举受到南非

① 李艳芳：《印度莫迪政府经济发展战略转型的实施、成效与前景》，《南亚研究》2016 年第 2 期，第 92 页。

总统祖马的欢迎，认为这为南非私人企业参与印度经济创造了便利。2015年7月，印度空军参谋长访问南非，双方就在探索研发技术合作上推出新举措等议题展开磋商。次年，印度南非举行第七次联合防务工作组会议，两国商定开展多项防务合作活动的路线图。

印度南非的军工经贸合作亦取得一定成效。根据联合国贸发会议的统计，1995~1999年，南非出口到印度的武器与弹药价值达97.8万美元。其中，1997年，南非出口的武器和军事装备价值达13亿兰特，而印度从南非进口的致命武器与非敏感设备价值分别是5.72亿兰特、0.28亿兰特，为南非最大的武器出口地。到2005年，隶属于印度国防部的印度国营地面车辆有限公司（BEML）的产品已出口到突尼斯、南非等30多个国家。需要指出的是，21世纪以来，就双边军备交易而言，印度从南非的进口远低于其向南非的出口，2000~2017年，南非出口到印度的武器与弹药价值为35.8万美元，仅为南非从印度进口武器与弹药价值的31.8%。①

毋庸置疑，印度南非军工的发展面临诸多因素的制约。就南非而言，其军事力量中从外国采购的武器装备比例较低。火炮、瞄准系统和头盔显示仪是南非军备的主要强项，而这制约了印度南非军工合作议程的拓展。2011年，印度陆军批准使用由特里希（Trichy）军械厂研制的40毫米多榴弹发射器（MGL），结束了此前该装备一直从南非进口的局面。2005年，南非丹尼尔公司被指控在对印度400部反器材步枪的武器交易过程中利用不正当关系，向中间商支付佣金，违背了合同条款。印度国防部前部长费尔南德斯也被指控在其中收受巨额礼金。之后，印度主动取消与丹尼尔公司订立的所有合同，造成丹尼尔公司20亿兰特的损失。不仅如此，印度国防部还将南非丹尼尔防务公司列入“黑名单”。这在一定程度上为印度南非军工合作投下阴影。印度多年来是全球最大的武器买家，其国内一些反对力量认为军费增速超出经济增长步伐的做法是不可持续的，主张减少军火采购，将更多财力用于解决民生贫困问题。

第二节　印度南非在印度洋区域安全中的合作

就海上安全而言，由于地缘上共临印度洋，印度南非似乎可以成为较

① UNCTAD Handbook of Statistics online, November 10, 2018.

好的合作伙伴。但现实情况是，两国在环印度洋区域安全领域的合作非常有限。作为主张对白人种族隔离政权国际禁运的积极倡导者，长期以来印度与南非在印度洋区域海上安全方面处于对立状态。直到冷战后的1997年，印度南非政府签署建立两国战略伙伴关系的《红堡宣言》，据此，双方强调有必要恢复历史联系，通过协调合作，促使环印度洋地区合作联盟成为实质性经济伙伴关系的工具，助推地区认同的构建。此后的十多年时间里，印度南非就环印度洋安全合作展开广泛的探讨。尽管两国在海上军演、联合反恐、安全合作机制等方面都取得了不少进展，但两国的海上安全合作还面临诸多羁绊。

一　印度对印度洋地区战略地位的判断

印度认为就历史传统、地理结构和地缘政治环境而言，印度洋地区对其安全与繁荣至关重要。近代印度沦为西方殖民地厄运的开端源于海上防务的缺失，印度对1971年美国趁印巴战争之际，将航母驶入孟加拉湾的行为记忆犹新。从经济利益的角度看，印度半岛直插印度洋，毗邻从苏伊士运河、波斯湾到马六甲海峡这一世界上最重要的航道，随着全球化加速及印度与世界各国经济相互依赖的加深，这一海上航线对印度发展的意义在增加。按1990～1991年度固定价格计算，2009～2010年度印度国民生产总值增至446845.4亿卢比，比1991年增加近3.5倍。[①] 印度在印度洋拥有最长的海岸线（6083公里）和海底能源与资源潜力丰富的最大专属经济区（约220万平方公里），驻有11个大型、20个中型和114个小型港口。截至2008年，印度近89%的石油是通过海路运输的，90%的贸易量和70%的贸易价值是通过海路实现的。[②] 有500亿美元的进口值与600亿美元的出口值商品是通过亚丁湾运输的。印度时任外长慕克吉因此表示：印度在这些水域（印度洋）有重大的安全和稳定利益，这与能源安全有关联。[③]

就安全战略层面而言，印度国际战略家在谈及印度洋时，经常将其视为“命运之洋”、战略后院与天然前哨，推崇19世纪美国海军战略家阿尔

---

① 文富德：《印度经济改革的成绩与问题》，《南亚研究季刊》2012年第1期，第20页。

② Chietigj Bajpaee, “The Indian Elephant Returns to Africa,” 2008, http://www.atimes.com/atimes/South_Asia/JD25Df02.html.

③ Alex Vines and Bereni Oruitemekai, “India's Engagement with the African Indian Ocean Rim States,” http://www.chathamhouse.org.uk/files/11293_india_africa0408.pdf.

弗雷德·马汉的名言：谁控制了印度洋，谁就控制了亚洲，21 世纪世界的命运将在印度洋上见分晓。在印度看来，近些年，由于海盗行为、恐怖主义、贩运人口、大规模毁灭性武器扩散和对海洋资源的竞争，印度洋地区正引起多方的关切，一些域外大国正加大在印度洋的存在，这增强了大国在该地区的地缘战略竞争。正因如此，印度将其在印度洋区域的战略利害关系视为安全评估的关键内容，认为随着海事安全问题的迫切性和相关性的凸显，其需要密切关注印度洋地区的权力对抗。除此之外，印度认为靠近索马里的西印度洋区域海盗活动猖獗，引发对一些商船的多起军事攻击，影响沿岸国家之间的经济贸易活动，指出 2008 年 11 月造成重大伤亡的孟买恐怖袭击也暴露出印度海上安全的漏洞。

二　印度的印度洋区域防务安全观

20 世纪以来，印度防务安全的认知视野有所拓展。印度开国总理尼赫鲁的战略愿景是“在印度洋地区，从东南亚一直到中亚西亚，印度也将要发展成为经济和政治活动的中心”。[①]

1971 年第三次印巴战争期间，面对印度洋上美国派出的“企业”号核动力航母，印度真正意识到印度洋海上安全对国家生死存亡的重要性，开始实施“控制印度洋”战略。20 世纪 80 年代，印度总理英迪拉·甘地宣称，印度必须完全控制印度洋水域，以充分发挥其印度洋大国的优势，为此，印度确立“立足南亚洲，控制印度洋，争当世界一流强国”的国家战略总目标。根据潜在威胁的不同，印度海军制定了“层防战略”，将其海军防务由沿岸推至远洋地区。90 年代，印度完成维沙卡帕特南、科钦、孟买和安达曼－尼科巴群岛等印度洋四大战略支点的建造。在 1998 年成功进行核试验后，印度将其安全重心从陆上调整到印度洋。

2004 年印度出台《海军新作战学说》，指出印度洋上的恐怖主义、海盗和武器走私活动极为猖獗；印度有着广阔的沿海岛屿，一旦将来与周边或区域外国家爆发武装冲突，战场将不会只局限于陆地，很可能扩大至海洋上，表示印度海军的远景目标是全面控制印度洋，东进太平洋，西出大西洋，南下非洲，将印度的战略利益逐步延伸至西起波斯湾、东至南中国海、南抵非洲的广大海域，实现印度海军从“近海防御”和“区域威慑”思想

---

① 〔印〕尼赫鲁：《印度的发现》，齐文译，世界知识出版社，1958，第 712 页。

转向“远洋进攻”战略。印度国防部 2004 ~ 2005 年度报告指出，印度的安全与繁荣依赖从苏伊士运河、波斯湾到马六甲海峡这一世界最重要的海上通道，强调印度应具备自由参与海上贸易与商业的能力。[①]

印度洋区域地缘格局的重构引发印度关注。一方面，从某种程度上讲，印度对美国在印度洋影响力的加大表示警惕，认为这将置印度于“尴尬”的境地。印度表示“9·11”事件后西方大国对阿富汗和伊拉克的军事战争，意味着西方大国政策的变化，其目的不仅是推翻政权，还在于对这些国家进行长期占领。印度表示反对一切针对伊朗的军事行动，并称这类行径是“不受欢迎的国际行动”。印度视迪戈加西亚岛为美国军力在印度洋的主要前哨，促使美国在控制印度洋方面拥有唯一和毫无疑义的海上军事能力。另一方面，印度对中国经济实力增强及其在环印度洋非洲地区的外交与战略影响力不断扩大“感到紧张”。印度认为中国对非贸易的规模在 1999 年还小于印度，但在 2004 年中国对非洲的贸易跃升至 550 亿美元，超过印度的 300 亿美元。非洲对华出口于 1999 ~ 2004 年飙升 48%，而对印度的出口增幅仅为 14%。2011 ~ 2012 年度印度国防部的报告认为中国的强盛是对印度安全的“潜在威胁”，指出对中国要保持高度的警惕与防范。既要注意中国在中印边界地区中国一侧的基础设施建设情况，同时也要“警惕和留心”中国在印度周边国家的活动，防止中国影响向印度洋的扩展，应密切关注中国开发印度洋的动向，并根据优先考虑安全和战略统筹的原则采取所有必要的保护措施。

三 南非在印度的印度洋区域安全政策中的地位

随着印度海军战略进入“远洋延伸”时期，南非逐渐被纳入印度印度洋区域的防务安全战略的重要环节之一。根据 2004 年印度《海军新作战学说》提出的“印度洋地区控制战略”构想，距海岸 500 公里范围内的区域为“绝对控制区”，距海岸 500 ~ 1000 公里范围为“中等控制区”，距海岸 1000 公里之外区域为“软控制区”。[②] 2007 年，印度海军发布《印度海洋军事战略》，该文件根据不同的重要性划分了首要利益区与次要利益区，其中首要利益区包括：（1）阿拉伯海及孟加拉湾，这覆盖印度大部分专属经济

① Ministry of Defence India, *Annual Report 2004 - 2005*, p. 7.

② 胡娟：《印度的印度洋战略研究》，中国社会科学出版社，2015，第 93 页。

区；（2）印度洋战略通道，主要是马六甲海峡、霍尔木兹海峡、曼德海峡和好望角，控制这些战略要地被印度视为掌控印度洋最有效的战略支点；（3）诸多印度洋岛国；（4）波斯湾；（5）印度洋上重要的国际航道。次要利益区包括南印度洋地区、红海、南中国海、东太平洋地区。[①] 而 2012 ~ 2013 年度的印度国防部报告则将对国家安全产生影响的邻居分为“周边的邻居”和“扩展的邻居”，前者指与印度接壤或十分靠近且对其国家安全环境造成直接影响的近邻国家或邻近地区，后者则指与印度不直接接壤或相隔较远但其安全局势变化会对印度的国家安全环境造成重大影响的国家或地区。印度认为，“一个稳定和平的地区和国际环境对于创造一种有助于国家全方位发展的氛围来说是一项关键性的必要条件”。[②] 基于“两类邻居”概念下的国家安全观，印度认为不仅需要关注巴基斯坦、中国等与印度接壤的诸国的局势变化，还应加强对东南亚、西亚、非洲与印度洋等区域“扩展的邻居”的安全环境的评估与考量，加强与这些区域国家防务战略和政策的沟通。

尤为重要的是，印度认为其与南非开展印度洋地区安全合作具备诸多有利条件。首先，两国都重视海上力量。南非有 100 万平方公里的专属经济区，其商品进口的超过 90% 与出口的 80% 依靠海上通道。南非亦认为这需要相当规模的海军力量实施安全保护。1998 年，南非政府决定投资 48 亿美元采购 4 艘 MEKO A－200 巡逻舰、3 艘 209 级别潜艇、28 架“鹰狮”多用途战斗机等装备，这为南非海军发展注入新活力。次年，南非与德国签署军购合同，据此，德国蒂森·克虏伯船舶系统公司将为南非建造 4 艘“梅科” A－200 轻型护卫舰。到 2004 年 6 月，所有预购的“阿玛托拉”级船只都已交付南非，这标志着南非海军发展进入现代化新阶段。2007 年，南非海军制订了雄心勃勃的发展计划，表示将“向远洋进军”，这被认为是南非走向均衡发展大国的强烈信号。此外，南非有 6 个设施完善的港口和牢固的海上设施，能够为来往的船只提供维修等服务。其次，两国存在合作的共同目标。印度有学者认为，从地缘政治和地缘经济上看，南非与印度密切相关，对印度洋周边国家发展合作关系有至关重要的意义。2003 年，印度首席海军参

① 胡娟：《印度的印度洋战略：内涵、演进及发展趋势》，《印度洋地区发展报告（2013））》，社会科学文献出版社，2013，第 167 页。

② 林延明：《印度国防》，吕昭义主编《印度国情报告（2012 ~ 2013）》，社会科学文献出版社，2014，第 160 页。

谋长海军中将辛格认为，印度海军与南非海军进行合作的主要目的，是确保印度洋为一个和平区域。南非也认为非洲国家参与环印度洋合作的领域不能仅限于贸易与投资，随着环印度洋地区文化与人员流动的日益密切，政局的动荡将迅速蔓延，两国还就建立海军联盟进行协商。除此之外，尽管面临国内外舆论的压力，南非还是在2011年向靠近东非的莫桑比克海峡部署了一艘护卫舰，标志着南非首次派遣军舰参与打击海盗行动。此外，2008年与2011年的第一、第二届印度非洲论坛峰会成果文件主要围绕核裁军这一主题，印非认为应通过全球非歧视与真正消除核武器和其他大规模杀伤性武器保障所有国家的安全。而2015年印非论坛峰会发表的《印非战略合作框架》文件，则首次将暴力极端主义与恐怖主义一道视为是国家面临的主要威胁，呼吁非洲国家与印度加强反恐合作。最后，两国海军体制相似。印度南非都曾是英国的殖民地，两国海军都曾经是英国皇家海军的一部分，今天，两国海军的编制、指挥体系，甚至是制服都很相似。不仅如此，南非海军使用的209级别潜艇，与印度海军“西舒玛”（Shishumar）级潜艇构造相似。这为印度南非展开联合军演、人力资源等领域的合作创造了便利。

四 印度南非强化印度洋区域安全合作的举措

印度南非军方互动频繁。1994年，印度海军舰船“戈默蒂”号、“库里”号访问南非德班港，两国海军开始建立联系。南非海军的“德拉肯斯堡”号综合补给舰在1995年3月访问孟买。2004年，印度军舰海军导弹护卫舰“塔霸”号访问开普敦，成功展示印度海军具备先进技术的良好形象。自2006年起，印度与南非每年举行海军参谋机构会议。同年，印度南非签署海上和商船协定。2007年，南非海军副司令姆蒂姆访问印度，就如何加强双方海军合作，打击海盗、恐怖主义行为达成共识，两国海军领导人还就构建环印度洋地区合作系统等问题展开协商。2012年3月，南非国防部副部长塔班·马克韦尔塔（Thabang Makwelta）访问印度，并参加在新德里举办的印度2012年度国防博览会（Defexpo），同年8月，第7届印度－南非海军参谋部会谈在开普敦召开，9月，由印度空军副总参谋长率领的高级代表团访问南非。[①]

印度重视与南非人力资源领域的交流。继2005年印度向南非海军人员

---

① Indian Ministry of Defence, *Annual Report 2012 - 2013*, p. 202.

提供基本潜艇培训后，2006 年，印度南非签署印度海军培训南非海军的谅解备忘录，据此，印度海军将草拟培训大纲，并在印度军舰、潜水艇和培训设施上训练南非海军人员。2013 年 7 月，基于南非海军培训潜艇部队的需求，两名印度海军军官被调派到南非，提供为期 6 个月的培训服务。需要指出的是，印度国防部注重通过印度技术和经济合作计划（ITEC）、英联邦非洲特别援助计划（SCAAP）支持南非海军能力建设，如 2004 ~ 2005 财年，印度向南非 4 名军官和 7 位水手（共 11 名）提供培训。2006 年，印度又向南非 21 名官兵提供培训，其中包括 20 名军官和 1 名水手，占当年印度提供给友好国家海军培训人员名额的 8.4%。

通过与南非在反恐等领域的联合军演与行动，印度增强了其在环印度洋区域的存在感与影响力。1999 年 4 月，印度与南部非洲发展共同体（SADC）的南非、安哥拉、博茨瓦纳、莱索托等国家，举行代号为“蓝鹤演习”（Exercise Blue Crane）的军事演习，约 4000 人参加该演习，是印度参与规模最大的军事演习之一。2004 年 9 月，印度南非空军力量联合举办代号为“金鹰”的空军防务演习，其间，印度派遣了 6 架“幻影”战斗机，为印度在南非首次派遣如此大规模战斗机的联合演习。[①] 自 2006 年以来，印度、南非还联合巴西，在印度洋进行两年一度的大规模军事演习（IBSAMAR），[②] 涉及防空、反潜、反恐等内容，不仅如此，应南非的请求，该演习还邀请南部非洲发展共同体其他国家参演。印度还参与南非与其他南部非洲国家的相关军事演习。除此之外，2007 年，为打击索马里沿岸的海盗，印度海军首次被政府授权能在远离国土的区域独立执行攻击。2012 年，南非同莫桑比克、赞比亚签订三方海上安全协议，宣布将重新启动它在德班的索尔兹伯里岛海军基地，以打击海盗活动。之后，南非还与亚丁湾海岸国家阿曼签署防务合作备忘录，分享两国在保护海岸线安全上的经验。

印度借助南非等国力量，遏制域外大国介入印度洋事宜。一方面，印度一度联合南非共同反对在环印度洋地区合作联盟（IOR - ARC）的合作内容中包括安全问题。澳大利亚外长加瑞斯·伊万斯（Gareth Evans）宣布在 1995 年 6 月召开讨论“一个覆盖贸易和安全的印度洋地区组织”会议。

① Indian Ministry of External Affairs, *Annual Report 2004 - 2005*, p. 69.

② 沈德昌：《试析冷战后印度对非洲的外交政策》，《南亚研究季刊》2008 年第 3 期，第 30 页。

2002 年，澳大利亚驻印度高级专员认为美国应参与 IOR - ARC，但遭到印度和南非的反对，印度指出澳大利亚强烈反对在亚太经济合作组织（APEC）中包括安全问题，却主张在 IOR - ARC 中讨论安全问题，认为澳大利亚的坚持是旨在遏制印度在印度洋地区的扩张，澳大利亚对安全的热心是因为澳大利亚是西方霸权利益在印度洋地区的“特洛伊木马”。最后，南非、印度和其他国家成功地把安全问题排除在 IOR - ARC 议程之外，使其集中于贸易和经济相关的议题。另一方面，印度牵制中国与巴基斯坦在印度洋地区的影响。即使 IOR - ARC 中的 18 个成员中有包括南非在内的 17 个国家赞同巴基斯坦的加入申请，但印度并没有放弃对巴基斯坦的反对态度。根据印度南非的相关协商，南非承诺不向印度的邻居销售武器或杀伤性技术。此外，印度在南非的巨大优势，导致南非对巴基斯坦商业界产生怀疑，以致巴基斯坦悲观地预测，南非对与巴基斯坦的贸易缺乏热情的做法将外溢到两国政治领域的合作，意味着巴基斯坦旨在把南非作为战略伙伴的计划将最终失败。巴基斯坦甚至认为印度的战略可能对巴基斯坦寻求发展与非洲的全面关系构成巨大的挑战。[①] 南非、巴西支持中国加入印度巴西南非对话论坛（IBSA），但印度害怕失去原有的影响，舆论普遍认为，2008 年 4 月首次印度非洲论坛峰会的重要背景是印度对中国在非洲的影响日益增强的担忧。为建立印度洋安保机制，2008 年，在南非、埃及等国的支持下，印度组织了“印度洋海军论坛”（Indian Ocean Naval Symposium，IONS）。中国希望加入该论坛，但遭到印度政府的拒绝。印度外交部一度认为，“没有理由让中国卷入印度洋事宜”。

五 印度南非环印度洋区域安全合作面临的挑战

印度与南非在加强环印度洋安全与防务的合作方面面临一定的羁绊。其一，南非海军能力的制约。冷战初期，国际制裁削弱南非海军实力，在 20 世纪 70 ~ 80 年代，南非海军不得不将主要力量用于海岸安全和镇压国内人民的叛乱，无暇顾及广大的印度洋区域。在过去 20 年间，南非的海军预算大幅削减，仅有 7% 左右的国防预算资金下拨给海军，在 20 世纪 90 年代中期，南非关闭德班海军基地，将剩余舰艇合并到位于西南部 1200 公里外

---

① Moeed Yusuf, “Pakistan: In India's Shadow?” *South Africa Journal of International Affairs* 2 (2007), p. 159.

的开普敦基地，有舆论一度认为这似乎是南非撤出印度洋的征兆。① 其二，两国在环印度洋安全与防务上的利益关切点存在一定的差异。以打击威胁印度洋东非之角安全形势的海盗为例，印度从主要战略利益考虑，向该区域派遣军舰，并根据印度与南非在2000年签署的防务合作协定，以及2003年以来两国定期的年度海军互动机制，表示支持南非海军的类似举措。不过，索马里海盗泛滥暴露了非洲国家在确保海上安全能力与共识上的不足。为打击海盗行径，非洲不得不依赖外部力量的干涉。南非政府曾向印度强调东非之角海盗问题的复杂性质，表示不愿涉足其中。尽管南非承认海盗问题首先在很大程度上是索马里治理的空缺与冲突解决的失败，但在很长时间内，南非政府内部在涉足非洲之角问题上的分歧严重。纵使南非被认为是非洲大陆军力最强的国家，且在2010年7月，非洲联盟要求南非向索马里派遣军队，加强已经部署在该地的乌干达与布隆迪的军力。南非舆论则表示亚丁湾区域在其国家利益边界之外，南非在商业上并非依靠苏伊士运河，甚至认为索马里危机反而有助于提升好望角在世界海运中的地位，利于南非从中受益。南非内阁亦表示南非没能力照办。南非国防部一方面强调国家军力有限，另一方面忧虑南非将如世界杯期间乌干达的遭遇一样，成为恐怖分子袭击的对象。其三，作为地区大国，南非的防务政策更易受到地区国家主张的限制。直到2009年，有迹象显示海盗危机有向莫桑比克海峡蔓延的趋势，南非才决定与坦桑尼亚、莫桑比克等南部非洲国家就联合对付海盗威胁加强共识。南非是“印度洋海军论坛”奠基国之一，但起初南非在领导该论坛上的态度消极，认为应在考虑南部非洲发展共同体议程的视野下，参与该论坛的海上安全议题。

小　结

南非白人种族隔离政权崩溃后，军工和环印度洋安全合作是印度南非防务关系的最主要议题。经过二十几年的发展，印度南非军工合作取得一定的进展。与此同时，在印度南非的积极推动下，南非已成为印度环印度洋安全合作的重要伙伴，印度洋已成为两国国家安全和大国战略的重要组

---

① 〔澳〕大卫·布鲁斯特：《印度之洋》，杜幼康、毛悦译，社会科学文献出版社，2016，第139页。

成部分，两国环印度洋安全合作日渐密切。事实表明，两国军工和安全合作对双方都是有利的。对印度而言，南非提供的火炮、瞄准系统等军备，对于促进印度进口来源多元化和提高在印度洋的军事存在有积极的作用；对南非而言，同印度进行军工贸易和军备技术交流，不仅利于维护军备建设可持续发展，而且符合国内经济结构调整、提升防务能力建设的需求。

需要指出的是，印度南非的防务合作也必须应对来自两国内部，以及国际社会等诸多方面的挑战。尤其是在世界经济复苏乏力的大背景下，印度南非经济增长的不确定性增加，内部减贫压力剧增，提升军工制造技术动力与能力不足，从而导致两国军工合作的势头有所减弱。印度南非在传统历史友谊的基础上，大力推动以军队互访、联合军演等为载体的安全磋商。不过，按照层次来源划分，近年来印度南非环印度洋安全合作所面临的问题，主要来自三个方面。其一，在国际体系层面，霸权国对于单极体系的维护，一度引起印度南非对美国参与印度南非环印度洋安全合作的警惕，不过，这引发澳大利亚等国的不满。其二，在地区层次，出于国家安全、维持地区主导优势的考虑，印度反对中国与巴基斯坦等国涉足环印度洋安全事宜。这与南非的态度相左。其三，在国家层次，受经济实力与地缘战略认知差异等因素的影响，印度南非在打击索马里海盗等议题上的积极性有所不同。

第六章

印度南非的文化交流

新时期，出于加强与南非印度裔的联系、推进印度与南非的外交关系、增强国家“软实力”和实现大国战略地位等因素的考虑，印度日趋重视对南非的文化外交。印度对南非文化外交的内容不仅包括传播印度传统文化、支持印度南非对对方的研究，而且包括援助南非能力建设、密切媒体互动等。通过展示印度文化，发挥官方与民间的综合优势，印度在加强与南非印度裔文化联系的同时，与南非整体的文化外交亦取得一定的进展。随着印度南非文化外交的深入，印度一方面拓展了本国文化在南非的影响力，深化了双边关系；另一方面为两国政治互信、经贸合作的发展提供了便利。

第一节　印度重视对南非文化外交的背景

印度与南非有着悠久的交往历史，这主要根源于印度南非间隔印度洋相望的地理位置，以及近代以来两国共同遭受的殖民统治经历。众多在南非的海外印度人不但凭借自身的勤劳与辛苦，为南非早期的开发贡献力量，并以此获得南非一些人士的善意与好感，而且发挥固有的文化优势，推动印度南非间的政治经济与人文联系。进入 21 世纪以来，加强与南非等非洲国家的文化交流，深化与非洲的经贸联系，提升国际形象，日渐成为印度致力于实现“大国梦想”的重要一环。

一　印度提升文化在国家战略中的地位

随着全球化的深入，各国之间的文化互动日益频繁，综合国力的竞争日趋激烈。作为“软国力”的文化实力的作用不断上升，越来越多的国家开始注重文化外交，提升本国的国际影响力。通俗地讲，文化外交就是在国际社会中，由一国政府或非政府组织、民间力量利用文化手段，通过政府、非政府行为与他国政府和民众开展的交流活动。作为外交的一种表现形式，强调将文化承认和理解视为对话的基础，通过艺术、文化和教育等无形资产间的交流与沟通，达到与其他国家建立、发展和维持联系，以实现特定政治目的或对外战略意图。

印度越发重视文化对国家外交与发展的积极意义。20 世纪 50 年代，印度就成立了文化外交的主要执行机构——印度文化关系委员会（ICCR）。起初该委员会隶属印度文化部，强调印度国家发展与文化合作在世界和平中的重要意义。为更好地配合印度外交工作，1960 年起，印度文化关系委员会被调整为印度外交部下设的一个机构，以通过文化交流来扩大印度的影响力。[①] 90 年代以来，印度认为其文化外交的内涵与外延都发生了转变。从印度独立到 1991 年是印度文明在结束殖民统治后重新认识自我的时期，是印度文化外交发展的最初阶段。自 1991 年经济开放，尤其是经济高速增长后，人们意识到印度是一股新的全球力量，并且渴望了解印度。2002 年印度政府组织 30 多位专家学者起草“展望 2020”的报告，提出要发扬印度“文化和精神”的力量，“重新发现印度丰富的文化和精神价值”。[②] 与此相适应，2006 年，印度外交部又成立一个新的机构——公共外交司，具体负责在一些重要政策问题上引导国内外公共舆论，全力塑造一个与其不断提高的国际地位相适应的国际形象。

二　印度对海外印度人的政策调整

冷战结束后，海外印度人日渐成为印度外交关注的焦点之一。受中国经济发展过程中注重加强与海外华人联系的启发，印度逐渐重视海外印度人在其国家经济政治中所能发挥的作用。在印度看来，海外印度侨民的影响力在增加，刺激了海外对印度的直接投资，使印度成为世界上仅次于中国的投资目的地，对促进印度吸引外资起到了积极作用。除此之外，冷战

---

① 任飞：《印度外交新态势：文化软实力的推进》，《南亚研究季刊》2009 年第 2 期，第 13 页。

② 石俊杰：《浅论印度的软实力》，《南亚研究季刊》2008 年第 4 期，第 79 页。

后的印度外交目标之一是致力于国家安全的提升，在全球化和相互依赖的趋势下，印度将发展视为优先内容。为此，印度认为需要推动国内可持续增长，实现包容性社会经济发展，这不但要解决恐怖主义、气候变化、能源安全或大规模杀伤性武器的扩展等全球化挑战，而且首先要确保一个和平、安全和稳定的以邻国为主体的周边环境。而在印度看来，邻国的概念为一个扩大的同心圆，是一个以历史和文化共同体为中心的同心圆。

印度外交部前部长贾施旺特·辛格强调，印侨是印度政府借助其在所在国所获得的尊重和影响力来执行政策的重要源泉。[①] 随着印度教民族主义意识很浓的印度人民党（BJP）在1998年执掌印度政权，印度对海外印度人的政策进行了积极的思考。印度人民党政府总理瓦杰帕伊在其施政纲领中表示，将吸引海外印度人对印度的投资，加速国内经济自由化改革，如放宽印侨对国内公司股票投资的限制，从原来占公司股票的1%提高到5%。印侨对一家公司的投资总额的限度则从5%提高到10%，同时还由印度国家银行向印侨发行复兴印度债券。[②] 2000年9月，印度政府设立直接向印度总理负责的海外印度人高级委员会（High-Level Committee on the Indian Diaspora），其任务是对全球海外印度人进行全面的研究，该委员会在提交给总理的报告中指出："尽管海外印度人居住在不同的国家，有着不同的职业，但他们却都有着相同的身份——印度血统、强烈的文化传统意识以及对印度深深的眷念。"[③] 进入21世纪，印度政府认为密切并持续地加强与海外印度人联系的时刻已经到来。

值得一提的是，与世界其他地区的海外印度人相比，南非印度裔不但同样在文化上比较注重保持自己的传统，以印度文化为豪，是印度文化的重要传播者和宣传者，而且有其独特的优势。其一，占人口比重较高。印度有约2500万名海外印侨，其中280万人生活在非洲大陆。[④] 而南非印度裔约有120万人，占全球海外印侨、非洲印侨的4.8%、43%，南非为印度裔最大的海外聚居地。其二，政治地位较高。尽管南非印度人仅占总人口的

---

① 孙士海、江亦丽：《二战后南亚国家对外关系研究》，方志出版社，2009，第329页。

② 陈利君：《20世纪90年代以来的印度经济改革与发展》，吕昭义、陈利君编《印度国情报告（2011~2012）》，社会科学文献出版社，2012，第278页。

③ 时宏远：《论海外印度人对印度崛起的影响》，《国际论坛》2009年第4期，第74页。

④ Diaspora Networks, "Cultural and Historical Ties Bolster Diplomatic Drives," February 2, 2012, http://www.trademarksa.org/node/2435.

3%，但曼德拉成为南非总统后，在他的16名内阁成员中，有6名印度裔，远远超过其人口占总人口的比重。其三，经济角色较重要。印度一些公司往往重视利用海外印度人所建立的关系网络，利用他们对当地文化、法规、商机等情况熟悉的优势，推动商品出口，寻找投资机遇。而经过多年的融合，在南非的印度裔除少数成为英国等国的国民，大多加入南非国籍，加之，印度裔受教育程度普遍较高，在当地商界具有较大的影响力。这为印度顺利开展文化交流、经济技术合作铺平了道路。据南非《星期日时报》报道，1996~2003年，南非的财富结构发生了巨大的变化，印度裔的家庭收入已经超过白人。

三 印度视文化外交为印非关系的重要内容

印度发展与非洲国家的文化关系符合其推行经济外交的需要。自1991年开始，印度拉奥政府启动以"市场化、私有化、自由化"为特征的经济改革，提高外交活动中经济外交的分量。印度政府表示，"未来，印度与非洲的新型关系将以经济、技术和教育的合作为基础，这种新关系将具有越来越重要的意义"。[①] 根据联合国贸发会议的统计，1995~2011年，印非贸易增长近16倍，由36.35亿美元增至613.85亿美元。2011年的第二次印度非洲峰会上，印度表示将致力于将印非双边贸易增加至2015年的900亿美元。[②] 与此同时，印度认为全球化时代的印度需要与所有国家进行相互合作，文化上的相互理解是建立持久性国家关系的基础，如果不培养对非文化联系，印非贸易和投资合作将会受损。2008年的印非《德里宣言》亦表示，双方需要加强相互间的理解与友谊，取得共同繁荣与进步，强调文化交流和合作的重要性，决定增强双边文化关系。同时，为开发印非经贸合作的空间，印度希望通过展示传统文化，将文化产品开发成商业产品，促进印非双边工业贸易合作。在2011年的印非《加强合作框架协议》文件中，印非表示文化在发展和社会整合中发挥着重要作用，双方决心在发展文化政策上合作，在发展创新工业和文化产品的经验方面加强交流，增加

---

① 王雯甜：《印度非洲"大跃进"》，《21世纪经济报道》2008年4月10日，第4版。

② Francis Kokutse, "India Targets the Young to Bridge Gap with Africa," http://indiaafricaconnect.in/index.php?param=news/4274/india-in-africa/117.

文化对国家发展的贡献，并在组织保护文化产品的国际培训上进行合作。①

印度对南非等非洲国家的文化外交是其推动大国战略的重要环节。其一，利于展示印度为第三世界领导者形象。20 世纪 60 年代印度倡议发起“不结盟运动”，并一直以第三世界国家代言人自居。出于挽回印度在 1962 年中印边界争端中的失利，从而导致其在发展中国家的形象下滑的局面，1964 年 9 月 15 日，印度启动印度技术和经济合作计划（ITEC），对非洲等地区的发展中国家的普通民众提供培训，分享印度创造财富和就业的经验，印度由此加入第三世界援助国的行列。② 作为对此政策的延续，在 2011 年的第二次印度非洲对话峰会上，印度总理曼莫汉·辛格表示印度非洲伙伴关系是建立在能力建设、技术转让、贸易与基础设施发展三个支柱之上的。其二，提升印度取得大国地位的保障能力。印度一直在寻求成为联合国安理会常任理事国，而非洲是联合国最大的国家集团，如果没有非洲的支持，印度竞争安理会常任理事国的努力不可能成功。印度希望通过文化外交，显示印度是一个负责任的大国，彰显自己应当成为未来国际秩序的参与者和建立者的角色。同时展示本国文化竞争力，影响非洲公众对印度的了解与认知，增强非洲国家对印度的认同感，争取在联合国安理会常任理事国席位上得到非洲国家的支持。其三，扩大在涉非问题上的影响力。近几年来，中国与非洲关系持续升温，通过孔子学院等方式，中非文化联系与外交关系不断深入。印度一方面认为没必要与中国在非洲展开竞争，中国有超过 1 万亿美元的外汇储备；但另一方面表示印度应该发挥出更大的作用。印度希望凭借自己在文化上的优势，发展对非的文化软实力外交，增强其在对非关系上的发言权。

第二节　印度对南非文化外交的进展

印度在运用学术联系、艺术交流与媒体互动等方式的同时，利用自身在文化、科技与教育上的优势，实施对南非的援助与发展项目，联系在南非的海外印度人。同时不失时机地运用各种机会展示印度的文化特色，运

① Second Africa-India Forum Summit 2011：Africa-India Framework for Enhanced Cooperation, May 25, 2011, http://www.mea.gov.in/mystart.php? id = 100517664.

② 徐国庆：《南非印度人问题与尼赫鲁政府时期的印度对南非政策》，《西亚非洲》2011 年第 4 期，第 71 页。

用各种媒介扩大印度在南非的影响力，实现印度对南非的外交战略目标。

一　援助南非能力建设

印度技术和经济合作计划（ITEC），以及在该计划下引申出的英联邦非洲特别援助计划（SCAAP），为印度实施对外援助的主要依据。两者实施的方式、内容相似，都是受援国通过采纳印度所给予的名额的方式，接受印度援助。其与文化外交相关的内容主要包括以下四点。（1）文职与军事项目培训。文职培训项目由印度政府全权负责，每年由印度外交部授权的机构进行短期、中期和长期培训，受训课程涉及信息技术、管理等 7 大类。受援国人员还可进入印度国防学院等著名军事院校接受海陆空方面的军事培训。（2）从事项目活动。按照 ITEC 伙伴国的需求，对相关项目进行可行性研究，并提供咨询服务。（3）派遣专家。向有需求的友好国家派遣专家，援助其发展活动。（4）考察学习。组织伙伴国的代表在印度进行为期 2～3 个星期的观光考察等。

由于南非需求的增加，近几年印度扩大对南非的援助力度。2006 年 10 月印度总理曼莫汉·辛格对南非进行访问期间，承诺 ITEC 分配给南非的名额从每年的 55 个增加到 100 个，几乎增加一倍。2008 年，印度借首届印度非洲论坛峰会之际，宣布南非 ITEC 计划下的援助名额从每年的 100 个增加至 110 个。2012 年，ITEC 计划下南非获得的名额增至 150 个。

在印度外交部的协助下，印度文化关系委员会根据一般文化奖学金计划、英联邦奖学金/研究生奖学金计划、非洲日奖学金计划等 21 项奖学金计划，每年提供约 2325 个奖学金名额，其中的 675 个与 500 个奖学金名额分别专门授予阿富汗、非洲的学生，[①] 帮助他们在印度多个大学学习相关课程，或进行研究工作。除此之外，印度还有支持南非等国国民的海外传播印地语奖学金计划；支持非洲农业发展的姆瓦利姆·尼雷尔非洲联盟奖学金计划；援助非洲研究者，加强印度与非洲科学与技术联合研究，且以印度诺贝尔物理学奖获得者 C. V. 拉曼命名的 C. V. 拉曼国际奖学金计划。印度大学每年招收 1.5 万多名非洲留学生。[②] 2011 年，印度总理辛格宣布在今

---

① Indian Council for Cultural Relations, "The Many Scholarship Schemes of ICCR," http://www.iccrindia.net/scholarshipschemes.html.

② 石俊杰：《浅论印度的软实力》，《南亚研究季刊》2008 年第 4 期，第 80 页。

后三年里向非洲提供2.2万个奖学金名额，并在非洲建立超过80个能力建设机构。

印度还重视援助南非等非洲国家的教育事业。2006年，印度南非签署教育领域合作协议，该协议表示鼓励两国高等教育机构建立伙伴关系，推动双方在联合国教科文组织等多边机构中深化合作。根据2009年印度与非洲联盟共同启动的泛非电子网络工程（Pan-African E-Network Project），印度将向近1万名非洲学生提供为期5年的高等教育，通过卫星、光缆网络等技术手段，将非洲53个学习中心、53个偏远医院、5所地区大学和5家地区医院与7所印度主要大学、12家超级专业医院联结。据悉印度为该项目耗资10亿美元。① 这是印度迄今最大的对外单个发展援助项目。

二　传播印度传统文化

自20世纪70年代起，印度政府开始在全球设立文化中心。印度文化中心是拓展印度文化外交的重要平台，其主要活动不但包括舞蹈表演、戏剧、音乐、作文竞赛、讲座、图片展览等，还有瑜伽、印度音乐和印地语等课程。在印度文化关系委员会的支持下，印度文化中心往往通过派遣舞蹈队，举办印度文化周、印度影视周、印地语大会，以及建造宗教寺院等不同的形式，加强与南非人民的互动与交流。截至2011年底，印度已在南非德班、约翰内斯堡等地设立印度文化中心。此外，为促进印度文化在南非的普及，印度著名的宝莱坞电影不但在开普敦和德班进行拍摄，而且在2006年10月20日至12月14日，在德班、约翰内斯堡、比勒陀利亚、开普敦等地组织印度电影节。2009年，持续5个星期的印度板球超级联赛是在南非举办的。

三　维护印度在南非的历史遗产

印度南非凭借其国家历史名人作为两国文化交流的名片。早在1997年，印度时任总理因·库·古杰拉尔宣布印度提供10万美元，维护“圣雄”甘地在南非的遗产。为扩大甘地“非暴力”主义在南非等国家的影响力，从2003年开始，每年的1月9日被定为“海外印度人日”。因为这一天是印度的国父、圣雄甘地从南非回到故土印度领导独立运动的日子。2006年，印

① The African Development Bank Group, "India's Economic Engagement with Africa," *Africa Economic Brief* 2 (2011), p. 6.

度总理曼莫汉·辛格将访问南非首站设在德班，并与姆贝基共同参加“非暴力”运动100周年庆典。次年，印度又邀请南非等非洲国家参加在新德里召开的纪念非暴力抵抗及不合作主义100周年的国际会议。为纪念首批印度人抵达南非150周年，2010年10月1~2日，印度与南非政府在德班共同举办了主题为“印度与非洲：建立桥梁”的海外印度人大会。与此相呼应，次年，南非也发布纪念第一批印度劳工抵达南非151周年的系列邮票。在2015年第十三次海外印度人大会上，南非国际关系与合作部部长马沙巴内（Maite Nkoana-Mashabane）表示，南非亦将甘地视为国家英雄，甘地通过在南非的反对种族歧视斗争，发展了其非暴力斗争哲学。甘地的哲学和反抗事迹，给非洲反抗殖民主义和种族隔离斗争以深刻启示。他指出，南非印度裔是塑造印度南非关系的纽带，两国应继续利用两国间的历史友好联系，深化伙伴关系，分享知识与技术，提高南非人民生活质量，推动联合国安理会和其他全球治理机构变革。①

此外，1990年，曼德拉被印度政府授予巴拉特·拉特纳奖（Bharat Ratna），这是印度政府第一次授予外国人这样崇高的荣誉。诺贝尔经济学奖得主大主教德斯蒙德·图图（Desmond Tutu），在2005年被印度授予圣雄甘地和平奖，以表彰其通过对话和宽容的甘地价值观，对社会和政治变革做出的贡献。

四 支持印度南非对对方的研究

印度文化关系委员会鼓励南非等非洲国家的大学院校从事对印度的研究。印度在北非埃及设立印度研究客座教授席位，在毛里求斯设有长期的梵文和印度哲学客座教授席位。2008年，南非金山大学启动非洲印度研究中心，是非洲首个“聚焦印度”的研究中心。同年，南非夸祖鲁-纳塔尔大学还启动长期的甘地卢图利和平研究教授职位。除了在南非设有短期的印度研究客座教授席位外，2011年，印度表示计划在南非增设六个长期印度研究客座教授席位。印度文化关系委员会定期安排一位南非学者担任印度尼赫鲁大学的纳尔逊·曼德拉客座教授。此外，印度学者还可以利用新

① Address by the South African Minister of International Relations and Cooperation, Ms Maite Nkoana-Mashabane, at the 13th Pravasi Bharatiya Divas, Day of Indians in the Diaspora and the Centenary Celebrations of Mahatma Gandhi's return to India, 8 January 2015.

学者访问计划奖学金研究非洲及其文化。[①]

五　加强印度南非媒体间的互动

2008年的首届印度非洲论坛峰会前夕，印度外交部公共外交司与印亚新闻社联合举办主题为“建立桥梁－联系文化”的首次印度非洲编辑会议（India-Africa Editors Conference），共有来自尼日利亚、加纳和南非的15名非洲编辑参会。为减少信息的隔阂，印度外交部启动了一个名为印度非洲链接（India-Africa Connect）的开拓性网站，为非洲人士提供一站式印度新闻与观点的服务。根据记者交流计划，以及作为印度公共外交的一部分，印度外交部还邀请来自南非等10个非洲国家的19位记者前往印度进行为期一周的访问。

第三节　印度对南非文化外交的特点

南非等英联邦非洲国家是印度在非文化外交的传统区域。而今，与非洲大陆整体的文化合作日益受到印度的重视。印度政府在机构配置、财政支持等方面推动本国与南非文化关系的同时，还注重在强化与南非文化合作的过程中加强与私有部门的联系，共同推动对南非文化外交。印度注重挖掘并利用自身的文化与技术等领域的特点，拓展印度南非文化合作的空间。

一　全面性与针对性相结合

印度以执行全面的对南非文化外交为目标。在人员上，南非的政府官员、公营企业及大学和工商会等，都有资格申请印度技术和经济合作计划与英联邦非洲特别援助计划的奖学金。为纪念“非洲日”，印度启动特别奖学金计划，轮流向南非等非洲国家提供本科、研究生、博士生和博士后等层次的学习与研究机会。

印度对南非文化外交体现了较强的针对性。首先，在文化传播的内容上，印度尤为强调与南非的文化“认同”感，鼓励当地的印度裔学习瑜伽与印度传统舞蹈和乐器。自2007年以来，印度驻南非总领事馆、约翰内斯

---

① “India for Greater Cultural Connect with Africa,” *Africa Quarterly* 2 （2010）, p. 15.

堡市当局每年都联合举办以“共享的历史——在南非的印度经验”为主题的节日庆祝会，为两国音乐家、文学家和舞蹈家提供对话与协作的平台。其次，印度重视南非年轻人与曾经接受印度文化援助的人群，发挥其在对南非文化外交中的作用。印度认为目前非洲人的平均年龄为19.7岁，到2050年，近12亿非洲人将处于工作年龄阶段。这意味着世界上每四个工人中将有一个是非洲人，[①] 非洲年青一代将在印度非洲关系的变革中扮演重要的角色。为此，印度强调通过鼓励和支持学生交流的方式，加强印非年轻人之间的互动。在2008年的印非峰会前，印度外交部公共外交司在开普敦等非洲城市开展10~18岁人群参加的绘画比赛，还制订了题为“印度非洲：一个共享的未来”的新计划（2011~2014年），以赢得南非等非洲国家年轻人的认可。[②] 继2012年7~9月印度在南非举办青年艺术家艺术展后，2014年7月，印度又主办甘地-曼德拉青年首脑会议。印度还推出了解印度计划（KIP）和研究印度计划（SIP），其中前者是使散居国外的印度青年（18~26岁）熟悉印度国家的发展和成就，后者是帮助海外青年印度人在印度大学接受短期课程，让他们熟悉印度的历史遗产、艺术、文化、社会政治、经济发展等方面的情况，其中所需住宿、交通等费用的90%由印度政府承担。此外，为扩大印度文化外交的影响力，印度还通过在南非举办“印度技术和经济合作计划节”（ITEC Festival）等方式，加强与曾在印度接受能力培训的南非人士的联系。

二 国家行为体与非国家行为体的联合参与

印度文化关系委员会及其下属的印度文化中心，不但执行印度文化计划和活动，而且为开展正式的文化外交奠定基础。当前，印度已经与几乎所有的非洲国家签署正式的文化合作协议；印度政府每年提供5亿卢比，支持印度技术和经济合作计划（ITEC）在全球范围内的活动。[③] 此外，印度认为文化外交涉及社会的方方面面，因此，必须强调公民社会在加强文化联系方面的重要性；文化外交并不是在真空中进行的，而是通过政府、政府

---

① “Africa Unbound,” *Africa Quarterly* 3 (2011), p. 10.

② Francis Kokutse, “India Targets the Young to Bridge Gap with Africa,” http://indiaafricaconnect.in/index.php?param=news/4274/india-in-africa/117.

③ Fakir Hassen, “S. Africans not Taking Full Advantage of Indian ITEC Support,” http://indiaafricaconnect.in/index.php?param=news/51/india-in-africa/117.

间和非政府行为体等数个利益相关者进行的。印度认为私人部门应与政府携手，支持文化交流活动。因为在政府层面的互动，接触到的仅仅是文化互动的表面，企业组织则可以采取文化和教育交流项目，作为它们的企业社会责任（CSR），并在普通民众中影响舆论。

正因如此，印度政府与印度企业在对非文化外交上注重相互配合与合作。在南非召开的第三次海外印度人大会，不但得到印度外交部和南非夸祖鲁－纳塔尔省的支持，还得到印度工业联合会（CII）的协助。包括非洲印度裔在内的近500名海外印度人代表参会。印度外交部是泛非电子网络工程的主管部门，印度电信咨询有限公司（TCIL）负责实施该项目。印度工业巨头塔塔集团在南非的分公司塔塔非洲不但向斯泰伦博斯大学提供奖学金，推动印度与南非学术机构间的关系发展，而且在南非金山大学设立研究生奖学金，资助并鼓励他们从事非洲社会问题研究，还与该学校在关于为边远地区提供技术支持问题上建立咨询服务与协商的合作关系。

三　注重挖掘本国的文化特色

印度在对非文化外交中重视展示自身。时至今日，印度较好地保持了其传统文化和民族特色，这在其开展对南非等非洲国家的文化外交过程中起着相当积极的作用。作为四大文明古国中的重要一员，印度民众创造了丰富而灿烂的印度文化。虽然印度经历了殖民地时期，传统文化受到严重的冲击，但印度始终保持衣食住行等表层文化中的民族特色。文化的独特性使印度充满吸引力。印度丰富多彩的特色民族文化，使得其能够在细微之处增强自身的影响，让其他国家的民众不至于产生审美疲劳。在诸如印度非洲峰会等重大印度对非外交场合，印度总理辛格等总是身穿“尼赫鲁装”，以国大党主席索尼娅·甘地等为代表的女士则身着纱丽。这不仅是他们民族文化自信的表现，也是他们民族精神自信的表现。

印度利用自身的文化领域优势开展对非文化外交。从政治上讲，印度是极少数在工业化之前便实施民主政治的国家，被西方誉为世界上最大的民主国家。这为印度加强与南非等民主大国关系提供了便利。经济上，印度是靠发展软件开发等服务业来推动经济增长的，并正向着全球研发中心努力。教育上，尽管很多学龄儿童得不到应有的教育，文盲率比较高，但是印度在大学教育和高端人才的培养上是十分成功的，印度的职业教育体系甚至能与西方接轨，从而使其更适合于受西方教育体制影响较深的南非学生接受培训。印度在对外传播中具有语言优势。印度有 3.5 亿人能讲英语，精通英语的人数至少为 1 亿人。印度中央政府近 90% 的官方文件以及印度人引以为豪的宪法都是用英文书写的。[①] 宝莱坞（Bollywood）和印度其他几个主要影视基地托莱坞（Tollywood）等构成了印度的庞大电影业，每年出产的电影数量和售出的电影票数量居全世界第一。[②] 印度是宗教大国，在文化外交中不断传递着印度宗教文化中的“理想主义色彩”，强调与南非共同遭受西方侵略经历等历史因素，拉近印度与南非国民的心理距离。

第四节　印度对南非文化外交取得的成效

通过数年的努力，印度南非文化合作日渐深入，印度文化愈加获得南非的认可。印度与南非的文化交流效应，不仅在于加强印度与南非的外交关系，推动两国政治互信，还为印度拓展与南非经贸合作空间创造了机遇。

一　扩大印度文化在南非的影响力

凭借文化外交，印度得以提升其文化在南非的知名度。首先，印度大学院校的水平愈加获得南非等非洲国家的肯定。非洲联盟委员会人力资源和科技委员会委员吉恩·皮埃尔·叶津认为印度能通过教育给非洲大陆带来变革。其次，印度的技术优势得到南非的承认。2006 年，时任印度总统阿卜杜勒·卡拉姆被南非政府选为第二届菲利普·托拜斯奖得主，以表彰其对科技的突出贡献。印度已分别在 2009 年、2010 年先后启动两个阶段的泛非电子网络工程项目，且已有南非等 47 个非洲国家加入该计划。作为对印度对非洲大陆能力建设的肯定，泛非电子网络工程项目还获得欧洲创新奖。2016 年，南非与印度签署信息和通信技术合作谅解备忘录，拓展两国信息技术合作空间。再次，印度影视业、传统文化在南非市场上受到较广泛的追捧。宝莱坞作品在南非深受欢迎。2004 年 10 ~ 11 月，印度在开普敦召开第二届印度经验节，其间，印度推出时装表演、美食节、民间舞蹈、排灯节等活动，投射出印度多彩文化，南非观众反应强烈，强烈要求此类

---

① 刘海玲：《英国殖民与印度崛起》，《牡丹江大学学报》2009 年第 4 期，第 83 页。

② 罗森：《印度软实力初探——论印度发展软实力的优势与劣势》，《亚非纵横》2011 年第 5 期，第 18 页。

活动应每年举办一次，并将其推广到南非其他城市。最后，印度在南非文化遗产得到南非认可。曾经是甘地家人家园的凤凰城，不但得以保存为历史遗址，而且成为旅游胜地。南非将甘地初到南非遭受歧视而被白人赶出头等车厢的彼得马里茨堡站，视为甘地非暴力抵抗及不合作主义的诞生地，并将其列入南非申请世界遗产的一部分。值得一提的是，2012 年 9 月，印度外交部在南非约翰内斯堡组织第九次世界印地语会议，与会者不但有印度裔的南非财政部部长普拉文·戈尔丹，还包括毛里求斯艺术和文化部部长在内的 700 多名学者。

二　推动印度南非外交关系的深入

印度对非文化合作配合并支持印度对非外交的扩展。其一，印度以文化手段为对南非外交开路。出于对种族隔离政策的不满，印度在 20 世纪 40 ~50 年代就对南非白人政权实行外交、文化等领域的制裁。90 年代初，白人政府种族歧视政策缓解。随着 1993 年 5 月印度在约翰内斯堡的文化中心的开幕，印度恢复与南非的外交关系。2014 年 7 ~8 月，印度同南非艺术文化部举行印度节，纪念甘地从南非返回印度 100 年。此外，为协助每届印度非洲峰会的举办，印度都要邀请南非等非洲国家参加峰会期间推出的大型文艺活动。在印度，甚至有舆论认为与中国的“显性”投资（投资资源、石油与基础设施建设）不同，印度投资非洲的教育事业和培训机构建设，是属于长期的“隐性”项目，更加关注非洲大陆的前途，是印度对非外交关系的优势所在。其二，印度对南非文化外交有利于加强其与南非的友谊关系。自 2003 年 1 月 9 日至今，“海外印度人节暨海外印度人奖颁奖大会”从未间断，每次都非常隆重，包括国家元首和政府首脑在内的印度政府高级官员对于参加大会积极性很高，大批政界人士纷纷与会。另外，印度认为部分接受印度奖学金的学生现在已经是政府的主要官员，他们曾至少在印度经历三年的学习生涯，对印度的文化、经济、政治与社会风气非常了解。他们成为印度与这个国家之间的“友谊大使”。这无疑有利于印度联系南非等非洲国家的社会文化精英来加强这些国家与印度的友谊。其三，有利于印度南非双边关系的巩固与深化。独立之初的尼赫鲁政府坚持反对种族主义与殖民主义的“非暴力”斗争，宣扬“普遍人权”“民主”“博爱”等理念，进入 21 世纪以来，印度指出其为民主模式下经济快速发展的典型，认为通过对非文化外交，帮助非洲人民提高就业能力，印度民主价值理念更加得到非洲国家的认同，有利于印度在共同价值观的基础上加强与南非、尼日利亚等非洲民主大国的关系。2008 年的首次印度非洲论坛峰会发布的《德里宣言》宣称将进一步巩固和发展多元化民主等作为指导印非关系的原则。不仅如此，以相同民主理念、增强在全球治理中的发言权等因素为依托，南非与印度、巴西甚至成立三国对话论坛。

三 拓展印度南非经贸合作空间

印度非洲文化外交为印非经贸合作提供了便利。首先，文化外交提高了印度企业在南非的形象。印度政府每年邀请非洲人参与技术培训，这一项目已连续开展近 50 年。因为印度对非洲的技术输出和培训经常出现在非洲的报纸、电视上，印度人“培训师”的形象为非洲人所熟知。印度在卫生、通信技术等领域的优势日渐被南非等非洲国家所承认，2011 年的第二次印度非洲峰会颁布的《加强合作框架协议》文件申明，南非等非洲国家对印度支持的“泛非电子网络工程”在提高年轻人的能力、减贫和加速经济增长等方面做出的重要贡献表示认可。南非金山大学副校长称赞塔塔集团非洲分公司的成功源于其把经济、社会、环境三重效益结合起来的现代企业运营模式。其次，文化外交为印南经贸关系奠定了社会与政治基础。在南非，拥有选举权的印度裔还是执政党拉拢的重要选票资源。很多部门的主要负责人都有着印度籍的背景，这造成印度对南非的了解胜于中国，印度在南非政治高层中的影响超过中国，从市场占有力上讲，印度领先中国。塔塔咨询公司（TCS）负责人塔塔先生是南非总统姆贝基国际经济理事会的成员。2007 年 TCS 与南非政府合同的收益占公司在南非收益的 10%，南非司法部、金山大学、经济事务部、豪登省财政厅、约翰内斯堡证券交易所等都是 TCS 的重要客户。最后，文化外交为印度南非经贸的增长开辟了道路。印度南非文化交流相关领域日渐成为两国经贸增长的驱动力量。印度工商联合会认为卫生、信息、水管理、食品加工和教育等五部门为印度与非洲贸易的“增长引擎”。2008 年的首届印度非洲论坛峰会上，印度承诺在将来五年内，把对非洲的信贷额提高两倍多，达到 54 亿美元，支持非洲铁路、信息科技、电信、电力及物理连接领域的基础设施发展。2009 年的第五次印度非洲经贸合作会议上，印度宣布将在非洲农业、可再生能源、科技、教育、IT 等重要部门投资 5 亿美元，将印非贸易在今后五年内提高到 700 亿美元。2013 年 4 月，印度海外印度人促进中心等部门联合约翰内斯堡、开普敦和德班等城市机构，召开以“印度侨民在深化经贸关系中的作用”为主题的大会。

第五节 印度与南非文化交流对中国的启示

在世界各国纷纷重视文化外交、拓展软实力的背景下，印度对南非的文化交流政策与实践，值得中国借鉴。

一 加强与南非海外华人的联系

印度对南非的关注，是从关注在南非印度裔状况开始的，其关注的焦点从改善南非印度裔的不平等待遇，到冷战后印度视南非印度裔为两国合作的桥梁，是印度发展的借重力量。为发挥海外侨民的力量，印度设有独立的海外印度人事务部。印度强调相对于中国在非洲进行规模很大，且广受瞩目的基础设施与能源资源开发，印度在非洲更显“静悄悄”。印度表示在非印度人大多融入非洲社会，成为印非深化经贸与政治合作的桥梁。

中国应加强与非洲华人华侨的联系。一是支持在非洲的华人融入当地社区。以南非华人为例，据记载，华人到南非始于1660年，比首批到南非的印度人还早200年。至19世纪末，几百名华人到达南非，在开普敦、纳塔尔和伊丽莎白港等地区落户，其中多为广东、福建籍人。之后，英国利用1860年《北京条约》第五款的规定，决定在中国招募劳工。据悉，目前约20万华人在南非生活，大多是20世纪20年代以后到南非的移民及其后裔。[①] 他们积极参与南非各领域的建设。不过，不论老侨、新侨，都不被南非的主流社会所广泛接纳。南非华人在当地企业中任高职的可谓凤毛麟角。在教育方面，印度移民将子女送往南非当地教育机构，受教育程度普遍比中国移民高，而1998年后的华侨基本是单枪匹马闯荡南非，子女教育更倾向于送回国内。世界银行非洲方面的经济顾问哈里·布罗德曼表示，在2006年对450名商业所有者的调查中，发现调查对象中的印度人几乎有一半入了非洲国籍，而调查对象中的中国人只有4%入了非洲国籍。[②] 对此，印度认为

---

① 杨立华、葛佶、何丽尔、舒展、贺文萍：《正在发生划时代变革的国度——南非政治经济的发展》，中国社会科学出版社，1994，第250页。

② 徐国庆：《印度与中国在对非关系上的合作与分歧》，《亚非纵横 》2009年第4期，第44页。

这基本上是件好事，它为建立长久的印度非洲关系提供了一个很强的基础。二是支持在非洲的华人参与非洲的政治与经济进程。前往非洲的华人大多以经商为目的。他们利用华裔南非人熟悉当地的情况、社会关系广等特点，从事零售、批发服装和日常生活用品，使用华侨做产品代理，扩大销路。南非华人社团参与的“国际工商协会”等组织，亦有意在南非与中国经贸关系中发挥作用。但相对于非洲印度裔，在非华人极少抱有在非洲长久定居的想法，参与非洲政治选举、担任当地政府官员、参与非洲国家经济建设议程协商的华人甚少，很难在中非关系中充当桥梁的角色。

二 重视文化在对南非关系中的作用

印度认为印度与南非等非洲国家的关系基于历史久远的友谊，强调印非合作的历史基础不同于中国。尽管受冷战后印度忽视对非关系的影响，21世纪以来，相对于西方大国、中国而言，印度在非洲的布局较晚，但迄今印度对非外交取得了不凡的成就。这得益于印度在发展对非关系上所具有的优势，其中就包括印度对其与南非文化与历史联系的侧重。在印度看来，印非关系历史悠久，共同的殖民经历促使此种联系更趋密切，与中非关系相比，印非文化交流更具亲近感。

印度认为，印度洋把印度次大陆与非洲以多种方式联系在一起，已经有数个世纪的时间，而这是中国没有的。影响印度独立的“非暴力”思想源于甘地在南非反对白人政权的实践，至今在非洲有280万名印度裔，印度和许多非洲国家都属于英联邦成员国，等等。正因如此，印度前总理曼莫汉·辛格认为印度与非洲合作的愿望并非始于现在。2008年的印非《德里宣言》表示，印度希望通过峰会重新界定和振兴非洲大陆和印度之间数十年之久的伙伴关系和历史与文明联系，表示非洲和印度在历史上一直是亲密盟友。两国是印度洋的邻居，认为像过去一样，印度未来与非洲的关系一定不同于中国与非洲的关系。

值得一提的是，文化交流往往成为印度深化对非关系的润滑剂。20世纪40年代起，印度就在文化、外交等领域执行对南非种族隔离政权的制裁。冷战结束前后，白人当局种族歧视的态势有所收敛。印度政府于1993年5月在南非约翰内斯堡市设立印度文化中心后，印度南非外交关系迈入正轨。除此之外，为增强印度非洲论坛峰会的氛围，印度常常邀请南非等非洲国家的文艺人士参与演出活动。在印度，甚至有舆论认为其侧重在非洲教育、科技与人文等“隐性”领域的投资，这与中国重视投资非洲能源与基础设施等“显性”领域的做法形成鲜明对比，认为这凸显印度在对非关系上具有自身优势，更适应非洲未来的发展需求。

三 开展丰富多样的文化外交

印度大多数文化产品不仅具有观赏价值，而且与人们的日常生活更是紧密联系。印度文化的影响力不但体现在以印度教为主题的宗教等传统艺术上，还体现在公众喜闻乐见的影视、音乐、流行时尚等领域。凭借印度与南非间悠久的文化交流传统，通过在传统文化与流行文化之间找到一个恰到好处的结合点，更多地通过双边与多边机制，展示文化自身、文化消费而非文化宣扬推进印度文化影响力，使印度文化产品独具魅力并易于接受。

印度既通过国内与海外、政府与民间相互联动的方式，强化印度对南非等国的文化外交，又因地制宜、尽最大可能地找到相通之处，从既有的“联系点”入手，以点带面，不断增强印度的文化软实力。除此之外，印度重视通过宣扬与南非固有的历史渊源，恢复并加强印度南非间的传统文化联系；依托海外印度人的力量，扩展对南非的民间外交；凭借同南非政治意识形态相近的优势，弘扬两国间共同的价值观，凸显印度民主大国形象。除此之外，印度还注重密切联系其文化外交的南非受益人群，并视他们为推动印度南非关系的重要依靠力量。

文化外交的对象不只限于外国的国民，还包括保留母国传统文化的海外族群。虽然印度对南非文化外交所借助的文化产品的技术要求不高，但印度能充分结合本国文化资源的特质，最大可能挖掘文化产品的优势，借助同南非语言背景相通的优势，以及海外印度人在南非的良好形象与影响力，大力拓展在南非的文化外交。印度对南非关系的“新范式”，以较少资金换得较显著成效，不仅提升了印度在南非的形象，增强两国间的互信与理解，还促进了印度经济、外交和战略利益。

小 结

外交是内政的延伸，围绕国际形势的演变、世界多极化趋势的显现及国内优先议程变化等因素，本章剖析印度对海外印度人的政策进行较大的调整，指出这种调整源于印度对海外印度人可能对经济发展与国际声望产生积极影响的重视。冷战期间，印度实行较封闭的经济政策，印度南非分别倾向于苏联、美国两个意识形态，走向对立的阵营。印度呼吁对南非的政治、经贸制裁，更多的是服务于印度国家政治安全利益。20 世纪 60 年代中期，印度英迪拉·甘地政府开始推动国内私人部门参与对非洲经贸合作，将在非洲的海外印度人视为印非合作的桥梁。90 年代，印度国内经济发展转型，借重海外印度人，助推印度企业拓展海外市场，成为印度关注海外印度人的重要着眼点。

本章还分析了新南非印度裔的状况，认为新南非的民主制度转型不但为南非印度裔政治、经济与社会地位的提高创造了条件，而且给印度南非加强文化交流和促进两国合作带来了机遇。印度政府在积极维护南非印度裔的历史文化遗产基础的同时，发挥其在文化、技术和教育方面的优势，构建文化交流机制，拓展学术、艺术和媒体互动，促进相互间的人员往来。凭借日渐深入的文化交流，印度不仅促进了与南非外交关系、加强了两国政治信任，而且为扩大印度在南非影响力、强化双方经贸合作提供了便利。

第七章

印度南非在非洲的合作

非洲是发展中国家最集中的大陆，冷战终止及种族隔离制度结束之后，印度与南非对非洲政策的变化和调整，为两国在非洲事务上开展合作提供了可能。本章分别阐述印度南非在发展对非经贸、参与对非维和、解决非洲社会问题等方面的合作情况，对两国在涉非议程上合作的原因、措施、体现等内容进行论述。印度与南非在非洲的互动，一方面体现了印度对非洲关系和南南合作政策的延续，另一方面适应了新时期印度南非在非洲的利益诉求。

第一节　非洲在国际政治经济中的地位变迁

随着美苏对峙局面的结束，经济全球化与区域化的趋势凸显。面对非洲大陆的政治动荡与经济困境，非洲国家独立与团结自强的愿望愈加强烈。非洲形势的变化不但促使西方大国相继出台对非洲政策的新倡议，而且推动印度南非等地区大国的历届政府也不断改善对非关系。印度南非两国在深化对非洲经贸合作、维护非洲和平与促进非洲社会发展等领域存在诸多共识。

一　非洲政局趋缓

两极格局终结后，非洲地区局势不稳。据统计，从 1990 年初到 1993 年 4 月底，非洲大陆有 15 个国家的政权发生巨变。在经历多党民主化的动荡后，非洲的政治局势开始趋于平稳。特别是新南非成立以来，南部非洲的和平局面开始显现。在此情形下，非洲国家联合团结的趋势有所加强。尤为重要的是，1996年非洲统一组织表示，非洲在争取外部援助的同时，必须依靠非洲自身的力量，防止非洲国家之间的冲突，防止冲突升级与恶化。1999年的非统第35届会议，认为非洲最需要的是和平与稳定，它是非洲在21世纪振兴与发展的前提与条件。在非洲统一组织和地区性组织及国际社会的努力调解下，刚果（金）、塞拉利昂、刚果（布）等热点国家的和平协议得以签署。但诸如部族矛盾、派系之争与领土资源纷争等难题仍旧困扰非洲国家局势的稳定。此外，非洲国家还希望依靠整体的力量，扩大非洲在国际舞台上的发言权，抵制国际政治经济旧秩序。在1999年的新一轮世界贸易组织谈判和77国集团会议期间，非洲国家积极捍卫发展中国家的利益。

二 非洲经济一体化的深入

在经济层面，非洲是世界上最贫困的大陆，每天生活费用不足1美元的绝对贫困人口占非洲总人口的近一半。20世纪60年代，非洲贸易额仅占全球贸易额的3.1%。[①] 冷战结束后，非洲国家在发展经济方面，利用自身资源丰富的优势，采取降低对经济的干预、发挥私人企业的积极性等措施。由于受大多数非洲国家的政治局势趋于稳定、国际市场原料与初级产品价格的回暖等因素的刺激，非洲经济在面临20世纪80年代的衰退和90年代初的极度危机后，开始呈现快速增长的态势。1995年，有8个非洲国家的经济增长率超过6%。[②] 与此同时，面对经济全球化日益加速与非洲经济日趋边缘化的不利局面，经济区域化引起非洲国家的重视。继1994年《建立非洲经济共同体条约》正式生效后，西非16国决定组建非洲关税同盟，中非6国建立中非关税和经济同盟。1999年，南部非洲发展共同体决定启动自由贸易区计划。但不容忽视的是，非洲面临的发展任务仍然很艰巨。非洲债务总额已从1980年的1092亿美元增加到1999年的3500亿美元。1991～1998年非洲投资率下降至19.8%。非洲国家要实现2015年贫困人口

---

① 王莺莺：《论当前非洲形势及其国际地位》，《国际问题研究》2000年第5期，第27页。

② 周娟波：《非洲形势综观》，《当代世界》1997年第3期，第19页。

减少一半的目标，则经济增长率应保持在7%，投资率应保持在33%。[①]

三 非洲国际地位的提升

从非洲国际地位看，冷战时期，非洲是美苏两个超级大国激烈争夺的重要区域，支持南部非洲等国家的代理人战争，对非洲国家国内面临的政治经济问题不感兴趣。冷战结束后，非洲国家不再是美国苏联争夺的对象，失去了在超级大国之间回旋的优势。西方国家热心于在非洲推动政治民主化和经济改革，试图由此迫使非洲国家接受西方的社会价值观、意识形态和政治经济模式，将非洲纳入资本主义体系，使非洲成为它们设想的世界新秩序的组成部分，从而达到控制非洲的目的。[②] 但实际情形是，20世纪90年代初的民主化浪潮使非洲政局动荡不安，战乱不已，经济局势恶化，进而使非洲在世界经济中的地位有所下降。加之，美国1993年在干预索马里内战中受挫，在一定程度上促使西方国家一度减少对非洲的关注力度。但随着非洲局势的好转，西方大国开始逐步调整对非关系，以争夺在非战略利益，开拓在非洲的经济潜力与市场利益。2000年的首届欧非首脑会议上，欧盟宣布与非洲建立全面伙伴关系。同年，欧盟与非加太签署第五个《洛美协定》。1995年2月，由美国率先倡议召开的首届非洲贸易与投资会议，强调要加速非洲地区一体化，支持私营企业在非洲发展。同年8月，美国国防部发表《撒哈拉以南非洲安全战略报告》，这是自冷战结束后美国首次系统提出的对非政策报告，报告强调新形势下美国的战略目标是："推动该地区的民主化进程，促进人权，帮助非洲建立冷战后新的安全框架和冲突预防与解决机制，提供人道主义援助，鼓励非洲地区的经济和社会发展。"2000年，美国国会通过《非洲增长与机遇法案》，据此，非洲在向美国出口服装等纺织品方面将享受减免关税的优待。

第二节 冷战后印度南非的非洲政策与对非关系

冷战结束初期，非洲在印度外交关系中处于边缘地位。进入20世纪90

① 王莺莺：《论当前非洲形势及其国际地位》，《国际问题研究》，2000年第4期，第27页。

② 徐伟忠：《冷战后非洲面临的挑战及其今后发展趋向》，《世界经济与政治》1995年第12期，第61页。

年代中期，南非民主政权成立。非洲国家恢复政局、发展经济且积极参与国际合作的态势凸显。基于此，印度南非都有意识地加强与非洲的经贸合作，两国对非合作政策的一系列新举措相继出台。21 世纪以来，在拓展市场、提升国际地位等因素的指引下，印度南非从经济、政治、安全、文化等方面加大对非务实合作的力度，其标志性事件是，南非大力推动“非洲复兴”倡议，印度举办首次印度非洲论坛峰会。之后，印度南非又陆续出台一系列的政策、措施，不断充实涉非合作的内容与方式，由此，两国对非合作迈入较快发展的轨道。

一　从“相对忽视”到“积累渐进”：印度非洲“战略合作关系”的建立

冷战时期，印度对非政策的主要内容是支持非洲反殖民主义与种族主义斗争。两极格局终结后，印度对非洲政策的演变大致可划分为三个阶段。一是冷战结束初期至 21 世纪初的“相对冷淡期”。为配合国内经济自由化改革，这一期间印度对外合作的重点转向欧美发达国家，对非外交不够重视。二是 21 世纪初到 2014 年的“快速发展期”。受中非关系迅速发展等因素的刺激，印度国大党政府积极调整对非政策，确立印非论坛峰会机制，加强对非务实合作。三是 2014 年 5 月莫迪执政以来的“持续深入期”。印度与非洲确立战略伙伴关系，深化双方各领域的合作。

（一）冷战结束初期印度忽视对非关系

20 世纪 90 年代，非洲开始淡出印度的视野。从国际上看，印度在冷战结束后，失去苏联的战略依托，实力受到打击，无力顾及对非关系，加之，非洲的国际战略地位也因为冷战的结束而降低，对印度的吸引力降低。从国内看，由于拉奥政府（1991 ~ 1996 年）启动以自由化、市场化为方向的改革，印度与非洲的经贸合作苗头初现。1992 年，印度进出口银行与覆盖东部非洲和南部非洲 21 个国家的优惠贸易区银行签署协议，向优惠贸易区成员提供 600 万美元的信贷额度，用于进口印度的商品。[①] 且自 1995 年起，印度开始在非洲市场上推出“印度制造展”，展示印度的产品、服务、咨询、技术和设备。但总体而言，印度外交的主要注意力转向了美国和欧洲。不过，印度也因为疏远同非洲的关系而吃了苦头。如海湾战争期间，印度

① 徐国庆：《从印非峰会看印对非政策变化》，《亚非纵横》2008 年第 4 期，第 55 页。

曾希望借助自己作为不结盟运动倡导者的地位，通过一项和平决议，但响应者寥寥无几，令印度感到吃惊。1996 年，联合阵线执政下的印度政府（1996～1998 年）在争取联合国安理会非常任理事国时，因没有得到非洲国家的支持，结果以非常大的差距败给了日本。印度各界人士对此大为不解，深感印度外交的失败和第三世界“朋友”的不可靠，要求重新反思印度外交政策的呼声迭起。[①]

在印度人民党政府执政时期（1998～2004 年），印度奉行现实主义思想，坚持大国外交。1998 年 5 月，印度不顾国际舆论的反对，进行 5 次核试验，致力于建立三位一体的核打击力量；出于拓展非洲市场的考虑，2002 年，作为进出口政策的一部分，印度政府启动“聚焦非洲”计划。印度政府以市场发展援助的方式，向印度的贸易推进组织、出口推进委员会和商会提供资金援助，该计划第一个阶段的重点国家包括尼日利亚、南非、肯尼亚等 7 国。2003 年，印度与巴西、南非启动印度巴西南非对话论坛，倡导联合国安理会改革。与此同时，印度淡化不结盟政策，逐渐对不结盟运动和第三世界失去兴趣，提出“20 世纪印度成为发达国家”的口号。这使印非的传统友好关系日益淡化，一些非洲国家认为印度只是在国际场合某些议题需要表决时，才想起与非洲官员沟通、磋商。印度著名学者 C. 拉贾·莫汉（C. Raja Mohan）指出，非洲在印度外交中至今仍是盲区，印度与非洲之间的关系不应再建立在华而不实的政治辞令上了。[②]

（二）印度曼莫汉·辛格政府开始加强对非合作关系

自 2004 年 5 月起，印度政坛再次进入国大党执政时期，面对国内外局势的变化，出于谋求大国地位、发展经济与实现能源进口多样化的考虑，曼莫汉·辛格政府对非洲在印度大国战略中的地位进行了反思和重新定位，逐步调整印度对非政策。

1. 完善对非合作机制

非洲日渐被印度视为提升其国际地位的依托。辛格总理在第 59 届联大会议上发言时表示，“印度有实力也有能力同其他大国一道解决即将出现的各种关键性问题”，明确指出印度应成为联合国安理会常任理事国的一员。

---

① 陈继东主编《当代印度对外关系研究》，巴蜀书社，2005，第 87 页。

② 张宏明主编《中国和世界主要经济体与非洲经贸合作研究》，世界知识出版社，2012，第 272 页。

2005 年，印度与巴西、日本、德国结成四国“争常”联盟，但四国提案因没有得到占联合国成员 1/4 强的非洲联盟的支持，而被联合国驳回。“入常”的失败促使印度认识到非洲是“一股庞大的势力，如果想在安理会争得一席，这个集团的支持是举足轻重的”。①

印度注重完善对非外交互动机制。为改变印度在西非国家外交薄弱状况，2007 年 10 月，辛格总理出访非洲石油产出大国尼日利亚，这是印度总理在 45 年里首次访问尼日利亚。同年，印度政府举办首次印度非洲石油会议，并决定在此后的两年里，增设在马里、加蓬、尼日尔与布基纳法索的印度使馆。为确立印度与全非洲的政治互动与交流。2008 年，印度与非洲 14 国代表召开首届印度非洲论坛峰会，并通过《德里宣言》和《印度非洲合作框架》，第一次以正式文件的形式确定印非伙伴关系的基本原则、性质与基础，建立三年一次的定期会晤机制。2011 年的第二届印度非洲论坛峰会，发布《亚的斯亚贝巴宣言》和《加强合作框架协议》两个纲领性文件，指导双方进一步加强在政治、经贸、能源、反恐等领域的合作。

2. 积极拓展非洲新市场

非洲拥有印度经济发展所需的市场与资源。非洲人口超过 9 亿人，占世界人口总数的 14%。据估计，到 2025 年非洲人口将占到世界人口的 17%，到 2050 年将达 20%。据此，印度认为尽管非洲贫穷落后，但它将是一个可观的市场。2005 年，印度工商联合会发表报告，确认肯尼亚、尼日利亚、南非等 8 国为印度对非出口的主要目的地，确定卫生、信息、水管理、食品加工和教育等五个部门为推动印度非洲经贸合作的“增长引擎”。2008 年，印度认为其对非洲的出口只占非洲总进口的 3.5%，印非贸易有继续上升的空间。此外，面对 2008 年以来的全球金融危机，印度颁布对外贸易政策（2009 ~ 2014 年）文件，该文件指出将对受危机冲击而影响就业的纺织、手工艺等行业给予支持。不仅如此，为促进出口的多样化，印度表示将根据“聚焦市场计划”（Focus Market Scheme）与“连接聚焦产品的市场计划”（Market Linked Focus Product Scheme），加强与非洲、拉丁美洲等新兴市场的经贸合作。②

---

① 徐国庆：《从印非峰会看印对非政策变化》，《亚非纵横》2008 年第 4 期，第 57 页。

② Indian Ministry of Finance Department of Economic Affairs Economic Division, *Mid-Year Review 2009 - 2010*, p. 55.

辛格政府在强化与东南非国家传统经贸伙伴关系的同时，通过实施“免关税优惠计划”，挖掘新的市场潜力。2005 年，新德里召开首次印度非洲经贸合作会议。2006 年，印度不但主办首次聚焦东非的商业伙伴关系会议，还参与首次印度南部非洲发展共同体论坛，就贸易、工业等领域合作进行协商；2009 年，印度参与在刚果（布）召开的首次印度中部非洲论坛会议；次年，印度进出口银行在亚的斯亚贝巴正式启动其驻东南非地区办事处。此外，印度向其在 2004 年启动的“技术经济指标非洲印度运动计划”（TEAM－9）提供 5 亿美元信贷，推动印度与科特迪瓦、乍得等 8 个西非国家的经贸合作与技术转让。2010 年，印度工商联合会与西非国家经济共同体共同召开首次印度西非商业论坛，其中有 127 名印度代表参会，是当时前往非洲人数规模最大的印度代表团。而根据 2008 年印度宣布的《对最不发达国家的免关税优惠计划》，印度将为非洲 34 个最不发达国家提供优惠市场准入机会。

值得一提的是，印度目前是世界第五大能源消费国，并将很快成为第四大能源消费国。2025 年前，印度还可能超过日本成为仅次于美国和中国的第三大石油净进口国。而非洲能源较丰富，据估计，几内亚湾有 240 亿桶的石油储备。到 2030 年，撒哈拉以南非洲地区将日产原油 900 万桶。[①] 对此，印度有学者明确表示：“印度需要非洲的石油和天然气，不进入这个能源市场，印度经济将可能陷入泥潭。”2007 年、2009 年，印度石油和天然气部与印度工商联合会等共同主办第一、第二次印度－非洲石油会议。

3. 加强对非文化交流

进入 21 世纪，印度政府认为展示印度文化大国形象、密切并持续地加强与海外印度人联系的时刻已经到来。究其原因，其一是出于增强印度“软实力”的需要。印度时任总理曼莫汉·辛格认为印度的软实力在许多方面可以作为外交政策的重要武器，如文化交流、电影工业、宝莱坞等等，软实力是印度在国际舞台上发挥影响力的一种新方式。绝大多数海外印度人比较注重保持自己的文化传统，以印度文化为豪，并有意识地加以宣传。因此，从某种意义上讲，海外印度人是印度文化的重要传播者和宣传者，是印度在全球打造文化“软实力”的重要力量。其二是基于方便印度发展

---

① Ruchita Beri, “Africa's Energy Potential: Prospects for India,” http://www.idsa.in/publications/strategic-analysis/2005/jul/Ruchita.pdf.

对非经贸合作的考虑。印度一些公司重视利用海外印度人所建立的关系网络，利用他们对当地法规、环境、商机等情况熟悉的优势，推动商品出口，寻找投资机遇。其三，对非文化外交是印度取得大国地位的保障。印度总理曼莫汉·辛格表示，技术转让、能力建设、贸易和基础设施发展是印度非洲伙伴关系的三大支柱。通过对非文化外交，利于印度显示负责任的大国形象，表明自己应当成为未来国际秩序的参与者和奠基者。同时展现印度文化竞争力，影响非洲公众对印度的了解与认知，增强非洲国家对印度的认同感，争取非洲国家支持印度获得联合国安理会常任理事国席位。

为加强印度与在非海外印度人的联系。2004 年，国大党政府上台不久，就建立“印度移民事务部”，并在 9 月将其更名为“海外印度人事务部”，专门负责海外印度人的所有事务。迄今，有 280 万名海外印度人生活在非洲大陆。① 为纪念首批印度人抵达南非 150 周年，2010 年，印度与南非政府在德班共同举办主题为“印度与非洲：建立桥梁”的海外印度人大会；此外，印度还大幅度增强对非洲能力建设的支持力度。2008 年，印度宣布给予非洲国家的印度技术和经济合作计划援助名额，从每年的 1100 名增加至 1600 名。2010 年，印度启动以该国诺贝尔物理学奖获得者 C. V. 拉曼命名的 C. V. 拉曼国际奖学金计划，给予每个非洲国家 8 个奖学金名额。2011 年，辛格总理宣布在今后三年里向非洲提供 2.2 万个奖学金名额，并在非洲建立 80 多个能力建设机构。次年，印度举办首次印度非洲科学与技术部长级会议，为引领印非科学、技术与创新合作制定纲领。

（三）印度纳伦德拉·莫迪政府深化对非合作新动向

自金融危机以来，印度经济增速减缓，国民变革心态强烈。2014 年 5 月的大选，印度人民党战胜国大党，建立纳伦德拉·莫迪领导的全国民主联盟政府。新政府秉承印度长期以来的大国梦想，表示一个有序、强大且具有活力的印度才能赢得国外的尊重，强调将利用一切资源助推印度在国际事务中发挥重要作用，向周边国家展示一个“强大、自立和自信”的印度，将其视为外交政策的重要内容。在此背景下，印度发展对非洲关系的思路亦发生相应的变化。

1. *加强政治互动*

莫迪上台之际，印非经贸合作、印度国力已取得长足进展。2004 ~ 2015

---

① Diaspora Networks, “Cultural and Historical Ties Bolster Diplomatic Drives,” February 2, 2012, http://www.trademarksa.org/node/2435.

年，印非贸易从86.6亿美元升至588.64亿美元，增长了约6倍。印度成为仅次于欧盟、中国与美国的非洲第四大贸易伙伴方。印度对非贸易在印度外贸中的比重由4.95%提高到9%。来自非洲的能源在印度进口能源中的比重从7.4%增至22.2%。[①] 此外，到2015年，印度指出按购买力平价计算，其已成为世界第三大经济体。

为在联合国成立70年之际获得更多非洲国家支持，推动联合国安理会改革取得实质性突破，实现印度成为安理会常任理事国的夙愿，印度认为应在印非经贸发展的基础上，深化印非政治互信。2008～2015年，印度驻非使馆由24个增至30个。2008年、2011年的第一、第二届印非峰会，仅有受邀的14个、15个非洲国家的代表参会，而2015年10月的第三次印非论坛峰会上，印度首次邀请54个非洲国家代表到会，可谓自1983年在新德里召开不结盟运动峰会和英联邦峰会以来，外国领导人在印度参加的规模最大的会议，其间，莫迪总理破纪录地在6小时内连续会见19个非洲国家的政府首脑。

不仅如此，在“快轨外交”的思路下，莫迪政府与非洲国家的双边高层互动更显全面性。2015年3月，莫迪访问印度洋岛国塞舌尔、毛里求斯。继2016年6月印度副总统安萨里访问北非国家摩洛哥、突尼斯，印度总统慕克吉访问西南非国家加纳、科特迪瓦和纳米比亚后，7月，莫迪又开启非洲大陆的访问之旅，先后访问莫桑比克、南非、坦桑尼亚和肯尼亚等四个国家，这是相隔34年、10年、5年、35年后，印度总理对这四国的再次访问。先前国大党执政十年间（2004～2014年），印度对非外交的重点则集中于南非与毛里求斯。其间，时任总理辛格访问非洲7次，其中3次是访问南非。印度副总统访非两次，且都是南非；印度总统访非四次，其中两次是访问毛里求斯，另两次是访问坦桑尼亚与南非。

2. 挖掘经贸合作空间

印度莫迪政府看重印非经贸潜力，以实现国家经贸发展战略。根据2015年3月印度政府发表的新对外贸易政策，印度将致力于到2020年实现9000亿美元的出口贸易额目标。而印度工业联合会则指出非洲在十年内的经济增速将超过中东，位居世界第二，到2025年印度在非洲市场的收益将增长4倍，达1600亿美元，印度企业有望拥有非洲约7%的信息技术服务、

---

① UNCTAD Handbook of Statistics online, December 23, 2016.

10% 的电力和 2% ~5% 的农业市场份额。[①]

印度政府延续并拓展原有印非经贸合作机制的内涵。2014 年，印度工商联合会召开以“新共享现实伙伴关系”为主题的第十次印非经贸合作会议，表示将延续 1995 年起印度在非洲发起的“印度制造展”。同年 8 月，印度商工部表示已调整其在 2008 年推出的《对最不发达国家的免关税优惠计划》，使其覆盖的印度关税细目比例从 94% 扩大至约 98%，[②] 以为非洲最不发达国家出口印度创造条件。印度还举行第三次印度非洲地区经济共同体会议，就规则协调、创建共同市场等议程展开探讨。2016 年 1 月的第四次印非能源会议上，印度与非洲国家表示将建立能源联合工作组，加大能源合作力度。

印度希望拓展与非洲在制造业、农业、海洋经济等领域的合作。2015 年 9 月，莫迪首次提出“印度制造”战略，之后，印度在埃塞俄比亚、加纳等国发起一系列的“印度制造”运动，支持印度工业联合会在约翰内斯堡设立地区办事处，呼吁南非等国与印度企业共同发展防务装备。为解决国内农产品短缺的问题，印度呼吁印非在有机农业、水资源有效管理等方面加强合作，还与莫桑比克签署长期农业合作协议，计划每年从该国进口 20 万吨豆类产品。莫迪总理提出“蓝色经济”的理念，认为海洋为环保、能源、可持续资源与海上运输的“发展空间”，2015 年 8 月、9 月，在塞舌尔等国的配合下，印度与毛里求斯分别举办首届环印联盟蓝色经济对话会议与首届环印联盟蓝色经济部长级会议。第三届印非峰会期间，印度与非洲国家表示将在海洋资源管理、水文地理调查、维护渔业可持续发展等方面展开更亲密的合作。此外，为适应合作项目多样化、提高项目执行效率，印非表示将建立正式监测机制，并将印非论坛峰会举行的周期调整为每五年一次。

3. 支持非洲国家能力建设与人员交流

印度总理莫迪重视加强与非洲国家在人力资源领域的合作。他指出印度与非洲 2/3 的人口在 35 岁以下，印度应利用自身在知识领域的专长，给

---

① Our Bureau, “India to Quadruple Revenues from Africa by 2025: McKinsey Report,” *Bussiness Line*, March 10, 2014.

② 徐国庆：《试析印度莫迪政府与非洲关系的新态势》，《南亚研究》，2015 年第 2 期，第 64 页。

予非洲年轻人更多教育与培训机会。[1] 2015 年，印度表示今后五年将向非洲提供 100 亿美元软贷款与 5 万个奖学金名额。峰会申明将创建专门机制，使妇女在产品生产销售方面获得信贷支持，并通过公私合作模式（PPP），鼓励印度商界在非洲工业区建立技术发展机构，培训非洲工程师、技术人员、经理和工人，培养非洲食品安全和太阳能灯方面的专家。

莫迪政府强调非洲 280 万海外印度裔为非洲发展做出贡献，是印非合作的桥梁。2015 年印非峰会通过的《德里宣言》，首次以文件的形式承认海外印度裔在印度非洲关系中扮演的积极角色，申明将继续推动人员互动，并指出，印度和非洲代表具有人口优势的快速发展经济体，并正在通过非洲的印度裔在非洲大陆的积极参与，发展印度非洲悠久的友好关系。该宣言还承诺通过人员交流，进一步加强印度非洲在政治、经济和社会文化等领域的联系，加强应对全球化带来的挑战的能力。峰会发布的《印非战略合作框架》则表示要加强航空和海上联系，推动自由的签证程序，通过签证优惠，增加旅游、贸易往来，密切人员联系。

由此可知，冷战之后，围绕外交为经济建设服务的中心任务，以及经济区域化和全球化的趋势，印度实现了对非洲政策的转型，即以经济内容为主，在同多个非洲国家实现机制化互动和提升与非洲主要区域交流的基础上，推动对非洲整体外交的机制化，促进非洲国家的经济、社会发展，深化印非文化交流。

二　从“道义外交”到“务实合作”：“非洲优先”的南非外交方针

在国内抵抗与国际制裁的浪潮下，自 20 世纪 80 年代末起，南非白人种族隔离政权逐步走向瓦解，其与其他非洲国家的关系渐趋缓和。随着民主政府的成立，出于发展经济、提升国际影响力等因素的考虑，新南非调整外交政策，确立非洲优先的外交战略，积极涉足非洲和平构建，拓展对非经贸合作空间，参与非洲一体化与工业化议程，在全球多边机制中倡导非洲主张。

（一）曼德拉时期南非调整对非政策

南非政府致力于改革种族制度和缓和与邻国的对立态势，为其改善与

---

[1] Vanakkam, Speech by Prime Minister Shri Narendra Modi To the Indian Community in Malaysia, November 22, 2015, http://pib.nic.in/newsite/PrintRelease.aspx? relid = 131788.

其他非洲国家的关系创造重要条件。1915～1989 年，南非与非洲一个或多个国家处于军事冲突的状态，导致这种现象的主要因素有：南非服从大英帝国的战略需要，入侵西南非洲；出于巩固种族隔离制度的考虑，阻止安哥拉、津巴布韦、莫桑比克等非洲国家的独立进程；在南部非洲地区称霸的需要，军事手段成为该计划的重要手段，如南非曾推行的“南部非洲国家星座计划”。因此，坚持国内种族隔离政策的南非，遭到了非洲国家的普遍抵制。在整个非洲大陆，白人治下的南非仅与马拉维一国保持着正式外交关系。直到种族隔离政权后期德克勒克执政后，南非才表示要采取措施重新回到非洲，并尽早与非洲国家恢复各方面的合作关系。在国内，南非白人当局解除对非国大等组织的禁令，废除《土地法》、《人口登记法》和《集团居住法》。为缓解与南部非洲国家的冲突，德克勒克多次表示，对南非国防军内部支持莫桑比克全国抵抗运动的人士进行调解。在安哥拉内战的问题上，南非停止了对安哥拉反对派“争取安哥拉彻底独立全国联盟”的支持，并敦促反对派同政府会谈。之后，德克勒克政府履行联合国有关纳米比亚独立的决议和协议，撤出驻纳米比亚的军队，直到 1990 年西南非洲获得完全独立，成立纳米比亚共和国为止。德克勒克总统还对刚果（金）、赞比亚等国家进行访问，并与加蓬、科特迪瓦、安哥拉 、博茨瓦纳，以及刚果、尼日利亚恢复或建立大使级外交关系。此外，鉴于南非是南部非洲的经济强国，拥有非洲一流的先进科技和工业基础、丰富的矿业资源以及现代化的商业农场，而非洲国家普遍遭受不同程度的经济危机以及由此而引起的政治动乱，加之，西方国家逐步将援助重点转向东欧、独联体国家，非洲国家于是便把恢复和发展社会经济的希望寄托在与南非的合作上。南非与南部非洲地区国家的经济合作由此开始逐步走向恢复。南非不但在莱索托、斯威士兰、莫桑比克等国设立商务处，而且在毛里求斯、科特迪瓦、刚果（金）等国设立商务办事处。正因如此，1989～1991 年三年间，南非对非洲国家的出口分别增长 40%、22% 和 28%。

随着民主改革的推进，新南非进一步调整对非洲的政策就成为必然，其中曼德拉政府为新南非的对非政策奠定了基调。自 1961 年以来，南非对非洲的政策在大多数情况下是秘密进行的，且以维护白人主导或领导地位为目标。1994 年 4 月，以曼德拉为首的非国大政府执掌新南非政权，为南非公开建立并维持与非洲国家的交流、回归非洲大陆提供了便利。新政府宣称奉行独立自主的全方位外交政策，主张在尊重主权、平等互利和互不干涉内政的基础上，同一切国家保持和发展双边友好关系。同年，非国大发布了题为“民主南非的外交视角”的报告，该报告指出南非的外交政策应该反映非洲的利益，认为南非之所以坚持非洲优先的外交战略，主要是因为大批的非洲国家曾经向非国大提供过援助和外交承认，当非国大处于流亡的时候，非洲大陆的许多国家与非国大都保持着特殊的关系。1994 年 6 月 13 日，南非加入非洲统一组织（OAU），标志着南非回到非洲大家庭。1996 年，南非外交部发布讨论文件，强调南非致力于推动人权和民主，拥护国际公正与国际法，维护并促进国际和平，支持国际上一致赞同的冲突解决机制，在国际事务中维护非洲的利益。文件还强调南非需要融入多边地区和非洲大陆组织。

在此背景下，新南非积极参与非洲和平与发展事务。1996 年 2 月，南非与莫桑比克签署一项关于消除地雷的协议，帮助莫桑比克清除散布在其境内的大约 300 万颗地雷。在 1994 年卢旺达爆发种族大屠杀后，南非承诺向联合国驻卢旺达的援助团提供 50 辆装甲车。1996 年以后，随着中非大湖区地区形势的恶化以及刚果（金）内战的升级，南非与肯尼亚、津巴布韦和喀麦隆等四国组成了刚果（金）东部冲突协调机构，促使冲突各方对话解决冲突。①

但有分析人士指出，南非的此种对非外交关系缺少方向性和战略目的，认为其充满太多的理想主义色彩，与国内外的政治环境不相适应。如南非一方面表示致力于解决非洲冲突，推动非洲的和平，另一方面仍视军事工业为提供就业的重要产业，认为其具有出口盈利优势。曼德拉总统和时任国防部部长莫迪赛（Joe Modise）都认为南非应当保持一个高水准的国防制造业。在 1996 年前后，非洲国家指责南非向卢旺达销售了大量的武器，认为卢旺达向刚果（金）军队冲突的叛军提供军事支持。之后，在国际压力下，南非政府决定终止向卢旺达销售武器。尽管南非强调其注重与地区国家开展多边组织框架下的合作，但是，在 1998 年，南非以地区和平与安全为由，在南部非洲发展共同体决定向爆发冲突的莱索托派遣军事观察团之前，就向莱索托部署军队。舆论认为南非国防部的此项举措，可与白人种族隔离政权时期南非对邻国的军事干预相提并论。另一方面，曼德拉强调对非政策应秉持民主和人权价值观念。这体现在 1996 年曼德拉参加英联邦

---

① Esther Howard, “Arms Suppliers to the Dictators,” *Journal of Palestine Studies* 3（1997）, p. 228.

国家政府首脑会议期间，指责尼日利亚政府处决奥格尼族领袖肯萨罗·维瓦，是为石油利益而在国内展开的大肆侵犯人权行为，呼吁非洲国家制裁尼日利亚阿巴查军政府，提议将尼日利亚开除出英联邦。但其观点没有得到多数非洲国家的赞同，南非几乎处于孤立的地位，非洲许多国家批评南非跟随西方的议程，没有“非洲特性”，认为非洲兄弟不应在世界舞台上出现观点上的分歧。此外，曼德拉早期的对非政策还遭到主张新自由主义人士的质疑，他们认为南非的外交政策首先应该服从全球化自由市场的原则，实行致力于推动商业发展的外交战略，集中于推动经济增长和减少失业，强调南非应该最大化地利用其在全球和地区经济中的优势，通过制定更好的贸易、投资和援助战略，使非洲大陆成为一个商业环境安全的场所。南非贸易和工业部部长艾历克·欧文（Alec Erwin）亦强调：“南非注重国家的出口能力和竞争力，因为一个国家如果不能够出口的话，那就不能在全球化世界中实现工业化。”为此，南非与其两个最大的贸易伙伴（欧盟和南部非洲发展共同体）就自由贸易区进行了协商。

（二）姆贝基时期南非的“非洲复兴”构想

1999 年，南非第二次民主选举之后，姆贝基就任新一届总统，南非国家的外交亦由“原则外交”调整为“务实外交”。其一，将国内经济、变革和安全关切置于优先内容。尽管面临诸多风险，但 1990 ~ 2000 年南非对非洲大陆的年均投资额仍达 14 亿美元，超过美国，成为对非洲大陆最大的直接投资国，南非公司在非洲大陆的投资收益率比在国内多 100%。1990 年之前，南非仅有 179 家企业投资于 14 个非洲国家。但到 2004 年早期，在非洲大陆的南非企业增至 439 家，所经营的业务横跨非洲 35 个国家。1994 ~ 2008 年，南非与非洲的贸易增长 659%，且在与大多数非洲国家的贸易中，南非是处于盈余的地位。① 其二，重申南非的“非洲”特性。南非更加强调非洲的利益和发展，以及进一步使其在国际舞台上发挥推动非洲利益的作用，清楚地表达援助非洲大陆复兴，以及倡导第三世界诉求和可持续发展的有力承诺。尤为重要的是，围绕“非洲复兴”的概念，姆贝基阐述了具体的政策框架，该框架主张通过经济优势、资源、国际承认、非洲维和及外交侧重等方式，助推南非涉足非洲问题的解决，在非盟中扮演主导

① Dianna Game, “Emerging Commercial Rivalries in Africa: A View from South Africa,” *Saiia, Policy*, February 15, 2010, p. 2.

的角色，参与构建并推动非洲发展新伙伴计划（NEPAD）的落实。不过，与其前任总统曼德拉相比，姆贝基总统领导下的南非政府不是单枪匹马，而是更加注重在多边合作的框架下，参与对非洲的人道主义援助与推动人权问题。2000 年，南非还建立非洲复兴国际合作基金，将能力建设、民主化和冲突后重建作为重点援助内容。在同年南非首次参与的八国集团会议上，姆贝基总统呼吁将减免发展中国家的债务作为协商的重点议程。在2002 年非洲联盟峰会的启动会议上，姆贝基表示非洲是民主大陆，是人民参与和捍卫法律的良治大陆。此外，凭借从种族隔离到民主的和平过渡经历及其在非洲大陆的优势，南非热心于在全球平台上担任非洲利益的代言人。在 2002 ~2003 年担任非洲联盟轮值主席期间，南非呼吁非洲的自主发展。

诚然，姆贝基政府颇具自信色彩的对非洲外交产生了积极的影响。有分析认为，姆贝基的“非洲复兴”思想为整个非洲大陆描绘了光辉的前程，其把南非作为“非洲复兴”的标杆，试图开创出非洲发展模式的政策思想大道。应该肯定的是，姆贝基在南非的政治、经济和社会等各个方面做出了可贵的探索，且取得了一定成效。随着 GDP 的快速增长，南非的失业率一度降至 23%。但与此同时，各种因素叠加，导致 2008 年南非的失业率飙升至 35.8%。同时，一些社会问题仍长期困扰着南非的社会生活，使得南非经济增长乏力，2008 年南非经济增长降至七年来最低水平。[①] 在“非洲复兴”思想的指引下，特别是姆贝基担任第一届非盟主席后，约有 500 万名来自津巴布韦、莫桑比克、马拉维等国的黑人兄弟受“非洲复兴”理想的感召，涌入南非谋生。其结果是 2008 年 5 月约翰内斯堡亚历山大地区爆发大规模的排外骚乱事件。这在一定程度上表明姆贝基对非举措超过南非国家自身的能力范围，其对内致力于国家经济发展的思维与其所主张的“非洲复兴”，在一定程度上是相冲突的。此外，在维护非洲和平方面，2005 年，科特迪瓦内乱频发，严重影响社会稳定和经济发展。不过，在南非等国努力下，科特迪瓦政府军、反政府军、南非军事代表和联合国维和部队四方达成协议，使和平的曙光显现。但南非与人们的期望还有距离，如拒绝向安哥拉、卢旺达和苏丹等冲突地区派遣南非维和部队。因此，南非对非洲政策被认为具有经济实用主义的色彩，是出于争夺联合国安理会

① 张瑾：《姆贝基“非洲复兴”思想剖析》，《改革与开放》2009 年第 4 期，第 52 页。

常任理事国席位，而打“非洲牌”；另一方面有舆论又称南非应确保集中物力，保证国内的重建与发展计划，现阶段南非没有能力（或不愿）应付非洲的问题。

（三）祖马时期南非致力于非洲发展与扩大影响力

自 2009 年 5 月以来，南非进入祖马执掌国家政权时期，对非外交仍旧是祖马政府的外交支柱之一。南非新任国际关系与合作部部长马沙巴内认为，南非也许是非洲最晚获得政治独立的国家，但基于南非在非洲历史沿革中的地位，非洲需要南非在推动进步和加强国际合作方面发挥重大作用，[①] 强调南非一直视非洲大陆为国家外交政策的核心，并将动员大量资源，致力于非洲的和平建构、战后冲突重构与基础设施发展，申明南非将继续积极参与非洲事务。南非外交部 2010～2013 年的外交战略计划指出，南非对非洲大陆的外交焦点是推动发展、为非洲冲突的解决做出贡献、构建有助于社会经济发展的环境。为此，南非强调将优先关注非洲的以下领域：执行非洲发展新伙伴计划（NEPAD），改善社会发展和经济增长所需的地区环境，将在全球议程倡导非洲大陆的发展需求；致力于建立南部非洲发展伙伴关系，协调其他非洲大陆国家推动发展伙伴关系；在中国非洲合作论坛、印度非洲论坛峰会等非洲与新兴经济体的合作机制中，宣扬南非对 NEPAD 的承诺；通过非洲大陆和地区组织，致力于加强非洲民主和对人权的尊重。

南非重视非洲的动因主要有以下几点。一是看好与非洲的经贸合作潜力。在国内，南非祖马政府仍面临发展社会经济、克服欠发达、摆脱贫困并实现经济持续增长的艰巨任务，迫切需要推动国家商品的出口，为就业创造条件。而在南非看来，非洲是一个 10 亿人口的市场，将是南非国家经济增长和刺激就业的有力引擎。不仅如此，非洲政局稳定，到 2010 年早期，有 30 个国家参加非洲互查机制（African Peer Review Mechanism）。二是南非认为国家之间的相互依赖比以往更加密切。随着非洲政治经济局势的好转，南非认为其国家的命运毫无疑问是与非洲其他地区相联系的，南非经济发展前途与非洲经济复兴和起飞密不可分；加强南部非洲发展共同体的政治经济一体化是南非对外关系的优先议题。三是南非自身的国际地位与非洲息息相关。南非认为当前迫切的优先议题是改革国际机制，强调非洲和拉丁美洲在安理会中的代表性不足，对联合国体制产生了不利影响，包括联

---

① 潘兴明：《南非：非洲大陆的领头羊》，上海人民出版社，2012，第 104 页。

合国安理会在内的机制改革迫在眉睫；认为南非作为金砖国家的新成员，应密切与非洲其他地区的联系，强调南非应在金砖国家合作机制中发挥积极作用，解决非洲大陆的关键问题。在2011年的二十国集团峰会上，祖马总统表示南非寻求增加撒哈拉以南非洲的发言权和参与权，建议为撒哈拉以南非洲创设一个执行董事席位。

南非祖马政府注重同新兴国家集团协调立场、共同合作，实现非洲复兴，构建以多边协商方式处理世界事务的新秩序，促进非洲大陆的发展，并提升其国际影响力。祖马担任非洲联盟下属的基础设施小组委员会主席，领导非洲大陆倡导五个重要的优先基础设施项目，落实非洲发展新伙伴计划在基础设施方面的工作。不过，相对于姆贝基政府侧重加强与G8等组织合作，推动西方工业化国家支持非洲发展新伙伴计划，祖马政府更重视加强与经济影响力日渐凸显的巴西、俄罗斯、印度与中国等国家的关系，以重新塑造全球体系的政治与经济力量图景。2010年，南非正式加入金砖国家合作机制，参加金砖国家领导人第三次峰会，并共同发布《三亚宣言》，呼吁国际社会积极落实2010年9月联合国千年发展目标高级别会议通过的成果文件，争取于2015年如期实现千年发展目标。该宣言还表示支持非洲国家在“非洲发展新伙伴计划”框架下的基础设施建设和工业化进程，支持非盟关于利比亚问题的专门委员会提出的倡议等。此外，南非还重视与非洲大国的合作，推动对非议程。南非总统祖马在2011年12月访问尼日利亚，表示两国需要巩固非洲的权威和在世界上的地位，有责任在推动非洲复兴和进步上扮演领导者的角色。[①]在维护非洲的和平与稳定方面，南非强调非洲人自身的能力与角色，2011年，祖马认为联合国安理会利比亚决议被滥用，选择军事行动，而不是和平决议，认为非洲联盟没有得到执行路线图的空间，没有确保非洲人解决利比亚问题，指出联合国削弱了非洲联盟的工作。南非在中国、俄罗斯等国的支持下，利用其在2012年1月担任安理会轮值主席的机会，推动安理会通过催促联合国与非洲联盟加强紧密合作的第2033号决议。

总之，1989年后，由于国际国内形势的变化，南非最终采取措施，逐步改善了与所有非洲国家的军事关系，从非洲的不稳定的因素变成了非洲和平的推动者和建设者。面对冷战后非洲局势的变化，新南非自1994年成

---

① President Zuma Returns to South Africa from West African Visit, http://www.dirco.gov.za/docs/2011/nig1213.html.

立以来，就确立了以非洲为中心的外交导向。南非逐渐调整对非洲的外交政策，其结果是南非与非洲的利益联系更加密不可分，自1994年至2010年8月，南非与非洲大陆的贸易增长近7倍，南非还是对撒哈拉以南非洲最大的投资国之一，投资领域涉及采矿、电力、金融服务和电信等部门。祖马新政府更是注重利用自身的经济和军事主导优势，推动民主、良治、人权，参与多边地区与全非洲组织，致力于非洲和平发展，寻求非洲的复兴，消除殖民主义和新殖民主义的不良影响，倡导在全球治理中提升发展中国家的发言权，提高非洲在国际舞台上的影响力。

第三节　印度南非在非洲合作的重要领域

印度首任总理尼赫鲁长期对世界事务感兴趣，对于非洲的重要性，他认为："尽管非洲与印度由印度洋而分开，但从一种意义上讲，非洲是我们的近邻。"[①] 印度通过对非洲反对殖民主义和种族隔离制度斗争的支持，与一些非洲国家保持了传统的友谊关系。但总体上讲，印度尤其重视与非洲大国南非的关系，无论是种族隔离时期还是在目前的民主南非时期，南非在印度的对非外交中都处于独特的地位。

世纪之交，印度高度重视南非，将发展与南非的关系视为其外交战略的重点。20世纪90年代中期，为集中发展国内经济，印度的外交在很大程度上是注重与近邻国家的关系，确定印度的地区大国地位。同印度迅速与南非恢复外交、建立战略合作关系相对应的是，印度在此期间关闭了其驻西部非洲和中部非洲的大使馆。在高层访问上，2004～2014年，印度总理仅仅访问非洲四次，印度总统访问非洲两次。但他们的访问大多是去了南非。如1996年，印度总理因·库·古杰拉尔访问南非；1998年，印度总理瓦杰帕伊前往南非参加在德班举行的不结盟运动峰会。2004 ～2014年印度国大党执政期间，时任总理曼莫汉·辛格访问非洲7次，其中3次是访问南非，印度副总统访非两次，且都是南非，印度总统访非4次，其中两次是访问毛里求斯，另两次是访问坦桑尼亚与南非。2016年7月，开启首访非洲大陆之旅的印度总理莫迪，亦将南非作为参访目的地之一。

印度重视南非，还体现在印度视南非为其发展对非关系的重要伙伴。

---

① T. G. Ramamurthi, *Fight Against Apartheid*, New Delhi: ABC Publishing House, 1984.

新时期，印度南非在涉非议程上的合作，突出体现在发展对非经济、参与非洲维和、推动非洲社会发展等方面。

一　合力拓展非洲市场

南非在非洲具有独特的地位。南非有3000公里的海岸线，7个商业港口。这些港口组成非洲最大、装备最好、最有效的交通网，是通往撒哈拉以南非洲和来往欧洲、亚洲、美洲的商业交通枢纽。作为南部非洲最具活力的力量，南非不但是南部非洲发展共同体（SADC）和南部非洲关税同盟（SACU）的主要经济体，而且是非洲开发银行（AfDB）的成员。自南非第二任总统姆贝基倡导“非洲复兴”以来，南非在非洲发展方面发挥主导作用，推出“非洲发展新伙伴计划”，设立“非洲复兴国际合作基金”，积极参与非洲国家合作项目。

南非的经济实力是非洲经济中不可忽视的部分。南非在很多年里是非洲国家最大的投资来源地，到2004年3月，南非80多家公司在非洲的投资项目多达460个。[①] 南非有较坚实的基础设施、稳定的政府结构、完善的金融体系和银行系统。据统计，南非的GDP占整个非洲的1/4强，占南部非洲的近80%。一些邻国，如博茨瓦纳交通需求的90%、电力需求的40%依赖南非。2006年，南非GDP的增长达5%，人均国民收入超过4000美元，超过撒哈拉以南非洲国家人均国民收入的十倍。南非是非洲大陆唯一拥有具备国际竞争力的跨国公司的国家，联合国贸易和发展会议报告列出的发展中国家50家跨国公司中，南非有7家。截至2008年7月，在南非的约翰内斯堡证券交易所的上市公司共有424家，市值总额约为6840亿美元，占全非洲证券市场资本总额的80%左右。[②] 正因如此，南非的经济前景引起世界的关注。据世界银行2011年营商环境报告，在对183个国家的调查中，非洲国家中经商环境最好的三个国家分别是毛里求斯（排名第23位）、南非（排名第35位）及卢旺达（排名第45位）。其中盛产黄金、钻石和铁矿的南非前景最被看好。[③] 此外，南非的能源成本在世界上处于最低国家的行列，南非是撒哈拉以南非洲唯一重要的制造业基地，其工业制造能力高于

---

① 杨立华：《南非经济——放眼非洲谋发展》，《西亚非洲》2005年第6期，第23页。

② 《非洲能否复制“东南亚繁荣”》，《环球时报》2008年9月10日。

③ AfDB, *African Statistical Yearbook 2012*, p. 70.

发展中市场的平均水平。

南非强调非洲具有巨大发展潜力，其与印度在非洲市场的合作前景广阔。非洲人口达10亿人，南部非洲发展共同体是一个超过5000亿美元和2亿人口的市场。根据2003年南部非洲发展共同体推出的区域指标战略发展计划，南部非洲在2008年建立自由贸易区，2010年组建关税同盟，2015年创建共同市场。不仅如此，受政治条件的改善和经济政策的完善等的影响，过去的几年里，非洲维持了可持续的年均增长率。值得一提的是，非洲迫切需要升级基础设施，以改善交通，满足能源网络以及资本投资的需求，这为印度南非在对非经济上的合作提供了巨大的商业机遇。南非铁路局与相关国家协商，建设一条称为“非洲南北经济走廊”的铁路，欲将博茨瓦纳、刚果（金）、南非、赞比亚和津巴布韦通过交通干线连接起来，再经过南非的德班港从海上与世界沟通。2010年，南非总统祖马认为，南非除了能为印度提供绝佳的赚钱机会外，还能为印度企业进入更加广阔的非洲市场提供独特的机遇，表示当前南非是非洲大陆最大的投资者，南非公司在有潜力的非洲大陆上发展迅速，获得了宝贵的专业知识、商业文化知识。2003～2011年，南非对非洲其他国家的投资的增速达到了64.8%，是投资非洲国家中增长最快的国家。2012年，南非18%的出口量和25%的制造业产品销往其他非洲国家。在对非合作方式上，祖马总统鼓励印度南非两国企业共同合作，在非洲发展新伙伴计划（NEPAD）框架下建立对非伙伴关系。2016年，南非与印度申明将启动联合贸易委员会，支持印度工业联合会在约翰内斯堡市设立地区办事处，组织针对非洲国家的经贸合作活动。

印度各界亦认识到南非在发展印度非洲经贸合作中的地位。印度工商联合会（FICCI）的一份报告认为，南非对印度的重要性，不仅在于南非自身的市场，还在于南非与相邻的其他国家和非洲的其他地区有联系。南部非洲关税同盟为印度出口到南部非洲提供了一个整合的市场。1996年8月，南非与南部非洲发展共同体伙伴国签署了一个地区贸易协议，该协议在1999年12月获得相关部门的批准，并在2000年9月开始执行，规定在2008年实现为贸易的85%的产品提供免税待遇，到2012年实现商品100%的免税待遇。[①] 在具体的合作领域方面，2005年，印度巴克莱银行（Bar-

---

① Meenal Shrivastava, “South Africa in the Contemporary International Economy: India's Competitor or Ally?” *South Asian Survey* 121（2008）, p. 130.

clays）获得南非联合银行集团（Absa Bank）多数股权，此举将加速南非联合银行集团在南非和非洲大陆其他地区的发展战略。印度最大的零售银行印度工业信贷投资银行，2006 年在南非设立代表办事处，该办事处集中发展印度南非间的贸易联系和印度与非洲其他地区的总贸易，印度工业信贷投资银行还利用其在约翰内斯堡的办事处，协调印度与非洲的贸易金融业务，而在这以前相关的业务是由其在印度的总部管理的。印度塔塔集团是在南非建立的首个印度集团，其在南非的塔塔非洲控股公司（Tata Africa Holdings）是集团在非洲业务的总部，监督在津巴布韦、赞比亚、坦桑尼亚、乌干达、纳米比亚、加纳、莫桑比克等国的塔塔公司的相关业务。印度阿波罗轮胎公司（Apollo Tyres）以 6400 万美元的代价，收购南非邓禄普轮胎国际有限公司（Dunlop Tyres），作为其向非洲其他地区扩展业务的跳板。

因此，有印度学者认为："南非是非洲的大门。它是撒哈拉沙漠以南非洲中最富裕的国家，有一个独立的经济体系。与南非保持高水平的政治和经济联系，对于印度与整个非洲关系的平衡是非常必要的。"①

当然，印度与南非在对非经济与发展合作上存在一定的分歧。印度表示其在非洲发展新伙伴计划背景下倡导的泛非电子网络工程，使非洲远程教育和远程医疗服务于非洲偏远区域，有近 30 个非洲国家已经签署加入该工程的协议，但南非却以其基础设施环境与非洲其他国家存在差异为由，一度要求就加入泛非电子网络工程制定特定的协议。之后，南非又认为考虑到其已经与印度签署科技等领域的双边协议，没必要再与印度签署技术合作的其他特别协议。

二　助推非洲和平进程

冷战结束之后，就对非洲的政策的具体内容而言，印度除了视发展与非洲的传统友谊、加大在经济和技术方面对非洲国家提供援助和支持、努力促进与非洲国家的经济合作为重点议程外，还注重：（1）关心和保护印度侨民在非洲的权益；（2）积极参加联合国维和活动；（3）为非洲和平做

---

① V. P. Dutt, "India's Foreign Policy in a Changing World," http://iaps.cass.cn/xueshuwz/showcontent.asp? id = 712.

出贡献；（4）加强与非洲的反恐合作，增加对非洲的军事援助。[①]

在印度看来，其积极参与非洲维和的动因主要有四个方面。一是涉足非洲和平进程，符合印度的地缘战略利益。如致力于东部非洲和东南非洲区域的和平议程，适应印度塑造自身作为印度洋地区大国形象，以及维持地区稳定和倡导国际秩序变革的外交政策。二是推动非洲稳定，有利于维持印度的商业与能源利益。随着印度非洲经贸合作日益深入，印度在非洲的投资有所增长，从非洲进口的能源比例在增加。确保石油、天然气的稳定运输与国际海运的通畅，成为印度政府的优先考虑。为确保索马里所在的非洲之角的枢纽地位，加强与西亚非洲的紧密政治经济联系，2008 年 10 月，印度海军甚至向亚丁湾派出隐形护卫舰“塔巴尔”（INS Tabar）号，以打击该地区日益猖獗的海盗。三是参与非洲大陆和平构建，显示印度与不结盟国家团结一致的外交形象。冷战期间，印度、埃及等倡导不结盟运动，反对帝国主义和殖民主义。一定程度上讲，21 世纪涉足非洲和平建造符合印度在世界事务中履行与其先前反对殖民主义相一致的承诺。因为在印度看来，最近非洲大多数的战争是殖民历史的继续或殖民者的破坏性遗产。四是参与和平行动，亦是展示印度大国地位的需要。如果印度要成为扩充后的联合国安理会常任理事国成员，就需要展示其为处理地区和世界事务的重要力量。此外，有学者认为印度军队踏足非洲，还是出于保障在非洲的印度裔安全的需要。受民族情感的影响，印度较早就对非洲印度人表示关注。冷战结束后，出于增强印度国家的软实力、发展对非经贸合作的需要，印度日趋视在非印度裔为加强印度非洲关系的桥梁，是推动国家经济社会发展的可借重力量。

印度积极参与非洲维和，亦符合国际社会与非洲的实际需要。首先，两极格局结束后，联合国维和的性质发生了巨大的变化。传统的维和行动主要是旨在遏制动荡地区和国家间冲突，直到就持久的和平协议进行协商。但冷战结束之后，国家内部矛盾引发的冲突凸显，由此，联合国认为维和是帮助冲突分立的国家创造持续和平的条件。不过，这在一定程度上对维和行动提出了新的要求，如建立信任措施、支持选举、加强法治及发展社会经济等，这需要广泛的技术、能力、灵活性与道义支持，需要军事人员

---

① Ruchita Beri, “India’s African Policy in the Post-Cold War Era: An Assessment,” *Strategic Analysis* 2 (2003), p. 219.

与非军事人员、警察、非政府组织开展合作等。其次，尽管发达国家在技术、军事、经济等方面具有参与现代维和的能力，但它们大多不愿在非洲冲突中部署部队。造成这种现象的原因是多方面的，如非洲很多国家缺少基础设施和足够的公路、港口，自然环境恶劣，且面临霍乱、艾滋病等疾病的威胁等。另外，多数发展中国家在提供足够的培训、装备、后勤支持以维持长期维和行动方面，又缺少足够的能力与资源。最后，非洲的冲突不断。冷战结束后，非洲的局势动荡，在 1995 年全球爆发的 30 次主要冲突中，有 6 次发生在非洲大陆。据统计，1990 ~ 2007 年，武装冲突给非洲发展所带来的损失达 2480 亿美元，平均每年约 146 亿美元，这意味着每年武装冲突造成每个非洲国家经济损失 15%。

当然，重要的是，印度自身的国防与维和能力较强，在参与联合国维和行动方面具有优势。就国家军力而言，印度的军队约有 150 万人，是世界第四大军事力量，军事分析者认为印度参加过两次世界大战（包括在非洲的参战），其武装力量具备一定职业性训练和指挥能力。印度武装部队有足够的人力和在各种环境和地形中的作战经验，具有全面的军事能力。印度军队维持了一个 4000 人规模的联合国维和部队常备旅团（Standby Brigade Group），该旅团能在 30 天内部署一个步兵营，旅团的其他部分可以在 8 个星期内部署完毕。[①] 印度还认为其是一个多种族、多宗教、外交影响力强的民主国家，且通过对非洲非殖民地化和种族隔离斗争的支持，以及冷战结束之后对非洲的经济外交，提升了其在非洲的影响力。不仅如此，来自印度的军队在冲突区域中经常被认为处于中立地位。尤其重要的是，参与联合国维和行动，在印度既不是一个政治上具有争论的问题，也不是一个从宪法上讲复杂的事件，从来没有成为一个具有分歧性的公众争论。印度还处在联合国维和行动的技术和培训研究的前列，印度联合军种研究所（USI）在培训维和人员方面享有盛誉，其在新德里设有联合国维和中心（USI-CUNPK）。

印度在参与非洲维和方面具有较丰富的经验。首先，印度参与非洲维和的兵种齐全，执行维和的任务种类广泛。在参与非洲维和行动的所有国家中，印度派出的维和人员数目往往位居前列。截至 2007 年 5 月，印度共派出了近 3.5 万名维和人员参加非洲的维和任务。印度提供的这些维和人员

---

① Sushant K. Singh, "Peacekeeping in Africa: A Global Strategy," *South African Journal of International Affairs* 2 (2007), p. 77.

中，既有部队军人、民事警察，也有军事观察员。维和人员性别构成中，既有男性，又有女性。人员构成的广泛折射出印度维和人员在非洲从事任务的多样性。既有防止局势失控和升级的人员，也有监督停火与和平选举的人员，还有参与人道主义救助的人员。值得关注的是，印度部署了联合国首次全部由女性组成的超过100名成员的维和部队，参加2003年联合国在利比亚的维和行动等。其次，印度参与非洲维和的时间较早，实战历练较多，且赢得较好口碑。冷战期间，印度维和部队参加了联合国在刚果（布）中的维和使命（1960～1964年），这是印度参加的联合国1960年在刚果（布）的首次维和行动（这是联合国在非洲采取的第一次维和行动，也是联合国首次处理阻止国家内部冲突的事务）。印度为此派遣了12000名维和人员，包括两个步兵旅和由6架轰炸机组成的一个飞行中队。1992年，印度参与在莫桑比克的联合国维和行动，得到时任联合国秘书长加利的赞赏，他认为，“印度部队，由于他们优秀的训练能力、高标准的纪律和高度的责任感，在确保莫桑比克的早日回归和平上，做出了显著的贡献”。[①] 1992年，联合国决定开始在索马里执行维和任务，印度维和部队在此次维和中成功地将强制裁军和人道主义救济这两种冲突性角色相结合，印度部队单独负责索马里国土1/3面积（17.3万平方公里）的维和任务，是所有联合国维和部队中负责面积最大的国家。在此次联合特遣队中，印度调派三艘军舰，这是印度海军第一次参与联合国维和任务。因此，印度具有半个世纪的广泛的（包括在非洲）维和实践经历。从这个角度看，印度在非维和方面具有技术转让的能力。

新南非成立以来，注重克服种族隔离时期南非在非洲国家造成的不良影响，塑造南非负责任的国家形象，积极参与非洲的和平建构。早在1993年，首任总统曼德拉就表示南非无法逃离其非洲命运，如果南非不将精力致力于非洲大陆，南非自身也将成为冲击非洲分化力量的牺牲品。曼德拉在为南非黑人自由解放奔走的同时，致力于国际和平议程，调解非洲冲突与纠纷。不过，与白人治下的南非不同，新南非的国防部队不再具有将军事力量投放到边界之外的意愿。1994～1997年，新南非启动对白人政权军队的整编进程，鉴于南非在种族隔离时代的跨境侵略活动，南非对把部队派

① In an interview with the BBC, quoted at India Army: UN Peacekeeping, http://indianarmy.nic.in/arunpk.htm.

往其他地区的举动保持警惕。1997 年，军队整编进程的顺利实现，以及 1998 年南非内阁制定的《南非参与国际和平使命的白皮书》在 1999 年的议会中得以通过，为南非参与维和行动开辟了道路。在曼德拉执政时期（1994 ~ 1999 年），南非发挥其在非洲的道义优势，谴责非洲一些“非民主”国家。不过，这一时期，由于南非在解决非洲冲突方面更注重单边主义做法，其结果往往是导致南非与其他非洲国家关系的紧张。

姆贝基继任总统后，南非凭借个人魅力的人道主义外交开始减少，取而代之的是非洲优先的外交原则，利用南非在非洲政治、经济、军事中首屈一指的地位，在多边合作机制框架下，在维护非洲稳定上发挥独特的作用。至于参与非洲和平构建的动因，南非总统姆贝基明确表示，非洲其他地区的发展符合南非的直接利益，如果非洲其他地区处于战火的话，南非不可能有可持续的、成功的发展，强调国际和平和国际公认的冲突解决机制应成为南非外交的主要原则之一。值得一提的是，姆贝基“非洲复兴”思想在政治领域的最终目标是用和平、民主来增强非洲国家和非洲整体的自主性。据此，南非推动非洲统一组织向非洲联盟转型，积极参与科特迪瓦、刚果（金）、苏丹等非洲国家的冲突的调解，号召非洲各国吸取历史经验和教训，树立非洲能够良治的信念。祖马政府时期，南非表示将一如既往地承认多边主义的重要性，其对非洲和平塑造的意愿更加明显。祖马总统表示南非将通过和平调解，扩大南非和平部队的贡献，并通过提供物资和财政援助等方式，继续支持非洲的和平努力。南非外交部 2010 ~ 2013 年战略计划指出，南非通过致力于参与非洲维和行动与预防性外交，推动非洲的和平、安全和稳定，指出南非应协助非洲大陆冲突后国家的重建和发展，增强非洲国家军事、警察部门的能力建设，帮助非洲安全部门的改革。

除此之外，南非参与非洲维和，推动“非洲议程”，强调将通过加大对外援助力度，倡导非洲大陆的和平与发展，以体现其作为非洲最强的经济体形象。随着南非在非洲经济利益的日益深入，南非希望非洲更加稳定和平和具有竞争力，并希望在展示大国地位、追求新的世界秩序、倡导联合国安全理事会改革等方面得到非洲国家的认可。

虽然南非新政府在处理现代维和的复杂性方面缺少应有的经验，但可贵的是，南非政府对提高其维和能力的外国援助持欢迎态度。1997 年，印度南非签署《红堡宣言》，申明两国同意共同致力于一个和平、安全、平等的全球秩序，这从一个侧面为印度南非在参与非洲维和上的合作提供了基础。择其要者而言，印度南非在涉非维和上的合作主要有四个方面。其一，共同参与非洲国家的维和，保证联合国在非洲维和任务的正常进行。截至2007年，印度总共参加在非洲的25项维和行动，超过9300名的印度维和人员目前被部署在非洲，在非洲参与联合国维和人员部队的数目中位居第三。与此同时，南非亦表示对联合国、非洲联盟和南部非洲发展共同体的维和行动提供适当的支持。[①] 有约3000名南非国防军参与非洲各地的维和行动，印度与南非共同参与了联合国在非洲刚果（金）、埃塞俄比亚、厄立特里亚与布隆迪等国的维和行动。印度在2004年11月首次参与在刚果的维和，是参与该国维和中派遣人员最多的国家，在该国的北基伍省部署了超过4500名士兵。其二，印度为南非维和人员提供军事培训。根据1964年制定的印度技术和经济合作计划（ITEC），1990~2001年，印度为来自南非、博茨瓦纳、布基纳法索、毛里求斯等12个非洲国家的共约800名军官提供了军事培训。印度每年为撒哈拉以南非洲国家培训超过1000名官员，培训的非洲军事人员超过1.45万人，这些军事人员来自尼日利亚、埃塞俄比亚、肯尼亚、津巴布韦和南非等国。[②] 其三，在联合国双方共同支持并倡导非洲和平决议。南非总统祖马认为在2011年的利比亚冲突中，北约的部队轰炸利比亚，而非洲联盟的计划被忽视。不仅如此，2011年3月，联合国在美国等国的支持下，通过联合国安理会第1973号决议，以对利比亚执行区域禁飞。此举遭到印度、南非、巴西等国的共同抵制。南非认为军事上干涉国内的动乱值得商榷，只能在联合国框架、非洲联盟与阿拉伯联盟的紧密合作下进行。2012年1月，借助中国、俄罗斯等国的支持，以及印度巴西南非对话论坛（IBSA）的所有成员在联合国安理会中担任非常任理事国的机遇，作为安理会轮值主席国的南非，推动安理会通过催促联合国与非洲联盟加强紧密合作的第2033号决议，呼吁加强非洲联盟和平安全理事会与联合国安理会的联系，支持两者在预防、解决冲突及选举援助等领域展开合作，鼓励两个机构建立制度化联系，就共同关心的问题进行经常性交流、磋商与协调。其四，支持非洲联盟和地区经济组织，塑造非洲的和平与安全构架。印度与南非支持科特迪瓦冲突的和平解决，南非还主持非洲联盟

---

① South African Gonernment, White Paper on South African Participation in International Peace Mission, http://www.info.gov.za/whitepapers/1999/peacemissions.pdf.

② Ruchita Beri, "India's African Policy in the Post-Cold War Era: An Assessment," *Strategic Analysis*, Vol. 27, No. 2, 2003, p. 223.

授权的苏丹战后重建委员会。其五，主张发展社会经济以构建持久和平。在印度巴西南非对话论坛框架下，印度、巴西、南非表示将致力于发展与安全，加强在可持续和平与发展的相互依赖问题上展开相互协商与合作。三国申明在发生冲突后的国家或可能重新陷入冲突的国家中，发展战略对于实现可持续和平与安全发挥关键性作用。三国对于 2011 年 2 月苏丹公投的结果表示欢迎，宣布通过 IBSA 资金（IBSA Fund）继续支持南北苏丹的重建与发展。

印度的援助得到南非政府的肯定和配合。在《2006 年印度南非“茨瓦内宣言”：重申战略伙伴关系》中，南非对印度提供有关联合国维和的培训表示赞赏，两国对联合国设立和平委员会和人权理事会表示欢迎。2008 年 3 月 13 ~ 14 日，印度召开第六次印度南非国防委员会会议，双方讨论了军事演习中交换观察员、南非参与印度的军事培训课程，以及加强高级军事课程与风险管控等方面的议题。

三　共同应对非洲卫生挑战

艾滋病不仅仅涉及人口健康，还与社会发展有密切的联系，是非洲、印度面临的主要威胁之一。截至 2006 年，在撒哈拉以南非洲有 2470 万人感染艾滋病毒（HIV），几乎占所有感染 HIV 的数量的 2/3（63%），有 210 万人死于艾滋病，占全球死于艾滋病人数的 72%。而南部非洲是全球艾滋病泛滥的中心，全球携带 HIV 人数的 32% 及全球死于艾滋病人数的 34% 都在该地区。艾滋病泛滥对南非而言更是最严重的问题之一。2005 年，南非有约 550 万人，年龄在 15 岁以下的儿童中携带 HIV 的人数为 24 万人。按照 2005 年的统计，南非人口增长率为 -0.31%，艾滋病导致南非国民的平均寿命从 1990 年的 63 岁降到 2004 年的 47 岁。2006 年，南非政府强调要实现“非洲复兴”的目标，必须重建非洲经济、消除贫困与遏制艾滋病的蔓延。另外，根据印度国家艾滋病控制组织提供的数据，截至 2005 年 4 月，印度艾滋病病毒携带者人数从 2004 年的 458 万人增加到了 510 万人，占亚洲艾滋病感染总人数的 70%。印度非官方的估计甚至认为印度的艾滋病病毒感染人数已超过南非，位居世界第一。印度 2006 年 7 月 20 日公布的一份题为《印度艾滋病的社会经济影响》的研究报告估算，受艾滋病影响，2002 ~ 2016 年的 14 年间，印度的年均 GDP 增幅将从 8.21% 降到 7.34%，人均年收入增幅将降至 6.13%。

印度南非创建了多层次的卫生合作机制，推动两国卫生领域合作。2001年4月，印度与南非签署《卫生和医药领域的合作意向宣言》。同年，16个非洲国家参加印度组织的首次印度非洲卫生峰会，其间，印度主要制药企业同南非、肯尼亚等国签署合作项目。这为印度非洲在卫生领域的合作奠定了基础。2008年首届印度非洲论坛峰会发布《印度非洲合作框架》，强调升级、精简医疗系统与加强对印度非洲国民的医疗保健服务具有关键意义，表示将通过分享经验、能力建设等方式，深化印度非洲医疗保健领域的合作。2010年，印度非洲制订联合行动计划，一致同意继续深化基于发展项目的伙伴关系，推动双方在卫生等领域的合作。在多边机制框架方面，2005年的第二次亚非会议上印度和与会各国通过战略伙伴行动计划，表示将共同抗击艾滋病、肺结核、疟疾等疾病。印度巴西南非对话论坛设有卫生部门合作工作组，以加强在艾滋病治疗等领域的合作，催促八国集团加大对疫苗研究和发展的支持。次年，印度南非签署《卫生事务合作双边协议》。印度巴西南非对话论坛签署的《卫生和药品谅解备忘录》，将研制艾滋病疫苗视为优先议程。国际艾滋病疫苗行动组织（IAVI）亦承诺与IBSA合作，推动科学和技术信息交流，加强在卫生基础设施和艾滋病疫苗等议题方面的交流。此外，2013年，印度主办金砖国家卫生部长第二次会议，会议达成关于疾病监测、针对传染病及非传染病的医疗技术、慢病防治与健康覆盖、药品研发、医疗技术五个领域的行动计划。2015年，非洲联盟通过2063年议程，将确保非洲每位公民全面享有价格合理的优质医疗保健服务，减少艾滋病毒、疟疾和肺结核病例。根据印度2015年国家卫生政策草案，印度将减少孕产妇死亡率、控制肺结核与艾滋病、挖掘传统医学体系等作为重要议程。印度表示其已批准3亿美元支持印度非洲抗击艾滋病合作计划，承诺到2030年，停止艾滋病毒在印度非洲的蔓延。

印度与南非在防治艾滋病上进行合作具有一定的技术优势。自20世纪60年代起，印度制药业进入快速发展期。经过半个多世纪的发展，印度已建立起颇具活力的制药行业，能制造较为先进的制药机械，生产超过400种药物和10000种剂型，能满足国内95%的药品需求。海得拉巴成为印度乃至亚洲最大的药品生产中心。2014年，相比英国拥有3815种药物的生产许可证，印度企业拥有3685种药物的生产许可证，这意味着印度企业具备生产多数技术复杂且符合全球质量标准的药品的能力。到2015年，印度建有3000家药品公司和1.05万家制药厂，其中包括兰伯西、西普拉等知名制药企业，印度制药企业的产值和产量分别占全球的 1.4%、10%。[1] 印度有 7 个制造抗艾滋病药物的公司，被认为是为第三世界提供非专利抗艾滋病药品的大药房。值得一提的是，在价格上，印度的某些药品的价格只有国际价格的 1/10。这适合非洲国家人均收入低的特点，有利于发挥印度制药业的优势，打开非洲的市场。

非洲医药市场对印度经贸发展的意义重大。2000 ~ 2014 年，非洲制药进口额从 36.9 亿美元增至 164.5 亿美元，[2] 成为仅次于亚太地区的世界第二大最具活力的药品市场。尽管非洲制药市场仅占全球销售额的 2%，却是世界上发展最快的地区。[3] 面对一些大型跨国药物公司的压力，非洲国家如肯尼亚等通过《防伪法》，乌干达和赞比亚等国也通过相似的法律，这无疑给印度仿制药品的出口带来挑战，对此，印度在非洲卫生部长会议上敦促非洲国家不要对其向非洲生产和出口的仿制药品设置阻碍，认为这将抬高仿制药品的价格。

2005 年，印度工商联合会确认尼日利亚、南非等 8 国为印度对非洲出口的主要目的地，确定以卫生、信息等五个部门为印度非洲贸易的“增长引擎”。其中，印度尤为看重南非制药业的发展潜力。究其原因，其一，与非洲的尼日利亚、肯尼亚等其他大型医药市场不同，南非具有非洲最大、最规范及较稳定的市场，投资的回报相当高。据估计，南非的药品市场以每年 4% 的速度在增长，其药品工业主要还是靠进口。2001 年 4 月，南非政府在进口仿制艾滋病药物上取得对跨国公司的胜诉判决，具有标志性意义，因为它为印度向非洲出口非专利抗艾药品打开了方便之门。此外，南非所拥有的南部非洲特色植物多达 2.7 万多种，目前已知具有经济价值的植物（含药用植物）约有 4000 种。2001 年，南非通过国家生物技术战略，以解决发展生物技术有关的人力资源发展、法律与资金问题，鼓励进行国际合作，推动生物技术部门的发展。其二，南非卫生技术基础较好，是非洲唯一能自身制造抗艾滋病药物的国家。始于 1999 年的“南非艾滋病疫苗行动

---

① Alena Wabitsch, “Africa: How Africa can Benefit from Collaboration With India?” *The Chronicle*, November 24, 2015.

② T. C. “James, India-Africa Partnership in Health Care: Accomplishments and Prospects,” http://119.90.25.35/ris.org.in/pdf/India_Africa_Partnership_in_Healthcare.pdf.

③ Saroj Mohanty, “Huge Opportunities Await Indian Health Investors in Africa,” *Business Standard*, March 18, 2014.

倡议”（SAAVI）于 2003 年取得重大进展，开发出了首个备选疫苗。2006 年，撒哈拉以南非洲药品市场总值达 10.7 亿美元，其中的约 70%（7.35 亿美元）由南非生产。[①] 其三，为挖掘包括南非在内的非洲国家市场潜力与技术优势，印度与南非药品企业间的合作日渐深入。印度南新、沃克哈德、西普拉、瑞迪博士实验室有限公司等主要药企已与南非公司建立合资企业。2003 年，瑞迪博士实验室有限公司驻南非的子公司与合资药物有限公司成为上市公司，以解决有关药品规范、商业发展、分配、销售方面的问题，并负责在南非和非洲其他地区市场的系列产品销售。2005 年，沃克哈德与南非动态药物公司（Pharma Dynamics）组建沃克哈德南非药物有限公司，据此，沃克哈德公司利用南非动态药物公司的销售网，在非洲各地出售药物。之后，印度兰伯西实验室有限公司与南非社区投资股份公司（CIH）组建斯诺克药物有限公司（SPP），新公司通过公营和私营渠道，在南非、纳米比亚和博茨瓦纳等邻国，销售兰伯西实验室有限公司的系列抗艾滋病药物，迄今，该公司已成为南非通用抗反转录病毒药物第二大供应商，并在 2010 年 12 月赢得在 2011 ~ 2012 年向南非公共医院提供抗艾滋病药物的南非国家招标总价值 21.9% 的份额。2015 年，印度机械出口推进理事会参加在南非举行的非洲卫生贸易展。

印度药业通过与南非的合作，得以扩大其在非洲的影响力。西普拉公司向非洲 1/3 的病人提供了抗艾滋病药物。据统计，全球有 3000 多万人感染艾滋病毒，而其中的 2500 万名感染者居住在非洲和其他的发展中国家，而非洲超过 300 万名的艾滋病患者定期使用印度制造的抗艾滋药品。[②] 2004 年，印度巴西南非对话论坛成立“IBSA 减少贫困和饥饿基金”，各成员国承诺每年至少向该基金捐款 100 万美元，鼓励发展中国家特别是最不发达国家向该项目提出申请。该基金帮助的布隆迪加强抗击艾滋病基础设施与能力项目、佛得角翻新卫生保健基础设施项目，已分别在 2012 年、2008 年竣工。IBSA 在 2006 年、2010 年相继获得联合国“南南伙伴关系奖”与“千年发展目标奖”，以表彰其在卫生、减贫上采取的新举措。2011 年，时任印度外交国务部部长阿南德·夏尔马认为印度使艾滋病药品费用大大降低，

---

① Roshni Majumdar, *Entry Strategy of the Indian Pharmaceutical Industry in Africa*, CIS, LAP, Lambert Academic Publishing, p. 5.

② Groum Abate, “India Asks Africa to Keep Doors Open to Generic Drug Imports,” http://indiaafricaconnect.in/index.php? param = news/95/india-in-africa/117.

印度制药企业能在解决非洲艾滋病上扮演关键角色，这凸显了印度的力量。

不过，印度与南非等非洲国家展开的卫生合作面临诸多羁绊。其一，印度对非洲药品出口监管力度不足。2015 年的印度非洲论坛峰会期间，尼日利亚总统布哈里表示印度应在对非洲出口的药品等方面，执行更严格的质量标准。峰会颁布的《印非战略合作框架》，强调印度非洲双方将在打击假冒药品上加强合作。印度政府还承诺在建立监管框架上，加强与非洲国家的磋商。其二，西方制药企业给印度非洲卫生合作带来一定的压力。面对美国、日本和欧洲等地制药集团要求印度调整法律和政策的一再呼吁，无国界医生组织希望印度在生产仿制药方面，顶住来自西方的压力。印度总理莫迪亦强调印度不会因国际制药公司的压力而无视生命。印度呼吁南非等非洲国家加强合作，抵制大型制药公司试图将仿制药列为假冒药的企图。其三，从一定程度上看，南非将不断涌入的印度药品企业视为威胁。2009 年，印度仿制药企业阿拉宾度（Aurobindo）公司在一项提供抗艾滋病药物的政府招标中，输给两家南非企业。尽管印度企业的价格比南非最大药企阿斯本（Aspen）公司与阿阔德·英格朗（Adcock Ingram）公司便宜 30%，但两家南非企业获得其中的大部分招标（价值在 4 亿美元）。其余招标的内容授予众多的南非小型企业。阿拉宾度公司提请法院审查，而南非却认为其举措符合发展和支持国内制药部门的政策。因为根据南非《优惠公共采购框架法》（*Preferential Public Procurement Framework Act*），政府允许和鼓励选择有利于当地企业的抗艾滋病药物招标者。当然，这也在另一个层面推动印度制药企业更加注重在南非的本地化发展战略，之后，阿拉宾度公司在南非设立了制药厂。

小　结

冷战结束以来，非洲政局趋稳与经济发展，以及印度曼莫汉·辛格政府对非洲合作政策大幅调整，为印度南非两国在涉非议程上的合作创造了条件。1997 年，印度南非签署两国确立战略伙伴关系的《红堡宣言》，两国重申 1955 年亚非会议后的万隆精神，双方对在各自所在地区所扮演的积极角色表示赞赏，强调要发挥南非的地缘优势，推动亚非拉国家开展南南合作。

本章首先分析了印度南非调整对非政策的背景与举措等议题，指出中国非洲关系的快速发展，以及印度在争取联合国安理会常任理事国席位中的失利，促使印度政府深刻认识到非洲在其大国战略中的重要地位，从而改变对非洲的冷淡态度，代之以积极合作的政策。2007 年，时任印度总理曼莫汉·辛格在尼日利亚国民大会的演说中，强调印度有意成为“非洲复兴”的伙伴。值得一提的是，印度加大对非洲能力建设的援助力度，为印度扩大与非洲国家合作的领域创造了条件。另外，南非与印度在非洲经济与和平等领域的合作，符合南非非洲优先的外交战略，这为南非赢得其他非洲国家的尊重与提高国际地位奠定了基础。

非洲是发展中国家最集中的地区，有数百万人的日常消费不足 1 美元。本章第二节分析了印度南非发挥各自在经济、军事与卫生等方面的优势，共同参与对非经贸合作、稳定非洲国家和平局势与改善医疗状况等议题。印度在非洲的积极参与姿态，既有助于实现非洲千年发展目标，也利于印度追求自身战略利益，其不仅利于印度企业以南非为跳板，拓展非洲、美洲市场，融入经济全球化浪潮，还有助于印度展示其在南南合作政策上的延续，彰显其致力于世界和平与发展的良好形象，促进非洲国家对印度大国角色的认知、理解与支持。

第八章

印度南非在新兴国家机制框架内的合作

冷战结束后，诸多发展中国家对内加快经济市场化改革，对外注重融入经济区域化、全球化浪潮。随着中国、印度等新兴经济体的快速发展，新兴国家对国际政治经济格局变化的影响，日渐引发国际社会的关注。印度、南非作为新兴国家的代表，在倡导新兴国家合作、深化南南合作与推动国际新秩序变革方面扮演重要的角色。不过，就南南合作与新兴国家关系的前景而言，印度、南非尚需加强与其他新兴国家的互动，探索更多的利益交会点，提升发展中国家在国际机制框架中的议题创建能力。

第一节　冷战后新兴国家的兴起

一　定义与地位变迁中的新兴国家

“新兴国家”所描述的是国际社会中正在兴起的、所走现代化道路不同于历史上老牌资本主义国家、非西方的国家（或地区）。“新兴”是一个描述性概念，也是一个发展中概念。在国际经济政治领域，与“新兴国家”相关的概念有“新兴工业化国家和地区”“新兴市场”“新兴经济体”等，其中，“新兴工业化国家和地区”这一概念，首先在20世纪70年代末由经济合作与发展组织提出，是从工业化的角度，指发展中国家中已实现工业化、资本主义生产方式已占主导地位、由资产阶级掌权的国家

（或地区）。[①] 具体指拉美的巴西、墨西哥、阿根廷、委内瑞拉和智利，亚洲的“四小龙”，以及20世纪80年代以来向工业化迈进的马来西亚、泰国、印度尼西亚、摩洛哥、阿尔及利亚等国。之后，随着经济全球化的发展，对一个国家经济发展关注的重点从工业化生产更多地转向了消费、投资、贸易等要素的流通市场上。于是，“新兴市场”概念随之出现。1994年美国商务部发布的《国家出口促进策略》文件中，最早提及“新兴经济体或新兴市场”的称谓，指出未来美国将与一个正在崛起的新世界（“新兴市场”国家）进行竞争，一般认为，新兴经济体或新兴市场国家是指拥有丰富的原料资源、就业人口和生产优势，市场经济体制逐步走向完善，市场发展潜力大，经济发展速度快，正力图通过加快改革与发展逐渐融入全球经济体系的发展中国家，是发展中国家中的佼佼者。

由此观之，新兴国家崛起的实质是现代化，“新兴”概念不仅描述了不同历史时期特定国家的发展特征，同时也从一个侧面反映出国际经济政治格局的发展变化。当然，也有学者认为这些新兴国家，在经济维度上，是从原来的落后于西方到今天的追赶西方，增强自身的综合实力；在政治维度上，是从原有世界秩序的“客体”逐渐成为新世界秩序的“主体”，提升其在国际格局与国际社会中的影响力；在历史维度上，新兴国家致力于国际体系与全球治理的变革，改变数百年来以西方为中心的权力结构和政治秩序，出现一个新的全球体系。[②]

冷战结束以来，中国、印度等国相继开启以市场化、私有化与外向型为导向的经济改革。1991～2001年，世界其他大国与美国实力相差较大，美国是世界唯一的超级大国。为确立美国主导的国际秩序，美国不但发动对科索沃的战争，而且借助信息技术革命，推动国家经济的增长。但2001年发生在美国本土的“9·11”恐怖袭击事件，暴露了美国强大下的脆弱。出于加强国土安全与重塑美国信心等因素的考虑，美国视恐怖分子为国家安全的主要威胁，将反恐列为国家战略的主要内容，相继发动对阿富汗和伊拉克的战争。出乎意料的是，美国耗资超万亿美元，非但难以从阿富汗、伊拉克的战场中脱身，丢掉自身的软实力，反而间接为中国、俄罗斯、印

① 夏安凌、唐辉、刘恋：《新兴国家的崛起与国际格局的变化》，《教学与研究》2012年第5期，第69页。

② 周鑫宇：《新兴国家崛起与国际权力结构变迁》，《太平洋学报》2010年第8期，第31页。

度、巴西、南非等新兴地区强国的发展与国际地位的提升创造了机遇。2001年11月20日，美国高盛公司首席经济师吉姆·奥尼尔（Jim O'Neill）在其《全球需要更好的经济之砖》报告中，首次提出“金砖四国”这一概念，指巴西（Brazil）、俄罗斯（Russia）、印度（India）和中国（China）等四国英文国名首字母组成的词BRIC，发音类似英文的“砖块”（brick），奥尼尔认为此四国为未来50年发展最快的一组国家，到2050年，世界经济格局将重新洗牌，“金砖四国”将超越包括英国、法国、意大利、德国在内的西方发达国家，与美国、日本一起跻身全球新的六大经济体。

2008年9月美国次贷危机所引发的全面金融危机，削弱了美元的强势地位，加快了美国在世界经济中领导地位的衰落，加速后冷战时代的终结，这意味着苏联解体后国际格局调整的第一时期基本结束而进入新格局形成的关键期。2000～2008年，“金砖四国”对全球经济增长贡献率超过30%。而在2009年，这一比例上升至50%左右。同期，“金砖四国”与“展望五国”[①] 占全球GDP的比重从11%上升至15.7%，而西方7国的份额则从77%下降至55.8%。如果按照购买力平价计算，新兴经济体在全球GDP中的比重更是达到了43.7%。[②]

国际局势与国家实力的变化，促使美国认识到只有加强与世界其他国家的合作，才能解决恐怖主义、恢复经济等难题。美国前副国务卿詹姆斯·斯坦伯格认为，适应中国、印度和巴西这样的新兴大国的崛起，同时保护美国的国家利益是现今时代美国所面临的关键挑战之一。为从学理上阐述其他国家在国际秩序中承担责任的必要性，奥巴马明确地提出“负责任主权”的概念，认为国际社会的成员不仅被赋予主权权利，同时也有义务，不仅对其本国国民，也对更广泛的国际社会拥有义务，其实质是在美国实力相对下降的背景下，要求其他国家特别是新兴国家分担美国的责任，以减轻其国内外压力。[③] 与此相呼应，2008年，美国主持召开第一次二十国集团峰会，西方七国集团、俄罗斯、欧盟、韩国、澳大利亚、沙特阿拉伯，

---

① 日本学者门仓贵史将越南、印度尼西亚、南非、土耳其和阿根廷五国的首个字母连成“展望”（VISTA），提出“展望五国”概念。

② 高祖贵、魏宗雷、刘钰：《新兴经济体的崛起及其影响》，《国际资料信息》2009年第8期，第1页。

③ 唐彦林：《奥巴马政府变革国际秩序的政策评析》，《辽宁大学学报》2012年第2期，第149页。

以及土耳其、阿根廷、中国、巴西、印度、印度尼西亚、墨西哥、南非等新兴经济体参会。2009 年匹兹堡峰会将二十国集团作为处理全球金融、经济问题的最重要平台，同时也为国际社会协商变革国际秩序提供了平台。新兴国家首次积极参与对不合理的国际金融秩序的变革，扩大在世界经济中的话语权。

二 新兴国家成为引领南南合作的中坚力量

冷战结束后，国际国内环境的变化减弱了发展中国家间的凝聚力，限制了南南合作的开展。20 世纪 90 年代苏联的解体，不但导致冷战两极格局的结束，而且促使第三世界不再属于两大集团之外的第三种力量。美国成为世界唯一超级大国，南方国家间深化团结的凝聚力趋于减弱。冷战期间发展中国家组建的不结盟运动与 77 国集团等全球性组织结构松散，在整合成员以适应冷战后国际局势与发挥影响力方面面临挑战；与此同时，冷战结束以来，发展中国家之间业已存在的领土、宗教与民族等纠纷凸显。加之，发达国家对发展中国家的政治干预与意识形态渗透，操纵、控制与挑拨发展中国家局势，导致发展中国家政局动荡，相互矛盾甚至激化为武装冲突与规模战争，降低第三世界展开相互合作的意愿。值得关注的是，与冷战结束后经济全球化相伴随的是，发展中国家之间在资源、经济与市场等方面的竞争日益激烈，一些发展中国家面对经济全球化的风险，将关注的焦点从冷战时期的政治领域转移到了经济领域，更多地将精力放在国内事务与自身利益上。

尽管如此，发展中国家加强合作的共同基础尚存，如相似的历史经历，特别是被殖民者剥削的遭遇，共同的发展经济、维护独立使命，以及改善自身在不平等的国际政治经济秩序中的地位等，驱使第三世界加强相互间合作。1997 年，孟加拉国、埃及、伊朗、马来西亚、尼日利亚、巴基斯坦、印度尼西亚和土耳其组成发展中八国集团，其主要目标是提高成员在世界经济体系中的地位，扩大成员间的贸易往来；次年，不结盟运动在印度尼西亚首都雅加达设立南南技术合作中心（CSSTC）。2000 年 4 月，来自 77 国集团 133 个成员的国家元首、政府首脑或其代表，在古巴首都哈瓦那举行首届南方首脑会议。这是 77 国集团成立 36 年以来第一次召开的层次最高、规模最大的会议，会议就第三世界国家在世界经济全球化加速的背景下面临的挑战，如何加强相互团结，敦促南北平等对话，改革现存的国际货币金融体制和世界贸易体制，构建一个公正、公平、合理的国际经济新秩序等议题展开协商，会议决定筹组一个“南方协调委员会”，由南方国家各大区域性组织的主要领导人共同组成，其主要职能是统一协调和组织实施此次首脑会议制定的行动纲领和有关南南合作的各项决定。

2000 年 9 月的联合国首脑会议上通过《联合国千年宣言》，191 个成员表示将致力于使全球贫困水平在 2015 年之前降低一半（以 1990 年的水平为标准）。以此为契机，在中国、印度等新兴国家的推动下，南南合作步入快车道。

首先，新兴国家与其他发展中国家的关系有所加强。2000 年 10 月，中非合作论坛首届部长级会议在北京举行。会议的主题为“面向 21 世纪应如何推动建立国际政治经济新秩序，如何在新形势下进一步加强中非在经贸领域的合作”。中非双方决定在 21 世纪建立和发展长期稳定、平等互利的新型伙伴关系，建立中非合作论坛机制。2003 年，巴西召开巴西非洲论坛会议；2004 年，印度巴西南非对话论坛决定建立“IBSA 减少贫困和饥饿基金”，鼓励发展中国家，特别是最不发达国家向该项目提出申请。为改变冷战后对非洲的忽视政策，重新界定非洲大陆和印度之间的伙伴关系，2008 年 4 月，印度召开首次印度非洲论坛峰会。中国等新兴发展中国家经济的快速增长，推动了发展中国家间贸易额的大幅增长，促使南南贸易关系经受住了全球金融危机的考验。2009 年的联合国南南合作高级别会议上，联合国时任副秘书长罗丝·米吉罗明确表示一些新兴发展中国家在贸易、金融、科技等领域正迅速崛起，拥有越来越强的经济实力，可以通过贸易投资等方式帮助其他第三世界国家实现社会经济的快速发展。

其次，新兴国家相互间关系不断深入。1996 年 4 月，哈萨克斯坦、吉尔吉斯斯坦、中国、俄罗斯、塔吉克斯坦五国元首在上海举行会晤，创建“上海五国”会晤机制。2000 年，五国元首在塔吉克斯坦首都杜尚别举行第五次会晤，决定发展五国全面合作，将“上海五国”由会晤机制变成地区全面合作机制，这为深化五国睦邻友好合作关系、加强五国和亚太地区安全，为在冷战后摒弃冷战思维，探索新型国家关系、新型安全观和新型区域合作模式提供了重要经验。2003 年，印度巴西南非对话论坛在巴西利亚成立，三国表示将共同致力于经济发展、消除贫困等问题，之后，IBSA 确立部长级会议、首脑会晤等定期交流机制，建立能源、卫生、科学和技术等多个部门合作工作组。2010 年，南非与中国签署《全面战略伙伴关系协议》（CSPA），成为首个与中国签署类似协议的非洲国家。

面对俄格冲突所引发的俄罗斯与西方国家的关系紧张局面，以及 2008 年以来的金融动荡，2009 年 6 月，中国、印度、巴西、俄罗斯四国在俄罗斯叶卡捷琳堡举行了首次峰会，探讨如何应对国际金融危机，至此，此前一直作为一个概念存在的“金砖四国”发展为一个有形的多边外交模式。2011 年 4 月，第三次峰会在中国三亚举行。2014 年的金砖国家领导人第六次会晤，决定建立金砖国家新开发银行和应急储备安排。这是发展中国家自主创立的多边金融机构，也是打造自身金融安全网的一个重大举措，标志着金砖国家合作从概念向实体迈进。

此外，2009 年 9 月 26 日，阿根廷、巴西、巴拉圭、乌拉圭、厄瓜多尔、玻利维亚、委内瑞拉等南美洲 7 国共同组建南方银行，其启动资金为 200 亿美元。南方银行成立的目的是方便南美各国融资，并试图降低国际货币基金组织、世界银行对南美诸国的影响。

最后，新兴国家推动发展中国家整体合作。2003 年 8 月坎昆的世界贸易组织会议上，G20 成员反对发达国家所提出的“新加坡议题”协议——投资保护、市场竞争政策、政府体制透明化，要求欧盟与美国放弃农业补贴。舆论认为南方国家此种对发达国家主导的新自由主义全球化进程的质疑，将有助于建立新的国际经济秩序。2005 年的第二次亚非首脑会议上，南非和印度尼西亚政府共同提出“弘扬万隆精神：致力于打造新型亚非战略伙伴关系”的会议主题，认为在全球发展的整体层次上，世界形成了美、欧、亚、非的序列，美欧等发达序列能合作，亚非等欠发达序列也应该进一步加强合作。在此过程中，崛起的亚洲应在“万隆精神”的指导下，发挥承上启下的新作用，会议签署的《亚非新型战略伙伴关系宣言》，标志着亚非国家之间在 50 年后再度修筑合作平台，亚非合作进入一个新的发展时期，将从政治方面的合作转向政治、经济和社会文化三大领域的全面合作。同年，在卡塔尔召开的第二届南方峰会决定设立南南发展与人道主义基金，卡塔尔为该基金提供 2000 万美元起始资金，中国、印度再增加 2000 万美元，在经济、社会和卫生、教育发展上援助南方国家，处理饥饿与贫困等问题；次年，首届南美 - 非洲峰会在尼日利亚首都阿布贾举行，推动两地区在能源、金融和教育等领域的合作。

由此观之，新兴国家参与南南合作的目的与方式多样。从发展中国家合作的宗旨看，早在 1973 年，第四次不结盟国家和政府首脑会议就通过

《经济宣言》和《经济合作行动纲领》，正式提出建立新的国际经济秩序的奋斗目标。新兴国家强调主权国家、国际法、多边主义为国际体系的基础，倡导改革不合理的国际政治经济秩序，要求增加话语权和规制权，推动国际体系向公平、公正和合理的多极格局转型，这可谓对南南合作任务的沿承。就合作的方式而言，包括新兴国家在内的南方国家仍旧将发展中国家间的平等互利合作和实现联合自强作为提升自身发言权、提高在南北对话中的地位的重要手段。从全球治理的角度看，全球化的加速与国家间相互依存的深入，迫使国际社会在解决全球问题上展开相互协商，谋求合作共赢，共同应对挑战。当然，新兴国家还希望借助发展中国家的力量，抵制美国霸权行动和单边主义政策，维护自身领土完整与国家权益。

第二节　印度南非在印度巴西南非对话论坛机制内的合作

印度巴西南非对话论坛是 2003 年 6 月由三个发展中大国印度、巴西、南非组建的跨地区战略联盟，是印度与南非进行南南合作的又一个平台。成立之初，该联盟的目的一方面是加强三国在相关地区与国际问题上的协商，尤其是在联合国安理会改革、世界贸易组织等多边谈判中协调立场；另一方面是推动三国在防务、技术、社会发展等领域的合作。随着 IBSA 讨论问题的逐步扩大，印度、巴西、南非间的建设性关系亦不断深入，逐渐“从关注宏观政治问题的松散伙伴关系，发展成一个功能性较强的、寻求讨论和解决影响发展中国家普遍性问题的政治联盟”。①

一　印度巴西南非对话论坛机制创立的背景与进程

印度南非参与组建 IBSA 有着深刻的国际国内因素。冷战结束后，全球化加速，南北不平等加剧，印度南非都面临解决贫困的难题。凭借 21 世纪以来经济发展所取得的显著优势，印度南非重视在既有的双边经济与文化联系的基础上，加强与巴西等新兴国家的合作，以在深化南南合作、推动经济区域化与塑造有利的全球治理机制等方面有所突破。

① Kaia Lai, “India-Brazil-South Africa: The Southern Trade Powerhouse Makes Its Debut,” http://www. coha. org/2006/03/15/india-brazil-south-africa-the-southern-trade-powerhouse-makes-its-debut/.

（一）印度巴西南非三国合作的基础日渐广泛

印度与巴西间存在悠久的历史联系，且一贯重视同拉美与非洲的贸易合作。17～18 世纪，葡萄牙人就已活跃在巴西与印度的果阿等地，两地在食品、语言和民间音乐传统等方面存在诸多共性。为加强与巴西等八个拉美国家的贸易伙伴关系，1997 年 11 月，印度启动“聚焦拉丁美洲”计划（Focus：LAC）。2003 年 6 月，印度与包括阿根廷、巴西、乌拉圭、巴拉圭等国家在内的南方共同市场签订框架贸易协定，这为双方的优惠贸易协议和自由贸易协定的协商铺平了道路。为评估自由贸易的进程，双方还同意建立一个联合管理委员会。同年上台执掌巴西政权的卢拉总统，亦表示要与印度建立战略联盟。在卢拉执政期间，曾三次访问印度，是到访印度次数最多的巴西元首。2002 年，印度启动“聚焦非洲”计划，以加强与包括南非在内的撒哈拉以南非洲国家的关系，印度长期支持南非人民反对种族隔离的斗争，印度与南部非洲关税同盟间的自由贸易协定也在讨论之中。

南非与南美地区最大经济一体化组织南方共同市场也具有合作的基础。1986 年，南非参与并组建了南大西洋和平与合作区（ZPCSA）。2000 年 12 月，南非与南方共同市场签署《创造南非与南方共同市场间自由贸易区框架协议》，南非与巴西签署《南非巴西建立联合委员会协议》，协议声明支持两国建立战略关系，推动联合委员会这一制度化机制的成立。南部非洲关税同盟和南方共同市场已就签署优惠贸易协议展开多次协商。值得一提的是，2001 年，第 37 届非洲统一组织首脑会议通过“非洲发展新伙伴计划”（NEPAD），主张与国际社会加强合作，解决非洲大陆的经济边缘化等问题。之后，南非逐渐调整其以南部非洲为主要外交关注点的做法，重视与印度、巴西等第三世界国家的合作，以为新时期南南合作注入活力。

总之，印度、巴西、南非之间密切的双边合作，为三国间的深入合作奠定了基础。实质上讲，印度巴西南非对话论坛是在三国现存的经济联系的基础上，再前进了一步，是三个遥远的发展中大国间的跨洲协议，是发展中国家努力实现市场整合的表现。从合作基础上看，除了经济合作外，印度还认为三国在主张民主人权等价值观、支持国际法和多边主义、推动和平和稳定等方面存在共性。

（二）印度巴西南非三国都重视南南合作

冷战结束之后，全球化加速，跨国家的市场力量导致国际范围内贫困和不平等的加剧。印度与南非等第三世界国家，对北方发达国家主导的国际经济构架和全球规则表示不满。在印度南非等国家看来，目前的全球治理制度是二战结束后的产物，并不反映目前变化的地理政治状况，强调发展中国家参与全球治理的决策进程，推动其结构更具民主化，增加其代表性与合法性。

为解决发展中国家在国际贸易中面对的挑战，南北双方在世界贸易组织框架下进行了多次协商。不过，由于遭到北方国家的反对，多哈会谈长期没有取得理想的进展。这使南南合作显得很迫切，但不结盟运动等发展中国家联盟，在冷战结束后面临诸多困境，印度与南非希望寻求一个能在相关的国际问题上发挥作用的南南联盟。此外，自 20 世纪 80 年代末以来，巴西开始全面实施新自由主义政策。90 年代，巴西基本确立华盛顿共识下的新自由主义发展模式，注重加强对外贸易，吸引外资，参与经济全球化，其结果是国外商品与资本大批进入巴西，巴西经济依赖国际市场的程度加深，国际收支失衡严重，美国成为巴西第一大外资来源，在巴西外交战略中占据主要地位。不过，从 2003 年起，具有工会背景的卢拉执掌巴西政坛，巴西政府转向反对新自由主义，强调改变过于侧重欧美发达国家的外交路线，主张团结第三世界国家，抵制发达国家主导下的全球化。

在 1999 ~2000 年，时任南非总统姆贝基致信印度、巴西、中国、墨西哥、尼日利亚、埃及、沙特阿拉伯等国家首脑，认为只有通过南方国家的集体协调，才能在与工业国家的协商中获得进展，提议成立“南方 8 国组织”（Group of Eight of the South），并就此与首脑们进行了交谈与讨论。之后，在印度、巴西的支持下，南非开始筹备组织构建。2003 年，印度总理瓦杰帕伊、巴西总统卢拉、南非总统姆贝基在埃维昂 G8 会议上进行非正式会谈，三国就成立合作组织达成初步共识。随后，三国外长在巴西举行专门磋商，决定建立三国对话论坛。

（三）印度巴西南非三国都抱有大国夙愿

冷战结束前后，印度巴西南非面临诸多困境，制约三国的大国战略。巴西忙于遏制国内通货膨胀的蔓延，并巩固国内的民主建设进程。南非经历种族隔离体制的变革，新成立的非国大曼德拉政府忙于国内重建进程。印度在冷战期间倡导自主独立、不结盟理念，通过参加亚非会议、不结盟运动等机制，塑造其为发展中国家代言人的角色。不过，随着两极格局的终结，第三世界国家的回旋余地不复存在，相互间的凝聚力有所下降。除此之外，一段时间内，印度外交政策还忙于应对国际社会对其核计划的批评。

21 世纪以来，印度、巴西、南非经济不断发展。印度人民党联合政府时期，印度国民生产总值的增长保持在 7% 左右，2003 年的经济增长率高达 8% 以上，外汇储备超过 1100 亿美元。粮食生产也基本满足了 10 亿人的需要。据 2000 ~2001 年度《南非官方年鉴》统计，南非国民生产总值占撒哈拉以南非洲的 45.9%，占南部非洲国家的 79.3%。据英国经济学家情报部于 2002 年 6 月公布的国别报告，截至 2000 年 11 月 30 日，南非黄金和外汇储备总额已经达到了 75.3 亿美元，比 8 月底的 69 亿美元增长了 9.1%。此外，受原材料价格上涨等因素的影响，2001 年以来，巴西宏观经济趋于稳定，衡量社会不平等的基尼系数首次呈下降态势。

印度巴西南非的大国梦想日益明晰。印度时任外长辛哈断言，印度从自视为一个发展中弱国转变为一个正在崛起的强国，认为联合国安理会不具有代表性，表示在探索有关安理会改革的问题上，印度、巴西、南非三国应进一步加强合作。① 2003 年卢拉总统表示，“巴西不应该被看作是一个小角色”，他甚至预言，“19 世纪属于欧洲，20 世纪属于美国，21 世纪属于巴西”。同年，卢拉在联合国大会发言时明确指出，“巴西是南美和拉美最大和最受欢迎的国家。我们有权争取成为安理会常任理事国”。② 南非姆贝基政府倡导“非洲复兴”，推出“非洲发展新伙伴计划”，突出南非在非洲的主导角色；之后，南非启动“蝴蝶战略”（Butterfly Strategy），将创建“南方 8 国组织”战略设想融入其贸易与工业政策，即在推动与巴西和印度的贸易联系（翅膀）的同时，加强与非洲大陆（身躯）的贸易联系，凸显南非对充当南方国家领导角色的追求。③ 此外，南非也提出了追求联合国安理会常任理事国席位的愿望。

印度与南非、巴西将“发展中国家”作为其战略身份的定位，以实现在世界政治经济发展中的更大参与权及话语权为目标。正因如此，三国政府积极从战略高度来推动 IBSA 的发展，通过联合的方式，提高各自在国际

---

① 温宪：《发展中大国崛起的影响》，2004 年 12 月 14 日，http://www.people.com.cn/GB/guoji/1030/3054052.html。

② 江时学：《对中国与巴西全面战略伙伴关系的认识》，《江苏师范大学学报》2016 年第 4 期，第 18 页。

③ Meenal Shrivastava, “South Africa in the Contemporary International Economy: India's Competitor or Ally?” *South Asian Survey* 121 (2008), p. 135.

上的地位。

二　印度南非在印度巴西南非对话论坛机制内的合作进展

印度巴西南非对话论坛框架下的合作主要体现在三个层次：一是印度、巴西、南非本身作为主要的发展中国家，在加强相互间政治协商的同时，拓展三国经贸合作空间，深化在具体领域与项目上的合作；二是印度、巴西、南非利用自身的经济优势与发展经验，通过倡导“IBSA 减少贫困和饥饿基金”，向其他的发展中国家提供援助；三是印度、巴西、南非利用其影响力，联合其他发展中国家，在国际机制中倡导发展中国家的整体利益。

（一）深化经贸联系

为促进相互间的经贸联系，印度与南非共同参与印度巴西南非对话论坛贸易推进框架的制定。2005 年 3 月正式启动 IBSA 商业理事会（IBSA Business Council）；2006 年 9 月 13 日的第一次 IBSA 首脑会议，签署了《推进贸易的标准、技术规则和统一评估行动计划》。为协调关税程序，2006 年举行 IBSA 税务机关首脑会议，各方同意建立 IBSA 税务机关工作小组，探讨在海关及税收部门加强合作事宜。三国还签署避免双重征税条约。2007 年 10 月，IBSA 商业理事会决定建立一个指导委员会（Steering Committee），其成员由来自三国的一些关键部门的领导组成，负责为商业理事会的活动提供指导。在 2007 年的 IBSA 首脑会议上，三国建议 IBSA 内部贸易 2010 年应该增长到 150 亿美元。2008 年 7 月 1 日，南方共同市场宣布与南部非洲关税同盟签署减免关税的协议。

印度巴西南非对话论坛合作框架促进了三国间贸易的发展。2003 ~ 2015 年，印度、南非、巴西三国的贸易总量由 37.63 亿美元增至 178.05 亿美元，增幅达 373%。从三国之间贸易的增速看，IBSA 大大促进了印度与南非、巴西的贸易发展。同期，印度与南非的贸易额由 19.37 亿美元增到 88.34 亿美元，增长 356%。印度与巴西的贸易总量由 9.37 亿美元增到 71.95 亿美元，增长 668%（见表 8 - 1）。可见，印度成为推动三国间贸易总量增长的主要因素，造成这种状况的主要原因：一是自 2003 年以来印度经济经历了高速和持续的增长，对资源的需求增加，而巴西与南非在资源上具有相对优势；二是相对于南非与巴西而言，印度出口到南非和巴西的商品更具多样性，包括制造业产品（包括服装和纺织品）、化学产品、矿物燃料产品、机械、交通设施等。

表 8-1　2003~2015 年印度、南非、巴西之间的贸易量

单位：亿美元

年份	印度与巴西	印度与南非	南非与巴西	三国贸易总量
2003	9.37	19.37	8.89	37.63
2005	23.49	39.47	16.18	79.14
2007	28.39	44.3	21.79	94.48
2009	51.21	56.88	15.98	124.07
2011	91.18	111.17	24.8	227.15
2013	98.11	113.4	22.57	234.08
2015	71.95	88.34	17.76	178.05

资料来源：UNCTAD Handbook of Statistics Online，December 23，2016。

（二）推动部门合作

在运输业方面，2006 年 3 月，印度、巴西、南非三国签署 IBSA 三方航空协定，印度航空公司、南非航空公司和巴西航空公司都参与了此项协定的落实工作。2006 年 9 月，IBSA 又签署货物运输和其他海洋运输事务协定。

在能源合作上，印度与南非响应巴西启动的乙醇国际倡议，推进乙醇和生物柴油的使用，成立 IBSA 能源工作组。在 2006 年 9 月的首脑会议上，IBSA 签署《生物燃料谅解备忘录》，三国决定建立生物燃料三边工作组。此外，作为核燃料供应集团成员的南非与巴西，还表示支持放宽对印度核燃料供应的限制，强调各国享有和平利用核能的权利，指出有关核燃料循环的多国决议，不应损害各国依照国际义务应用核能的“不可剥夺的权利”。

为促进卫生医疗领域的合作，2004 年 2 月，IBSA 卫生工作组讨论共同感兴趣的六个领域：（1）知识产权及其对医药的影响；（2）传统医药；（3）实验室、卫生规定间的整合；（4）传染病调研；（5）疫苗；（6）研究和发展医药部门的产品。2005 年 6 月 8~9 日第二次 IBSA 科学和科技部长会议批准了研究合作领域和相应的指导国家：肺结核——南非；痢疾——巴西；艾滋病——印度。

科技方面的合作，也引起 IBSA 的重视。2003 年 6 月的三国外长会议上，三国表示致力于合作发展的科技领域包括生物技术、可替代能源、外层空间、航空学、信息技术、农业和防务。2004 年 5 月召开的科学和技术工作组第一次会议，同意建立 IBSA 技术日，认为三国短期和中期的合作领域有生物技术、农业生物技术和农业信息技术、可替代和可再生能源、天文学和天体物理学、气象学和气候变化、海洋学、渔场科学和北极研究、土著知识和信息技术，同意把三国的研究和发展机构互联网化。为开始执行联合研究计划和推进未来合作活动，三国决定各自设立一个100万美元的起始基金。会议还确定了负责发展相关技术的国家：纳米技术——印度、生物技术——南非、海洋学——巴西。不仅如此，2016年，印度外交部下属的发展中国家研究与信息系统研究所，启动IBSA访问奖学金计划，支持南非、巴西的学者在印度展开研究。

安全方面的合作也是IBSA的重要内容。在IBSA第一次会议上，三国认为应该对安全的新威胁给予关注，其中包括恐怖主义、贩毒、有组织的国家犯罪、非法的武器贸易、自然灾害和卫生安全问题（如艾滋病）等。根据印度巴西南非对话论坛《新德里合作议程》，三国将致力于国防机构交流的制度化，每年举行定期的三边防务对话。2008年5月2~16日，印度、巴西、南非在南非的西南海岸举行代号为“IBSAMAR”的三边海军演习，三国同意将使此类海军演习实现制度化。

此外，在农业方面，2006年9月，IBSA签署农业及其应用领域的三边合作谅解备忘录，认为三国将加强在农业研究、农产品贸易、农村发展和减贫等相关领域的合作；在信息产业上，三国在2006年9月签署《信息社会框架合作协定》。IBSA还重视文化领域的合作与交流。2005年在印度组织了有关视听部门的会议，同年11月，巴西组织音乐和舞蹈节，2006年初，南非主办土著知识体系会议，次年，印度主办首次IBSA编辑会议。

随着合作的加深，IBSA还将不断开拓合作领域，并建立相应的合作机制。这有利于印度深化和扩大与南非合作的范围和内容。

（三）协助第三世界国家发展

IBSA向其他发展中国家提供资金和技术支持。根据2003年的《巴西利亚宣言》，三国表示将共同致力于消除贫困、饥饿及严重影响它们自身和邻国的重大议题。为了表示对联合国减少贫困和饥饿倡议的支持，2004年的IBSA第一次外长会议上，三国决定共同出资建立“IBSA减少贫困和饥饿基金”（Facility for Hunger and Poverty Alleviation），印度和巴西各自向该基金捐资10万美元，南非捐资5万美元。该举措在联合国开发计划署（UNDP）的南南合作框架内运行，来自印度、巴西、南非的代表和一个来自UNDP的代表组成的董事会，负责制订计划，然后，由UNDP南南合作特设局

（South-South Cooperation Special Unit，SSC/SU）负责管理和执行计划。在2006年3月的IBSA第三届外长会议上，三国承诺每年至少向该基金捐款100万美元，鼓励发展中国家，特别是最不发达国家向该项目提出申请。在实践上，2004年，“IBSA减少贫困和饥饿基金”首次用于支持几内亚比绍的发展，向几内亚比绍提供水稻生产、园艺业的生产与多样化、提高短周期的家禽生产、发展小型和中型农场等方面的资助，该举措取得了一定的成效。2006年，该基金用于支持海地首都太子港的垃圾收集，支持海地消除城市暴力、减少失业和发展基础设施等事项。到2015年1月，印度为“IBSA减少贫困和饥饿基金”提供910万美元，该基金用于执行或批准项目的援助金额高达2620万美元。

IBSA还积极维护发展中国家的利益。催促G8国家加大对疫苗研究和发展的支持，强调环境保护和可持续发展，支持《京都议定书》，努力有效执行《生物多样性公约》。作为WTO中发展中国家组织G20的重要成员，IBSA要求发达国家降低对农产品的巨额补贴，放宽农产品市场准入标准，呼吁工业国家兑现向发展中国家提供占GDP的0.7%的发展援助目标。IBSA表示支持亚洲非洲商业首脑会议，认为这将有利于集中探索商业机遇，推动贸易与投资，加强非洲私人部门的参与。

三 印度南非在印度巴西南非对话论坛机制内合作的影响

IBSA机制的创建，一方面体现了印度南非的外交调整，两国都将加强与发展中大国的外交与战略合作，提升其大国地位；另一方面展示了印度南非作为各自所在地区的重要发展中国家，利用自身在经济、军事、科技等领域的独特优势，推动南北对话，倡导发展中国家权益，向发展中国家提供资金与技术支持，深化亚非拉区域经贸联系，提升两国在联合国等全球多边机制中的发言权。

（一）IBSA反映印度与南非外交优先内容的变化

冷战结束之后，印度继续加强与发展中国家关系，以服务其追求世界大国地位的目标。但是在如何实现大国地位的方式上，印度在不同时期采取的方式是不同的，由此导致印度在不同时期针对不同的发展中国家，制定了不同的外交政策。

环印度洋地区合作联盟成立之初，因德尔·库马尔·古杰拉尔就任印度外交部部长，在此期间，出于提高印度的地区地位，以及争取联合国安理会常任理事国席位的考虑，印度极力加强同邻居与众多发展中小国的关系。但1996年，印度在竞争联合国安理会非常任理事国中败给了日本，印度各界人士对此大为不满，深感印度外交的失败和第三世界“朋友”的靠不住，要求重新反思印度外交政策的呼声迭起。随着1998年具有强烈民族主义色彩、主张实力外交的印度人民党的上台，印度不但在不到两个月便进行了三次地下核试验，降低了发展与实力弱小国家关系的兴趣，而且更渴望把自己定位为一个与中国等大国并驾齐驱的重要力量。

需要指出的是，2003年6月启动的IBSA对话论坛，正是映衬了1998年后印度政策的这种变化，清楚地反映了印度优先把自己定性为一个重要的发展中大国的意愿。IBSA体现了印度、南非与巴西把实现联合国安理会改革的夙愿，以及把G8工业化国家组织变为G13组织（包括南非、巴西、中国、印度、墨西哥）的主张付诸实践。尽管2004年印度国大党重新上台后，印度在重视大国关系的同时，关注中小国家，但印度将发展与大国关系作为优先政策的做法并没有改变，如印度在2005年与德国、日本和巴西一度结成“四国集团”（G4），试图联手谋求联合国安理会常任理事国席位，提出“四国集团”改革安理会的方案。

另一方面，南非对环印度洋地区合作联盟（IOR－ARC）的兴趣在降低。南非减少了参加环印度洋地区合作联盟组织部长级峰会的次数。2007年12月17日，南非总统姆贝基在阐述其工作业绩、诠释其为何应该被重新选为非洲国大党的领导人时，根本就没有提到IOR－ARC，反而着重提及印度、巴西、南非在IBSA框架下推动南南合作和交流的三边发展倡议。

（二）IBSA反映印度南非在南南合作范式上的探索

无论是IBSA具有的发展中国家身份，还是从IBSA的合作内容、目标和实践看，IBSA都应被纳入南南合作的范畴。正如南非前总统祖马所说的，IBSA“实际上将使我们经常谈论的南南合作具体化，因为三个南方国家在共同改善各自人民的生活方面可以大有作为”。2004年印度巴西南非首次三边委员会发布的联合宣言，亦强调IBSA渴望对南南合作框架做出有意义的贡献，并通过深化协调成员国潜力的方式，推动IBSA成为人类发展的积极因素。从印度参与南南合作的经历看，IBSA在一定程度上反映了新时期印度推动南南合作构想的新思路。

作为南南合作的实现方式，IBSA具有一些新的特点。

1. 参与合作的新主体

与不结盟运动、77 国集团、环印度洋地区合作联盟等由大量的、多样的发展中国家参与不同，IBSA 是三个分属三大洲的、发展中的地区民主大国之间实现的南南合作，印度、巴西、南非都是多文化、多种族、多宗教国家，这有利于为南南合作的推进提供必要的经验与资源。三国在 21 世纪初的几年里，都实现了不同程度的经济发展。尽管就 GDP 而言，南非是世界上第 30 大经济实体，比不上印度、巴西，但具有在非洲最大和最有影响力的经济，[①] 且由于曼德拉的影响等，南非在国际上具有巨大的道义优势，南非成为在国际社会中具有较大影响力的国家。但三国目前还都不是国际决策机构的成员，如不是联合国安理会常任理事国，不是经济合作与发展组织（OECD）等机制的成员。三国独自在国际体系中寻求提高国际地位、以单边主义方式施加全球影响力都有一定难度，这就为它们加强相互间合作提供了基础。印度巴西南非与世界的相关国力指数见表 8－2。

表 8－2 印度巴西南非与世界的相关国力指数比较

国家和地区	经济总量（亿美元）	军费在 GDP 中的比重（%）	领土面积（百万平方公里）	人口数目（百万人）
印度	7854.9	2.9	3.287	1094
巴西	7941.0	1.6	8.515	186
南非	2401.5	1.4	1.219	45
美国	124600	4.1	9.629	296
欧盟	98100	1.7	2.506	310
中国	22300	2.0	9.598	1304
日本	45100	1.0	0.378	127
全世界	443800	2.5（平均）	133.941	6434

资料来源：World Development Indicators, World Bank, July 2006; United Nations Development Programme, Human Development Report, 2006。

2. 推动南南合作的新方式

IBSA 在深化南南合作上展示出新的态势。首先，就组织结构而言，不同于多数地区与国际组织，IBSA 没有固定的秘书处和规定组织结构的正式

① Simon Freemantle, "The G8 becomes the G13—Implications for Africa," *Africa Business Frontier*, August, 2008.

文件。严格上讲，IBSA 类似八国集团组织（G8），采取的是一个开放的、非正式运作，这利于相互间的灵活交流，以适应环境的变化。其次，在合作空间方面，IBSA 不但扩大了印度、巴西、南非之间的双边政治联系，作为各自所在地区的主要经济体，三国还致力于各自所在地区的贸易联系，为南亚自由贸易联盟（South Asia Free Trade Association）、南部非洲关税同盟（Southern African Customs Union）、南方共同市场（MERCOSUR）拓展合作议程创造机遇。再次，在相互间的合作领域上，印度、巴西、南非发挥各自的专业优势，开展具有一定技术含量，甚至是世界技术领先部门的合作，如纳米技术、生物技术、制药业等领域。这有利于弥补和改变传统南南贸易中以原料为主的做法，减少发展中国家之间的技术鸿沟。最后，在对其他发展中国家的态度上，IBSA 认为既然发展中国家具有多样性和发展不平衡性，不同的发展中国家应该承担不同的责任。尽管与工业国家或国际组织的倡议相比，“IBSA 减少贫困和饥饿基金”的规模显得较小，但该基金是基于 IBSA 成员的可靠能力与国内情况的最好实践，这为解决发展中国家面临的相似挑战，提供了较可靠和可复制的计划，有利于千年发展目标的早日实现，如在对几内亚比绍、海地提供援助和计划向老挝与巴勒斯坦提供帮助时，IBSA 不但提供资金，还充分利用印度、巴西、南非自身的经验和技术优势，利用三国在克服农村贫困和提高农业生产上的相似经验，帮助几内亚比绍发展水稻种植，提供制度支持；三国还在布隆迪等国推介各自在抗艾滋病方面的技术经验等。

3. 致力于合作的新目标

印度、巴西、南非希望成为第三世界国家的核心，将 IBSA 视为发展中国家开展更广泛合作的主心骨。除了印度一直以发展中国家的代言人为目标外，90 年代，南非贸易和工业部部长艾历克·欧文提出组建“南方 7 国集团”的建议。巴西总统卢拉上台后，调整巴西以前各届政府自 90 年代以来以欧、美等发达国家为外交重点的对外政策，积极推动与发展中国家的关系。在这一政策调整中，加强与发展中大国的关系被置于优先的地位，卢拉政府明确提出建立“发展中的南方轴心”的目标。不仅如此，2006 年，印度巴西南非对话论坛首次峰会宣言中明确提出：“印度、巴西和南非三个发展中大国的合作框架为亚洲、南美洲和非洲发展中国家之间的合作注入新的动力，从而进一步加强南南合作。”

IBSA 把参与国际决策制度的核心圈作为目标。印度以前参与并倡导的不结盟运动（NAM）、77 国集团等南南合作组织，对世界结构性力量质疑，对国际秩序采取的是变革（transform）的态度，倡导国际政治经济新秩序。但 IBSA 并不建议推动世界秩序的急剧变化，不追求对世界进行新的政治地理分割。它采取的是问题解决方式，在具体问题上，主张与北方国家的对话与协商，努力寻求一种在富国与穷国之间保持平衡的外交政策。正如巴西前外长阿莫林（Celso Amorim）所澄清，“它（IBSA）不是一个恢复南北美竞争或采取对抗立场的问题，而是传播友好与和平的信息，不反对任何人。巴西加强南南关系并不以放弃巴西与美国及欧洲的关系为代价，而是要探索新的合作机会”。[①] 印度有舆论亦认为 IBSA 在维护自由国际秩序上与西方存在相似的看法，这利于其在南南合作、南北对话方面采取超越传统模式的举措。不仅如此，IBSA 主动争取参与决策制度的核心圈，而不甘心成为决策的被动接受者，如争取成为联合国安理会常任理事国、倡导国际金融结构改革、参与 WTO 的决策核心圈、参与 G8 会议等。从这个意义看，IBSA 旨在对世界政治的经济化和对经济关系的政治化，而不是意识形态化。

（三）IBSA 扩大印度南非巴西三国的国际影响力

印度、南非、巴西在 IBSA 框架下的合作引起国际社会的关注。继在联合国 2006 年 12 月 19 日的“南南合作日”上获得 2006 年度“南南伙伴关系奖”后，2010 年 9 月，IBSA 荣获“2010 年联合国千年发展目标奖”，以表彰其在世界其他地区减贫与反饥饿问题上采取的新举措。在世界贸易组织中，中国、巴西、印度与南非等国参与发展中国家组织 G20，反对发达国家的农业政策，推动与贸易相关的知识产权和公共卫生问题等议程，成为有效倡导发展中国家权益的合作组织。2008 年 2 月的 G8 峰会上，八大工业国正式把 G8 扩展为 G13，即包括中国、印度、巴西、南非、墨西哥等五个发展中的市场。除此之外，2007 年 1 月 1 日至 2008 年 12 月 31 日，南非首次履行联合国安理会非常任理事国的职责。在中国等国的支持下，2010 年 10 月，南非、印度再次被选为安理会非常任理事国成员，加上 2009 年，巴西被选为安理会非常任理事国，所有 IBSA 成员都成为联合国安理会非常任理事国。为此，非国大发表声明，认为这标志着南非在国际外交中发挥的重要作用得到世界各国的认可。

---

① Sean Burges, “Auto-Estima in Brazil: The Logic of Lula's South - South Foreign Policy,” *International Journal*, Volume 12, Number 8, 2005, p. 63.

四　印度南非在印度巴西南非对话论坛机制内合作面临的风险

客观而言，印度、南非未来在 IBSA 框架下的合作面临诸多羁绊。在双边层面，印度、南非在贸易结构、贸易伙伴上存在一定的相似性与竞争性，两国经商环境的明显差异影响各自合作的积极性；在多边层面，尽管 IBSA 对于两国推动南南合作、南北对话具有一定的建设性意义，但外交优先议程、国内社会经济状况，以及相关第三世界国家的态度等因素，都将在两国倡导发展中国家权益的同时，给两国实现提升自身大国影响力等夙愿带来一定的挑战。

（一）印度、南非、巴西的经济结构性矛盾难以消除

印度南非对 IBSA 框架下深化双边贸易持有一定的疑义。其一，就贸易结构而言，不仅印度在出口总量和出口多样性上处于较为有利的地位，而且印度、巴西、南非在皮革、服装、糖和咖啡等产品上存在一定的竞争关系，三国都对农业部门采取严格保护政策，重视进口替代战略，发展资金密集型工业。除此之外，三国人力和自然资源、经济发展阶段等方面存在相似性，在较具出口潜力的领域上存在一定的重叠性，服务业皆面临低收益、高交易成本等风险。尽管印度、巴西、南非表示将致力于建立自由贸易区，认为一旦三国间实现全面的贸易自由化，IBSA 内部的贸易将增加 112%，但就实际情形看，三国在关税协商上取得的进展不大。南非贸易和工业政策战略高级经济学家德克恩特·冯·舍文特（Dirk Ernst van Seventer）指出，三国主要还是争夺出口到发达国家份额的竞争者，认为南非不应过于强调新兴国家的重要性，不该忽视与欧美等传统市场的关系。印度商工部部长拉米希（Jairam Ramesh）在接受巴西《圣保罗州报》采访时明确表示，“巴西和印度是天然盟友的想法有点天真，我们是竞争者”。① 其二，南非强调其在与印度、巴西的贸易中处于不利的地位，认为印度、巴西的经商环境不尽如人意。根据世界银行发布的 2007 年“全球营商环境排行榜”，在对世界 175 个国家的调研中，从涉及创办企业、保护投资者、纳税和履行合同等方面的规范情况的排名看，南非位居第 29 位，而巴西、印

① Jack Chang, “Brazil emerges as leader of developing countries in global talks”, http://www.mercurynews.com/mld/mercurynews/news/world/15502525.htm.

度则分别在第 121 位、第 134 位。[①] 在出口贸易方面，印度出口南非的商品更具多样性。如果不把黄金包括在内，南非对印度的出口高度集中于自然资源产品。在南非与巴西贸易中，南非出口是以矿产品为主，且同巴西的贸易只占南非外贸的 2%。[②] 尽管 2004 年南部非洲关税同盟和南方共同市场签署的优惠贸易协定，使巴西从南非的贸易进口税从 13.82% 减少到 13.15%，但总体而言，该协议对巴西和南非间的贸易影响不大，只推动巴西从南非的进口增加 0.84%。[③]

（二）印度与南非、巴西的外交侧重差异明显

IBSA 在印度外交中的地位影响到 IBSA 的发展前景。从一定程度上讲，IBSA 为印度加强与南非等非洲国家合作提供了新的平台，是印度长期以来利用有限资源，致力于南南合作政策的又一体现。三国加强合作符合印度、巴西的战略需求，有利于两国提高在印度洋与大西洋的地位。但另一方面，印度在可见的将来要处理的外交优先内容很多，其中有解决印度与巴基斯坦的敌对状态（主要是有关克什米尔）、推进与传统上关系冷淡的美国在新时代的关系、处理与崛起中的中国的关系、重构与重新兴起的俄罗斯的关系等。随着国内国际局势的变化，印度在处理这些主要的关系上取得了什么成效，IBSA 在帮助印度处理这些外交优先内容上到底能起到多大的作用？另则，随着国力的崛起，印度运用单边的方式来实现外交目标的能力在增强，对伙伴关系和联盟的需要在减少，这是否促使印度相应地减少对 IBSA 的重视程度？此外，IBSA 的成功创建与发展，与巴西总统卢拉重视与第三世界的合作有密切关系，其对非洲的访问频率超过先前的任何巴西总统，巴西驻非洲使馆数目翻一番，增至 34 个。不过，2011 年，罗塞夫继任巴西总统，巴西经济发展趋缓，主要关注国内议题，着重降低国内较高的贫困率。

印度南非不易在 IBSA 议程与非洲议程间达成平衡。非洲乌干达等国抱怨印度对 IBSA 过于重视，淡化了印度与东部非洲国家的关系；而对南非而

---

① *World Bank Doing Business 2007 Report*, http://www.finfacts.ie/irelandbusinessnews/publish/article_10007191.shtml.

② Kaia Lai, "Council on Hemispheric Affairs," March 15, 2006, http://www.coha.org/NEW_PRESS_RELEASES/New_Press_Releases_2006/06.18_IBSA.html.

③ Sandrey R., "Trade Creation and Trade Diversion Resulting from SACU Trading Agreements," *Tralac Working Paper* 29 (2006), p.16.

言，其主要外交目标是推动非洲议程，推动非洲复兴和确保大多数非洲国家与全球经济实现有利的整合。为此，南非着重推动两个目标：一是致力于南南合作，二是改变旧的南北关系。因此，从外交层面看，南非致力于IBSA符合南非的总体外交政策取向。不过，南非参与IBSA引起了一些非洲国家的怀疑和批评，因为在它们看来，IBSA在定义上把它们排除在外了，如埃及驻南非大使就认为，“当南非考虑所有发展中世界决定的时候，问题就出现了，它不能打着整个发展中国家的旗帜，除非它的观点得到整个发展中国家的赞同”。还有些非洲国家认为南非与印度、巴西的联盟削弱了南非对非洲团结的承诺。尽管“IBSA减少贫困和饥饿基金”帮助了非洲几内亚比绍等国家，可以在一定程度上减缓舆论对南非外交不致力于非洲国家的批评，有助于树立南非和IBSA的非洲捐助者形象，但这在很大程度上依赖于如何管理这些基金和实现相应的目标。

值得关注的是，南非在注重借助IBSA扩大其影响力的同时，避免受到其与印度关系的制约。以中国南非关系为例，中国长期以来是南非的第一大贸易伙伴。据报道，南非希望将中国纳入印度巴西南非对话论坛，但遭到印度的反对。不过，之后，在中国邀请下，南非加入了金砖国家合作机制。不仅如此，巴西也看重中国的综合实力与国际影响力，认为应继续深化BRICS成员间的合作，强调BRICS与IBSA是不一样的集团，巴西不应该固守其中的一个。

（三）印度、南非、巴西所在地区国家的制衡

印度在推动亚非拉地区间经贸合作机制上取得一定的进展。2005年，印度与南方共同市场签署自由贸易协定。次年，印度参与在纳米比亚召开的印度与南部非洲发展共同体论坛会议。2007年和2008年，印度和南部非洲关税同盟就有关签署优惠贸易协定等议题先后举行第一、第二轮协商。2008年8月17日，南部非洲发展共同体自由贸易区正式得以启动。

值得关注的是，2004年，南部非洲关税同盟和南方共同市场签署优惠贸易协议，开南部非洲关税同盟同外部世界达成贸易协议的先河。2006年的IBSA第一届首脑会议决定建立工作小组，对印度、南方共同市场、南部非洲关税同盟间建立自由贸易区进行可行性研究。2009年，IBSA第六届部长级会议上，印度、巴西、南非三国外长承诺，将努力发展三边贸易，推动所在区域之间的贸易合作，推动南方共同市场、南部非洲关税同盟与印度早日达成区域贸易协议。

一方面，客观而言，IBSA 三边自由贸易区的推进，有利于降低三国与其各自所在地区国家间的交易成本，提高商品竞争力。不仅如此，从长远看，还有助于它们对世界其他地区的出口贸易。尤其是对南部非洲国家而言，它们是经济伙伴关系协议（EPA）优惠市场准入的受益者，也是美国《非洲增长与机遇法案》（AGOA）的受益者。然而，这些国家缺少基础设施和全球外包关系，不能最大化地利用这些市场提供的准入优惠和机遇，而 IBSA 间增加相互投资，对于扩建基础设施，以及加强相互间在后勤、商业与交通等领域的制度性联系具有重要意义。但另一方面，每个地区间协议需要三国协调与其他地区成员的利益。2001 年，巴西与墨西哥重开双边贸易谈判的举措，遭到南方共同市场其他成员的指责，认为这意味着巴西违反南方共同市场的成员不能与第三国签订双边贸易协定的规定。此外，印度还可能在矿业、农业产品、纺织、机械产品等领域对非洲和拉丁美洲国家构成挑战；在可见的将来，IBSA 确立正式三边贸易安排的可能性不大，较现实的目标是将南方共同市场、南部非洲关税同盟等地区间现存的合作协议，纳入 IBSA 合作框架之下。IBSA 在推动地区贸易中的角色不是指导者，而仅仅是推动者。2015 年，印度总理莫迪呼吁巴西未来干预印度 - 南方共同市场优惠贸易协定，将该协议覆盖的商品细目从 450 种拓展到 2000 种。①

（四）印度、巴西、南非需协调与其他发展中国家的利益关系

印度、巴西、南非一度对未来的总体发展持乐观态度。三国曾表示到 2015 年，将相互间贸易增加到 250 亿美元。自 1990 年以来，三国在全球贸易中的比重呈增长趋势，从 2001 年的仅仅超过 2% 增加到 2007 年的超过 3%。如果使用 PPP（Purchasing Power Parity）衡量，2007 年，IBSA 的三个成员国的产出占全球产出的比重超过 8%，2015 年，三国占全球产出的近 10%，在世界商品和服务中的比重超过 5%。②

IBSA 以成为南方国家的核心为目标，这不但需要获得印度、巴西、南非三国国内舆论的支持，还需要 IBSA 提供其能代表非 IBSA 组织的其他南方国家的利益的足够证据。但这并非易事，巴西圣保罗工业联盟强调巴西需要少一点意识形态，多一点战略，指出加强与印度等国的贸易固然重要，

① "India to Intensify Strategic Relationship with South Africa and Brazil," *Sarkaritel*, July 10, 2015.

② Surya Narain Yadav, Indu Baghel, *Brazil, India and South Africa*, New Delhi: Jnanada Prakashan, 2010, p. 166.

但不能代替欧美国家的市场。尽管通过“IBSA 减少贫困和饥饿基金”等措施，IBSA 获得联合国“南南伙伴关系奖”，且 IBSA 倡导发展中国家权益的一些举措在一定程度上提供了 IBSA 代表发展中国家的证据，但有学者指责 IBSA 是一个为了从全球权力转移中获取利益的新兴国家联盟。[①] 印度、巴西与北方国家共同制定了“2004 年 7 月框架”，该框架包括一个有关消除所有出口补贴的协议，这对 G20 中的国家，特别是巴西等主要的农业出口国很重要，但有些国家认为这是以发展中国家对发达国家的重大让步为代价的。此外，IBSA 成员把争取联合国安理会常任理事国席位作为明确的目标，使许多国家认为 IBSA 代表的是印度、南非与巴西三国的国家利益，并非代表南方国家整体的利益。在有些发展中国家看来，IBSA 争取加入国际决策制度的核心圈与 IBSA 争取成为发展中国家的核心，有时是矛盾的，很难令它们信服。

此外，自 2010 年 12 月南非加入金砖国家合作机制后，IBSA 的成员加强合作的动力呈减弱态势。自 2010 年以来，印度、巴西、南非经济增长趋缓。巴西的经济增长率由 2010 年的 7.5% 降至 2011 年的 2.7% 和 2012 年的 0.9%。2013 年的 IBSA 峰会亦未能如期召开。为促使 IBSA 成为具有协调性、可持续发展性且综合有效的多边体制框架，2016 年，印度发展中国家研究信息系统（RIS）表示将给予南非巴西两国学者 IBSA 访问赞助金，资助其就实现 IBSA 目标和宗旨展开深度研究。同年 12 月，印度表示将在 2017 年举行六年内的首次印度巴西南非三国论坛峰会，以为 IBSA 注入新的活力，强调 IBSA 是致力于包容与可持续发展的志同道合国家的集合体。

第三节　印度南非在金砖国家合作机制内的合作

南非申请加入金砖国家合作机制，是南非与印度等其他金砖国家的历史联系，以及经济与战略合作关系持续深入等因素综合影响的结果，符合南非推动国内经济发展、注重与其他非洲国家间关系及参与全球治理等的利益诉求。南非是非洲大国与世界主要新兴经济体之一，其他金砖国家看好与南非在增强相互关系的经济社会基础、促进世界经济发展的均衡与完善全球治理机制等方面的合作潜力。作为金砖国家合作机制的新成员，南

---

① 龙兴春：《印度大国外交》，中国社会科学出版社，2016，第 99 页。

非将在推动金砖国家间的经济合作、倡导非洲议程与深化金砖国家合作机制等方面扮演重要角色。

一 南非参加金砖国家合作机制的基础

2009 年 6 月，印度与中国、巴西和俄罗斯四国领导人在俄罗斯举行首次会晤，“金砖四国”组织（BRIC）成立。同年，雅各布·祖马继任南非总统，之后，他多次表示南非希望加入由巴西、俄罗斯、印度和中国等四个发展中大国组成的“金砖四国”组织。在履职后的一年半内，祖马总统完成对所有金砖四国的外交访问。2010 年 9 月的二十国集团峰会期间，南非正式申请加入金砖国家合作机制。12 月，作为轮值主席国的中国，正式邀请南非加入该机制。2011 年 4 月，祖马总统代表南非首次参加“金砖国家”领导人第三次正式会晤。

祖马政府积极推动南非加入金砖国家合作机制并非偶然，而是一系列因素综合影响的结果。

（一）南非在解放斗争中与其他金砖国家结成的友谊，为南非加入金砖国家合作机制奠定历史基础

南非在反对种族隔离的斗争中，曾得到其他金砖国家的支持。早在 1946 年，印度就成为首个断绝与南非白人政府贸易联系的国家。1962 年，中国首次向南非非洲人国民大会游击队员提供短期培训。1967 年，非国大在新德里建立亚洲办事处，并得到印度的物资和军事援助。与白人治下的南非相比，巴西更重视与安哥拉等葡语非洲国家的关系，但也通过各种方式支持非国大。斗争期间，许多南非人都曾在苏联居住与学习。正因如此，祖马总统认为南非的解放斗争还得到巴西、俄罗斯、印度和中国的坚定支持，并表示其参加“金砖国家”领导人峰会是伙伴间的会晤。[①]

南非与其他金砖国家还是反对殖民主义斗争的朋友。1955 年，南非解放组织的代表参加了由中国、印度等国倡导的第一次亚非会议，会议提出的尊重国家主权与领土完整、承认一切种族与国家平等、不干预内政等十项原则，为南南合作奠定了基础。1961 年，不结盟运动举行成立大会，会议倡导不结盟、民族独立、国际经济新秩序等主张，印度等国支持给予参

---

① Jacob Zuma, “Broad Vision, Shared Prosperity,” April 14, 2011, http://www.info.gov.za/speech/DynamicAction? pageid = 461&sid = 17783&tid = 32020.

加会议的非国大和泛非主义者大会以观察员地位。对此，2010年，南非国际关系与合作部部长马沙巴内表示在重组有利于发展中国家的国际关系力量结构时，南非人民与这些新兴国家建立了密切的合作伙伴关系。[①]

（二）南非与其他金砖国家日趋密切的经贸联系，为南非参与金砖国家合作机制提供经济基础

南非与中国、俄罗斯、印度和巴西四国的贸易呈快速增长态势。2001～2009年，南非与中国的贸易发展最快，增幅达818%；与俄罗斯的贸易增速次之，增幅为768%。2009年，中国成为南非最大的进出口贸易伙伴。同期，南非与印度、巴西的贸易也大幅增长，增幅分别达530%和65%。[②] 根据南非贸易和工业部的统计，截至2010年12月，巴西成为南非第22大贸易出口地，第17大进口地；印度为南非第6大出口市场，第8大进口来源地；俄罗斯是南非第40大出口市场，第52大进口来源国。[③]

总体而言，南非与“金砖四国”的贸易总量也获得快速发展。2001～2008年，南非与“金砖四国”的贸易额增长近6倍，从31.77亿美元增至216.29亿美元，四国在南非进出口贸易中的比重由6.16%上升至13.4%。同期，南非与四国的贸易在南非国民生产总值中的比重从2.58%增至7.82%。受金融危机的影响，2009年，南非与四国的贸易比2008年下降7.76%，在南非国民生产总值中的比重降至7%，但南非与四国的贸易在南非进出口中的比重却增至17.1%。[④] 祖马总统表示，南非与“金砖四国”和其他新兴国家扩大贸易交往，增加了南非的出口及其出口的多样化，减少了南非经济的脆弱性，并确保其更加平衡的增长。

（三）南非与“金砖四国”合作的持续深入发展，为南非加入金砖国家机制奠定政治基础

1. 南非已与“金砖四国”确立战略伙伴关系

1997年，南非就与印度签署《红堡宣言》，双方决定启动战略伙伴关系。2003年，南非与印度签署了《2003年印度南非共同宣言》，表示将加

---

① Nkoana-Mashabane, “The Relationship between South Africa and the Emerging Global Powers,” November 1, 2010, http://www.dfa.gov.za/docs/speeches/2010/mash1101.html.

② 按联合国商品贸易统计数据库的资料整理，http://comtrade.un.org/db/default.aspx。

③ 林跃勤、周文主编《金砖国家经济社会发展报告（2011）》，社会科学文献出版社，2011，第238页。

④ African Development Bank, *African Statistic Yearbook 2010*, p.46.

强各个领域的信任与了解，标志两国关系正式成为真正的战略伙伴关系。2000 年，南非与中国签署关于伙伴关系的《比勒陀利亚宣言》。2004 年，南非与中国确立了平等互利、共同发展的战略伙伴关系。2006 年，南非中国签署《关于深化战略伙伴关系的合作纲要》。2010 年，南非与中国签署《全面战略伙伴关系协议》（CSPA），成为首个与中国签署类似协议的非洲国家。2010 年 7 月，南非、巴西两国签署战略伙伴关系宣言。1999 年，南非与俄罗斯签署《友好合作伙伴原则声明》，规划两国关系未来发展方向。2006 年，南非与俄罗斯签署《友好伙伴关系条约》，确立了两国战略伙伴关系。

2. 南非还注重与“金砖四国”在多边机制中的合作

1997 年，南非、印度等 14 国外长签署环印度洋地区合作联盟章程和行动计划，环印度洋地区合作联盟宣告成立。2000 年，中国被正式接纳为联盟对话伙伴国。2005 年，南非、中国、印度等参与第二次亚非首脑会议，签署《亚非新型战略伙伴关系宣言》，将亚非关系政治合作转向政治、经济和社会文化三大领域的全面合作。2006 年，南非、巴西等参与启动非洲南美洲首次峰会。就此，南非前驻华大使贝基·兰加认为，南非在被邀请加入金砖国家合作机制之前，与中国、印度、俄罗斯和巴西的外交关系已经得到不断的加强。

二　南非加入金砖国家合作机制的动因

2009 年以来，祖马政府表示面对全球经济与商业影响力日趋向东方转移的情形，南非将拓展南南合作作为优先战略。认为加强与印度、巴西、俄罗斯与中国等国的经贸合作，有助于南非实现国家发展战略。金砖国家与非洲经济与战略伙伴关系的深化，符合南非优先发展对非关系的外交战略。南非希望通过与金砖国家的合作，增强自身的大国地位，提升发展中国家在全球治理中的发言权。

（一）推动南非社会经济发展

在南非看来，金砖国家合作机制框架下没有设立秘书处，对成员国没有金融与财力要求，认为通过参与金砖国家合作机制框架，有助于南非获得巨大的贸易与投资机遇，实现其未来经济发展规划。2010 年 5 月，南非发布旨在推动增长、创造就业、促进公平的新经济增长路线框架文件，其主要目标是在今后的五年里创造 500 万个工作岗位，使南非的失业率从目前的 25% 降至 15%。[①] 其核心是大量投资基础设施和人力，视基础设施的发展为推动就业的关键驱动器，确认能源、交通、通信、水和住房为 5 个主要的物质和社会基础设施领域 。6 月，祖马总统表示南非与印度在采矿业、资本设备、航空、基础设施等部门存在良好合作前景。8 月，祖马希望未来与中国能在基建、矿产、能源、通信、电子和制造业等方面加强合作。在 2011 年金砖国家峰会召开之际，南非政府发表声明，认为南非可以从与其他金砖国家在农业、科技、统计、发展金融机制等具体领域的合作中受益。

南非视“金砖四国”为未来全球经济增长的引擎，学习“金砖四国”的发展经验，日渐成为祖马政府的共识。长期以来，西方大国在全球体系中扮演着主导角色。姆贝基执政时期（1999 ~2008 年），南非视七国集团为非洲复兴中的主要依靠力量。2005 年，姆贝基借参加格伦伊格尔斯 G8 非洲峰会之际，向英法等国推介“非洲复兴”理念。不过，在 2008 年的金融危机中，西方国家经济严重受挫，促使 2009 年上台的祖马政府寻找新的经济增长来源地。2011 年，南非表示根据国际货币基金组织的统计，在今后的三年里，“金砖四国”约占全球经济增长的 61%。时任南非驻华大使贝基 · 兰加表示，南非一直在观察中国如何应对克服贫困与实现经济可持续增长等挑战，尤为重视学习中国发展基础设施建设的经验。[②] 2010 年，祖马总统表示南非以创造混合经济为设想，希望从俄罗斯的变革中获得经验。南非驻印度孟买总领事布思 · 库兹瓦犹（Busi Kuzwayo）认为，南非可以学习印度的低门槛进入劳动力市场，以及政府承诺每个家庭的一个成员 100 天就业的解决农村贫困计划。[③] 祖马总统曾表示，巴西是解决发展挑战的先驱，认为巴西国内制药工业在改善其人民健康方面发挥了积极作用，南非公司应向巴西学习此类经验等。

（二）致力于对非洲外交战略

21 世纪以来，南非与“金砖四国”都重视与非洲其他国家的战略合作。其一，印度、巴西、俄罗斯、中国都重视与非洲的高层互访。继 2002 年中国国家主席胡锦涛访问非洲、巴西总统踏入非洲大陆后，自 2003 年起，印

---

① 李学华：《南非将推行“新经济增长路线”以增加就业为核心来应对挑战》，《科技日报》2010 年 11 月 3 日。

② 李光一：《金砖四国添新丁》，《理财周刊》2011 年第 17 期，第 54 页。

③ Jana Marais, “We must level playing field with India' Asian giant's stricter regulations make it hard for SA manufacturers to compete, ” October 3, 2010, http://www. timeslive. co. za/business/article686166. ece/We-must-level-playing-field-with-India.

度总理和部长多次访问非洲，2009 年 6 月，俄罗斯总统梅德韦杰夫访问安哥拉等多个非洲国家。其二，印度、巴西、俄罗斯、中国等国的驻非使馆有所增加。截至 2010 年，中国几乎在所有非洲国家都设有使馆，40 个非洲国家在中国驻有使馆；印度在 30 个非洲国家设有使馆，已有 37 个非洲国家在印度设立使馆；而俄罗斯有 37 个驻非使馆，有 29 个非洲国家在俄罗斯设立使馆；在卢拉总统的推动下，巴西驻非使馆从 2003 年的 13 个增至 28 个。其三，四国都已经与非洲建立合作机制。2000 年，中国与非洲启动中非合作论坛机制，双方确立了政治上平等互信、经济上合作共赢、文化上交流互鉴的新型战略伙伴关系。2003 年，巴西召开巴西非洲论坛会议。2006 年，俄罗斯主办由八国集团、非盟等组织的代表参与的第七次协调对非援助的非洲伙伴关系论坛。2008 年，印度召开首次印度 - 非洲论坛峰会，勾画出印非在 21 世纪加强双边经贸活动、建立伙伴关系的新蓝图。南非外交部发布的“2008 ~ 2010 年战略计划”中，视加强非盟，执行“非洲发展新伙伴计划”（NEPAD），致力于非洲冲突后重构与发展，致力于非洲和平、安全与稳定等为南非对非议程的重要内容。南非政府表示，对推动非洲议程与对非洲发展感兴趣的新兴大国和其他国家持开放态度，认为“非洲发展新伙伴计划”为推动非洲持续发展的广泛伙伴提供平台，认为加入金砖国家合作机制后，南非政府将更有能力参与解决非洲大陆和南非国内的种族及社会冲突。

南非政府认为“金砖四国”与非洲的战略接触使非洲国家受益，表示印度、巴西、俄罗斯、中国等新兴经济体而非发达国家将重新确定非洲在全球经济中的角色。据联合国贸发会议的统计，在相互经贸需求与共同利益的驱动下，2001 ~ 2009 年，非洲对“金砖四国”的出口额占非洲总出口的比重从 7.7% 升至 17.75%；同期，非洲从四国的进口额占非洲总进口的比重由 8.17% 增至 18.38%。中国、印度和巴西分别成为非洲第 1、第 6 和第 10 大贸易伙伴。2003 ~ 2009 年，中国对非投资年均增长 58.2%，在非洲投资达 287 亿美元，印度对非洲投资年均增速为 42.7%，投资项目的数量超过 130 个，平均每个项目的投资约为 2 亿美元，是“金砖四国”中第二大对非洲投资国，接下来是巴西、俄罗斯，两国对非洲的投资分别达 100 亿美元、93 亿美元。[①] 重要的是，四国对非洲的投资领域集中在基础设施、制

① “BRIC Countries Crucial for African Growth,” October 15, 2009, http://www.tradeinvestsa.co.za/news/303480.htm.

造业等发达国家忽视的部门。为配合对非经贸合作的发展，四国的主要银行业都已经涉足非洲，2007 年，中国工商银行斥资 55 亿美元，购得南非标准银行 20% 的股份，中国银行已与在 31 个非洲国家设有业务的 Ecobank 签署协议。中国进出口银行已批准 200 亿美元的对非信贷。印度国家银行在毛里求斯、尼日利亚两国设有合作项目。此外，据联合国维和部的统计，截至 2011 年 3 月 31 日，在向联合国提供维和人员的国家排名中，巴西、俄罗斯、印度、中国分别居第 13、第 48、第 3、第 15 位。尽管四国派遣的维和人员仅占联合国维和人员总数的 13.3%，但四国向非洲派遣的维和人员占四国维和人员的 67.9%，其中中国 80.14%、印度 81.67%、俄罗斯 93.3% 的维和人员被派往非洲，参与西撒哈拉、刚果民主共和国、达尔富尔、利比里亚、苏丹、科特迪瓦等非洲国家与地区的维和，[①] 足见四国对非洲的重视。

（三）扩大全球治理的参与力度

冷战结束以来，世界经济格局发生变革，新兴国家的崛起刺激了发展中国家的乐观主义，导致全球地缘政治的变化，为发展中国家影响全球体系开启机遇大门。2000～2009 年，"金砖四国" 生产总值占世界生产总值的比重由近 8% 上升至 15.6%。[②] 预计到 2020 年，四国生产总值将与美国生产总值持平。2050 年前后，四国将超过美国、日本等六大工业国家，成为世界经济的主导力量。南非认为这将是过去 200 年里首次由新兴大国驱动全球增长，预计新兴大国将用创新、商品设计和价值链改变全球商业的面貌，新兴国家的经济力量将推动全球治理机制变革。

南非政府认为，发展中国家提升其在 21 世纪全球治理中的发言权，尤其是巴西、印度与中国等新兴经济体的崛起，为重构全球治理机制注入了新的力量，增强其他发展中国家的信心，强调要通过在多边体系内致力于维护全球政治和经济的稳定与安全，为国内政策创造良好环境。2001 年，南非政府提议建立"南方八国首脑会议"机制，由中国、南非、印度、巴西等发展中大国组成，通过集体磋商，形成发展中国家的共同声音。2003 年，印度、巴西、南非组建跨地区战略联盟印度巴西南非对话论坛（IB-

---

① 按联合国维和部统计的资料整理，http://www.un.org/en/peacekeeping/resources/statistics/。

② 按中国国家统计局数据库 2000～2009 年世界各国生产总值的资料整理，http://www.stats.gov.cn/tjsj/。

SA)，三国都希望在安理会扩大后能够代表本地区国家成为联合国安理会常任理事国。2010 年 2 月，南非外交部表示南非应该成为金砖国家合作机制的一员，因为其代表着最大的市场，并认为如果南非不能成为该机制的一部分，就无法在贸易谈判中拥有类似的地位。[①] 8 月，祖马总统呼吁中国利用自己作为世界第二大经济体的地位，推动多边机制更大的变革，反映发展中国家的需要。

三　南非对其他金砖国家的吸引力

“金砖四国”吸收新成员或其他国家积极争取加入金砖国家合作机制曾多次被提起，但对南非的加入，舆论曾表示一定程度的质疑。之前，韩国媒体曾表示韩国应该与中俄印巴一道成为“金砖五国”。2007 年初，高盛公司也主张“金砖四国”应该包括韩国而成为“金砖五国”。2009 年举行的首次“金砖四国”峰会，就对该组织中是否应包括非洲国家进行过讨论。同年，南非的国内生产总值为 3500 亿美元，其经济规模位居全球第 31 位。相比之下，“金砖四国”里最小的经济体俄罗斯的经济规模约为 1.6 万亿美元，是南非的近 5 倍。南非人口 4900 万人，也远低于印度的 12 亿人、巴西的 1.91 亿人和俄罗斯的 1.42 亿人。[②] 南非只在新兴市场中位居第二阶梯，在钢铁、纺织和汽车等行业，南非与巴西、印度等国存在相互竞争，南非企业进入这些国家的市场将面临巨大困难。

因此，在金砖概念之父奥尼尔看来，南非无法与“金砖四国”为伍，但南非的加入申请得到印度等其他“金砖国家”的支持，“金砖国家”对南非的看重主要是基于以下考虑。

（一）深化“金砖国家”间合作关系的基础

其他金砖国家重视与南非的经贸合作潜力。在 2010 年世界银行对 183 个国家的营商环境排名中，南非位居第 32 位，远远高于中国（第 78 位）、印度（第 135 位）、巴西（第 124 位）与俄罗斯（第 116 位）。[③] 南非的铂族金属、锰矿、铬矿、黄金、铝硅酸盐的储量居世界首位，具有门类比较齐全的制造业、现代化的农业、相当完备的金融体系。金砖五国之间的贸易

---

① 李新烽：《南非抱“金砖”意义非凡》，《当代世界》2011 年第 2 期，第 25 页。

② 李纯一：《第一个十年：“金砖国家”欣欣向荣——“金砖”国家吸收南非加盟，充满自信走上国际政治舞台》，《文汇报》2011 年 2 月 10 日。

③ 世界银行《全球营商环境报告》（2010 年）。

额在逐年增加。2001 ~2010 年，五国之间贸易年均增长 28%。2010 年，五国之间的贸易额达到 2300 亿美元。① 2009 年，中国对南非的投资达 4159 万美元，中国企业已广泛进入采矿、化工等重点领域。截至 2010 年 6 月，印度对南非的投资达 60 亿美元。② 其中包括塔塔集团、马亨德拉公司等 40 余家印度著名企业。8 月，祖马总统表示俄罗斯公司在南非的投资存量已超过 90 亿兰特，涉及矿产、通信、航天等部门。

正因如此，其他金砖国家视南非的加入为推动金砖国家间合作的契机。印度表示其乐见南非加入“金砖国家”机制，认为印度南非经济联系密切，期待南非的加入为印度南非贸易挖掘更多的合作机遇，推动国际多边金融机制变革。俄罗斯总统梅德韦杰夫认为南非同其他金砖国家一样，都是快速发展的新兴经济体。俄罗斯外交部发表公告，认为南非为非洲最大的经济体，其加入不但有利于增加该机制的经济总量，而且将对该机制产生建设性作用，将推动该机制框架内互利合作的扩大。第三次金砖国家峰会期间，中国国家主席胡锦涛建议大力加强“金砖国家”共同发展的伙伴关系，继续深化务实合作，推动各领域合作出成果、见实效，进一步增强“金砖国家”合作的经济社会基础。

（二）加强与第三世界国家的经济合作，促进世界经济更加均衡的发展

由于发达经济体的贸易和经济增长疲软无力，金砖国家持续强劲的贸易和经济增长正日益依靠其他发展中国家的发展。其他发展中国家与金砖五国的贸易总额在全球贸易中的份额已经从 2003 年的 21% 发展到 2009 年的约 28%。非洲拥有近 10 亿人口，仅次于亚洲，是继中国和印度之后的世界第三大市场，随着非洲人均 GDP 的增加，非洲中产阶级规模不断扩大，是紧随中国和印度之后增长最快的地区。南非是非洲的经济强国，非洲十大公司中有 8 家位于南非，工业产值占非洲的 40%，消费能力占非洲的 50%，国内生产总值是整个非洲大陆国内生产总值的 1/4。③ 南非与巴西、印度自 2003 年建立印度巴西南非对话论坛后，三国间贸易额有望从 2008 年的 100 亿美元增长至 2015 年的 250 亿美元。④ 2006 年，该论坛决定建立工作小组，

---

① 《外交部就金砖国家领导人第三次会晤举行中外媒体吹风会》，新华网，2011 年 4 月 2 日。

② “Zuma Wants SA-India Trade Raised to R76.2 Billion,” *Times LIVE*, June 3, 2010.

③ 《“新金砖”南非》，《中国经济周刊》2011 年第 15 期，第 72 页。

④ 裴广江：《密切与“金砖四国”合作——南非有望成为“第五国”》，《人民日报》2010 年 8 月 8 日。

对印度、南方共同市场、南部非洲关税同盟间建立自由贸易区进行可行性研究。2009 年，印度、巴西、南非三国承诺将努力发展三边贸易，推动南方共同市场、南部非洲关税同盟与印度之间早日达成区域贸易协议。

（三）提高“金砖国家”在全球治理机制中的影响力

印度、中国、巴西等国与南非在推动全球治理的议程方面存在诸多共识。在 2007 年的“8 + 5”对话期间，中国、印度、巴西、南非、墨西哥五国明确表示对“八国集团”单方面设定的议题不满，认为对话议题应由双方共同商定。[①] 2011 年 1 月，中国、印度、巴西、南非联合发表《新闻公报》，重申四方对推动多哈回合谈判的决心，表示不能改变谈判授权和发展回合的性质，放弃已有成果。2009 年哥本哈根全球气候大会和 2010 年坎昆全球气候大会上，以中国、印度、巴西、南非等“基础四国”（BASIC）为代表的新兴国家与发达国家就碳减排问题展开交锋，最终与发达国家在“共同但有区别的责任”原则，以及发达国家提供应对气候变化的资金和技术支持等方面达成一定的共识。中国表示赞赏南非为承办在德班举行的联合国气候变化大会所做的努力，支持南非发挥东道国重要作用，推动德班大会取得积极成果，圆满完成“巴厘路线图”谈判任务。[②]

此外，其他金砖国家认为南非的加入将提升金砖国家在国际金融机构中的发言权。扩编后的金砖五国国土面积占世界领土总面积的 26.46%，人口占世界人口的 42.58%。2010 年五国国内生产总值约占世界总量的 18%，贸易额占世界的 15%。据国际货币基金组织（IMF）统计，截至 2011 年 4 月 1 日，金砖国家均为“二十国集团”（集团成员经济占全球的 85%，人口为 2/3）的成员。按国内生产总值规模的排位，金砖国家的排序分别为中国（列居第 2 位）、巴西（第 7 位）、印度（第 11 位）、俄罗斯（第 9 位）和南非（第 20 位）。金砖国家的国内生产总值已超过 10 万亿美元，仅低于美国的 14 万亿美元，与欧洲相同，是日本的 2 倍，是德、法、英的 3 倍。[③]《三亚宣言》呼吁国际经济金融机构治理结构应该反映世界经济格局的变化。5 月，国际货币基金组织执行董事会内代表巴西、俄罗斯、印度、中国、南非的五位执董发表联合声明，认为新任总裁不仅要有杰出的职业背景和领

---

① 王俊生：《巴西大选后新政府的紧要外交议程》，《拉丁美洲研究》2010 年第 6 期，第 33 页。

② 吴绮敏、王新萍：《胡锦涛会见南非总统》，《人民日报》2011 年 4 月 14 日。

③ 李光一：《金砖四国添新丁》，《理财周刊 》2011 年第 17 期，第 54 页。

导才能，也要能够坚定地推进现有改革，以便更好地适应当前世界经济的新格局。在6月的第二次印度非洲峰会上，南非表示通过与印度的合作，非洲能够推动世界贸易组织多哈回合谈判的早日结束，实现更加平等的全球贸易体系。同年12月的德班气候峰会上，以中、印、巴、南等“基础四国”为代表的新兴国家，坚持“共同但有区别的责任”原则，指出发达国家应当兑现承诺，在资金、技术转让、能力等方面给予发展中国家支持，尽快兑现300亿美元快速启动资金，并启动绿色气候基金。

四 金砖国家合作机制内印度南非关系的发展

南非加入金砖国家合作机制后，不但深化南非与印度等金砖国家的经贸合作，加强金砖国家之间的经贸联系，而且利用南非在非洲经济、地理上的独特地位，推动金砖国家关注对非议程，推进金砖国家与非洲经贸关系的发展。不仅如此，作为非洲最大的经济体，南非还在一定程度上增强了金砖国家合作机制在发展中国家的影响力，加强了“金砖国家”在国际相关议程中的合作与协商。

（一）密切印度南非间的经贸联系

为适应国内需要，南非积极推动金砖国家间的经贸合作。2011年的金砖国家峰会期间，共有500多位企业家参加金砖国家工商论坛，除了中国260名代表外，南非是其他金砖国家中参会代表最多的，达70多人。祖马总统鼓励参会的南非商界人士将他们在与其他金砖国家的经济合作中遇到的障碍反馈给政府。[①] 中国国际贸易促进委员会与巴西工业联合会、俄罗斯工商会、印度工商联合会、南非商会联合会共同签署《成立金砖国家工商联络机制谅解备忘录》，认为金砖国家工商论坛是建立务实合作的重要平台，应该配合金砖国家领导人会晤长期举办。五国商界人士一致同意在各自机构内成立金砖国家工商论坛秘书处，就双边贸易与投资问题广泛寻求建议。五国签署了《金砖国家银行合作机制金融合作框架协议》，表示要扩大金砖国家间的资本市场合作，允许各自企业在对方国家的股票和债券市场进行中长期投融资。峰会颁布的《三亚宣言》表示金砖国家一致赞同继续推进和扩大金砖国家间经贸投资合作；认为金砖国家具备开展更紧密合作的基础和条件；表示将加强金砖国家发展银行间金融合作、联合开展经贸研

---

① “Seize Brics Opportunities—Zuma Implores SA Business,” *BuaNews*, April 13, 2011.

究，以及探讨在绿色经济领域合作的可行性等。之后，南非还承诺将为2015年前金砖五国间贸易量达到4000亿~5000亿美元的目标做出贡献。[①]

印度等金砖国家在南非对外贸易中的地位总体上呈上升趋势。根据南非贸易和工业部的统计，2007~2010年，南非与印度、巴西、俄罗斯、中国等四国的贸易额增幅达67.3%，从184.65亿美元增至308.96亿美元。四国在南非进出口贸易中的比重由12.78%上升至18.47%。同期，南非与四国的贸易在南非国民生产总值中的比重由6.45%增至8.49%。2011年，南非与四国的贸易比2010年下降4.3%，在南非国民生产总值中的比重降至7.29%，但南非与四国的贸易在南非进出口中的比重却增至19.63%。截至2011年年底，中国仍旧是南非最大的进出口贸易伙伴国。与2010年相比，2011年印度、巴西在南非进口贸易中的地位有所提高，前者从第8位提高至第7位，后者由第17位提高至第15位。与此同时，俄罗斯在南非进口来源国中的排名也从2010年的第54位升至2011年的第50位。在出口方面，2010~2011年，印度皆是南非第6大出口国，巴西则由南非第24大出口国升至第23大出口国，相比而言，俄罗斯在南非出口中的地位稍有滑坡，从第41位降至第43位。[②]

（二）加强与印度在非洲的经贸合作，推动非洲的发展

1. 发挥南非在拓展非洲市场中的桥梁作用

首先，南非具有世界上相当发达的金融体系，股市市值占整个非洲股市的80%，是其他金砖国家投资非洲的重要平台。如2007年，中国工商银行以366.7亿兰特（约54.6亿美元）收购南非标准银行20%的股权，成为该行最大股东。[③] 近期，两家银行将承担博茨瓦纳莫鲁卜勒“B”发电站扩建项目的联合融资任务。其次，南非作为非洲开放最早的国家之一，在开发非洲市场上具有丰富经验，能为其他金砖国家企业进入非洲提供较完善的经营网络。南非零售、电信等行业巨头已经进入撒哈拉以南非洲的主要新兴市场。最后，南非是其他金砖国家通往撒哈拉以南非洲商业的交通枢纽，非洲80%的铁路网位于南非。2011年4月，祖马总统表示南部非洲关

---

① “New Era as South Africa Joins BRICS,” April 11, 2011, http://www.southafrica.info/global/brics/brics-080411.htm.

② UNCTAD Handbook of Statistics online, December 12, 2014.

③ 詹向阳、邹新、马素红：《中国工商银行拓展非洲市场策略研究——兼谈后金融危机背景下的中非金融合作》，《西亚非洲》2010年第11期，第26页。

税同盟、东南非共同市场与东非共同体之间的自由贸易协定在数月内的签署，将创造一个覆盖26个国家、国内市场总值约1万亿美元、近6亿人口的市场，印度等其他金砖国家在进入非洲地区市场上将面临更大的机遇。[①]

2. 南非进一步推动印度等金砖国家为非洲的发展做出贡献

南非加入“金砖国家”机制无疑为印度南非在涉非发展议题上深化合作创造良好机遇。其一，扩大国际社会对非洲的关注与支持力度。2011年的金砖国家《三亚宣言》认为消除赤贫和饥饿是全人类在道义、社会、政治和经济方面面临的一项紧迫任务，是当今世界尤其是非洲和其他地区的最不发达国家面临的最严峻的全球性挑战之一，呼吁国际社会积极落实2010年9月联合国千年发展目标高级别会议通过的成果文件，争取于2015年如期实现千年发展目标。宣言还表示支持非洲国家在“非洲发展新伙伴计划”框架下的基础设施建设和工业化进程。其二，推动金砖国家致力于非洲持续和平与稳定。金砖国家表示对当前西亚北非以及西非地区局势动荡深为关切，支持非盟关于利比亚问题的专门委员会提出的倡议等。其三，联合其他金砖国家为非洲发展创造有利的外部环境。金砖国家所倡导的完善国际货币体系，监管大宗商品金融市场，以及支持以世界贸易组织为代表的强大、开放、以规则为基础的多边贸易体系等主张，总体上有利于非洲经济的发展。2011年9月，南非与中国共同表示将对在发展非洲交通、能源等战略经济基础设施等项目上进行三边合作的可行性进行探索。南非还参加第二届金砖国家农业部长会议，五国签署宣言，催促国际社会加大援助，防止非洲之角危机进一步恶化，表示将加强对非技术合作与政策对话，加大技术转让与人员培训力度，援助非洲建造农业基础设施。[②] 此外，2013年在南非德班召开的第五次金砖国家峰会上，与会国表示要建立金砖国家新开发银行并筹备建立金砖国家外汇储备库。针对2017年8月在约翰内斯堡市正式成立的金砖国家新开发银行非洲区域中心，时任南非总统祖马认为这是金砖成员兑现帮助非洲各兄弟国、实现市场融合发展诺言的体现，是南非经济乃至整个非洲大陆经济发展的里程碑。

---

① “South Africa: Govt's Unique Values, Economy Will Boost Brics—Zuma,” *BuaNews*, April 14, 2011.

② South Africa: Agriculture Ministry Attends Second BRICS Meeting, October 31, 2011, http://allafrica.com/stories/201110311815.html, 2012-12-16.

（三）提高印度南非在国际秩序中的影响力

南非的加入增强了金砖国家合作机制在南方国家和南南关系中的代表性。非国大执政下的新南非把自身定位为一个发展中国家，视南南合作为南非对外体系的核心领域之一。2011 年 4 月，南非国际关系与合作部部长马沙巴内表示，“金砖国家”秉承和平相处、友好合作的“万隆精神”，并认为这一精神将引领金砖国家合作机制成为促进南南合作的平台。非洲是发展中国家最集中的地区，南非作为非洲的代表参加金砖国家合作机制，使金砖国家合作机制覆盖亚洲、欧洲、美洲和非洲等四大洲。金砖国家领导人在 2011 年三亚会晤期间，表示将建立一个研究具体措施的联络小组，以加深南南关系和促进贸易发展。

从一定程度上讲，南非的加入促使金砖国家合作机制进入新阶段。2009 年和 2010 年的峰会上，围绕国际金融体系改革议题，“金砖四国”开始进入由经济存在走向争取发言权的阶段。而此次南非的加入促使金砖国家合作机制尝试在越来越多的国际议题上用同一个声音说话，并开始关注更多国际政治议题，使该机制逐渐走向具有政治影响力的新阶段。其因之一是南非表示其在事关和平、安全和发展等问题上坚持独立自主的政策，并视安理会改革为其优先议题。金砖机制五国中作为联合国安理会常任理事国的俄罗斯和中国，表示重视印度、巴西和南非在国际事务中的地位，理解并支持其希望在联合国发挥更大作用的愿望。五国主张尊重每一个国家的独立、主权、统一和领土完整；表示要就有利于和平与安全的问题进行紧密合作，加强多边主义，促进就安理会审议的有关事项进行协调；认为 21 世纪应当成为和平、和谐、合作和科学发展的世纪；等等。

第四节　印度南非关系对中国倡导新兴国家合作的启示

当前及在未来一段时间内，发达国家仍是国际秩序的主导力量，中国、印度、南非等单个新兴国家，都不太可能取得像 19 世纪的欧洲与 20 世纪的美国一样独霸天下的地位，较难从根本上扭转“北强南弱”的局面。面对美国等西方大国在国际秩序根本性变革上的抵制态度。印度南非应在增强自身国力、维护国际和平、维护发展中国家利益的同时，深化与中国等其他新兴国家的互信，拓展相互合作空间，构建在经济、外交议程等方面更多的利益交会点，推动所创机制与其他南南合作机制的融合性，从而为提升新兴国家在全球治理中的发言权奠定基础。

一 现有国际秩序转型是一个漫长的历史过程

根据2013年联合国发布的题为《南方崛起》的发展报告，2020年，巴西、中国与印度三国的GDP将超过英国、美国、法国、加拿大、意大利和德国等六国GDP的总和。[①] 高盛公司预测到2050年，中国将取代美国，成为世界最大经济体，巴西、俄罗斯、印度将超越德、英、法等传统西方大国，跻身世界经济前六强，届时，金砖国家的GDP将超过G6的一半，世界的最大经济体将不再是最富的经济体。但毋庸置疑的是，新兴国家综合国力中的缺陷因素犹存，新兴国家与发达国家的差距在短时期内仍无法克服。如果说新兴国家的影响力是体现在“增量优势”上，而发达国家的影响力则表现在“存量优势”上。如金砖国家的国土面积占世界领土总面积的26.46%，人口占世界人口的42.58%，在经济增速方面，2000～2013年，新兴市场与发展中国家平均增长率达6.1%，其中金砖国家平均增长率为6.9%，分别高出同期世界经济增长率2.4个和3.2个百分点，2013年，新兴市场与发展中国家在全球GDP中的比重第一次超越发达经济体，达50.4%，比2000年提升了13.4个百分点，其中金砖国家占全球的份额达27.6%，比2000年提升了10.7个百分点。[②] 不过，按照联合国开发计划署的统计，1980～2012年的32年中，印度的人类发展指数从0.345增加到0.554，平均每年只增加1.5%，低于南亚地区0.558的平均指数，在世界187个国家和地区的排名中位居第136位。而其他金砖国家的排名则分别为：俄罗斯第55位、巴西第85位、中国第101位、南非第121位。不难发现，印度的排名比上述金砖四国都要低。虽然印度的绝对贫困人口比例不断下降，但其贫困人口数量仍居世界第一。按照每天不足1.25美元（按购买力平价计算）的国际贫困线衡量，2012年印度有37.2%的人口，即约4.6亿人生活在贫困线之下，占了全世界贫困人口的1/3。[③]

---

① Africa Must Tap From India, October 10, 2013, http://allafrica.com/stories/201310100636.html, 2013－10－10.

② 徐秀军等：《金砖国家研究：理论与议题》，中国社会科学出版社，2016，第118页。

③ 孙士海：《印度崛起的态势与面临的挑战》，吕昭义主编《印度国情报告（2012～2013）》，社会科学文献出版社，2014，第294页。

在今后一段时间内，美国仍将为国际秩序的公正与合理性变革设置阻力。美国是当今国际秩序的塑造者和领导者，它所主张的国际秩序变革是为了更好地维护自身利益。美国以世界领导者自居，对其他国家和国家集团提出的秩序与利益进行再分配要求，往往运用其作为决策者和调停者的角色，极力推动国际秩序朝着它所认为的公正合理的方向发展。例如，在国际社会特别是发展中国家的压力下，国际货币基金组织董事会 2010 年通过份额和治理改革方案。根据该方案，国际货币基金组织的份额将增加一倍，约有 6% 的份额将向有活力的新兴市场和代表性不足的发展中国家转移。由此，中国将成为国际货币基金组织第三大成员，印度、俄罗斯和巴西的份额都将在国际货币基金组织内跻身前十。美国的投票权较目前的 16.75% 将有所下降，但依旧保持超过 15% 的重大决策否决权。需要指出的是，美国国会一度反对将国际货币基金组织 2010 年份额和治理改革方案纳入拨款法案。

从目前情况来看，美国国内仍对如何在现存国际体系框架下容纳新兴经济体存在争议，认为在不按照美国所提出的要求来行事或不承担所谓责任的前提下，新兴大国被纳入国际秩序的前景令人担忧。因为这事关美国对新兴国家制定和实施何种政策。在美国看来，新兴大国在世界舞台上发挥更大的作用，将有可能弱化以民主、人权、防止核扩散和环境保护为基础的更强有力的多边体系和国际合法机制。给予金砖五国、墨西哥以及其他新兴国家更多空间的国际秩序，将会使该秩序更具代表性。但是，美国认为这样的一个秩序，将会使秩序的原先核心价值得不到更好的尊重和保护。因为，这些国家的核心价值观与这个秩序的支持者美国的核心价值观大不相同。实际上，美国将以各种借口来阻止新兴大国与美国分享国际秩序的领导权，拒绝对国际秩序进行实质性变革以维护美国的既得利益。从这个意义上说，美国是国际秩序向公正合理方向发展的最大障碍。[①]

二　印度南非需与其他新兴国家梳理南南合作机制间的合作关系

印度与南非既是印度巴西南非对话论坛（IBSA）的主要成员，也是金砖国家合作机制（BRICS）的主要成员。随着南非加入金砖国家合作机制，

---

① 唐彦林：《奥巴马政府变革国际秩序的政策评析》，《辽宁大学学报》2012 年第 2 期，第 152 页。

舆论对印度巴西南非对话论坛存在的必要性质疑，认为两种机制将最终走向融合。不过，对此，南非强调印度巴西南非对话论坛是其深化与印度巴西三边伙伴关系和提高第三世界在全球事务中影响力的重要支柱，指出南非作为金砖国家合作机制中的一员，将有利于印度巴西南非对话论坛得到更好的平衡，并变得更强大，认为南非外交政策目标和国家利益的多样化，将为 IBSA 与 BRICS 的共存创造条件，因为两机制的目标具有高度互补性。值得一提的是，印度拒绝中国关于解散印度巴西南非对话论坛或至少与金砖国家举行联合峰会的建议。不仅如此，为显示与中国的不同，缓解中国有可能主导 BRICS 的舆论担忧，印度前总理辛格强调 IBSA 有其自身的特点，宣称其是三个发展中民主国家的合作组织，更易于三国在联合国等机制中达成共识，而 BRICS 只是高盛证券公司首席经济学家吉姆·奥尼尔设计的理念，只是现在才逐步走向实体化。① 2014 年执掌印度政坛的莫迪政府，则指出 IBSA 是致力于包容性和可持续发展的三个志同道合国家的集合体，在提升本国与第三世界人民福利方面存在共识，主张赋予 IBSA 活力，摆脱 BRICS 笼罩下的阴影。② 有部分专家甚至主张邀请土耳其和印度尼西亚等地区民主大国加入，将 IBSA 拓展为 IBSATI，以提升其在国际事务中的发言权。

在合作议程上，南非指出要确保通过与金砖国家的合作，推动经济发展，缓解国内高失业率等难题，并推动其他金砖国家加强对非关系，确保非洲大陆在能源、通信技术、交通基础设施、农业等领域中获益。为此，南非需要在金砖国家合作机制内推动非洲议程时，加强与中国、印度等国的磋商。另一方面，新兴国家在加强互利合作的同时，需突出自身的发展中国家身份认同，深化与其他发展中国家的关系，展示开放性与非排他性，适当吸收一些经济规模、发展程度和利益诉求相似的新成员，以提升新兴国家的国际话语权，确保第三世界整体，乃至全人类从其倡导的合作中受益。

为统一新兴大国声音，形成与发达国家组织 G8、经合组织等类似的集体合力，印度南非等新兴国家应该结合自身的共同利益和战略诉求，秉持相互尊重的态度，摒弃在南南合作中过于强调所谓“共同的民主价值观”

---

① Daniel Kurtz-Phelan, “What Is IBSA Anyway?” March 16, 2013, https://www.americasquarterly.org/content/what-ibsa-anyway.

② William Gumede, “Opinion: Ibsa Could Function as a Democratic Organisation within BRICS Itself,” July 18, 2018, https://www.iol.co.za/business-report/opinion/opinion-ibsa-could-function-as-a-democratic-organisation-within-brics-itself-16090947.

等排他性因素，加强沟通，理顺 IBSA 和 BRICS 等合作机制间的异同，形成既分工又合作的关系，扩大新兴国家在国际机制中的影响力。

三 印度南非需与其他新兴国家共同寻找更多的利益交会点

不可否认的是，发达国家在综合实力与相互间团结的程度方面远超新兴国家，新兴大国之间相互竞争，互补性较差，相互合作大多是建立在各种国际性论坛的基础上，还没有超脱“议题联盟”的形式，凝聚力有限，难以建构稳定有效的全球事务协商机制。

一是新兴国家同属第三世界，尚需完成发展经济与解决贫困的艰巨任务。南非、巴西是资源出口大国，而印度则是资源进口国。为保护国内经济免受外部环境的冲击，新兴国家都不敢削减关税，甚至采取一定程度的贸易保护主义措施，以应对国内经济结构的脆弱性。在碳排放方面，俄罗斯加入发达国家阵营，印度、南非、巴西与中国等组成“基础四国”，与西方大国在碳减排协定的制定细则上分歧严重。新兴国家间经贸合作规模和领域的层级不高，金砖国家的投资重点大多集中在发达国家与邻国，彼此间的投资主要集中在采掘、农业、中低端制造业等有限领域，高新产业部门的合作空间尚需进一步挖掘。

二是尽管印度、南非、巴西等新兴国家为各自所在地区的主要大国，在国际上具有较强的影响力，且持有实现国力强盛的抱负，但这些国家并没有建立有效的地区治理机制，在事关地区主导权的问题上甚至面临一些邻国的竞争或抵制。

三是新兴国家政治体制与综合国力的差距明显，相互间经济利益联动不足，影响新兴大国集体身份的认定。印度、南非强调其民族多样性、文化多元化的自由民主国家形象，凸显自身与中国、俄罗斯等国家的区别。有专家甚至认为南非与中国、俄罗斯深化合作，有悖于南非宪法中所倡导的自由民主、尊重人权等价值观。此外，新兴国家间的经济联系并不密切，经贸争端无处不在，印度、南非频繁在对外贸易中使用反倾销等保护措施。

南非是欧盟十大战略伙伴之一，超过 2000 家欧盟企业在南非存有业务，2015 年，南非与欧盟国家的贸易几乎为其与中国贸易的两倍，且 2011 年至 2016 年，南非与中国、俄罗斯、印度、巴西四国的贸易从 370.19 亿美元降至 299.85 亿美元，降幅高达 19%。2016 年 10 月，印度商业和工业部表示金砖国家相互间贸易仅有约3000亿美元，仅为金砖国家对外贸易总额的5%。[①] 南非亦认为金砖国家间的经贸政策协调尤为重要。为改变与印度贸易中的入超地位，2016年，时任南非总统祖马在会见印度总理莫迪时，强调南非期待对印度出口多样化，加强两国在矿业、可再生能源、农业加工等领域的合作。值得一提的是，南非等新兴国家还深受国家身份的困扰，有学者甚至认为新兴大国内部分为“金砖国家”这样的“超级发展中大国”和印度尼西亚、南非、阿根廷、墨西哥等“二流发展中大国”，[②]这在无形当中不利于新兴国家利益的协调。南非国内部分人士甚至认为祖马政府外交上重视金砖国家合作机制，表明南非政府对国家主导型发展模式的侧重，淡化个人权利、自由贸易、民主等意识形态与政治内容，是对西方新自由主义和自由市场主导框架的漠视，认为这不利于南非在发达国家和发展中国家间充当桥梁角色。

四是在全球治理体系还处于西方大国主导的格局下，包括印度南非在内的新兴国家都没有将各自置于外交战略的中心位置，反而将欧美发达国家与周边国家视为外交战略的重点，并强化与美国等西方大国经贸合作与安全、军事同盟，这无形当中等同于将国际事务的裁决权转移给了美国，为欧美国家分化新兴国家合作、降低新兴国家共同倡导议题的效能创造了条件。另一方面，欧美大国对于中国、俄罗斯以防范加打击为主，对印度、南非则更多的是支持与拉拢，加强领域合作与价值观认同，以达到遏制中国、俄罗斯的目标。2011年开启的美国、日本、印度三边对话，核心目的是平衡中国的国际影响力。受此影响，印度对金砖国家合作总体持“少付出投入，多从中获益”的态度，既主张借助金砖国家，提升全球治理中的发言权，又不愿得罪西方，希望在大国合作中保持左右逢源的姿态。正因如此，面对金砖国家明确反对西方大国在利比亚军事打击行动的呼吁，法英美等国置若罔闻，仍旧我行我素，凸显南非等金砖国家的尴尬与无奈。此外，印度、南非、巴西等国家都极力提高各自的国际地位，在联合国安理会常任理事国候选国议题上存在竞争。

---

① 徐国庆：《南非与其他金砖国家合作的成效与前景》，《海外投资与出口信贷》2017年第4期，第29页。

② 黄仁伟：《新兴大国参与全球治理的利弊》，《现代国际关系》2009年第11期，第22页。

四　印度南非需提升与其他新兴国家的全球议程合作能力

新兴国家的兴起利于推动国际格局转型，扩大维护国际和平与发展的力量，但新兴大国的崛起趋势未必能即刻转为现实。鉴于包括新兴国家在内的发展中国家面临的难题，在较长时间里，发达国家主导国际体系的局面将难以改观。短期内新兴国家无法实现大国梦想，并挑起全球治理的重担。

为加强新兴国家对话合作，提升第三世界在国际事务中的发言权，新兴国家在加强经济合作的同时，尤其应深化在政治领域的相互合作。具体而言，印度南非等新兴国家在推动国际政治经济体系逐步转型的过程中，应防止大规模贸易保护主义的出现，同时加强南北对话，推动新兴大国与传统大国建立对话与合作共赢的新型伙伴关系，防止陷入历史上“崛起国与守成国”间的军事冲突局面，加强与传统大国协商，构建公平、公正、包容、有序的国际金融秩序，为世界经济持续、快速、健康的发展提供制度保障。

为进一步提高新兴国家的全球议题合作能力，新兴国家应该重视相互间关系的机制化建设。在路径上，可借鉴 G8 等模式，逐渐扩员、先易后难、循序渐进地构建新兴国家合作机制。当然，客观而言，目前以包容、非对抗为宗旨的金砖国家合作的深入，为新兴国家平等参与国际经济一体化议程创造了条件。如在金砖国家新开发银行和亚洲基础设施投资银行等的压力下，2015 年，美国国会最终通过 2010 年国际货币基金组织改革方案，使中国和印度在国际货币基金组织中的份额逐渐得到提升，巴西、中国、印度和俄罗斯都跻身 IMF 份额最高的十大成员之列。值得一提的是，2014 年金砖国家峰会发表的《福塔莱萨宣言》，呼吁 IMF 改革应该提高撒哈拉以南非洲等最贫困成员的发言权和代表性。展望未来，中国印度南非等国亦可通过利用金砖国家 + 机制（BRICS +），与其他主要发展中国家或发展中国家组织举行对话，以建立更广泛的伙伴关系，甚至组建代表整个发展中世界的联盟网络。毋庸置疑，这在一定程度上利于提升新兴国家在全球经济秩序议程协商中的发言权。以国际货币基金组织为例，金砖国家在 IMF 中的综合份额略低于 15%。但金砖国家 + 合作伙伴的加入，将提高 1 ~ 2 个百分点的综合得票率。在此基础上，金砖国家可尝试就金砖国家 + 机制与发达国家间建立沟通与合作框架，就完善国际金融架构、平衡经济秩序等议程展开磋商。

印度南非如果想成为未来联合国等国际组织中的重要成员，就需消除一些国家对其大国“野心”的担忧，使人确信它们的参与，能使全球治理机制更有效率，增强发展中国家的代表性，以便在解决人类面临的挑战方面更具建设性。总体而言，尽管新兴国家被认为在世界经济发展方面扮演着新引擎的角色，但在推动新兴国家相互间凝聚力，强化其成为全球治理中心力量的实践方面，还面临较大的挑战。金砖国家合作机制尚处于初级阶段，仅具松散的论坛性质，未达成一致的指导性规范。印度南非等新兴大国往往在应对国际局势的变化上缺乏主动性与前瞻性，无论是从能力上还是经验上都缺乏准备。不仅如此，新兴大国在国际体系改革方面还缺乏明确的方向感，也没有提出能为广大发展中国家所接受的治理理念，这使其短期内难以主导全球治理。如 2010 年，南非正式加入金砖国家合作机制，并首次当选为联合国安全理事会非常任理事国，加之，当年巴西印度同为安理会非常任理事国，而俄罗斯与中国为常任理事国，这为金砖国家就和平与安全问题进行紧密合作、加强多边主义、促进就安理会审议的有关事项进行协调提供了机遇。不过，从实际结果看，五国没有发挥自身的创新能力，没有在重构安理会与解决相关国际议程上，尝试提出一些新的举措。值得一提的是，美国、法国 2011 年在利比亚采取行动得到安理会的授权，但美、法等国在利比亚的实际操作却完全违背金砖国家所倡导的尊重每一个国家独立、主权，避免使用武力等原则。这对新兴国家而言，不能不说是一个深刻的教训。

小结

二战后大批走向独立的发展中国家，出于维护独立、发展经济等因素的考虑，先后建立各类合作机制，不过，随着两极格局的崩溃，发展中国家间凝聚力下降，南南合作一度步入缓慢期。

新兴经济的群体崛起，是 21 世纪国际政治经济格局中最为突出的现象。冷战结束后，经济全球化加速，印度南非相继推动经济自由化改革。21 世纪以来，以中国、印度、南非等为代表新兴经济体，经济发展成就显著，积极倡导国际政治经济新秩序，注重南北对话，反对单边主义，伸张发展中国家主权与领土权益，以建设性的姿态深化南南合作。印度、南非等国参与构建的新兴国家合作机制，不但利于两国各领域合作的深入，而且有助于促进第三世界整体合作，增强发展中国家的影响力。

新兴经济体的发展态势将会对国际格局的演变产生影响。不过，国际政治经济秩序的变革是一个缓慢的过程，西方发达国家在未来数年里仍旧是原有国际秩序的维护者。发展中国家未来的发展尚面临诸多的不确定性因素，尚未从根本上改变在国际格局中处于边缘化地位的状况。因此，新兴国家需要在影响国际议程方面形成合力。印度南非应在新兴国家群体崛起的基础上，挖掘新兴国家间的合作领域，加强互信机制建设，提高全球治理机制塑造能力，并为提高第三世界在南北对话中的地位创造条件。

下篇

印度南非战略合作的影响因素及未来走向

印度南非关系的发展受到诸多因素的影响。一方面，特殊的历史联系是一个绕不开的议题，也是影响印度南非关系不可忽视的因素。由此而形成的两国文化、宗教、种族和政党等的密切联系，决定了印度南非关系的复杂性。印度南非的大国夙愿，两国各自对印度洋区域合作的侧重，两国有意在南南合作、全球治理中扮演重要角色等，都成为影响印度南非关系的重要因素。另一方面，鉴于国家实力、外交优先议程等方面的差异，印度南非在自身国家定位、核裁军和联合国改革等议题上存在一定的分歧。这将给两国互信与各领域合作带来阻力。近年来，面对中国国力增长、美国亚太再平衡政策等导致的地区形势变化，世界主要大国纷纷调整对外政策。面对增长的国力、美日等国的拉拢，自 2014 年起执掌印度政坛的莫迪政府在实现印度大国外交战略上的步调更显自信。其不仅积极调整国内发展战略与规划，推动经济快速发展，而且在“大周边战略”“印太战略”等理念下，加快全球战略布局。印度不仅大力涉足亚太事务，深化与美国、日本、东盟等国家与地区的关系，还加快与南非等非洲国家的合作步伐。印度南非关系由此出现全方位、深层次、战略性的发展态势。

第九章

影响印度南非关系的诸因素分析

印度自独立以来，历经多次政府更迭，但南非在印度外交中一直占据特殊地位。印度南非关系发展的着眼点既在于两国间存在的难以割舍的历史联系，还在于适应各自对大国地位的追求。作为地区大国与发展中国家的重要代表，印度南非皆强调南南合作，加强南北对话，倡导第三世界权益，提升两国在国际机制中的发言权。

第一节　历史文化因素对印度南非关系的影响

一　文化纽带促使印度对南非海外印度人的关注

南非印度人被印度南非视为不可忽视的倚重力量。在印度看来，包括南非印度裔在内的海外印度人，不但是印度文化的重要传播者和宣传者，以及印度在全球打造文化“软实力”的重要力量，还是印度南非深化经济合作与政治联系的桥梁。就南非而言，约120万的南非印度裔是南非政治资源上不可忽视的一股力量，无论是在曼德拉政府时期，还是在姆贝基政府时期，很多政府部门的主要负责人都为印度裔；根据南非黑人经济振兴政策（BEE），印度裔享有与黑人同等的待遇；印度语、泰米尔语、古吉拉特语等五种印度语言也被南非定为学校教学的正式课程。

南非印度裔在印度对南非外交中占据特殊地位。在双边层面，从印度“圣雄”甘地开始领导南非印度人进行“非暴力”抵抗运动，到印度首任总理尼赫鲁于1912年发起其首次政治活动，为南非抵抗者筹集资金，再到冷战结束后，印度在南非纳塔尔省设立一个领事馆，专门管理当地的印度侨民问题，在国内建立直属外交部但直接向印度总理负责的海外印度人高级委员会，以及为纪念首批印度人抵达南非 150 周年，2010 年 10 月 1 ~2 日，印度与南非政府在德班共同举办主题为“印度与非洲：建立桥梁”的海外印度人大会；在多边层面，印度在 2014 年参加由联合国教科文组织支持的契约劳工路线国际会议（ILRIC），支持国际契约劳工路线项目计划，强调应保存与契约体制相关的文化与遗址，契约劳工路线的事迹值得完整研究与系统、科学地阐述等，这些都体现了印度关注并加强与南非印度裔联系的愿望。

二　历史经历造就印度南非对甘地、曼德拉遗产的认同

甘地、曼德拉遗产被印度南非视为两国共同的财富。“非暴力不合作运动”既为印度赢得独立，还促使甘地成为具有世界影响力的领导人。不过，甘地的“非暴力不合作”思想最早源于其在南非抵制白人政权的实践，曼德拉等南非民族解放人士的思想在一段时间内，也深受甘地的影响，其本人甚至被认为是南非的“甘地”。正因如此，民主南非建立以来，印度南非都重视对甘地遗产的维护，视甘地遗产为两国历史文化交流中不可或缺的内容。2015 年，时任南非国际关系与合作部部长马沙巴内指出，印度南非关系建立在相互间悠久历史联系基础上，认为甘地的影响力决定了印度的世界地位，甘地是印度的，但也是属于南非的，强调印度南非曾共同参与反对殖民主义、种族主义的斗争，两国在维护自由、尊重法律和人权价值观方面存在共识。① 在 2018 年联合国大会第七十三届会议期间举行的纳尔逊·曼德拉和平峰会上，印度外长斯瓦拉杰指出印度视曼德拉为自身的一部分，是印度的一颗宝石，认为印度珍视与非洲及其人民建立的特殊且长期的伙伴关系，强调印度非洲这种紧密联系反映在曼德拉和印度国父圣雄甘地的哲学中，如两者注重克服分裂和狭隘的身份政治，重视通过大规模的和平斗争使他们的人民获得自由等。

当下强调甘地、曼德拉遗产对印度南非具有积极意义。其一，便利两国开展公共外交。1995 年甘地诞辰 126 周年之际，印度政府设立甘地国际

---

① Ians, “Make in South Africa, Says SA Foreign Minister,” October 30, 2015, http://www.thestatesman.com/news/business/make-in-south-africa-says-sa-foreign-minister/100367.html.

和平奖，奖励那些以“非暴力”形式推动政治与社会转型的组织和个人。曼德拉亦是获此殊荣者之一。2003 年，印度将甘地从南非回到故土印度的日子 1 月 9 日定为“海外印度人日”。印度外长斯瓦拉杰认为甘地和纳尔逊·曼德拉所捍卫的价值观与原则都被纳入两国宪法，融入两国国民的灵魂。2017 年，印度外交国务部部长 V. K. 辛格访问南非期间，启动甘地纪念展，同年，印度南非纪念两国科技合作二十周年，签署《甘地－曼德拉草根创新计划》。[①] 其二，扩大两国国际影响力。2009 年，联合国大会通过第 64/13 号决议，赞赏曼德拉在推动世界人权、性别平等与和平文化等方面做出的贡献。印度外长斯瓦拉杰认为印度标志性领导人圣雄甘地和纳尔逊·曼德拉给那些遭受殖民主义与种族歧视等不公正和歧视待遇的人带来希望，全世界都从他们的引领中受益，并希望印度南非发挥领导作用，认为曼德拉所倡导的宽恕、同情和包容等价值观在当前显得尤为重要。[②]

三　印度与南非民族解放组织重视相互间的合作情结

一定程度上讲，冷战期间，印度国大党政府在国际层面处于支持非国大抵制种族隔离运动的前沿。1946 年，国大党执掌的印度成为首个与南非种族隔离政权断绝经贸关系的国家，之后，印度对其进行全面的外交、商业、文化和体育封锁。不仅如此，印度较早就在外交上承认非国大等解放组织，认同其为南非人民利益的代表。1967 年，非国大在印度首都新德里设立亚洲办事处，并得到印度国大党政府的大力协助。客观而言，印度对反对南非种族歧视斗争的援助，得到非国大等南非自由解放组织的肯定。曼德拉甚至表示南非反对种族隔离斗争的胜利也是印度的胜利。

新时期印度国大党与南非非国大较好的党际关系得以延续，并在两国关系中占据特殊地位，这为双方建立具有合作性质的关系奠定了基础。种族隔离政权崩溃之际，印度迅即在 1993 年同非国大主政的民主南非政府恢复外交关系。印度在亚非会议、不结盟运动、联合国等机制中对南非解放组织事业的支持，成为冷战后印度南非在南南合作框架及多边机制中深化

---

① Indian Ministry of External Affairs, *Annual Report 2017－2018*, p. 91.

② Sushma Swaraj, “India Considers Nelson Mandela as Its Own, Cherishes Special Relationship with Africa: Sushma Swaraj at UNGA,” http://zeenews.india.com/india/india-considers-nelson-mandela-as-its-own-cherishes-special-relationship-with-africa-sushma-swaraj-at-united-nations-general-assembly-2143322.html.

相互合作的重要动因。值得一提的是，2007 年 8 月，印度国大党主席索尼娅·甘地出访南非期间，不仅会见了南非前总统曼德拉和姆贝基，还应邀在非国大核心小组发表演讲。2015 年的第三次印度非洲论坛峰会期间，时任南非总统祖马更是打破外交礼节常规，专门拜访已下野的印度国大党主席索尼娅·甘地与印度前总理曼莫汉·辛格。继南非总统拉马福萨派遣高级非国大代表团参加印度国大党第 84 届全体大会后，2018 年 6 月，印度国大党高级领导夏尔马带领国大党代表访问非国大，其间，南非总统拉马福萨赞赏两党历史联系，以及种族隔离期间国大党在尼赫鲁、英迪拉·甘地、拉吉夫·甘地领导下给予非国大的支持，表达对当下日增的保护主义和贸易壁垒的关切，申明非国大政党致力于包容性和可持续经济增长，呼吁双方加强多边合作。①

第二节　大国追求因素对印度南非关系的影响

印度南非大国梦想由来已久。印度首任总理尼赫鲁复兴印度的愿望是："要么就做一个有声有色的大国，要么就销声匿迹，中间地位不能引动我。"②种族隔离治下的南非以"南部非洲宪兵""欧洲人前哨"自居。进入 21 世纪以来，印度南非的经济发展成就显著。2005 年，印度的国内生产总值达 8750 亿美元，进入世界 10 强的行列。2007 年，南非的国内生产总值高达 4676 亿美元，经济实力全球排名进入前 30 位，这利于进一步刺激两国的大国梦想。印度与南非伙伴关系无疑成为两国大国战略布局的重要环节。具体而言，这种布局主要体现在三个层面：在地区层面，深化与环印度洋非洲国家的战略对话，提升印度南非在环印度洋区域的影响力；在发展中国家层面，倡导南南合作框架机制中的合作，加大对不发达国家的援助力度，展示印度南非为第三世界发言人的国家形象；在全球层面，加强在联合国安理会改革等国际议程上的协商，提出在联合国安理会的"入常"要求，提升各自在全球治理中的发言权。

---

① "S. Africa Prez Meets Cong Leader, Calls for Strengthening Multilateral Organisations," https://www.indiatoday.in/pti-feed/story/s-africa-prez-meets-cong-leader-calls-for-strengthening-multilateral-organisations-1263577 - 2018 - 06 - 18.

② 转引自尚劝余《略论尼赫鲁思想的基本内容》，《南亚研究》1992 年第 4 期，第 43 页。

一　提升在印度洋区域的战略地位

拓展海上力量逐渐成为印度南非的共识。在印度看来，失去对印度洋的控制是印度近代亡国的重要因素，主导印度洋、加强与南非等非洲国家的合作是维护国家安全与提升地区影响力的重要一环。印度尼赫鲁总理认为非洲是印度隔印度洋相望的近邻，苟存于非洲的殖民主义和种族主义，将威胁印度辛苦赢得的自由。因而，从一定程度上讲，抵制南非种族隔离政权和参与非洲的维和进程是维护印度国家安全的战略需要。之后，拉吉夫·甘地总理提出"以实力求和平"的口号，强调不仅要做南亚区域大国，还要使印度成为印度洋大国和"世界大国"；但是从总体看，囿于国际环境、国力限制及其与巴基斯坦、中国等边界纠纷，冷战期间的印度无法将大量精力投放到印度洋战略之上。20 世纪 90 年代后，随着国际格局变化与国力的增长，特别是面对中国与非洲关系的飞速发展，印度在巩固其在南亚次大陆地位的基础上加快了印度洋控制战略。以 2004 年 6 月印度出台的《海军新作战学说》为标志，印度希望通过与非洲国家合作，实现海军从"近海防御"和"区域威慑"思想转向"远洋进攻"战略的愿望愈加强烈。另外，种族隔离时期，国际上普遍将南非归入中等发达国家，凭借强大的经济、军队和国防力量，南非企图迫使安哥拉等周边国家屈服于其统治。随着种族隔离政权的结束，南非对大国地位的追求不再局限于南部非洲区域，而是希望成为世界大国，2007 年南非海军制订的"向远洋进军"的发展计划，则被舆论视为南非走向均衡发展大国的又一强烈信号。迄今，印度已推动与南非、南部非洲、印度巴西南非对话论坛等多个框架下的防务合作。

值得一提的是，印度南非都将海洋经济视为实现经济复兴的新边疆。非洲联盟宣布 2015 ~ 2025 年为非洲海洋十年。而在 2014 年，南非政府启动海洋经济战略，推动海洋经济对南非国内生产总值的贡献额由 2010 年的 540 亿兰特增加到 2033 年的 1290 亿 ~ 1770 亿兰特，并创造 80 万 ~ 100 万个就业岗位。[①] 2015 年，印度非洲论坛峰会推出的《德里宣言》，强调印度非洲都拥有漫长海岸线和大量岛屿，海洋对两地人民都很重要，申明印度将

① 任航、童瑞凤、张振克、蒋生楠、汪欢：《南非海洋经济发展现状与中国 - 南非海洋经济合作展望》《世界地理研究》2018 年第 4 期，第 138 页。

支持非洲联盟《2050 年非洲海洋整体战略》，加强印度非洲在发展可持续渔业资源上的紧密关系，在打击非法捕鱼、水文调查、减少灾害风险等方面展开合作。不仅如此，莫迪政府提出“季风计划”与“蓝色经济战略”，即利用印度文化在环印度洋区域的深远影响，依托古印度洋航线国家间悠久的贸易交往历史，在印度主导下，共同开发利用海洋资源，促进经贸合作，推进环印度洋区域经济一体化。①

二 强化第三世界国家代言人的角色

南南合作在印度南非外交中占据重要地位。自独立以来，在不结盟思想的影响下，为维护国家独立，加强与南方国家的合作，实现印度在第三世界的领导地位，印度积极倡导亚非峰会、不结盟运动与 77 国集团等南南合作机制，并在这些机制中呼吁国际社会关注南非民族与自由解放斗争。冷战结束后，两极格局的崩溃，导致印度通过南南合作，发挥国际第三种力量作用的空间不复存在，南南合作的步伐几近陷入僵局。不过，印度认为发展中国家资源丰富，开展相互间合作，不仅利于战胜贫困与疾病等挑战，实现印度发展的目的，还利于倡导国际经济新秩序，推动发展中国家在全球治理体系中扮演建设性角色。南非非国大等解放运动的代表不但参加万隆亚非会议，还以观察员的身份参加不结盟运动的系列活动。自 1994 年以非国大为首的联合政府执掌新南非政权以来，南非在曼德拉等的领导下致力于回归国际社会进程，改变白人种族隔离政权在外交上认同西方、同欧美站在一起的做法，推动国际组织承认南非为一个发展中国家，显示其与第三世界成员团结一致，认同自己与发展中国家的社会和经济现实相一致。2011 年，南非发布《建设一个更美好的世界：乌班图的外交》外交关系白皮书，该文件指出泛非主义和南南团结是引领南非参与国际事务的两个关键原则；认为南南合作的目的是推动第三世界国家在政治、经济、社会和人权问题上形成共同立场，以便发展中国家解决历史遗留的边缘化问题。②

择其要者而言，印度南非倡导南南合作进程的举措主要体现在四个方

---

① 徐长春：《印度经济形势分析与展望》，《国际经济分析与展望》2016 年第 4 期，第 144 页。

② South African Department of International Relations and International Cooperation, Building a Better World: The Diplomacy of Ubuntu, White Paper on South Africa's Foreign Policy, May 13, 2011, http://www.gov.za/sites/www.gov.za/files/foreignpolicy_0.pdf.

面。其一，拓展南南合作机制。继1994年南非加入不结盟运动后，印度南非注重赋予不结盟运动新内涵，认同其在维护国家独立与推动国际体系民主化等议程上所发挥的重要作用；共同推动新时期的亚非合作；推动印度巴西南非对话论坛（IBSA）的成立；印度、中国等支持南非加入金砖国家合作机制，增强该机制在第三世界中的代表性。其二，丰富发展中国家相互援助的范式。印度南非联合巴西设立“IBSA减少贫困和饥饿基金”，该基金由联合国开发计划署南南合作特设局管理，呼吁最不发达国家申请该基金下的援助项目，接受印度、南非、巴西在资金与自身优势领域的技术援助。印度、南非、中国等金砖国家建立金砖国家新开发银行与应急储备安排，在项目批准周期较短且不附加政治条件的基础上，满足第三世界国家基础设施等领域的发展需求。其三，尝试南南合作联盟的新形式。印度南非认为冷战结束后美国的单边主义，令联合国的集体安全理念受到挑战，使小国、弱国在国际体系中变得更加脆弱。为增强第三世界国家的集体参与力度，2003年，世界贸易组织坎昆部长级会议期间，印度巴西南非对话论坛成员联合其他发展中国家组成二十国集团，这是一种以建立正式联盟关系的发展中大国为核心的非正式发展中国家联盟，体现了发展中国家联盟的新形式。通过反对发达国家的农业补贴、推动农产品贸易自由化，呼吁国际社会承认公共卫生的关切优先于知识产权等，印度、巴西、南非等国在一定程度上实现了参与世界贸易组织等国际机制核心圈的目标。

三 提升在联合国等多边机制中的发言权

印度南非与联合国存在独特的历史情结。英属殖民地的印度是1942年1月1日《联合国家宣言》的签字国。独立后的印度积极支持联合国反对殖民地与种族主义等议程。在一段时期内，印度成为亚非国家在联合国的代言人。冷战结束后，印度重视多边与大国平衡外交，反对削弱联合国作用的单边主义行为，在海湾战争、科索沃战争、伊拉克战争等问题上均主张发挥联合国的核心作用。1945年，南非为联合国奠基国之一。仅仅一年之后，南非种族政策成为联合国争论的议题。在印度等国的推动下，联合国极力谴责南非种族歧视政策。联合国由此成为非国大呼吁国际社会支持其解放事业的有力平台，这加速了南非在国际社会的孤立地位。1974年，联合国宣布南非种族隔离政权非法，无权代表南非人民。20世纪90年代，联合国积极支持南非民主化进程，解除对南非贸易、投资、金融、旅行和交通运输等方面的制裁，支持其重新回到主权国家体系。1994 年 6 月，南非得以恢复其联合国成员的身份。

印度、南非致力于推动联合国改革，以实现获得安全理事会常任理事国席位的战略梦想。在印度南非看来，联合国安理会的民主性、代表性不足，无法有效应对现实中的和平与安全挑战。两国认为印度人口众多，对世界和平贡献巨大，且国力增速明显，而非洲大陆发展中国家最为集中，两者理应在安理会中拥有代表权。1992 年的联合国大会期间，印度外交部部长首次正式阐述印度成为联合国安理会常任理事国的愿望。此后，印度每年都会提出加入要求。1997 年第 52 次联合国大会开始之际，南非首次加入联合国改革议题的辩论。同年，印度南非签署《红堡宣言》，该文件指出扩大的，具有平等、平衡结构的安理会，将利于发展中国家提出建设性意见。① 2003 年，印度、巴西、南非成立三国对话论坛，呼吁增加全球治理结构的包容性与民主性，强调联合国安理会常任理事国应增加拉美、非洲及亚洲国家的席位。此外，就联合国安理会的改革目标而言，印度认为安理会常任和非常任理事国成员都应增加，新的常任理事国与现有常任理事国应有相同的责任和义务，尤其应拥有否决权。相比之下，南非则采纳了不结盟运动所持的观点，即认为非洲应至少有两个常任理事国、五个非常任理事国席位，消除或者是扩大否决权。需要指出的是，2011 年的南非《建设一个更美好的世界：乌班图的外交》白皮书一改南非对改革后的安全理事会席位野心的含糊其辞态度，转向将获得安理会席位、推动联合国改革视为明确目标。

第三节　印度南非伙伴关系中存在的主要问题

印度、南非战略境遇中的共同点未必能导致双方在各个安全议题上达成共识。两国在联合国核裁军、小型武器扩散与反恐等议程方面存在一定的分歧，在涉及联合国安理会否决权、代表性等问题上的看法也存在一定的差异。不仅如此，囿于国家实力、外交优先议程等，印度、南非在联合国维和、“入常”席位分配等议题上的合作尚面临一定的阻力。

---

① M. Muslim Khan, *50 Years of India's Foreign Policy Towards Southern Africa*, New Delhi: Devika Publications, 1998, p. 301.

一 优先合作议程的迥异不利于印度南非在相关议题上达成共识

印度南非往往因国家定位差异而引发相关议题认知分歧。印度倾向于把自己定位为一个独立的具有世界影响力的大国，而南非倾向于把自己定位为一个崛起中的中等大国角色。这无疑在一定程度上造成两国对一些议题的政策差异。以核武器为例，南非是唯一一个主动放弃核武器的国家，1991 年，南非批准《核不扩散条约》，并在 1995 年的《核不扩散条约》审议问题上发挥了建设性作用。次年，包括南非在内的非洲国家首脑签署《非洲无核武器区条约》。相比之下，以瓦杰帕伊为首的印度人民党政府明确军事上谋求核大国地位为实现印度大国战略的支柱之一。1998 年印度公开进行核试验，成为第一个核扩散国家。此举遭到“中等强国倡议”（MPI）成员南非的反对。2003 年，印度巴西南非草拟的三国对话论坛宣言未能纳入涉核武议程。尽管 2007 年印度巴西南非对话论坛峰会发布宣言，强调三国致力于彻底消除核武器的目标，但同年印度为摆脱“核孤立”地位，与美国签署核合作协议。这引发南非不满，认为与印度的核地位得到美国认可不同，《核不扩散条约》签署国伊朗却因其核计划而遭到国际制裁。

相比印度，非洲在南非外交战略中占据更重要的地位。这在无形当中会对印度南非关系造成一定的制约。如在安全议程上，南非认为对非洲安全而言，重要的是防止小型、轻型武器的扩散。1998 年，南非开始禁止地雷的生产与使用，并提前两年销毁所有地雷储备。南非是 2001 年联合国小型武器会议（UN Small Arms Conference）的主要推动力量。与南非相反，印度一度支持生产小型武器。国际人权组织大赦国际认为，印度、美国等国应对 2006 年 7 月的联合国小型武器审核会议的失败负责。[①] 南非参与了旨在全球实现快速全面地禁止使用地雷的渥太华进程，而印度还不是禁雷条约（Mine Ban Treaty）的成员等。在外交议程上，作为“非洲复兴”的主要推动者，南非更注重兼顾非洲统一的立场，但这有时会导致南非在对印度关系中处于两难境地。以联合国改革议题为例。一方面南非表示支持印度在联合国发挥大国作用，但另一方面南非不能脱离非洲的观点，因为其是

---

① Statement by Control Arms, July 7, 2006, http://www.controlarms.org/latest-news/outcomerev-con-pr070706.htm.

非洲联盟针对联合国安理会改革而推出的“埃祖尔韦尼共识”的签字国。该“共识”主张非洲国家应在安理会中拥有否决权，非洲应拥有两个常任理事国与五个非常任理事国席位。不过，印度、日本 、德国和巴西组成的“四国联盟”则认为否决权的问题有待探讨，指出正是“埃祖尔韦尼共识”导致“四国联盟”的安理会改革议案流产。此外，尽管印度南非主张安理会改革，但南非在支持安理会候选国的问题上往往不得不保持谨慎，以免因与非洲联盟的观点相冲突，而引起非洲其他国家的不满。

二　国家实力不足削弱印度南非对外战略合作的热情

印度南非在深化合作、提升国家形象方面面临实力不足的制约。一定程度上讲，1990～1994 年的南非国内民主和解进程，以及历经长期流亡与磨炼的纳尔逊·曼德拉的人格魅力，给南非带来前所未有的全球影响力。不过，尽管在之后的数年里南非在经济发展上有所建树，但客观而言，南非消除贫困的任务仍然艰巨。2011 年，南非收入最低的 10% 居民仅仅拥有约 0.5% 的收入，而收入最高的 10% 居民占有高达 58% 的收入，收入和支出基尼系数分别高达 0.7 和 0.63。[①] 而截至 2014 年，印度拥有全球 1/3 的贫困人口，他们每天的生活费用不足 1.25 美元。[②] 这无疑不利于印度南非对外积极形象的塑造。如在地区整合上，南非位居非洲最南部，且出口市场主要集中在南部非洲发展共同体，受撒哈拉以南非洲不稳定因素的冲击相对较轻，这导致南非国内的孤立主义和排外思想不时出现。2008 年、2015 年南非相继爆发严重排外事件，非盟和平与安全理事会专门将此议题列入讨论议程；尼日利亚、津巴布韦等国的部分国民甚至呼吁抵制南非的商品。在参与和平构建上，南非有时会成为一个“不情愿的霸权国”。2004 年，时任南非总统姆贝基希望南非维和人员参与非盟在苏丹的维和行动，但南非国防部认为部队已参与布隆迪和刚果民主共和国的维和，不可能再增加维和任务。此外，继 2013 年联合国大会提出对未按要求提供维和装备的国家削减维和经费的政策框架后，2014 年 3 月至 2016 年 4 月，联合国以印度未能完全按照双方备忘录规定提供维和装备为由，削减印度在刚果

---

① 林跃勤、周文主编《金砖国家发展报告（2014）》，社会科学文献出版社，2014，第141 页。

② 杜幼康、李红梅：《印度发展的内外环境及其崛起的战略支撑》，《印度洋地区发展报告（2016）》，社会科学文献出版社，2016，第 86 页。

(金)、苏丹维和经费的数额分别高达23.71亿卢比、10.08亿卢比。[①]

印度南非的大国夙愿尚需得到地区国家的认可。2004年时任南非总统姆贝基认为,"南非愿意为非洲人民和世界人民服务,加入安理会当然是为了此目的"。不过,针对南非反对非洲地区国家以轮流方式获得安理会席位的态度,尼日利亚、埃及等其他非洲国家表示不满。有尼日利亚媒体认为在撒哈拉以南非洲的国家中尼日利亚人口最多,且GDP已在2012年首次超过南非,因此尼日利亚才是非洲真正最具代表性的国家。2017年,尼日利亚要求立即重组和扩大联合国安理会,以纠正该机构针对非洲的不正义行径,对非洲代表在安理会中的边缘化地位表示不满。不仅尼日利亚等非洲大国,毛里求斯等小岛国家亦认为应该在联合国安理会中获得席位。尽管印度的入常愿望在2010年首次得到美国的支持,但其邻国巴基斯坦表示反对,认为印度在克什米尔地区"严重侵犯人权",指出如印度入常,将导致地区新权力中心的出现,这不利于南亚局势稳定与民主决策程序。

三 执政理念与方式的差异制约印度南非合作效果

印度南非政治体制的特质在一定程度上给两国合作带来阻力。受预算有限和执政党内部分歧等因素的影响,南非拟设立的发展伙伴关系署迄今停留于纸面;就印度而言,早在2008年的首次印度非洲论坛峰会上,一些非洲国家就对印度的官僚体制表示不满,时任非盟主席科纳雷甚至指责印度之前的对非承诺没有实现,指出印度需要用行动来证明自己。[②] 截至2015年第三次印非论坛峰会,印度已批准68亿美元的对非优惠信贷,但实际只支付35亿美元,仅占批复额的51.47%。[③] 印度认为这不仅在于非洲国家制定详细项目的能力欠缺,延误印度对相关项目的评估,还在于印度在信贷管理的多层次机构框架和不透明的发放进程,延缓了信贷批复进度。非洲国家还呼吁增强印度非洲合作项目的有效性。南非总统祖马甚至强调论坛峰会文件的执行与峰会的成功主办同等重要。[④]

---

① 宋文君:《印度维和部队装备"偷工减料"联合国削减其33.8亿卢比经费》,环球网,2016年9月22日,http://world.huanqiu.com/exclusive/2016-09/9474891.html。

② Nileva Roy, "Manmohan Doubles Credit to $5 Billion," *Hindustan Times*, April 9, 2008.

③ Rajrishi Singhal, "Modi Resets India's Africa Strategy," *Hindu Business Line*, November 18, 2015.

④ Shubhajit Roy, "PM Offers Africa $10-bn Loan Says Projects to be Monitored," *Indian Express*, October 30, 2015.

印度南非关系在一定程度上受到政党执政理念差异的影响。如相比印度国大党执掌的曼莫汉·辛格政府的非洲政策，印度人民党引领的莫迪政府融入了更多颇具民族主义色彩的实力因素。其一，淡化国大党对非关系的政治遗产。2005 年，时任南非总统姆贝基借庆祝首届亚非万隆会议 50 周年之际，授予印度首任总理尼赫鲁“坦博之友秩序”勋章，该勋章属南非授予国外人士的最高奖项。而莫迪未参加 2015 年 4 月纪念亚非会议 60 周年庆祝活动，参会印度代表根本未提到曾是亚非会议倡导者的印度前总理尼赫鲁。同年 10 月的印度非洲论坛峰会上，纳米比亚、埃及、南非等非洲国家元首都对尼赫鲁和印度国大党曾给予非洲解放的支持表示感谢，不过，印度人民党政府总理莫迪与外长斯瓦拉杰在峰会致辞中则丝毫未提及尼赫鲁、英迪拉·甘地，次年 9 月，莫迪总理亦缺席不结盟运动峰会。其二，淡化意识形态因素，增加非洲政策中的现实主义色彩。冷战时期，印度对非洲外交中的道义色彩非常鲜明。但近些年来，受国力增强、中国快速发展等因素的刺激，印度价值导向的外交态势有所弱化，对外交服务国家利益的侧重在加强。在 1998 ~2004 年印度人民党执政时期，瓦杰帕伊政府在坚持对非经贸合作的同时，奉行现实主义思想，放弃 20 世纪 80 年代起国大党政府所推行的温和外交政策，坚持实力与大国外交。与此同时，印度淡化不结盟政策，逐渐对不结盟运动和第三世界失去兴趣，提出“20 世纪印度成为发达国家”的口号。莫迪总理执政后，将与主要大国建立多层结盟关系作为重要外交目标，主张“以实力对实力”，并将印度人民党实力政策进一步发扬光大。同缺席亚非会议、不结盟运动会议相对比，莫迪总理一改先前对美国若即若离的态度，将对美关系置于首要地位。

执政党领导人自身因素对印度南非关系的影响亦不容忽视。印度视南非印度人为两国合作的依靠力量。不过，南非印度人经济上接近白人，文化上保持自身独特性，极易造成其与多数黑人的隔阂。2018 年，南非左翼政党经济自由斗士党领导人马勒马指责大多数印度裔是种族主义者，印度裔的经济处境接近白人，且歧视黑人。不仅如此，自 2013 年南非总统祖马与印度裔商业豪门古普塔家族牵扯不清的利益关系进入公众视野后，舆论质疑南非国家已被古普塔家族所劫持。除此之外，与印度裔古普塔家族有业务来往的印度国有金融机构巴罗达银行，因涉嫌参与非法资金转移亦陷入舆论旋涡。从 2016 年起，巴罗达银行在南非的业务逐步萎缩。为配合对祖马总统的国家腐败调查，2018 年，南非警察部队甚至突袭巴罗达银行驻约翰内斯堡和德班支行的办公室，并缴获相关文件。

小　结

印度与南非确立战略伙伴关系以来，双方关系呈现全面、快速发展态势，但也不难发现，印度南非的发展并非尽善尽美。虽然从总体上看，印度发展与南非关系存在良好的历史、人文基础，以及共同追求大国战略目标等诸多有利条件，但受印度南非政治生态、经济发展走势等因素的影响，印度南非在协调外交、安全等领域的合作上都面临不同程度的困难或问题。

基于近年来印度南非关系的实际状况，本章认为两国关系所面临的挑战，按照层级来划分，主要来自三个方面。其一，在个体层面，印度政党轮替引发印度政府执政理念与外交政策的变化，冲击印度南非强化南南合作的积极性。而与印度裔古普塔家族关系密切的南非总统祖马的下台，亦给印度南非经贸合作带来一定的负面影响。其二，从国家层面看，印度南非的政策配套或操作方式滞后，跟不上两国合作发展的需要，羁绊双方在经贸、对外援助等领域合作的开展。印度南非国家身份认知、国家实力、安全政策等方面的差异，导致两国在涉及防止小型武器扩散和核裁军等方面的政策着力点迥异。其三，就地区层面而言，作为“非洲复兴”的积极倡导者，南非在安理会改革等议题上的主张，需与非洲联盟的观点保持一致，而这无疑制约南非与印度就此议题进行协商，此外，印度、南非大国愿望都不同程度地遭到各自所在地区国家的抵制。

第十章

印度南非关系发展展望

2014 年 5 月，印度人民党党魁纳伦德拉·莫迪接替曼莫汉·辛格，成为印度共和国新一任总理。2018 年 2 月，深陷执政危机的南非总统祖马被迫辞职，随后非国大主席拉马福萨走马上任，组建新政府。面对国内贫困问题与经济增速下滑的困境，印度南非都将发展经济视为国内优先议程，印度政商界持续重视与前景被普遍看好的南非等非洲国家的经贸合作。在莫迪政府推行快轨外交的背景下，印度与南非的外交、文化与安全等领域的互动有望获得持续深入。

第一节　未来印度在与南非关系中的利益诉求

凭借经济发展的巨大潜力，莫迪政府希望在联合国安理会改革等议程上获得南非等非洲国家的支持。不仅如此，印度希望借助非洲良好的经济发展前景，深化与南非等国的经贸合作，以提高印度经济竞争力，降低国内贫困率。除此之外，印度更趋重视海外印度人在推动印度社会经济发展和增强国际影响力中的作用。

一　增强政治互信以实现印度长期以来的大国梦想

莫迪上台给印度实现长期持有的大国梦想带来新的憧憬。一方面，莫迪政府力图促使印度经济摆脱“增长困境”。2010 年印度国民生产总值增长率为 8.9%，2011 年、2012 年、2013 年则分别下滑至 6.7%、4.5%、

4.7%。而2015年，印度经济增速超过中国，达7.5%。根据莫迪政府调整后的GDP统计方法，按照1美元兑换66.6卢比的汇率，2016年，印度GDP达约2.3万亿美元，超过其前宗主国英国（约为2.29万亿美元）。[①] 时任印度总统穆克吉乐观地表示，随着改革走上正轨，印度能通过发展制造业和创新体制，推动印度在今后的二十年里成为一个10万亿美元的经济体。另一方面，莫迪本人在印度政坛拥有政治强人的形象，莫迪在担任古吉拉特邦首席部长期间，推动改革，创造了经济快速发展的奇迹。2001~2010年，古吉拉特邦年均综合增长率高达10.97%。[②] 在2014年大选获胜时，莫迪誓言将让21世纪成为印度世纪，帮助12.5亿的印度人民实现梦想。[③] 不仅如此，莫迪所在的印度人民党获得印度议会下院的多数席位。2014年的联大会议上，莫迪呼吁评估联合国过去70年的成效，强调改革安理会，使印度成为安理会常任理事国的一员。

印度仍需持续加强与非洲的政治互信，以获得南非等非洲国家对其大国夙愿的支持。2015年10月第三次印度非洲论坛峰会的成功召开，提升了印度对印度非洲峰会机制的信心。印度舆论认为此届峰会的规模甚至超过美国、中国和日本等国家与非洲举行的峰会，表明印度在外交政策层面，成为能够与所有非洲国家举行峰会的少数国家之一。莫迪总理表示所有非洲国家代表参加印非峰会，促使印度有机会倾听整个非洲的声音，具有实在的历史意义，清楚地体现印非伙伴关系已趋向成熟，认为峰会机制在印非共同利益的协商方面具有重要作用。[④] 尽管印度认为峰会期间，埃及、尼日利亚、南非等非洲主要大国与非盟都已在加强联合国安理会改革上与印度达成共识，但塞内加尔、尼日尔等非洲国家领导人并没有公开承诺支持印度的“入常”愿望。不仅如此，此次峰会发布的《德里宣言》也没有明确表示支持印度成为安理会常任理事国的候选国。值得一提的是，2018年，印度巴西南非对话论坛发布联合公报，公报强调为确保发展中国家的代表性，联合国应该扩充安理会常任理事国和非常任理事国的成员，否则联合

---

① 赵随喜：《莫迪的改革与印度的未来》，《金融博览》2017年第6期，第78页。

② 吕昭义：《2012~2013年度印度政治、经济形势与趋势》，吕昭义主编《印度国情报告(2012-2013)》社会科学文献出版社，第17页。

③ Jason Burke, “Election-winner Narendra Modi: 21st Century Belongs to India,” May 17, 2014, https://www.theguardian.com/world/2014/may/17/narendra-modi-india-election-hindu.

④ Amadou Jallo, “Africa: Indian PM Touts Africa's Human, Economic Development as on Track,” *The Daily Observer*, November 6, 2015.

国改革将是不完整的，三国强调将充分支持各自成为未来扩大后的联合国安理会常任理事国获选国，表示欢迎联合国秘书长的改革建议，支持其增强秘书处的地域代表性等方面的改革议程。[①]

二　深化经贸合作以执行印度经济发展规划

印度制定新规划以克服经济面临的困境。截至 2014 年，印度拥有全球 1/3 的贫困人口，他们每天的生活费用不足 1.25 美元。同年，受季风影响，印度豆类产量减少 12%，食品成为抬高消费物价指数的主要动因，为稳定物价，印度决定从国际市场进口粮食。2014 年 9 月，莫迪推出“印度制造计划”，推动制造业在 GDP 的份额由 15% 增至 2022 年的 25%，使印度经济实现 9% ~10% 的增速，以适应每年 1200 多万名青年的就业需求。印度将汽车、化学等 25 个行业列为重点发展部门，允许国防企业、汽车制造等领域的外资比重达到 100%。[②] 作为世界第五大能源消费国，预计今后 20 年印度能源消费将翻一番，印度计划加大海外能源资产收购，计划 2022 年发电 175 吉瓦。[③] 为扭转贸易下滑局面，2015 年 3 月，印度政府发布新对外贸易政策（FTP），表示将推动印度到 2020 年实现 9000 亿美元的出口贸易额。[④]

当前，南非经济下行压力大，深化与印度等国合作、实现经济复苏是南非政府的重中之重。2010 ~ 2015 年，南非基尼系数高达 0.634。2016 年第四季度、2017 年第一季度南非经济连续萎缩 0.7%，这意味着南非经济自 2009 年以来首次陷入“技术性衰退”。此外，2008 ~ 2017 年，外国对南非的直接投资由 760 亿兰特下降到 176 亿兰特。[⑤] 为提振经济，扭转时局，2017 年 11 月，南非总统候选人拉马福萨宣布“新政”，主张用“决定性的新方法”推动南非经济增速在 2018 年、2023 年达到 3%、5%，创造 100 万

---

① Government of South Africa，South Africa：Joint Communiqué on India-Brazil-South Africa Dialogue Forum，https://allafrica.com/stories/201810010382.html.

② 李艳芳：《印度莫迪政府经济发展战略转型的实施、成效与前景》，《南亚研究》2016 年第 2 期，第 92 页。

③ 熊一舟：《印度的能源新政能否持久?》，《社会科学报》2015 年 6 月 18 日，第 7 版。

④ “Government Unveils New Foreign Trade Policy Aims to Raise Exports to $900 Billions by 2020,” *The Economic Times*, April 2, 2015.

⑤ Jerry Omondi，“President Ramaphosa Seeks to Attract US ＄100 Billion in South Africa Investment,” April 17，2018，https://africa.cgtn.com/2018/04/17/president-ramaphosa-seeks-to-attract-us100-billion-in-south-africa-investment/.

个就业岗位。[①] 值得一提的是，在西方民粹主义抬头和贸易保护主义日益严重的背景下，加强相互合作日益被印度南非两国政府所重视。在2016年访问南非期间，莫迪呼吁南非等国与印度企业共同发展防务装备，表示印度工业联合会将在约翰内斯堡设立地区办事处。2018年1月，印度南非举行外事磋商会议，两国就加强商业联系，深化金融服务、国防采购、农业加工和采矿设备等领域合作展开探讨。在同年2月的国情咨文中，南非总统拉马福萨表示将优先推动附加值贸易，吸引印度等金砖国家的投资进入生产部门。截至2018年5月，在南非投资的印度公司超过130家，投资约80亿美元，雇用约1.8万名南非人员，而南非在印度的投资额约为10亿美元。[②]

三 加强人文交流以拓展印度软实力

在莫迪看来，海外印度人是印度提升大国地位的可借助力量。一是莫迪主张依靠印度教文化，以巩固印度人民党的执政地位，扩展国家影响力。印度人民党与印度教教派组织国民志愿服务团有着密切联系，2014年大选后，莫迪极力宣扬“印度教特性”，赋予其“印度文化”的标签，展开印度人民党党员的“扩员运动”。海外印度人多数保留印度文化传统，是扩大印度软实力的载体。莫迪强调每个印度人应以印度遗产为荣，是首位以印度民族语言印地语在联大发言的印度总理。此外，2014年9月，身为印度教实践瑜伽爱好者的莫迪在联合国发起“国际瑜伽日”倡议，之后，印度组建“瑜伽与传统医学”部，任命历史上首位“瑜伽部部长”。二是印度视海外印度人为有价值的公共外交资产。莫迪认为印度不应局限于南亚大陆，应存在于世界各地每个印度人心中。莫迪政府颁布条例，授予印度裔卡持有者终身印度签证待遇，而非此前的15年有效期。[③] 三是莫迪政府提出了“季风计划”与“蓝色经济战略”，即借助印度洋区域印度文化的深远影响，依托环印度洋各国之间悠久的贸易往来，在印度领导下，共同开发利用海

① Jackie Cameron, “Ramaphosa: My New Deal for SA – and 10 – Point Action Plan for Jobs, Growth, Transformation,” November 14, 2017, https://www.biznews.com/thought-leaders/2017/11/14/ramaphosa-new-deal-for-sa.

② South African Department of Trade and Industry, United By Legacy, Unified For Prosperity, https://www.tralac.org/news/article/12998-india-south-africa-business-summit-2018-united-by-legacy-unified-for-prosperity.html.

③ Indian Ministry of External Affairs, Official Spokesperson on the Ongoing Pravasi Bharatiya Divas – 2015, January 8, 2015, http://www.mea.gov.in/media-briefings.htm? dtl/24661.

洋资源，增强经贸合作，促进印度洋地区的经济一体化。①

印度主张联系海外印度人以助推国家经济发展。莫迪在发展古吉拉特邦经济时，就注重加强与海外印度人的联系，深化对外经贸合作。就任总理后，莫迪发布了旨在推动经济与行政改革等议题的治国理政十大纲领，以在全国范围内推广“古吉拉特邦模式”的基本理念与行动方向。受国际金融动荡的冲击，印度资本外逃严重，2015 年前 6 个月，印度机构净出资本高达 88 亿美元。印度央行专门设立针对海外印度人的存款机制，以扭转资本外流局面。2015 年，印度吸纳汇款 720 亿美元，为世界第一大汇款接收国。② 正因如此，印度总统科温德表示印度政府寻求与海外印裔保持可持续和积极接触的目的，在于帮助海外印度裔熟悉印度发生的变革，为他们参与母国印度的发展创造可能。印度外长斯瓦拉杰表示 2016 年印度将举行海外印度人大会，推动海外印度人通过海外印度人发展基金会（IDF - OI），为改善印度教育、饮用水等领域的状况做出贡献。

南非印度人有望成为莫迪政府联系海外印度人的重要一环。甘地的非暴力不合作理念，最早源于其在南非掀起的抵抗白人当局的种族歧视实践，迄今甘地在非洲享有较高知名度。值得强调的是，包括南非在内的非洲印度人多数来自印度古吉拉特，在南非具有不可忽视的影响力。南非有近 120 万印度裔，是海外印度人的最大聚居地。曼德拉时期南非政府的 16 位内阁成员中，有 6 位为印度裔。在经济层面，1996 ~ 2003 年，南非印度裔的家庭收入就超过白人。

四　强化战略合作以提升印度地缘优势

莫迪政府认为印度的战略环境面临新挑战。在印度看来，俄罗斯向华出售苏 35 战机、S - 400 防空导弹等先进武器，表明中俄关系在升温。俄罗斯与巴基斯坦关系逐渐回暖，2016 年俄与巴基斯坦还举行首次军演，这促使印度担忧其在亚太地区地位下降的风险。自 2013 年中国提出“一带一路”倡议后，印度认为尽管“一带一路”倡议的主要内容是经济合作，但其对中国拓展外交影响力、加强地缘政治地位具有重要意义，指出中国正

---

① 徐长春：《印度经济形势分析与展望》，《国际经济分析与展望》2016 年第 4 期，第 144 页。

② World Bank, “India Became Largest Remittances Receiving Country in 2015 Followed by China,” December 19, 2015, http://newsonair.nic.in/news.asp? cat = Business&id = BN3276.

加速在印度洋的存在与扩展，中国倡导下的中巴经济走廊建设、在非洲之角吉布提设立的首个海外军事基地等，都表明中国在拓展全球利益上更具扩张性，是加固针对印度的"珍珠项链战略"的努力，势必损害印度在南亚、印度洋地区的主导权。为此，印度希望构建以印度为主体的区域合作，推进印度经济与地缘政治利益。在2014年的印度大选预备阶段，印度人民党提出要与邻国、周边国家建立战略伙伴关系，实现覆盖非洲、亚洲和印度洋区域的印度联盟网络。① 之后，印度新任总理莫迪表示印度海军必须处于印度经济与安全战略的核心地位，甚至强调印度洋区域是印度外交的重中之重，印度必须承担塑造印度洋未来的责任 。②

印度加快调整对外战略步伐。上台伊始，莫迪就提出"邻国优先"政策，并将先前印度执行的"向东看"政策调整为"向东行动"政策。2015年，印度又推出海洋战略文件《确保安全的海洋：印度海上安全战略》，该文件认为观察全球和地区地缘战略环境的视野已经从欧洲－大西洋转向印太，这种变化对印度海上安全产生切实影响。③ 与2007年发布的《自由利用海洋：印度海上军事战略》相比，2015年的新版海洋战略拓展了印度海上战略利益关注的地理范围，将东、西印度洋与红海作为印度海上聚焦的首要区域，将非洲西海岸、地中海和其他基于印度海外侨民、海外投资和政治原因考虑的利益区域，视为海上安全利益的第二重要区域。总体而言，新战略文件突出印度以下三个方面的主要议程：其一，在外交友好的国家寻求港口建设；其二，增加在地区战略重要地点的存在；其三，构建利益区域的新轮廓、拓展东向行动和连接西向政策。④

五 支持安全磋商以稳定国内局势

近些年来，恐怖主义威胁日渐引起印度与南非等非洲国家的高度关注。根据美国经济与和平研究所发布的全球恐怖主义指数年度报告，2014年、2015年，受恐怖主义影响最严重的前20个国家中，分别有8个、10个国家

① 〔印〕拉贾·莫汉：《莫迪的世界：扩大印度的势力范围》，朱翠萍、杨怡爽译，中国社会科学出版社，2016，第50页。

② 王世达：《印度：从"东动"到"西进"》，《瞭望》2016年第22期，第52页。

③ 楼春豪 ：《美印防务合作新态势评估》，《国际问题研究》2017年第1期，第112页。

④ Luciane Noronha M. de Oliveira, "Reshaping India's Blue Economy Imperative—Analysis," May 6, 2017, http://www.eurasiareview.com/05062017-reshaping-indias-blue-economy-imperative-analysis/.

来自非洲，而这两年印度在其中的排名皆高居第6位。[①] 莫迪上任后，公开提出将“采取一切必要手段捍卫印度的国家利益”，绝不能容忍2001年印度议会大厦恐怖袭击事件和2008年孟买恐怖袭击事件的重演。他还呼吁加强国家间反恐合作，打击跨国恐怖行动。2015年印度发布的海洋安全战略文件将来自海上及海上策划的非传统威胁以及国家支持的恐怖主义作为海军必须应对的当务之急。同年的印度国防部年度报告认为，恐怖主义以及恐怖组织活动或许是对和平与安全最为严重的威胁，强调进一步加强“区域合作”，即地区合作是提升应对非传统安全挑战能力的有效途径。[②] 在非洲，2010~2014年，以尼日利亚“博科圣地”、索马里“青年党”为代表的恐怖主义组织呈壮大趋势。2014年，“博科圣地”恐袭导致的死亡人数高达6644人，比2013年增加31.7%，超过“伊斯兰国”的6073人，高居全球恐怖组织首位。[③] 该年9月，非洲联盟和平与安全理事会敦促所有会员积极持续有效地打击恐怖主义与极端思想。2015年1月和6月的非洲联盟峰会，把组建地区反恐部队提上议程，并谋划出台全非洲反恐战略，构建情报共享机制。

印度与非洲还面临环境恶化带来的沉重压力。印度为世界第三大温室气体排放国，人均排外量居世界第十位。2013年，由环境污染而造成的健康成本达3.75万亿卢比，约为印度GDP的3%。印度计划到2022年，将太阳能电力、风力升至100吉瓦和60吉瓦，到2030年将非化石燃料占能源消费的比重提升到40%。[④] 2015年，莫迪在第21届联合国气候变化会议上发起太阳能联盟倡议，以期到2030年筹集1万亿美元的投资，聚焦开发赤道附近那些阳光充足但资金匮乏国家的太阳能。目前，撒哈拉以南非洲有超过6亿的非洲人无法获得电力，非洲每年因烹饪引起火灾产生烟雾而造成死亡的人数就有60万人。[⑤] 2018年1月，时任南非副总统拉马福萨认为，作为国家葡萄酒产业中心和最重要的旅游城市的开普敦，正面临4月全面断水

---

① Institute for Economic and Peace, Global Terrorism Index 2015, http://economicsandpeace.org/wp-content/uploads/2015/11/Global-Terrorism-Index-2015.pdf.

② Indian Ministry of Defence, *Annual Report 2015 - 2016*, p. 3.

③ Institute for Economic and Peace, Global Terrorism Index 2015, http://economicsandpeace.org/wp-content/uploads/2015/11/Global-Terrorism-Index-2015.pdf.

④ 陈利君、和瑞芳:《印度在促进金砖国家合作机制建设中的角色地位》,《金砖国家发展报告（2017）》，社会科学文献出版社，2017，第62页。

⑤ 阿德希纳:《能源是提升非洲经济的突破口》,《中国电力报》2015年10月19日。

的可能，表示开普敦即将出现的缺水现象表明全球气候变化已经成为现实。南非正经历着气候变化所带来的真正影响。

第二节 印度对南非政策的基本取向研判

印度人民党执政以来的对非洲合作举措，是对先前国大党政府对非洲政策的延续。印度人民党政府将在继续利用自身领域优势的基础上，强调印度对南非等非洲国家关系的独特性，并为深化与南非政治互信，推动两国在安全、经贸与文化等各领域的合作取得实际成效创造有利的条件。

一 继续强调印度南非关系的独特性

2014 年 9 月，莫迪总理在被问及中国、印度的差别时，宣称印度不需要成为任何其他国家，必须成为唯一的印度。[①] 在涉及与南非的合作上，莫迪政府亦注重在延续印度对南非政策与措施的基础上，凸显印度南非关系的独特性。其一，宣扬印度南非伙伴关系是基于文明联系和文化纽带，强调两国共同殖民经历、南非印度人的贡献等因素，凸显双方为命运共同体。在 2015 年的印度非洲论坛峰会上，莫迪强调印度与南非等非洲国家在抵抗殖民主义、种族主义的斗争中就存有深厚的历史渊源，当前都面临全球化的共同挑战。其二，突出私人部门在印度南非关系中的主体作用。印度认为，相比国有部门，私人部门运营更注重市场规律，互动的接触面更广，且更能融入当地社会，利于印度与南非建立持久的联系。在 2016 年访问南非期间，莫迪总理表示支持私人企业组织印度工业联合会在南非约翰内斯堡市设立地区办事处，组织针对非洲国别的经贸合作活动。其三，展示印度与南非合作所秉持的平等、人权等理念。莫迪表示印度与非洲的伙伴关系是基于合作模式，反映非洲国家的需求，没有任何附加条件。[②] 莫迪以其从“食品杂货店员”到“总理”的历程，强调世界应尊重印度民主，认为印度、南非是志同道合的民主国家，印度巴西南非对话论坛是真正的南南合作。印度注重与南非在联合国人权理事会等多边机制中加强对话。

---

① 毛悦：《从印度对“一带一路”的认知与反应看印度外交思维模式》，《国际论坛》2017 年第 1 期，第 39 页。

② Christin Roby, “AfDB Seeks to Strengthen Indo-African Relations,” June 1, 2017, https://www.devex.com/news/AfDB-seeks-to-strengthen-indo-african-relations-90380.

印度还借民主政治等价值观拉近与西方国家关系，联合其涉足非洲事宜。其四，重视支持南非等非洲国家的能力建设。在2017年的第52次非洲发展银行年会上，印度表示给予非洲学生的奖学金名额将在今后五年里翻一番，达50000个。[①] 在同年的G20峰会上，莫迪强调印度非洲间多层面的发展伙伴关系，强调印度一直帮助非洲国家进行能力建设，支持非洲基础设施建设。[②] 2017年10月，印度技能发展与创业部联合世界银行，组织印度非洲知识交流团成立仪式，以加强与非洲所有国家在能源、技能发展等领域的合作。2018年，印度工业联合会发布印度南非经贸报告，该报告指出在南非投资的印度企业注重企业社会责任和技能发展倡议，协助南非教育、卫生、妇女赋权等领域的发展，显示其致力于南非可持续发展的承诺。[③]

二　促使印度南非经贸合作取得进展

继2015年印非论坛峰会期间，时任南非总统祖马表示希望到2018年将南非与印度的贸易额从150亿美元增至200多亿美元后，[④] 印度南非两国政府为深化两国经贸关系进一步创造条件。印度总理莫迪在2016年访问南非之际，呼吁南非企业与印侨投资印度，申明印度将与南非启动联合贸易委员会。2017年，印度与南非举行科学和技术合作二十周年庆典，其间，双方启动在天文学领域合作的八个新项目，印度表示支持南非主导的“平方公里阵列”巨型射电望远镜项目，两国发起艾滋病疫苗研究多机构合作项目，以及签署《甘地－曼德拉草根创新计划》，以加强双方在天文、可再生能源和蓝色经济等领域的合作。[⑤] 同年11月，印度南非举行首次信息和通信技术联合工作组会议。2018年4月，印度南非举行两国商业峰会，其间，

---

① African Development Bank, “Africa and India: A Shared Development Agenda,” https://www.afdb.org/fileadmin/uploads/afdb/Documents/AM/2017AM/India_AfDB_-_EN.pdf.

② Luciane Noronha M. de Oliveira, “Reshaping India's Blue Economy Imperative-Analysis,” May 6, 2017, http://www.eurasiareview.com/05062017-reshaping-indias-blue-economy-imperative-analysis/.

③ “India Inc Invests over USD 4 Billion in South Africa,” May 6, 2018, http://nextcoverage.com/article/india-inc-invests-over-usd-4-billion-in-south-africa.

④ Ians, “Make in South Africa, Says SA Foreign Minister,” October 30, 2015, http://www.thestatesman.com/news/business/make-in-south-africa-says-sa-foreign-minister/100367.html.

⑤ Indian Ministry of External Affairs, *Annual Report 2017－2018*, p.91.

南非投资署与印度投资署签署谅解备忘录，不仅如此，印度商工部部长苏雷什·普拉布表示印度有意帮助南部非洲国家发展，建议成立一个联合研究组，以探索合作项目等。9 月，南非表示将简化中国和印度国民的签证申请手续，来自这两个国家的申请人可以在五天内办理 10 年签证，以刺激旅游业发展，吸引商人和潜在投资者。①

印度南非商界积极推动两国经贸合作。继 2014 年 11 月南非参与在新德里召开的首届世界钻石大会后，南非于 2015 年又参加了第六届年度印度投资和贸易倡议，深化两国在制造业、农业和基础设施发展等领域的合作。同年，为推动文化遗产、提高印度手工地毯纺织技术，南非参加了第 29 届印度地毯出口展。印度工商联合会还在莫桑比克召开针对南部非洲地区的经贸合作论坛会议。2017 年 11 月，印度参加在德班举行的第四次世界泰米尔人经济大会。为拓展非洲市场，2018 年 5 月，世界最大的拖拉机制造商印度企业马欣德拉投资 9500 万兰特，在南非纳塔尔省启动首个装配厂。南非柑橘种植者协会表示在成功试验两批梨及橘子后，印度当局即将接受由南非向印度运送的过境冷处理水果，且不久的将来印度杧果和葡萄也将获准进入南非市场。

三 借重南非印度人助推印度南非人文联系

莫迪政府将加强与南非等非洲国家海外印度人的联系视为印度和非洲合作的重要议程。其一，肯定海外印度人在印度非洲关系中的角色。莫迪总理认为非洲的 280 万海外印度人是非洲发展的重要力量，是印度非洲合作的桥梁。2015 年的印度非洲论坛峰会文件《德里宣言》第一次以文件形式认可海外印度人对印度非洲关系发展的积极作用，指出在非洲的海外印度人塑造了印度非洲间历史悠久的伙伴关系。其二，维护非洲海外印度人的历史遗产。2016 年，莫迪追寻甘地在南非抵制种族歧视的足迹，并承诺提供 100 万美元用于肯尼亚内罗毕大学甘地研究生图书馆的修缮。② 次年，印度国家银行提供农业设备，重修甘地在南非建立的托尔斯泰农场，印度外

---

① "S. Africa Relaxes Visa Rules to Attract Investors, Tourists," September 25, 2018, https://www.yahoo.com/news/africa-relaxes-visa-rules-attract-investors-tourists-102221747.html.

② Joint Communique between India and Kenya during the Visit of Prime Minister to Kenya, July 11, 2016, http://www.mea.gov.in/bilateral-documents.htm?dtl/27011/Joint_Communique_between_India_and_Kenya_during_the_visit_of_Prime_Minister_to_Kenya_July_11_2016.

交国务部部长辛格在南非德班市参加反映甘地生活与国际影响的博物馆落成典礼。[①] 此外，自2015年起，印度每年在6月21日都联合在非洲的海外印度人，在尼日利亚、南非等国家举办“国际瑜伽日”活动。其三，为联系非洲海外印度人创造条件。2014年，印度对坦桑尼亚、南非等46个国家推出电子旅游签证，对这些国家前往印度经商和医疗的人士简化准入手续，延长滞留时间。[②] 2018年6月，印度外长斯瓦拉杰邀请南非海外印度人参加2019年由印度主办的第15届海外印度人大会。其四，保障非洲国家海外印度人的安全。莫迪总理表示世界各地海外印度人的福祉仍是印度政府的优先内容。印度外长斯瓦拉杰表示，确保海外印度人的安全为政府当务之急。2015年，印度从也门撤离数万侨民期间，东非之角的吉布提曾向印度提供海空路设施援助。针对2017年印度总统科温德对吉布提的访问，前印度驻埃塞俄比亚和吉布提大使葛基特·辛格（Gurjit Singh）认为此举显示印度政府对吉布提战略地位的重视。[③]

四 密切与南非的安全与防务合作

凭借在非洲国家的传统影响，印度进一步加强与南非等非洲国家的防务合作，拓展在印度洋区域的战略同盟与情报网络。印度人民党表示将在环印度洋地区组建一个“联盟网络”。[④] 印度总理莫迪不但催促塞舌尔成为印度、斯里兰卡、马尔代夫强化海上安全的全面合作伙伴，许诺支持塞舌尔在阿桑普申岛上建造军事基础设施，而且在2016年7月开启“印度洋外交”之旅，先后访问莫桑比克、南非、坦桑尼亚和肯尼亚，就加强海上安全合作等议题与这些国家展开磋商。印度同意出资5亿美元信贷，支持与毛里求斯在海上安全等领域展开无条件的合作。[⑤] 次年11月，印度首次主办

① “Durban in South Africa Opens Doors to Gandhi Museum,” *Financial Express*, October 30, 2017.

② Indian Ministry of Tourism, India Moves 12 Places up from 52nd to 40th Position in Travel and Tourism Competitive Index of World Economic Forum, April 7, 2017, http://pib.nic.in/newsite/PrintRelease.aspx?relid=160715.

③ Elizabeth Roche, “Ram Nath Kovind to Visit Africa this Week on First Foreign Trip as President,” October 2, 2017, http://www.livemint.com/Politics/CQkQbBcmYUdTc1xkaWmgMN/Ram-Nath-Kovind-to-visit-Africa-this-week-on-first-foreign-t.html.

④ 〔澳〕大卫·布鲁斯特：《印度的印度洋战略思维：致力于获取战略领导地位》，吴娟娟译，《印度洋经济体研究》2016年第1期，第21页。

⑤ Indian Ministry of External Affairs, India-Mauritius Sign Four Agreements, May 28, 2017, http://ddinews.gov.in/Home%20-%20Headlines/Pages/agreements.aspx.

印度洋地区海军参谋长会议，其间，印度首次承诺与马来西亚、毛里求斯等十个印度洋沿岸国分享实时海上情报，以应对中国“威胁”。此外，2017年6~7月，印度海军最先进的隐形护卫舰“塔卡什”号先后访问摩洛哥、尼日利亚、安哥拉与南非等国，展示印度军事实力，与这些国家海军开展联合军演，强调印度将致力于非洲地区的海上安全。2018年9月，印度南非宣布将联合巴西举行第六次代号为“IBSAMAR”的海军演习，表示未来将延续与深化该倡议下的防务合作潜力。

印度推动与非洲国家在生态和反恐等非传统安全领域深化合作。莫迪上台不久就举办第一次印度洋对话会议，同南非等环印度洋国家探讨灾害治理等领域的合作机遇。莫迪表示将向非洲国家应对气候变化提供援助，呼吁非洲国家参加其发起的太阳能联盟倡议。此外，第一次、第二次印度非洲论坛峰会将核裁军作为安全的主要议程，为保证国家安全，双方认为应根除核武器及其他大规模杀伤性武器。相比之下，2015年印度非洲论坛峰会发布的《印非战略合作框架》则强调暴力极端主义和恐怖主义是国家的主要威胁，认为印度非洲应深化反恐合作。印度副总统安萨里催促环印度洋组织对国家支持的恐怖主义持零容忍态度。2016年8月，莫迪与肯尼亚、南非等国领导人就反恐议题展开协商，表示将加强在网络安全、打击毒品等方面的合作。2018年的印度南非外事磋商会议上，两国强调将进一步推动全球治理机制变革，继续在金砖国家合作机制、印度巴西南非对话论坛和环印度洋地区合作联盟等平台内深化反恐合作，表示支持非洲联盟2063年议程，认为该议程是实现建设和平、繁荣、包容和安全非洲的理想框架，两国还申明支持联合国在反恐合作中的核心协调作用，并呼吁国际社会在国际法的基础上建立真正广泛的国际反恐联盟。

五 深化金砖国家合作机制下的领域合作

各方面的情况显示，印度与南非在金砖国家合作机制框架内的合作关系有望获得持续发展，主要有以下因素支撑。

首先，印度南非都面临发展社会经济的艰巨任务。在印度看来，未来其发展将面临巨大的人口与能源压力。截至2004年，印度人均粮食拥有量仅为200公斤，预计未来30年，印度人口将保持1%的增长速度；印度目前是世界第五大能源消费国，并将很快成为第四大能源消费国。2025年前，印度还可能超过日本成为仅次于美国和中国的第三大石油净进口国。[①] 对于2012年在印度召开的第四次金砖国家峰会，时任印度总理曼莫汉·辛格认为，金砖国家合作机制对国际秩序的意义已经远远超过纯粹的经济问题，还包括食品与能源安全、气候变化、国际恐怖主义等议程，指出金砖国家资源丰富、人口众多，加强彼此间经贸、科技与基础设施投资，相互借鉴各自经验，将有利于包容性增长。[②] 2011年5月，南非政府发布《建设一个更美好的世界：乌班图的外交》白皮书，该文件指出目前南非国家利益的核心是克服贫困，提高国民素质，创造非洲的繁荣。南非祖马政府还制定"新增长路线"，主张将国有企业、国家开支和政府导向作为在未来十年增加500万个就业机会的最好方式。[③] 南非2025年远景设想是使南非成为一个成功的，且在国际社会中有影响力的国家，走上可持续发展道路，成为具有全球竞争力经济体。

其次，印度南非有望通过金砖国家合作机制，深化在科技、农业、统计、发展金融机制等领域的合作。[④] 2011年7月，金砖国家表示将建立技术工作组，讨论五国技术合作网络。[⑤] 10月，金砖五国表示将加强相互农业合作，建立金砖国家农业研究和技术合作战略联盟，制订金砖国家2012～2016年行动计划。不仅如此，金砖国家证券交易所宣布成立合作联盟。在金砖国家新开发银行批准的首批贷款项目中，南非国家电力公司获得26亿兰特（约合1.8亿美元）的项目资金。金砖国家新开发银行宣布将在18个月内批准向南非提供15亿美元贷款。2018年3月，南非商业理事会主张减少金砖国家间贸易壁垒，构建金砖国家合作平台，加速经济增长和繁荣，呼吁金砖国家加速引进商务旅游卡。同年，在南非推动下，金砖国家举行首次劳工与就业工作小组会议。

最后，印度等其他金砖国家在非洲未来发展中的角色仍旧被南非所看重。在南非看来，全球经济危机加快了经济和政治权力向新兴经济体转移的步伐，贸易伙伴正在向新兴市场转移，新兴经济体之间的南南贸易获得

---

① 时宏远：《印度的海洋强国梦》，《国际问题研究》2013年第3期，第108页。

② "PM Pitches for Close Cooperation among BRIC Nations," *The Times of India*, April 16, 2010.

③ 《南非力挺中国在非扩投资　提升出口附加值》，《东方早报》2011年12月10日。

④ Third BRICS Leaders' Summit, http://www.info.gov.za/events/2011/brics_summit.htm, 2012－12－10.

⑤ Caroline Bracht, "Plans for the BRICS Delhi Summit," March 29, 2012, http://www.brics.utoronto.ca/plans/brics-plans-120110.pdf.

显著增长。这为非洲在全球经济中扮演重要角色提供了机遇。2015 年 1 月，非洲联盟通过 2063 年议程，号召非洲人“在共同价值观和共同命运基础上合力建设繁荣团结的非洲”，6 月，非洲联盟又通过该议程下的第一个十年实施计划，明确将建设一体化高铁网络、建立非洲大陆自贸区，以及到 2020 年实现非洲大陆彻底和平等议题视为重点发展内容。2017 年 8 月，金砖国家新开发银行非洲区域中心在约翰内斯堡正式启动，时任南非总统祖马认为该机构是金砖成员兑现帮助非洲各兄弟国、实现市场融合发展诺言的体现，是南非经济乃至整个非洲大陆经济发展的里程碑。次年，南非担任第十届金砖国家峰会的东道主，此次峰会通过了直接适应非洲迫切需要的优先议程：建立虚拟疫苗研究中心，成立维持和平工作组，建立性别和妇女论坛，建立旅游合作组，等等。南非财政部表示将向金砖国家新开发银行非洲区域中心提供必要的支持，并任命莫纳勒·拉特索马（Monale Ratsoma）为该中心负责人，推动金砖国家涉足非洲能源、运输及基础设施建设等项目的准备、实施等事宜。

小　结

面对世界力量格局变化与国内经济社会发展困境，印度与南非都在不同程度地调整各自的对外战略，以寻求国家利益的最大化。就印度南非关系而言，印度将通过促进政治互信、深化经贸合作、巩固传统关系、强化战略与安全磋商等措施开展与南非的务实合作。南非则将积极利用“自主”和“多元化”策略来发展同印度的关系，既注重与中国、印度等金砖国家的合作，增加对外合作伙伴的多元化，又能从印度方面得到必要的帮助，争取国家利益的最大化，而南非国内发展议程的调整亦促使印度调整和改变其对南非政策。

印度南非关系发展的总体趋势是持续深入的，尽管非洲国际战略地位的提升和国际社会加大对非洲的关注，促使印度在加强与南非等非洲国家关系上面临一定的竞争，但随着印度南非多领域磋商机制的建立和完善，两国关系未来出现大波动的可能性较小。

结 论

如何认知印度南非伙伴关系

当前国际关系理论的主体包括现实主义、自由主义和建构主义等三个理论群，其核心都是解释国际体系中的战争与和平问题。作为一种较为成熟的社会科学理论，现实主义、自由主义和建构主义发展出了属于自己的、可以实证的辅助假设、核心概念，以及主要因果关系（理论逻辑）和丰富的理论推论，拥有解释性、可证伪性和简约性等特征。现实主义、自由主义分别以权力和制度为核心变量，对国际合作的前提、内容、形式和稳定性的界定各有侧重。建构主义强调国际关系的社会建构性质和文化选择，以规范和认同为支点来分析国家行为，认为国际合作是国家社会化的结果。

鉴于印度与南非关系历经多个阶段，具有不同的属性，运用国际关系理论审视印度南非关系的演进，对于认知与反思两国间复杂的因果关系发展链条，具有一定的意义。

第一节　国际关系变化的逻辑

——基于国际关系理论的解释框架

现实主义、自由主义和建构主义三种具有代表性的国际关系理论，分别从权力、制度与文化的视角，探析国家间关系的动因、范式与逻辑脉络等议题。现实主义主张以权力解决国家安全困境，自由主义主张以制度化进程化解国家间冲突，而建构主义则强调以文化与观念塑造国家间的身份认同。

一　现实主义

现实主义认为国际关系从总体上仍然处于霍布斯主义的无政府状态，认为国际政治是各国之间在一种自然状态下进行的竞争，追求权力和安全是人类的首要动机。二战后兴起的以摩根索为代表的古典现实主义者，主张以权力来界定国家利益，国家的主要目标是控制权力，一国权力赖以存在的最稳定因素显然是地理条件，强调不能让抽象的道德和意识形态来主宰国家的对外政策，抽象的道德和良好的动机都必须以对现实的考察为基础，而不能直接运用于具体外交政策。作为新现实主义（结构性现实主义）者的代表，肯尼思·沃尔兹在保留古典现实主义物质主义的世界观的同时，主要着眼于国家关系结构，侧重国家安全利益，强调安全利益事关国家生存。20 世纪 90 年代以来国际关系界掀起的新古典现实主义，在继承传统现实主义权力概念与新现实主义系统观的同时，力图扭转结构性现实主义在解释个别国家对外政策行为上面临的局限，认为国家外交政策的范围和雄心，首先取决于它在国际体系中的地位，特别是它们的相对物质力量，国家政治领导人所做的外交政策选择，与其说是国家物质资源的现实数量的体现，不如说在很大程度上是出自他们自身对国家相对权力的判断。进攻性现实主义的代表米尔斯海默传承现实主义的国家自助假设，认为受安全困境的制约，大国之间爆发冲突的趋势不可避免。与此相对，防御性现实主义重视国内资源、政治等国内因素对外交政策的影响，认为安全困境未必导致战争，认为外交政策行为是国家对体系的诱惑所做出的适当反应，基于追求安全最大化的目的，则会要求国家按照所受到的威胁发展权力，这可能导致均势与和平共处。

尽管在现实主义者看来，国际事务本质上是冲突的，但依赖权力分布，国际合作未必不可能。在自助体系中，现实主义者优先考虑国家安全，政治利益高于经济利益。国家合作的障碍也许不在于双方的特征和直接的意图，而在于不安全的状况，处于无政府状态中的国家担心它们的独立行动者地位，现实主义因此提出依靠强制性权力机构和权势均衡来解决秩序和合作问题。①

① 覃辉银：《西方国际合作理论：比较与批评》，《甘肃社会科学》2008 年第 3 期，第 200 页。

二 自由主义

与过于重视冲突的现实主义相反，自由主义看重国际制度与秩序在促进国际合作中的作用。古典自由主义的特点是强调个人自由，认为国际关系可以经过这样的路径得到改造：个人自由保护—自由国家扩大—国际制度约束—国际秩序的建立。一战后，一些自由主义者认识到，和平必须建立，但不可能自然地实现，于是通过国际制度的管制来建立国际秩序的新自由主义诞生。根据推动国际秩序的路径的差异，可大致将新自由主义分为两种类型：一支以贸易和平论与民主和平论等为代表，主张弱干预原则，认为行为体的互动能够自动地形成国际秩序；另一支如理想主义、自由制度主义等则认为要加强干预原则，要通过创建国际制度来维护国际秩序。[①]该分支假定，伴随着经济的全球化与一体化，以及各国经济利益的日益融合，国家间的相互联系和相互依赖会越来越深化，越来越普遍，这促进了国际合作与国家间关系的和谐，需要相应的国际机构加以管理。

需要指出的是，在以基欧汉等为代表的自由制度主义者看来，国家并不是国际关系中唯一的行为体，国际组织、非政府组织等都占有一席之地。尽管国家安全与军事权力仍然重要，但经济、社会和生态问题在国际议程中已经取得同样重要的地位。自由制度主义者认为国际合作是一个政府协调过程，在这个过程中，一个政府所遵循的政策有利于实现其伙伴所追求的目标。所谓体制，就是一系列得到认可的、可以在一定的问题领域调节国家或其他行为体行为的原则、规范、规则和决策程序。

三 建构主义

与传统的主流理论相比，建构主义从观念的视角解释了国际关系事实的由来与演变。建构主义指出国际政治的结构是知识（或观念）的分配，是主体间性的理解或文化，在体系结构和单位之间，既存在物质主义的因果关系，也存在理念主义的建构关系。[②] 对建构主义而言，社会关系中最值得注意的因素是占主导地位的话语，如观念、意识、文化、知识与语言等，这些话语映衬并构成信念与利益，并确定可接受的行为规范，认为观念赋

---

① 李少军：《国际政治学概论》，上海人民出版社，2014，第 68 页。

② 覃辉银：《西方国际合作理论：比较与批评》，《甘肃社会科学》2008 年第 3 期，第 201 页。

予物质意义，决定权力的意义与内容，决定国家实现利益的战略，也决定利益本身。因此，权力和利益固然重要，但只有理解了行动者对行为所赋予的意义之后，我们才能明白权力的作用和利益之所在。在建构主义代表温特看来，国家是具有身份的社会行为体，身份界定利益，从而影响主权国家的外在行为，指出偏好不是固定不变的，通过互动实践进程，进而塑造行为体间共同具有的理解与期望，这种共有理解与期望能够建构行为体的认同（或身份）与利益。

第二节 印度南非关系演进的动因、进程与影响

国际关系理论本身具有一定的界限，每一种理论都能在不同的事件中找到符合其假定和逻辑推演的方面，都具有针对部分印度南非关系的事实。另外，理论源于现实，以不同的理论剖析印度南非关系，映射两国关系现实的复杂性。

一 印度南非关系演进的原因分析——现实主义视角

依照现实主义观点的推论，安全利益是促进印度关注南非的必要条件。第二次世界大战结束不久，印度赢得来之不易的独立。百废待兴的印度在首届政府总理尼赫鲁的指引下，视捍卫国家安全与独立为当务之急。面对美苏两极格局，印度倡导不结盟政策，避免卷入冷战的旋涡，维护国家主权与外交自主，积极支持亚非拉国家的自由解放斗争。面对西方殖民者的压迫与南非白人政权执行的种族隔离政策，尼赫鲁认为种族主义、殖民主义在隔印度洋相望的非洲的存在，是对印度安全的威胁。为此，印度积极在联合国发起倡议，呼吁国际社会抵制南非种族歧视政策，但在很长时间内，南非对印度等国的呼吁置若罔闻。印度不惜代价，断绝与南非白人政权经济联系，发起对其的贸易制裁。

随着冷战格局的确立与深入，作为对两极格局体系下压力的反应，印度推动万隆会议，积极参与不结盟运动的创建，并在其中倡导反对种族隔离支持非洲解放斗争。随着中印边界争端的结束、美苏对峙的加剧，印度对南非关系中的地缘政治与实力因素变得更加明显，这体现在印度倡导印度洋非和平区、降低先前秉持的“人权与道义”外交基调、放弃先前仅以“非暴力”方式支持非洲国家自由斗争的做法，加大对非洲解放斗争的物

资、军事援助，并联合苏联，有选择性地支持一些非洲解放组织，对冲中国在非洲的影响力。冷战结束后，随着美国单边主义的兴起，印度南非都希望加强合作，维护独立自主，反对干涉主权，同时注重通过深化南南合作，推动多极格局的进程，维护自身以及发展中国家的权益，并提升大国地位，抵御霸权主义的压力。

不过，按照现实主义的观点，印度南非关系的发展面临诸多局限性。在政治层面，印度对扩大在南亚与环印度洋地区的影响力持积极态度，对于南非试图邀请中国加入印度巴西南非对话论坛（IBSA），邀请法国、巴基斯坦等国和南部非洲国家组织加入环印度洋地区合作联盟，以实现利益最大化的主张，印度表示抵制。在经济层面，南非对其在与印度经贸合作中的不利地位表示抱怨。出于相对收益的考量，南非加入被印度认为是中国主导的金砖国家合作机制。当然，冷战结束后，国际格局呈现“一超多强”的局面，中小国家难以找到可依靠的其他大国做后盾，因此难以违背超级大国的意愿，这无疑会在一定程度上制约印度南非合作的成效，如在环印度洋地区合作方面，与印度关注其在印度洋的大国地位相比，澳大利亚等国家更倾向于支持美国在印度洋的存在。

二　印度南非深化互信的进程诠释——自由主义视角

随着旧南非种族政权的崩溃，新南非在非国大政府的领导下，以“非暴力”的温和方式，开始政治和解与民族融合进程。南非新政府对内推出《促进民族团结与和解法案》，视经济重建与发展、改善黑人等低收入人群的待遇为国家优先关切点；对外则积极融入国际社会，摆脱国际孤立地位，同时倡导非洲议程，致力于非洲和平与发展，推动非洲一体化进程。与此同时，印度国内也开始以经济自由化、市场化为导向的改革进程，并在对非政策取向上注重巩固与非洲国家的传统友谊，加强印非经济合作，以加速融入经济全球化进程。这为印度加强与非洲门户南非在涉及非洲经济与安全议程上的合作、维护非洲的和平与稳定提供了机遇。

从印度南非关系的实践看，两国最初的合作和最有效的合作都发生在具有密切联系的文化、经济等领域。如文化方面，从早期印度对南非印度人的关注，到其重启与新南非的文化联系，以重新恢复两国外交，以及印度建立海外印度人事务部，发挥海外印度人在国家发展中的作用；经济层面，出于应对发展经济、减少贫困等共同挑战，印度南非建立起多层次的经济合作机制等。不仅如此，为深化相互理解和信任，印度南非注重密切高层互访，在南南合作与全球多边治理的框架下，建立多领域的互动机制，并以此强化发展中国家内部的相互依存，推动公平公正的国际政治经济新秩序。

值得一提的是，印度南非合作机制利于两国优势互补，加强信息透明，提高合作的有效性。以卫生领域为例，印度知名医疗企业先后进入南非，凭借双边或多边合作机制，以南非为基地或跳板，拓展在非洲及其他地区的市场业务。随着两国卫生合作的快速发展，合作领域逐渐外溢到经济和人文科技领域，最终促进两国复合型相互依赖关系的深化。

但印度南非合作机制的有效性，仍旧面临一定难题。在两国参与或组建的不结盟运动、环印度洋地区合作联盟和印度巴西南非对话论坛等组织中，众多成员还参与其他相关组织，这些组织功能上不完全重叠，在理念、任务和规则上更是存在差异，这在无形当中对印度南非发起的合作倡议构成一定的制约或消极影响。

三　印度南非关系性质变化的影响分析——建构主义视角

从印度与南非的关系沿革看，观念与身份认同的差异是影响两国关系走向的重要因素。在种族隔离时期，南非白人政权排斥印度裔的原因之一，是白人试图将南非建成永久性的白人家园，维护白色文明的纯洁性，指责印度教的传播冲击基督教文明的主导地位。尽管印度首任总理尼赫鲁曾呼吁在南非等非洲国家的印度人融入当地社会，但南非白人政府在无法实现将在南非的印度人遣送回印度的背景下，执行严格的种族隔离政策。面对印度在联合国等多次提出谴责白人政权的议案，南非坚持南非印度裔问题为其内政，认为联合国无权干涉。在身份层面，南非白人政府则针对包括黑人、印度裔在内的有色人种等族群制定地域流动、居住、就业与婚姻等方面的隔离措施与法规。其结果是印度尼赫鲁政府增强了对南非印度裔的认同与关注，指出南非白人政权所坚持的少数白人对多数人的压迫严重违背印度宪法与《联合国宪章》所倡导的“自由、平等、博爱”等理念。

冷战期间，尽管阿非利卡人主导的南非国民党主张摆脱英国控制，且1961年南非在印度等国的抵制下退出英联邦，但面对国际社会的制裁及其与其他非洲国家关系紧张的局面，南非同葡萄牙、南罗得西亚组成捍卫白人统治的神圣同盟，在国际事务中加强与欧美等西方国家的密切合作，认同自身为资本主义自由世界阵营的成员，镇压国内共产党，抵制共产主义在非洲的扩展。早在1950年南非就通过《镇压共产主义条例》，禁止任何共产党员在公共机构和任何工会担任职务，与美国的麦肯锡主义相呼应。1956年，南非还与苏联断绝外交关系。印度在20年代70年代以来与社会主义苏联的关系日渐改善与升温，两国签署具有结盟性质的《和平友好合作条约》。反观南非，南非一直试图正式成为西方防务体系的一员，成为北大西洋公约组织的南翼，与一些拉丁美洲国家创建所谓的南大西洋公约组织。博塔政权（1978～1984年）则坚信南非面临莫斯科的"总攻势"，苏联试图推翻白人统治，用所操纵的傀儡政权取而代之，并拒绝签署《核不扩散条约》。

依据建构主义的观点，印度南非关系的发展得益于两国通过制度逐渐加深的共有观念对各自主体身份和利益认知的建构。冷战结束后，新南非经过民主改革实现了权力和平转移，结束了种族主义统治，建立起非国大领导的新政权，并通过宽容与和解政策，消除种族隔离的创伤，成为世界范围内化解冲突的典范。新南非政府在外交理念上承诺推动和坚持人权、民主以及国际法，将南非由原先的"国际孤儿"塑造为"国际好公民"。在对外关系上，新南非放弃种族隔离时期南非所坚持的西方国家成员身份，不再强调其为西方利益的代表，注重在南北关系上发挥桥梁的作用，认同其为发展中国家的一员，是非洲利益的代言者。自姆贝基总统起，南非更加注重加强与中国、印度、巴西等新兴国家的关系。之后，祖马政府执掌下的南非成为金砖国家合作机制的成员。这与20世纪90年代末期起，印度所推行的增强印度在第三世界与国际机制中的影响力、深化南南合作、实现大国地位的理念不谋而合。两国不但承诺恢复不结盟运动在新时期的活力，参与创建印度巴西南非对话论坛，还在世界贸易组织与联合国等多边组织中倡导发展中国家的权益。

另一方面，印度南非相关观念的迥异，无疑给两国合作带来一定的羁绊。如以联合国的国际反恐议程为例，尽管印度南非同意采取措施打击国际恐怖主义，且1999年非盟的前身非洲统一组织制定了《非洲预防和打击恐怖主义条约》，要求缔约国承担起反恐义务，以维护本国人民的反恐行动，阻止恐怖主义分子进入本国领土。但南非强调反恐与解决贫困和欠发展等恐怖主义的根源同等重要。而在作为受恐怖袭击次数最多的国家印度看来，印度与巴基斯坦之间的对立是其面临恐怖主义挑战的主因。而对南非而言，恐怖主义具有特定的历史含义，南非非国大先前从事的自由解放斗争曾被西方国家视为恐怖主义行为，执政后的非国大政府不愿卷入谁是恐怖主义或消除恐怖主义暴力等争论当中，不愿与可能被视为“民族解放组织”的团体相对抗，更不会将一个合法的解放运动视为恐怖分子。[①] 最终，南非拒绝印度关于建立反恐联合工作组的要求。

由此观之，自近代以来印度与南非间的历史与文化联系，及冷战后两国国内改革、政策调整与相互间签署的协议或机制，将双方倡导的公平公正、南南合作，以及加强全球治理等理念、观念物化在众多相关的制度中，并多次推动国家与公民组织等行为体参与制度互动，深化相互间的认同。不过，在进行观念选择时，行为体不仅遵循自身文化背景或现有国家文化身份等主观的规范性路径，也注重理念选择的思维方式，同时考虑一些战略利益因素甚至是实力结构因素。如在摆脱了白人种族隔离政权后建立的民主南非政府，在战略思维上带有反思性的规范性因素，导致其在核武器的定位、恐怖主义的定义等方面，秉持有别于印度等国的独特看法与观点，诸如此类的观念差异很难在短时期内消除，这不利于相互理解，并在一定程度上不利于共有观念的形成，给合作带来困扰。

① Elizabeth Sidiropoulos, “India and South Africa as Partners for Development in Africa?” https://www.chathamhouse.org/publications/papers/view/109646.

参考文献

一　中文参考文献

（一）中文著作

〔美〕A. J. 科特雷尔、R. M. 伯勒尔编《印度洋：在政治、经济、军事上的重要性》，上海外国语学院英语系等译，上海人民出版社，1976。

〔美〕阿尔弗雷德·塞耶·马汉：《海权论》，范利鸿译，陕西师范大学出版社，2007。

艾周昌、舒运国、沐涛、张总祥著《南非现代化研究》，华东师范大学出版社，2000。

北京大学非洲研究中心编《非洲：变革与发展》，世界知识出版社，2002。

〔美〕布雷达·帕夫里奇主编《南南合作的挑战》，赵德生译，中国对外经济贸易出版社，1987。

陈昊苏、张胜军编《民间外交与大国崛起》，凤凰出版社，2011。

陈继东主编《当代印度对外关系研究》，巴蜀书社，2005。

〔澳〕大卫·布鲁斯特：《印度之洋》，杜幼康、毛悦译，社会科学文献出版社，2016。

〔法〕多米尼克·拉皮埃尔、〔美〕拉里·柯林斯：《圣雄甘地》，周方秀、吴葆璋译，新华出版社，1986。

方连庆等主编《战后国际关系史（1945—1995）》，北京大学出版社，1999。

葛佶等：《南部非洲动乱的根源》，世界知识出版社，1989。

葛佶主编《简明非洲百科全书（撒哈拉以南）》，中国社会科学出版社，2000。

郭小聪：《守夜人与夜莺——国际关系领域的文化思考》，北京大学出版社，2014。

〔南非〕海因·马雷：《南非：变革的局限性——过渡的政治经济学》，葛佶、屠尔康译，社会科学文献出版社，2003。

〔美〕汉斯·J. 摩根索：《国家间的政治——为权力与和平而斗争》，杨岐鸣、王燕生、赵归、林小云译，商务印书馆，1993。

胡娟：《印度的印度洋战略研究》，中国社会科学出版社，2015。

贾海涛：《海外印度人与海外华人国际影响力比较研究》，山东人民出版社，2007。

〔印〕贾纳丹·塔库尔：《英迪拉·甘地和她的权术》，张涵译，新华出版社，1981。

〔印〕贾瓦哈拉尔·尼赫鲁：《印度的发现》，齐文译，世界知识出版社，1956。

姜安：《外交谱系与外交逻辑》，中国社会科学出版社，2004。

〔美〕科泽：《国际移民》，吴周放译，译林出版社，2009。

〔美〕肯尼思·华尔兹：《国际政治理论》，信强译，上海人民出版社，2003。

〔印〕拉贾·莫汉：《莫迪的世界：扩大印度的势力范围》，朱翠萍、杨怡爽译，中国社会科学出版社，2016。

李安山：《南非斗士：曼德拉》，学苑出版社，1996。

联合国教科文组织编《非洲通史》第7卷，中国对外翻译出版公司，1991。

梁守德、洪银娴：《国际政治学理论》，北京大学出版社，2013。

林承节：《印度民族独立运动的兴起》，北京大学出版社，1984。

林承节：《印度史》，人民出版社，2004。

林承节主编《印度现代化的发展道路》，北京大学出版社，2001。

林良光、叶正佳、韩华：《当代中国与南亚国家关系》，社会科学文献出版社，2001。

林跃勤、周文主编《金砖国家发展报告（2012）——合作与崛起》，社会科学文献出版社，2012。

刘鸣主编《国际秩序中的中国与新兴国家：领导作用、制度构建与身份认同》，社会科学文献出版社，2013。

刘青建：《发展中国家与国际制度》，中国人民大学出版社，2010。

龙兴春：《印度大国外交》，社会科学文献出版社，2016。

〔印〕鲁达尔·达特、K. P. M. 桑达拉姆：《印度经济》，雷启淮、李德昌等译，四川大学出版社，1994。

〔墨〕路易斯·埃切维里亚、〔南〕米洛什·米尼奇：《不结盟国家面临挑战》，可大安等译，中国对外翻译出版公司，1985。

吕昭义、陈利君编《印度国情报告（2011～2012）》，社会科学文献出版社，2012。

〔美〕罗伯特·基欧汉、约瑟夫·奈：《权力与相互依赖》，门洪华译，北京大学出版社，2002。

〔美〕罗伯特·基欧汉主编《新现实主义及其批判》，郭树勇译，北京大学出版社，2002。

〔英〕罗伯特·罗斯：《南非简史》，上海外国语大学译，上海外语教育出版社，2006。

马加力：《关注印度：崛起中的大国》，天津人民出版社，2002。

马凌：《美国对撒哈拉沙漠以南的非洲政策研究：20 世纪 40—60 年代》，厦门大学出版社，2014。

沐涛：《南非对外关系研究》，华东师范大学出版社，2003。

〔南非〕纳尔逊·罗德拉：《漫漫自由路》，谭振学译，山东大学出版社，2005。

〔印〕尼赫鲁：《尼赫鲁自传》，张宝芳译，世界知识出版社，1956。

培伦主编《印度通史》，黑龙江人民出版社，1990。

〔英〕R. P. 巴斯顿：《现代外交》，赵怀普、周启朋、刘超译，世界知识出版社，2002。

沈开艳等：《印度经济改革发展二十年：理论、实证与比较（1991～2010）》，上海人民出版社，2011。

〔美〕斯蒂芬·科亨：《大象和孔雀：解读印度大战略》，刘满贵等译，新华出版社，2002。

宋伟：《国际关系理论》，上海教育出版社，2011。

孙士海、江亦丽：《二战后南亚国家对外关系研究》，方志出版社，2009。

孙士海主编《印度的发展及其对外战略》，中国社会科学出版社，2000。

孙永福、王粤主编《中国南南合作发展战略》，中国对外经济贸易出版社，2002。

〔印〕谭中、耿引曾：《印度与中国：两大文明的交往和激荡》，商务印书馆，2006。

王宏纬：《喜马拉雅山情结：中印关系研究》，中国藏学出版社，1998。

王义桅：《超越国际关系：国际关系理论的文化解读》，世界知识出版社，2008。

温宪：《我是非洲人——姆贝基传》，世界知识出版社，2000。

夏吉生等：《当代各国政治体制——南非》，兰州大学出版社，1998。

夏吉生主编《南非种族关系探析》，华东师范大学出版社，1996。

现代国际关系研究所南非问题研究中心编著《南非——贸易与投资指南》，时事出版社，1994。

徐秀军等：《金砖国家研究：理论与议题》，中国社会科学出版社，2016。

阎学通、杨原：《国际关系分析》，北京大学出版社，2014。

杨光主编《中东非洲发展报告》，社会科学文献出版社，2011。

杨立华：《列国志·南非》，社会科学文献出版社，2010。

杨立华：《曼德拉——南非民族团结之父》，长春出版社，1995。

杨立华、葛佶、何丽尔、舒展、贺文萍：《正在发生划时代变革的国度——南非政治经济的发展》，中国社会科学出版社，1994。

叶卫平：《环印度洋经济圈与中国企业》，中国经济出版社，1997。

张宏明：《多维视野中的非洲政治发展》，社会科学文献出版社，1998。

张宏明主编《中国和世界主要经济体与非洲经贸合作研究》，世界知识出版社，2012。

张力：《印度总理尼赫鲁》，四川人民出版社，1997。

张敏秋主编《中印关系研究（1947－2003）》，北京大学出版社，2004。

张淑兰编著《印度拉奥政府经济改革》，新华出版社，2003。

张象主编《彩虹之邦新南非》，当代世界出版社，1998。

郑家馨：《南非史》，北京大学出版社，2010。

郑瑞祥主编《印度的崛起与中印关系》，当代世界出版社，2006。

中国非洲史研究会《非洲通史》编写组编《非洲通史》，北京大学出版社，1984。

中国非洲史研究会编《非洲史论文集》，三联书店，1982。

周志伟：《巴西崛起与世界格局》，社会科学文献出版社，2012。

朱重贵、曾强主编《南非经济：贸易与投资指南》，时事出版社，1994。

（二）中文期刊

郭瑞军：《印度独特魅力的外交形式——文化外交》，《湖南民族职业学院学报》2012 年第 3 期。

胡志勇：《冷战后印度对外关系调整、发展及影响》，《南亚研究季刊》2010 年第 2 期。

贾海涛：《印度政府海外印度人政策的演变》，《世界民族》2007 年第 2 期。

亢升：《新世纪印度强化与非洲关系的战略动因简析》，《云南行政学院学报》2013 年第 4 期。

亢升、郝荣：《印度对非洲文化外交及对中国的启示》，《印度洋经济体研究》2016 年第 1 期。

李根斌：《冷战后印度外交策略的转变与发展》，《玉溪师范学院学报》2006 年第 8 期。

李光一：《金砖四国添新丁》，《理财周刊》2011 年第 17 期。

李新烽：《南非抱“金砖”意义非凡》，《当代世界》2011 年第 2 期。

刘海玲：《英国殖民与印度崛起》，《牡丹江大学学报》2009 年第 4 期。

刘宗义：《印度对非洲政策的演变及其特点》，《西亚非洲》2009 年第 3 期。

罗森：《印度软实力初探——论印度发展软实力的优势与劣势》，《亚非纵横》2011 年第 5 期。

缪鹏年、李滢洁鋆：《印度的经济外交》，《当代亚太》2005 年第 8 期。

邱询旻、于菁、杨敏：《印度对外投资的战略选择与成效分析》，《贵州财经学院学报》2009 年第 1 期。

任飞：《印度外交新态势：文化软实力的推进》，《南亚研究季刊》2009 年第 2 期。

沈德昌：《试析冷战后印度对非洲的外交政策》，《南亚研究季刊》2008 年第 3 期。

石俊杰：《浅论印度的软实力》，《南亚研究季刊》2008 年第 4 期。

时宏远：《论海外印度人对印度崛起的影响》，《国际论坛》2009 年第 4 期。

时宏远：《论印度在非洲的维和行动》，《国际问题研究》2008 年第 5 期。

王琛：《论独立之初印度外交政策的来源及目的》，《洛阳师范学院学报》2005 年第 4 期。

吴永年：《论 21 世纪初印度外交战略的调整》，《南亚研究》2004 年第 2 期。

吴永年：《曼莫汗·辛格政府外交政策的调整》，《外交评论》2006 年第 1 期。

伍福佐：《论印度辛格政府的务实外交》，《南亚研究季刊》2010 年第 1 期。

夏安凌、唐辉、刘恋：《新兴国家的崛起与国际格局的变化》，《教学与研究》2012 年第 5 期。

徐国庆：《从印非峰会看印对非政策变化》，《亚非纵横》2008 年第 4 期。

徐国庆：《金砖国家德班峰会：非洲发展的新机遇》，《西亚非洲》2013 年第 3 期。

徐国庆：《历史视野中的新南非军事工业变革》，《西亚非洲》2007 年第 9 期。

徐国庆：《南非加入“金砖国家”合作机制探析》，《西亚非洲》2011 年第 8 期。

徐国庆：《南非加入金砖国家合作机制的背景、影响与前景》，《亚非纵横》2012 年第 3 期。

徐国庆：《南非军事的“蜕变”》，《世界军事》2011 年第 12 期。

徐国庆：《南非印度人问题与尼赫鲁政府时期的印度对南非政策》，《西亚非洲》2011 年第 4 期。

徐国庆：《南非总统更替与非国大执政展望》，《当代世界与社会主义》2018 年第 4 期。

徐国庆：《试析印度莫迪政府与非洲关系的新态势》，《南亚研究》2015 年第 2 期。

徐国庆：《印度对非洲文化外交探析》，《南亚研究》2013 年第 3 期。

徐国庆：《印度莫迪政府对非政策的调整》，《当代世界》2017 年第 2 期。

徐国庆：《印度与南非经贸合作分析》，《亚非纵横》2009 年第 6 期。

徐国庆：《印度与中国在对非关系上的合作与分歧》，《亚非纵横》2009 年第 4 期。

徐国庆：《印非关系发展：路径很独特？》，《世界知识》2016年第17期。

余忠剑：《印度对非洲政策调整的背景、特点及走势》，《亚非纵横》2009年第1期。

张明明：《冷战后的印度外交》，《国际社会与经济》1995年第5期。

张声海：《论印度在中国对外政策中的地位》，《太平洋学报》2005年第9期。

张忠祥：《新兴大国南非外交战略评析》，《西亚非洲》2009年第6期。

郑华、程雅青：《南非对金砖国家身份的认同感研究——基于主流印刷媒体报道的分析（2013~2014年）》，《同济大学学报》2015年第6期。

周杰：《全球金融危机对印度外向直接投资的影响》，《南亚研究季刊》2010年第1期。

二　英文参考文献

（一）英文著作

Ajay Kumary Dubey, Dhruba Gupta, *Indo-African Relations in the Post-Nehru Era, 1965 - 1985: Altruism or Hegemony?* New Delhi: Devika Publications, 1988.

Andrea Goldstein, Nicolas Pinaud, Helmut Reisen and Xiaobao Chen, *The Rise of China and India : What's in It for Africa?* Paris: Development Centre of the Organisation for Economic Co-Operation and Development, 2006.

Anirudha Gupta, *India and Africa South of the Sahara*, New Delhi: Bimal Prasad, 1979.

Aron Raymond, *Peace and War: A Theory of International Relations*, New York: Doubleday, 1996.

Bilgrami S. J. R. , *India's Role in the UN*, New Dehli: Jamia Millia, 1969.

David Chidester, *Islam, Hinduism, and Judaism in South Africa*, Westport: Greenwood publishing Ltd. , 1997.

Elizabeth Sidiropoulos, Thomas Fues and Sachin Chaturvedi, *Development Cooperation and Emerging Powers: New Partners or Old Pattner*, London: Zed Books, 2012.

Esther Howard, *Arms Suppliers to the Dictators*, California: University of California Press, 1983.

Gavin Cawthra, *Brutal Force—The Apartheid War Machine*, London: International Defence and Aid Fund for South Africa, 1986.

Guy Arnold, *South Africa*: *Crossing the Rubicon*, Basingstoke: Macmilian Academic and Porfessional Ltd. , 1992.

Harry G. Broadman, *Africa's Silk Road*: *China and India's New Economic Frontier*, WB, 2007.

Iqbaj Narain, *The Politics of Racialism*, New Delhi: Shiva Lal Agarwala & Company, 1962.

James Adams, *The Unnatural Alliance—Israel and South Africa*, London: Quartet Books, 1984.

James Barber, John Barratt, *South Africa's Foreign Policy*: *The Search for Status and Security 1945 – 88*, Cambridge : Cambridge University Press, 1990.

James Barber, *South Africa's Foreign Policy*, *1945 – 1970*, London: Oxford University Press, 1973.

Jasjit Singh, *South Africa-India Strategic Partnership into the 21st Century*, New Delhi: Institute for Defence Studies and Analyses, 1997.

K. R. Singh, *The India Ocean*: *Big Power Presence and Local Response*, New Delhi: Manohar Book Service, 1977.

M. Muslim Khan, *50 Years of India's Foreign Policy Towards Southern Africa*, New Delhi: Devika Publications, 1998.

Mikhail Vyshinsky, *Southern Africa*: *Apartheid*, *Colonialism*, *Aggression*, Moscow: Progress Publishers, 1987.

Peter Vale, *Security and Plitics in South Africa*, Boulder: Lynne Rienner Publishers, 2003.

Philip Nel, Ian Taylor, Janis Van der Westhuizen, *South Africa's Multilateral Diplomacy and Global Change*, London: Ashgate Publishing Limited, 2001.

Radharaman Charkrabarti, *The Politics of Economy of India's Foreign Policy*, Calcutta: Kanak Kumar Bagchi, 1982.

Raju Thomas, *The Defence of India*: *A Budgetary Perspective of Strategy and Politics* , London: Macmillan, 1978.

Robert Scott Jaster, *The Defence of White Power—South African Foreign Policy Under Pressure*, New York: The Macmillan Press, 1988.

R. R. Ramchandani, *India and Africa*, New Delhi: Radiant Publishers, 1980.

Stanley Wolpert, *Ghandi's Passion: The Life and Legacy of Mahatma Ghandhi, London: Oxford University Press*, 2002.

Stephen Philip Cohen, *India: Emerging Power*, Washington, D. C. : Brookings Institution Press, 2001.

Surya Narain Yadav, *India-South Africa Relations: Political, Economic And Strategic Perspectives*, New Delhi: Global Vision Publishing House, 2010.

Surya Narain Yadav, Indu Baghel, *Brazil, India and South Africa*, New Delhi: Jnanada Prakashan (P&D), 2010.

S. B. Mukherji, *Indian Minority in South Africa*, New Delh: People's Publishing House, 1959.

S. N. Kohli, *Sea Power and the Indian Oecan*, New Delhi: McGraw-Hill Education, 1978.

Tabassum Jamal, *Ecnomic and Technical Cooperation Between India and Africa*, Bombay: Ramdas Bhatkal for Popular Prakashan Pvt. , Ltd. , 1992.

T. G. Ramamurthi, *Fight Against Apartheid*, New Delhi: ABC Publishing House, 1984.

Uma Shankra Jha, *India-Africa Relations Prospects in the New Millennium*, New Deli: Associtio of Indian Africanist, 2001.

Vance Cyrus, *Hard Choices: Critical Years in America's Foreign Policy*, New York: Simon and Schuster, 1983.

（二）英文文章

Alex Vines and Bereni Oruitemekai, "India's Engagement with the African Indian Ocean Rimstates," http://www. chathamhouse. org. uk/files/11293_india_africa0408. pdf.

André Luiz Reis da Silva, "From Bandung to Brasilia: IBSA and the Political Lineage of South-South Cooperation," *South African Journal of International Affairs* 2 (2016).

Anirudha Gupta, "A Note on Indian Attitudes to Africa," *African Affairs* 275 (1970).

C. Raia Mohan, "Concert of Continents—Don't Benchmark India's Engagement in Africa Against China's," *The Indian Express*, April 8, 2008.

Defence in Democracy: White Paper on National Defence for the Republic of

South Africa, May 1996.

Elizabeth Sidiropoulos, "India's Africa Engagement: Prospects for the 2011 India-Africa Forum," *South Africa Journal of International Affairs* 2 (2007).

Fred Alexander, "South Africa's Indian Problem," *Far Eastern Survey* 21 (1950).

Henri Bezuidenhout and Carike Claassen, "South African Trade and Hegemony: Is the South Africa-EU Trade, Development and Cooperation Agreement Heading for a BRICS Wall?" *South African Journal of International Affairs* 2 (2013).

Huma Siddiqui, "India Wants to Boost Trade with the African Continent," *The Financial Express*, April 9, 2008.

Indian Ministry of External Affairs, *Annual Report 2007 – 2008.*

Indian Ministry of Finance Department of Economic Affairs Economic Division, *Mid-Year Review 2009 – 2010.*

Maria Guadalupe Moog Rodrigues, "The Prospects for Transnational Advocacy Across the IBSA Bloc—A View from Brazil," *Third World Quarterly* 4 (2016).

Meenal Shrivastava, "South Africa in the Contemporary International Economy: India's Competitor or Ally?" *South Asian Survey* 1 (2008).

Mzukisi Qobo and Memory Dube, "South Africa's Foreign Economic Strategies in a Changing Global System," *South African Journal of International Affairs* 2 (2015).

Nileva Roy, Chaudhury, "Manmohan Doubles Credit to $5 Billion," *Hindustan Times*, April 9, 2008.

Philip Alves, "India and South Africa: Shifting Priorities," *South Africa Journal of International Affairs* 2 (2007).

Richard L. Park, "Indian-African Relations," *Asian Survey* 7 (1965).

Richard M. Fontera, "Anti-Colonialism as a Basic Indian Foreign Policy," *The Western Political Quarterly* 2 (1960).

Robert A. Huttenback, "Indians in South Africa, 1860 – 1914: The British Imperial Philosophy on Trial," *The English Historical Review* 319 (1966).

Roy A. Glasgow, "Recent Observations on the Developing Southern Strategy of Brazil, Portugal, and Africa," *A Journal of Opinion* 3 (1972).

Roy Laishley, " Emerging Economies Hold Promise for Africa," *Africa Re-*

view, Volume 1 (2009).

Sandeep Dikshit, "Duty-Free Tariff for Exports from 50 Least Developed Countries," *The Hindu*, April 9, 2008.

Seema Sirohi, " On the Eve of India's First Africa Summit, A Look at Why We Trail China in the Race to a Continent," *Outlook*, April 14, 2008.

Shubhajit Roy, " Engaging Africa: India's 54 + 1 Initiative," *Times of India*, October 30, 2015.

Shubhajit Roy, "PM Offers Africa $10 – bn Loan Says Projects to be Monitored," *Indian Express*, October 30, 2015.

Shyam Singh, "India's Role in the United Nations Peace-Keeping," *Defence Today* 3 (1995).

Standard Bank, "BRIC and Africa: New Sources of Foreign Capital Mobilising for Africa, Complementing and Competing with Traditional Investors," *Economics*, August 4, 2010.

Surendra Bhana, Joy Brain, "Setting Down Roots: Indian Migrants in South Africa, 1860 – 1911," *International Migration Review* 1 (1992).

Tom De Bruyn, " 'New Friends, Easier Partners and Bigger Brothers': The Influence of the Emerging Powers on Agriculture and Food Security in Malawi," *South African Journal of International Affairs* 1 (2016).

Tribune Business, India Loosens Purse Strings to Woo Africa, http://pdf.bahraintribune.com/Archive/PDF/April_2008/9 – 4 – 2008/Page15.pdf.

Tunde Rahman, " Africa: Editors Charged to Foster India-Africa Cooperation," *This Day*, April 4, 2008.

T. G. Ramamurthi, "Foundations of India's Africa Policy," *Africa Quarterly* 1 – 2 (1997).

The African Development Bank Group, "India's Economic Engagement with Africa," *Africa Economic Brief* 2 (2011).

三 主要参考网站网址

非洲开发银行官网：http//www.AfDB.org。

非洲在线：http//www.africaonline.com。

《环球时报》网站：http://www.huanqiu.com/。

联合国贸易和发展会议网站：http://www.unctad.org/。
联合国维持和平网站：https://peacekeeping.un.org/zh。
南部非洲发展共同体官网：http//www.sadc.int。
南非国际关系与合作部网站：http://www.dirco.gov.za/。
南非政府网站：http://www.info.gov.za。
全非网：https://allafrica.com。
世界银行官网：http://www.worldbank.org。
印度财政部网站：http://finmin.nic.in/。
印度非洲研究会网站：http://africanstudies.in/。
印度国防部网站：https://mod.gov.in/。
印度商业和工业部网站：http://commerce.gov.in/index.asp。
《印度时报》网站：http://timesofindia.indiatimes.com/。
《印度斯坦时报》网站：http://www.hindustantimes.com/。
印度外交部网站：http://www.mea.gov.in/mystart.php。

附　录

附录一　《1997 年印度南非"红堡宣言"：确立战略伙伴关系》*

随着新南非的出现与印度迈入独立 50 周年，南非和印度相会于历史圣地红堡，两国满怀信心地展望未来，共同迈向政治自由的更大目标：经济发展和社会正义。在新的千年即将来临之际，两国承诺努力推动一个以和平、安全与公平为标志的全球秩序。

第一，印度南非认为双方共同的斗争源于圣雄甘地在南非发起的反对种族歧视倡议，两国对过去几十年斗争所塑造的创造性合作伙伴关系感到骄傲。印度南非将再次致力于圣雄甘地的理想和愿景，这些理想和愿景激发各自的斗争事业，两国承诺共同保护甘地在南非的遗产：凤凰城定居点和托尔斯泰农场。

第二，回顾 50 年前在红堡举行的亚洲关系会议和 1955 年在万隆举行的亚非国家会议精神，南非和印度重申致力于实现人类普遍自由和国家间平等的目标。

第三，印度南非深信为掌握亚洲与非洲命运，有必要恢复两国间的历史联系，两国决心加强协调，增强双方地区认同，促使环印度洋地区合作

---

* South African Department of International Relations and Cooperation, Red Fort Declaration on a Strategic Partnership between South Africa and India, March 28, 1997, http://www.dirco.gov.za/docs/2003/indi1012.htm.

联盟成为强化双方经济伙伴关系的实质性工具。

第四，印度重视南非在南部非洲发展共同体内的建设性角色，赞赏其在该组织内应秉持的政治与经济敏感度，南非欢迎印度最近为加强睦邻关系、深化南亚地区友谊所采取的积极举措。

第五，印度南非重申尊重彼此独立、主权和领土完整，两国同意就与区域和全球安全有关的事项相互协商，支持各自在推动睦邻友好和地区合作上的努力，双方特别重申坚持1995年1月签署的双边国家关系原则条约。

第六，南非和印度经济各自具有一定的比较优势，两国可通过合作，实现经济互补与资源的最佳利用，并以此推动两国经济发展。南非认为印度在中小企业发展和扩大就业方面有着独特的经验，而印度强调南非在采矿和基础设施发展方面拥有技术优势。

第七，南非和印度满意地回顾双方在政治、经济、国防、科学、技术和文化等领域合作的健康发展，这为两国在21世纪制定具体和互利的合作方案奠定了坚实的基础。两国认为可利用南非在亚洲、非洲和拉丁美洲间的中转站角色，强化南南合作。

第八，南非和印度就全球化对发展中经济体的不均衡影响感到关切，深信全球化进程的成功和可持续性取决于其有无能力给发展中国家带来平等的惠益。两国同意在诸如联合国和世界贸易组织等加强协商和互助，并充分利用双方在不结盟运动中的伙伴关系来表达这种担忧。两国还同意协调努力，共同抓住南南合作的新机会，并帮助最不发达国家能力建设。

第九，南非和印度深信联合国的结构需要吸纳更多发展中世界的关切和多样性，两国再次指出联合国改革的必要性，强调将促成安全理事会席位的公平分配，以便为发展中国家就自身愿望提出建设性意见创造机会，双方认为在扩大安理会席位议题上采取零敲碎打和歧视性的做法不符合联合国的目标。

第十，在认识到两极世界的终结重新定义了全球结构后，南非和印度深信不结盟运动作为维护不结盟运动思想独立和行动自主的工具，仍具有生命力，且意义重大，认为不结盟运动不仅是其成员在国际事务中强化民主和自由原则、实现建立无核武器世界目标的工具，还是进一步推动世界平等的机制。因此，南非和印度相信和平、自由和繁荣是平等且不可分割的，双方决心努力提高不结盟运动在促进政治、社会、经济、正义和裁军等方面的效能。

1997年3月

附录二 《1997 年印度南非相互关系与合作原则条约》*

印度共和国和南非共和国（以下简称“缔约方”）：

高度重视进一步加强两国民间传统友谊的重要性；

回顾两国民间文化和传统的历史亲和力；

努力推动两国多方面的互利合作；

承认两国在和平、民主和世俗治理等理念上的共识；

决心打击种族隔离、种族歧视和宗教激进主义；

努力争取一个无核和非暴力世界；

确信缔约方的合作将进一步加强全球，特别是亚洲和非洲的和平和国际安全事业；

两国就以下条款内容达成共识

第一条 缔约方确认坚持《联合国宪章》的宗旨和原则，两国关系应遵循尊重各自独立、主权和领土完整，现存边境线不受侵犯和不干涉各自内政。

第二条 缔约方应在政治、经济、贸易、科技、技术、工业、交通、能源、文化、公共卫生、生态、教育、旅游、体育和信息交流等领域开展平等和互利合作。

第三条 缔约方同意给予各自在贸易和经济合作方面的最惠国待遇，两国已就此签署贸易协议。

第四条 缔约方应在海路、航空、铁路和公路等领域的发展方面加强合作，并应就此达成独立协议，促进旅客和货物运输的畅通。

第五条 缔约方应联合打击国际犯罪，反对一切形式的恐怖主义，抵制危害民用航空、航运和其他形式运输安全的犯罪，谴责非法的麻醉品和武器贸易；开展文化和历史等方面的合作。为达到目的，需要达成独立协议。

---

* Indian Ministry of External Affairs, Treaty on the Principles of Inter – state Relations and Cooperation between the Republic of India and the Republic of South Africa, March 28, 1997, https://www.mea.gov.in/oia – archives.htm.

第六条 缔约方谴责各种以充满仇恨、暴力为特征的宗教激进主义。

第七条 各缔约方不得参与或支持针对对方的任何行动。

第八条 本条约不损害缔约方间现有双边和多边条约的权利和义务，不牺牲它们与任何第三国的关系。

第九条 为实现本条约的目标，缔约方各级政府应就相互关注的问题保持定期联系。

第十条 增补和修改现存缔约方共同商定的条约，各方应以书面形式展开磋商。

事关条约解释的争议应通过咨询和协商的方式加以解决。

第十一条 本条约将自交换批准书的日期起生效，有效期十年，到期自动延长十年，除非有一缔约方提前六个月通知对方终止条约。

该条约两种原件于 1995 年 1 月 25 日在新德里以印地语和英语分发，所有文本具有同等效力，如出现分歧，则以英文文本为准。

印度共和国政府代表　　南非共和国政府代表

帕穆拉帕提·文卡塔·纳拉辛哈·拉奥总理　　纳尔逊·罗利赫拉赫拉·曼德拉总统

附录三 《2003年印度南非共同宣言》*

2003年，南非总统塔博·姆贝基对印度进行国事访问，这次访问发生在印度和新南非建交十周年之际，两国重申它们对建立战略伙伴关系的承诺，这种战略伙伴关系基于两国共同的价值观：民主、推动社会正义的经济发展、公正与公平的全球秩序。

1. 两国回顾它们的自由斗争是通过圣雄甘地而联系在一起的，圣雄的理想和愿景不断激励着两国，这塑造了两国间独特的历史联系。

2. 回顾1997年3月印度南非签署《1997年印度南非“红堡宣言”：确立战略伙伴关系》，两国都满意地注意到过去几年里这种合作关系在加强。印度南非间高度的理解、互信和信心，已外溢到政治、经济、国防、科技、文化等各个领域。这使双边关系变得强大、基础广泛且充满活力。两国重申进一步加强和推动双边关系多样化、关注两国人民福祉、推动双方伙伴关系不断壮大的愿望。

3. 注意到各自在实现公平与公正、解决贫困和欠发展方面取得的显著进展，印度南非强调双边合作应有助于增强边缘化和弱势群体公民的能力，认为这是两国关系的优先议程。

4. 印度南非注意到各自经济具有一定的比较优势和互补性，这为两国在贸易、投资和技术转让等方面合作提供了广泛的潜在机遇。南非认为印度在人力资源开发、信息和通信技术以及制药方面有着宝贵的经验，印度则指出南非在采矿、发电和基础设施发展上有世界级技术。

5. 为开发丰富的矿产资源，两国都表示将增进双方私人部门的相互了解。

6. 两国都满意地注意到印度与南部非洲关税同盟（SACU）就自由贸易协定磋商取得的实质性进展。两国希望该问题到2004年底能得到解决，认为这将极大激励两国企业界共同努力探索互惠互利的商业机会，推动双边贸易增长。

---

* Indian Ministry of External Affairs, Joint Declaration by India and South Africa on the Occasion of the State Visit to India by H. E. Mr. Thabo M. Mbeki, President of South Africa, October 16, 2003, https://www.mea.gov.in/bilateral-documents.htm.

7. 双方都同意最近印度、巴西和南非组建的三方对话论坛（IBSA）丰富了南南对话框架机制，认为来自三大洲的三个相似国家，具有强大经济基础、丰富的人力和自然资源与充满活力的民主体制。通过发挥成员国间潜在的协同效应，IBSA 将有利于南南合作的振兴。

8. 两国重申对不结盟运动（NAM）的信心，认为不结盟运动不仅可以在解决可持续发展、减贫、发展筹资、粮食安全等全球问题上发挥作用，还可在国际和平与安全问题、恐怖主义、裁军以及环境保护上发挥建设性作用。

9. 两国欢迎 2002 年 9 月约翰内斯堡世界可持续发展峰会达成的协议，重申里约原则，强调“共同但有区别的责任”原则，双方重申致力于推进约翰内斯堡计划，双方都对气候变化的负面影响表示担忧，希望联合国框架关于气候变化公约的《京都议定书》早日生效，两国强调在关于生物多样性协议框架内重启协商的重要性，认为这种协商将有利于构建公平、公正的分享利用资源的国际制度。

10. 印度赞赏南非在推动非洲和平、发展、民主和良治方面扮演的角色，重申塑造印度非洲间的历史联系，两国同意密切合作以使印度与非洲的接触更加有意义。南非支持 2003 年 10 月 24 日至 11 月 1 日在印度海得拉巴举行的首届亚非运动会。

11. 南非重视印度支持非洲转型的决心，两国注意到致力于非洲大陆复兴的非洲联盟的成立和非洲发展新伙伴计划（NEPAD）的制订，为非洲发展带来巨大希望。印度已经为与 NEPAD 进行卓有成效的接触采取了许多措施，其中包括提供 2 亿美元资助 NEPAD 项目，两国表示将在确定和执行这些项目方面加强合作。

12. 两国认识到国际经济关系继续具有不平等特点，认为世界大部分地区尚未从全球化中受益，这导致了几个发展中国家的经济危机和局势不稳定。两国强调全球化的不平等现象不能永久存在，呼吁南北方国家就建立更加公平的全球经济环境展开持续对话，两国重申致力于推动世界贸易组织多哈回合谈判成功的承诺。

13. 两国重申改革联合国的必要性，推动该组织更有效地、真正地代表当代国际社会。双方承认联合国在促进世界和平、稳定与发展方面的重要作用，决心继续努力，强化联合国系统在推动国际和平、安全与国际关系民主化方面的积极作用。重申联合国改革的必要性，特别强调要扩大联合国安全理事会，促使安全理事会席位的公平与平衡，以便于发展中国家提供建设性意见，认为在安理会扩大议题上采取的零星和歧视性做法不符合联合国的目标。印度和南非共同认为新世界秩序不仅应以公正、公平、多极为特征，而且应建立在民主、主权平等、领土完整、不干涉国家内部事务、尊重人权和联合国宗旨等原则之上。

14. 两国强调对国际恐怖主义、宗教极端主义、跨界有组织犯罪、非法贩卖武器和毒品交易的关注。双方认为这些行径对主权国家、国际和平、发展、安全与稳定构成严重威胁。为此，两国强调要严格、充分和无条件地落实联合国安理会关于打击恐怖主义决议的重要性。重申对联合国安理会第 7373 号决议的承诺，认为需要通过尽早完成和采纳国际恐怖主义全面公约和制止核恐怖主义行为公约，强化打击恐怖主义国际法律机制建设。两国申明恐怖主义不符合人性，是对人权的严重侵犯，没有任何理由或借口可以为此提供合理性，认为国际社会的反恐斗争必须是全球性的、全面的和持续的，且以彻底根除世界恐怖主义为目标。呼吁在联合国体系框架内采取行动，打击支持、资助和庇护或教唆恐怖分子，或向参与恐怖主义的任何行动提供庇护所、安全天堂或避难的国家、实体和个人。不仅如此，每个国家都必须避免在另一个国家组织、教唆、帮助、培训恐怖行动，或参与另一国家默许或组织的恐怖活动，或在自己的领土上开展此类有组织的活动。

15. 两国注意到贩运麻醉药品、人口和小型武器，以及饥饿和营养不良等全球威胁和挑战的存在，认为疟疾和肺结核等疾病困扰发展中国家，且艾滋病在蔓延，共同生存环境不断恶化，为此，两国重申需要充分执行千年发展目标。

16. 为推动印度南非合作的具体化，两国同意在此次访问期间签署的以下双边协议，是深化关系的重要步骤。

（1）引渡条约；

（2）刑事司法事项互助协定；

（3）2004 ~2006 年文化交流计划；

（4）能源领域合作协议；

（5）碳氢化合物领域合作协议。

17. 印度与南非的战略伙伴关系以和平、安全和公平全球秩序的共同愿景为指导，两国强调贫困的多层面性质，其不仅包括收入，还包括教育、卫生、能力建设和技能提高。为此，将支持各级政治参与，推介土著文化，促使社会组织和所有人获得自然资源、清洁的水和空气。为了解决多重挑战，两国同意巩固双边和多边合作，加强在联合国、世界贸易组织、不结盟运动、英联邦等国际论坛，以及印度巴西南非对话论坛等机制内的协商，共同为当前和未来一代塑造一个更好的世界。

印度共和国总理　　　　　　　　　　南非共和国总统

阿塔尔·比哈里·瓦杰帕伊　　　　　塔博·姆武耶卢瓦·姆贝基

新德里

2003 年 10 月 16 日

附录四 《2006年印度南非“茨瓦内宣言”：重申战略伙伴关系》*

1. 为纪念“坚持真理”运动发起100周年，1997年3月南非首任民选总统纳尔逊·曼德拉对印度进行历史性访问，确立两国建立战略伙伴关系的精神。2003年10月，南非总统姆贝基访问印度，2004年9月印度总统阿卜杜勒·卡拉姆访问南非，进一步推进印度南非战略伙伴关系，两国重申对和平、平等和正义全球秩序的承诺。

2. 塔博·姆贝基总统和曼莫汉·辛格总理向圣雄甘地表示敬意，甘地领导的“坚持真理”运动体现了真理、非暴力和自我牺牲原则。甘地的影响遍及世界各地，激励了马丁·路德·金、卢图利、奥利弗·坦博、纳尔逊·曼德拉、德斯蒙德·图图大主教等众多的领袖和名人。正是圣雄甘地的坚定精神促成英属印度的决定性灭亡，同样，它激发了对种族隔离的斗争，特别是在抗法运动期间。最重要的是，甘地的“坚持真理”包含的强烈的非暴力信息有助于在南非实现和平变革，消化种族隔离所造成的人群隔阂，促进相互和解。

3. 就分享圣雄甘地所拥护的基本价值观而言，姆贝基总统和辛格总理强调两国对和平持续解决分歧的坚定信念，承认各国自决和自由的权利。

4. 姆贝基总统和辛格总理表示相信南非印度从各自的多元文化社会中汲取了力量和灵感，认为持续和平和繁荣的保障存在于对民主治理的坚持，这种民主治理根植于《世界人权宣言》所宣扬的对人的尊严和基本权利的尊重。

5. 两国领导人强调随着以下谅解备忘录的签署，两国日益发展的伙伴关系进一步得以确认。

(1)《教育领域合作谅解备忘录》；

(2)《铁路公司合作谅解备忘录》。

两国领导人还指出，一旦监管程序完成，将立即签署以下协议：

---

* South African Department of International Relations and Cooperation, The Tshwane Declaration on Re-affirming the Strategic Partnership between South Africa and India, October 2, 2006, http://www.dirco.gov.za/docs/2006/india1006.htm.

（1）《豁免外交和官方护照持有人的签证要求》；

（2）《科学和技术合作计划》。

6. 意识到有必要使伙伴关系更加注重结果，以及给南非和印度人民带来更大的直接利益，姆贝基总统和辛格总理决定加强合作，承诺将南非和印度间现有友谊和伙伴关系提升至更高水平。

7. 两位领导人都指出，印度和南非之间的政治互动以相互理解、相互信任和充满信心为特点，聚集了更多的动力和实质内容。自从2003年姆贝基总统对印度进行第一次里程碑式访问以来，两国间部长层级的互访大大增加。两国对持续稳定与巩固的双边关系表示满意，认为除了一个多世纪前两国第一次建立深厚的政治纽带外，目前双方的合作领域已扩展到经济、人力资源开发、公共行政和治理，以及城市和农村住宅、卫生、国防、文化、科学和技术等方面。

8.1 回顾《1997年印度南非"红堡宣言"：确立战略伙伴关系》，承认南非和印度经济各有一定的比较优势，两国可以通过贸易、投资和技术转让来实现资源互惠互利。双方对相关经济领域合作所取得的进展表示满意。自2003年以来，两国贸易增长翻一番，投资亦有所增加。然而，两国承认经济合作方面的全部潜力还有待开发，表示将共同探索合作机遇，促使经贸关系达到最佳水平，强调能源、旅游、卫生、汽车和汽车零部件、化学品、染料、纺织品、化肥、信息技术、中小企业和基础设施等为优先合作领域。

8.2 两国敦促私营部门提高对彼此优势的认识，为相互合作设定雄心勃勃的目标。到2010年双边贸易至少应增加三倍。为实现此目标，两国欢迎2006年10月2日将在约翰内斯堡举行的印度南非第三次首席执行官论坛。

9.1 认识到两国对卫生部门的高度重视，双方同意应尽快实施"卫生及医学合作协议"。

9.2 此外，应鼓励提供诊断和医疗保健等卫生服务的南非、印度公司，在向两国国民和第三国国民提供负担得起的保健服务方面展开合作。

10. 回顾2003年10月签署的促进碳氢化合物和电力领域合作的重要协定，两国商定应尽早执行这些建议。

11. 两国注意到双边防务合作所取得的进展，这反映在6月在比勒陀利亚召开的印度南非防务委员会的报告中。南非和印度一致认为应该致力于加强国防部门的合作，包括研究与开发军工的可能性。此外，南非政府赞赏印度在联合国框架内的维和能力，以及在现代潜艇操作培训方面所具有的技能。

12.1　赞扬南非政府为促进经济社会发展而采取的“南非加速和共享增长倡议”（ASGISA）和“联合优先技能购置倡议”（ITPSA），辛格总理重申印度政府已准备好成为这些倡议的合作伙伴，并协助南非政府提升稀缺和关键技能。

12.2　姆贝基总统重视在印度技术和经济合作计划（ITEC）框架内的合作，辛格总理表示印度将在该框架内，将分配给南非的名额从55个增至100个，其中的50个名额专门用于“联合优先技能购置倡议”。

12.3　两国满意地注意到南非副总统2006年9月9～13日对印度的访问，进一步确定了印度帮助“南非加速和共享增长倡议”和“联合优先技能购置倡议”的途径，两国领导人决定协商增长和技术合作计划，该计划将由双方的协调人员负责制订。

12.4　为确认在通信技术部门深化能力建设合作的路径，两国要求根据信息和通信技术谅解备忘录而设立的工作组召开专门的协商会议。

13. 双方领导人对两国之间日益密切的文化交流表示满意，决定将续签2006年到期的文化交流方案，以推动两国学术交流、深化两国大学合作。

14. 姆贝基总统和辛格总理对2005年南非在孟买设立旅游办事处表示满意，重申强化旅游业合作不仅会给两国商业带来好处，而且增进两国人员间友好的关系。为此，两国欢迎即将在孟买设立的南非国际营销委员会（IMC）办事处。

15. 在极其重要的科学和技术领域，姆贝基总统与辛格总理认为有关部门应该推动两国机构构建一个更广泛和活跃的合作网络。

两国领导人注意到阿卜杜勒·卡拉姆总统已经应姆贝基总统邀请，发表了第二次菲利普·托比亚斯演讲，呼吁更多南非、印度科学家在泛非电子网络工程和世界知识平台等框架内加强合作，以应对发展挑战。

16. 在处理双边范围以外的更广泛领域合作时，两国领导人同意将尽一切努力尽快缔结印度－南部非洲关税同盟（SACU）优惠贸易协定，因为它会为两国的企业界探索互利的商业机会提供重大的激励，推动双边贸易增长。

17. 姆贝基总统和辛格总理欢迎2006年4月在纳米比亚共和国启动南部非洲发展共同体（SADC）－印度论坛，为推动SADC与印度在所有经济领域开展技术合作，将扩大 SADC 区域和印度人民赋权作为优先议程。

18. 两国领导人同意强化非洲联盟将是非洲大陆发展的关键，南非欢迎印度参与非洲发展新伙伴关系的目标，以及旨在加强非洲议程的非洲联盟初级方案。

19. 两国领导人对 2006 年 9 月 12 日在巴西利亚召开的首次印度巴西南非对话论坛（IBSA）峰会的成果表示满意，认为 IBSA 是非洲、亚洲和美洲三个有影响力和多样化的民主国家，就全球问题开展更紧密合作的有效工具。为联合解决全球挑战，两国还同意在不结盟运动、英联邦、77 国集团、二十国集团、亚洲非洲战略伙伴关系等多边论坛中加强协商与合作。

20. 两位领导人一致认为国际经济关系存有不平等的特点，世界大批人群尚未从全球化中获益，这导致发展中国家的经济危机和局势动荡，两国领导人强调为实现可持续发展，全球化进程必须解决现存不平等固化和恶化问题。因此，两国对多哈发展议程谈判暂停表示遗憾，认为该谈判导致发达国家农业公司、大型工业企业的利益，同发展中国家中占主导地位的小型且脆弱的农业生产者相对峙，这导致多哈回合谈判涉及的发展承诺遭遇严重挫折，令发展中国家感到极度失望。没有根据要求达成协商，将剥夺发展中国家充分利用它们在农业、工业和服务业方面所具有的比较优势的机会。两位领导人强调主要补贴国有效削减扭曲贸易的国内支持，是一个未完成的议程，认为在全球农业贸易部门须建立公平和面向市场的贸易体系。

21.1　确信联合国在推动世界和平、稳定和发展方面的重要作用，两国领导人欢迎建立和平委员会和人权理事会，以及在联合国秘书处和管理改革方面取得的进展，并注意到日益聚焦发展和减贫的重要性。

21.2　两国重申安全理事会扩充决定的必要性，否则，联合国的改革就是不完整的，重申安全理事会常任与非常任理事国成员须包括来自非洲、亚洲和拉丁美洲的发展中国家，以促使安理会反映当代现实，促使其更具代表性和民主性，并决定为此目标继续努力。

22. 两位领导人对国际恐怖主义、极端主义、跨国有组织犯罪和非法贩运人口、武器和毒品交易深表关切。两国认为恐怖主义是对主权国家、国际和平、安全与发展的严重威胁，两国认为联合国主持下的国际社会反恐努力应具全球性、全面性，应符合国际法、人权和人道主义法。最终目标是彻底根除恐怖主义祸害，以避免如 2006 年 7 月 11 日在孟买和世界其他地方爆发的恐怖袭击。为此，南非和印度将继续致力于推动联合国大会早日通过“关于国际恐怖主义的全面公约”（CCIT）。

23. 姆贝基总统和辛格总理重申了以全面、普遍、非歧视性和可验证方式彻底消除核武器的目标，并对在实现该目标上缺少进展表示关切，两国强调有必要开启彻底消除核武器的分阶段方案协商，制定消除核武器的特别时间框架，禁止相关国家开发、生产、获取、测试、储存、转让、使用或威胁使用核武器，并为销毁核武器做准备。

24. 两国一致认为核能在确保安全、可持续和非污染能源方面扮演重要角色，能满足全球，特别是发展中国家的能源需求。两国重申所有国家和平利用核能是不可剥夺的权利，这符合其国际法律义务。两国同意在合适的国际原子能机构保障措施下，探索和平利用核能措施，认为通过可接受的前瞻性做法，以符合各自国家和国际义务的方式，推动承诺核裁军和防扩散的国家开展国际民用核合作。

25. 最后，姆贝基总统和辛格总理重申和平与发展不可分割，认为善政是确保和平与发展的最显著方式。两国强调不能孤立地处理欠发展问题，根除贫困涉及众多社会和环境因素，其中包括教育、保健、基本设施、能力建设和技能、各级政治参与，以及推动土著文化，确保社会组织与个人享有自然资源、清洁水和空气的机会。两国强调自由权利具有重要的经济意义，因为它不仅包括政治自由，而且包括过上有尊严生活的自由，不被歧视。两国指出，印度南非战略伙伴关系遵循以和平、安全和公平为特征的全球秩序的共同愿景，为应对这些多重挑战，两国重申承诺加强双边和多边合作，以为当前与后代建立一个更美好、更安全和更繁荣的世界。

南非共和国总统	印度共和国总理
塔博·姆武耶卢瓦·姆贝基	曼莫汉·辛格

图书在版编目(CIP)数据

印度与南非伙伴关系研究 / 徐国庆著. -- 北京 :
社会科学文献出版社, 2019.4
(中国非洲研究院文库)
ISBN 978-7-5201-4676-0

Ⅰ.①印… Ⅱ.①徐… Ⅲ.①印度-对外关系-研究
-南非 Ⅳ.①D835.12②D847.02

中国版本图书馆 CIP 数据核字(2019)第 068839 号

中国非洲研究院文库
印度与南非伙伴关系研究

著 者 / 徐国庆

出 版 人 / 谢寿光
责任编辑 / 许玉燕
文稿编辑 / 吴丽平

出 版 / 社会科学文献出版社 (010) 59366556
地址：北京市北三环中路甲 29 号院华龙大厦 邮编：100029
网址：www.ssap.com.cn
发 行 / 市场营销中心 (010) 59367081 59367083
印 装 / 三河市尚艺印装有限公司

规 格 / 开 本：787mm × 1092mm 1/16
印 张：20 字 数：336 千字
版 次 / 2019 年 4 月第 1 版 2019 年 4 月第 1 次印刷
书 号 / ISBN 978-7-5201-4676-0
定 价 / 89.00 元

本书如有印装质量问题，请与读者服务中心 (010-59367028) 联系